# 温故集

## ——纪念山东大学考古专业创建50周年访谈回忆录

《温故集》编辑组　编

科学出版社

北　京

## 内 容 简 介

山东大学考古专业创建于1972年，50年的发展历程蕴涵了几代学者长期的不懈努力和艰苦奋斗。在庆祝山东大学考古专业创建50周年之际，本书编辑组收录了50余篇来自任教老师和校友的采访稿件和回忆文章，回顾了刘敦愿、蔡凤书、李肇年先生等前辈创建专业的点滴过往，回忆了几代学人走上考古之路的校园生活与田野经历，并寄语于后生。温故而知新，本书旨在回顾山东大学考古专业的成长过程，总结和传承山大考古精神，为考古专业创造更加美好的未来提供支撑。

本书适合对山东大学考古专业创建历史和发展历程感兴趣的专家学者和社会人士参考、阅读。

**图书在版编目（CIP）数据**

温故集：纪念山东大学考古专业创建50周年访谈回忆录/《温故集》编辑组编. —北京：科学出版社，2023.6

ISBN 978-7-03-075728-9

Ⅰ.①温… Ⅱ.①温… Ⅲ.①考古－中国－文集 Ⅳ.①K87-53

中国国家版本馆CIP数据核字（2023）第103116号

责任编辑：郑佐一 / 责任校对：王晓茜
责任印制：肖 兴 / 封面设计：有道文化

科学出版社 出版
北京东黄城根北街16号
邮政编码：100717
http://www.sciencep.com

北京九天鸿程印刷有限责任公司 印刷
科学出版社发行 各地新华书店经销
*
2023年6月第 一 版 开本：787×1092 1/16
2023年6月第一次印刷 印张：23 1/4
字数：560 000

**定价：188.00元**

（如有印装质量问题，我社负责调换）

# 编 委 会

# 序

栾丰实

从 1972 年山东大学正式创建考古专业算起，到 2022 年已有半个世纪的发展历程。回顾考古专业 50 年的发展历史，如果加上成立考古专业之前的时期，大体可以分为四个阶段。

**准备阶段（1972 年之前）**。山东大学考古专业正式成立之前，曾经有一个较长的准备时期。远的可以追溯到 20 世纪二三十年代齐鲁大学吴金鼎先生在城子崖遗址发现龙山文化，刘咸先生带领山东大学文学院部分学生参加中研院历史语言研究所在滕县安上村的考古发掘。而直接的渊源则是刘敦愿先生 1953 年参加河南烧沟汉墓的发掘，1954 年在山东大学历史系开设“考古学通论”课程，而后不间断地在山东各地开展田野考古调查。这些考古活动为在山东大学设置考古专业做了充足准备，并奠定了坚实的学术基础。所以，酝酿已久的考古专业于 1972 年经国家批准正式创建，应该是一件水到渠成的事情。

**起步阶段（1972～1977 年）**。1972 年创建考古专业和成立考古教研室时，教师只有刘敦愿、蔡凤书和李肇年三位先生。师资的严重缺乏是制约这一阶段考古专业发展的主要障碍。为了解决这一难题，经刘敦愿先生多方联络，先后从校内外引入了李发林（1972 年）、宋百川（1973 年）和马良民（1974 年）三位先生，并从第一届毕业生中挑选于海广留校任教，使考古专业的专业教师增加到 7 人。因为教师的不足，这一时期的部分课程则临时聘请校外的教师担任，如北京大学的李伯谦、故宫博物院李知宴、北京图书馆的徐自强、徐州师范学院的严孝慈、郑州大学的王兵翔、山东博物馆的张学海、王恩田和朱活等先生，都来山东大学给考古专业学生讲授过不同门类的考古和文物专业课程。

这一阶段的山东大学考古专业只保持有一届在校学生，上一届毕业之后再招收新生。考古专业的学生人数也比较少，1972级只有10人，1975级增加到15人，并且招生范围局限于山东省内。学生的考古发掘实习，除了第一届学生在尹家城遗址（1973年）进行了小面积（100平方米）的短时间（共21天）独立发掘，其他如泰安大汶口（1974年）、日照东海峪（1975年）、临淄齐故城（1976年）、兖州王因（1977年）等遗址的考古发掘实习，都是依托山东博物馆和中科院考古研究所山东队等单位的考古发掘工地进行的。

这一阶段随着考古专业的教师队伍逐渐扩充，校内外结合完成了两届考古专业学生的培养任务。在课堂教学和田野实习两个方面为山东大学考古专业的后续发展奠定了良好的基础。

**发展阶段（1978～2001年）**。1978年是山东大学考古专业发展的关键一年。在师资队伍建设方面，这一年从辽宁省朝阳市引进了1965年毕业于北京大学考古专业的徐基先生，并分别从北京大学、吉林大学和山东大学的应届毕业生中分配来了任相宏、刘凤君、张智奎和赵平文及调入李淮生（1979年）5位年轻人，从而使考古教研室的教师队伍增加到13人，基本满足了教学工作的需要。到1987年，先后又有栾丰实、王之厚（1982年）、许宏、崔大勇、杨爱国（1984年）、倪志云（1985年）、方辉（1987年）一批年轻人留校任教，使在职的教师队伍人数增加到创纪录的17名[①]。新石器时代考古、商周考古、战国秦汉考古和魏晋隋唐考古等不同研究方向的学术梯队基本搭建起来。同时，还先后调入张守林（文物修复和库房管理工作）、张洪英（绘图和资料室管理工作）和于保平（考古摄影）等负责考古教研室的技术和资料管理工作。

“文革”结束之后的第二年恢复高考，山东大学1978年开始招收考古专业本科学生。此后，由送完一届再招下一届改为隔年招生，同时在校的本科学生增加到两届，每届学生人数保持在20人左右，各类课程的设置也逐渐规范化。同时，从1982年开始招收硕士研究生。

从这一阶段开始，山东大学考古专业的田野考古实习由以往的配合其他单位的发掘工作进行，改为由学校独立向国家文物局申请和独立进行发掘实习，这种做法一直持续到现在。这种做法的优点是可以根据学生实习的实际情况来安排发掘时间和工作进度，困难之处是需要独立的经费支持，所以，学校层面的理解和切实支持非常重要。关于具体发掘遗址的选择，一般在充分考虑满足学生实习要求的同时，结合当时的学术课题和学术研究前沿，尽量将两者较好地结合起来，既完成了培养人才的任务，又

① 1987年之前，李肇年、张智奎、赵平文三人先后调出考古教研室。

取得能够推动学术进步的研究成果。如泗水尹家城、济南大辛庄、邹平丁公、长清仙人台、沂源姑子坪等遗址的发掘实习，均取得较好的成效并有重要成果面世。1988 年，山东大学还和惠民地区、邹平县合作，在邹平丁公遗址附近建立了占地 10 亩的考古实习基地。特别是 1989 年《泗水尹家城》的出版，是在设立考古专业的大学中比较早地出版的学生实习考古发掘成果。而这期间发掘的丁公、仙人台、双乳山和洛庄汉墓等遗址，先后获评年度全国十大考古新发现，成绩在全国高校中仅次于北京大学。

这一阶段山东大学考古专业发展过程中的另外一个突出特点，是比较注重中外考古学者之间的学术交流和开展合作考古研究。例如：1982 年蔡凤书先生就作为教育部较早派出的访问学者到日本京都大学访问和学习两年，加强了中日考古学者之间的联系，推进了中日文化交流；美国学者林道夫在 1979 年来山东大学访问一年，师从刘敦愿先生学习中国艺术考古；1984 年美国哈佛大学张光直教授受国家教委的邀请来华，先后在北京大学和山东大学讲学等。再如，1995 年以来，山东大学和美国耶鲁大学、芝加哥菲尔德自然历史博物馆联合开展的鲁东南地区系统考古调查和两城镇遗址的考古发掘，不仅使我们对这一地区史前和历史时期的区域社会有了全新的认识，而且关于中国考古学研究的转型及多学科合作研究的实践等重大问题，均有实际的收获和影响。

总之，这一阶段是山东大学考古专业迅速发展并走向成熟的重要时期。不仅本科和研究生的培养有规可循，把室内和田野两个课堂有机结合起来，还连续举办短期文物干部培训班，培养了大批文物干部，为助力地方的文物考古事业做出积极贡献，而且在考古学研究方面也取得一系列重要成果，进而在 2000 年独立获得考古学博士授权点。

**成熟阶段（2002 年以来）**。2002 年 5 月，在学校的支持下组建成立山东大学东方考古研究中心，从此我们不仅有了专门的办公和研究场所，学校还拨付给一定数量的科研和实验室建设经费，并连续出版大型学术辑刊《东方考古》，从而使考古学科开始走上相对独立发展的快车道。2012 年在东方考古研究中心基础上成立的山东大学文化遗产研究院，作为一个完整的独立研究机构，得到了学校更多的政策倾斜和有力支持，促进了山东大学考古学科的快速发展。

学科门类齐全。这一阶段特别是后半期，考古专业的教师人数迅速增多，由最初的 10 人左右，增加到目前的 50 余人。研究方向也大大拓展，新增加了人类起源和旧石器考古、植物考古、动物考古、环境考古、人骨考古、水下考古、文物保护和修复、文化遗产保护和博物馆学等分支学科。

完善培养体系。自2002年起，山东大学考古专业开始每年招收本科生、硕士生和博士生，形成了一个完整的考古学人才培养体系。2010年之后还增加了文物和博物馆本科专业和文博专业硕士，招生人数也较之前一阶段成倍增长。同时，在本科生的培养阶段开始实施课堂、田野和实验室三位一体的新教学模式，理论与实践相结合，取得较好的教学效果。

实验室建设。20世纪末期，随着黄河和长江流域等主要地区考古学文化的时空框架和发展谱系逐渐建立起来，中国考古学研究的重心开始由以年代学为中心的文化史研究向古代社会研究转移，我们曾称之为中国考古学研究的转型。为了更好地研究以人为中心的古代社会，就需要采用不同的科学技术方法来获取更多的研究古代社会的资料和信息。所以，除了更加精细化地开展田野考古工作，建设不同类别的实验室是获取各种新资料和信息的重要途径。2002年以来，山东大学考古专业陆续建立了植物考古、动物考古、环境考古、人骨考古、陶器考古、玉石器考古、各类文物保护等十几个实验室，并在此基础上建立了由教育部支持的国际联合实验室，有力地支持了考古学科的发展。实验室的建设和使用，已经或者正在改变以往传统考古学的固有观念，赋予了考古学更令人向往的学术魅力。

田野考古工作。这一阶段的田野考古工作，始终坚持精细化发掘和多学科合作的新思维。将鲁东南地区的系统考古调查方法和两城镇遗址的聚落考古发掘理念，运用到济南大辛庄、长清月庄、即墨北阡、章丘焦家、菏泽青邱堌堆和邹城邾国故城等遗址的发掘和枣庄薛河流域的区域系统调查之中，并有所发展，培养了一批批较好地掌握了新的田野考古方法的后备力量，从而促进了中国考古学的发展。

中外合作考古。前一阶段山东大学和美国耶鲁大学合作开展的鲁东南考古调查和两城镇遗址发掘之后的室内研究，持续进行了20年之久，取得一系列丰硕成果。同时，进一步拓展了中外合作考古的范围和内涵。例如：与日本九州大学合作开展的“山东半岛地区的稻作农业及其东传的综合研究”项目，推进了关于东北亚地区早期农业和区域文化之间的交流和联系的研究；与德国欧亚考古研究所的合作，不仅有具体的研究项目，如中国新石器文化的年代学研究等，还合作创办了一期《中国考古和古环境》的英文杂志。在教学方面，利用台湾立青文教基金的有利条件，先后聘请了10名不同国家的著名考古学家来山东大学进行短期讲学，极大地拓展了考古专业学生的学术视野。近年来，随着国际文化交流的日益深入，山东大学组成的考古队先后赴非洲肯尼亚和欧洲法国，与当地考古学者合作开展旧石器时代遗址的考古发掘工作，已取得重要学术成果。

回顾山东大学考古专业50年来的发展历程，其中蕴涵着几代学者长时期的不懈努力和艰苦奋斗。本书所收录的50余篇采访稿件和回忆文章，主要来自在山东大学考古专业任教的老师和2002年之前的历届毕业生。他（她）们饱含着对母校的崇敬和感恩之情，从自己的心路历程和亲身经历中，提炼和挖掘出许许多多感人的情节和故事。我相信大家阅后不仅会感同身受，又使我们好像重新回到了20年前、30年前和40年前的山东大学文史楼和小树林，回到了我们曾经付出辛勤汗水、最初学习田野考古发掘技能的尹家城、东海峪、大辛庄、丁公、仙人台、周河等考古发掘工地。

在庆祝山东大学考古专业创建50周年之际，我们特别缅怀考古专业的创始人刘敦愿先生、蔡凤书先生和李肇年先生，以及为考古专业的发展做出重要贡献的宋百川先生、李发林先生等。关于他们在山东大学考古学科成长过程中的辛勤付出和重要贡献，许多人在本书的访谈中有较好的详细回忆和反映。

最后，祝愿山东大学考古学科在未来的50年，立足中国，面向世界，精诚团结，求实创新，创造更加美好的未来！

栾丰实

2022年12月于山东大学

# 目　录

# 治学严谨，且学且行*

## 访徐基老师

教师简介：徐基，男，1941 年生。山东大学历史文化学院教授，中国考古学会、中国博物馆学会及中国殷商学会会员。1965 年夏毕业于北京大学历史系考古专业，同年入职辽宁省朝阳地区文教局；1978 年 10 月调入山东大学考古专业执教至新千年退休。

曾先后四次带本科生和文博班赴尹家城、大辛庄、薛故城和姑子坪进行考古发掘田野实习；三峡工程启动后，又随我校派出的四人考古小组赴开县作调查发掘。曾授课程有中国考古学通论、博物馆学概论、新石器时代考古、中国古代货币及文物考古基本知识讲座等。

采访时间：2022 年 9 月 6 日

采访方式：电话采访

**刘索焓**：您曾主持过大辛庄遗址的发掘，那里出土了很多甲骨片，还有青铜器，请您讲讲在遗址发掘过程中给您印象深刻的事。

**徐　基**：继 1984 年的发掘之后，方辉老师和陈雪香老师再次发掘大辛庄遗址，收获颇丰，不久即召开了一个有外地专家参加的座谈会，让我们讲话，各位老师都做了准备，我就写了一个《对大辛庄遗址的认识和感悟》。记得之前，我跟陈淑卿老师和一个韩国留学生，骑自行车到大辛庄遗址回望，去看看近十年来遗址有什么变化，就是因为它早年有青铜器和棺椁墓出露，这是商代礼制的反映，对判定遗址的性质很重要，对此我们都有兴趣。那次发掘，印象深刻的的当然是 5 号墓的发现；再就是 11 月 27 日，一场大雪过后我们还在发掘——好几个同学手脚都有冻伤。这次收获很大，由此感受到考古的快乐，同学们也经历了难以言状的困苦，全面接受了考古学的洗礼。

大辛庄遗址是很重要的，1984 年发掘后我们也做过一次较大范围调查，认为它可

---

* 本文系魏舒童、于洪丽据录音资料整理出文稿，经徐基审阅修改而成。

能是方国级遗址。它附近有零落的遗址，像王舍人庄、趵突泉东侧等处，但我们调查的结果不理想，显然是普查和调查都比较潦草，不够细致了。大辛庄遗址正式的和非正式的发掘至少有5次。拿我们学校来说，每一届考古专业的同学，都要到大辛庄遗址调查（实习）。遗址距学校近，七八里路走过去很方便的——这也说明系里对大辛庄遗址是很看重的。我们发掘的时候，在5号墓和几座小墓葬发现青铜器，高兴得不得了。5号墓算是最大的，有一棺一椁，还有一套礼器——铜鼎、觚、爵和玉龙、玉虎（很清楚的左、右配置）。按照一般的概念来说，这显然是士一级的墓葬了——当时就想，有士就会有大夫级别的高规格墓及其待遇遗存，但我们没机会了。这也让我们十分高兴。因为在这之前，曾经发现过白陶片、原始瓷和青铜器，但是正式发掘的棺椁墓、成套礼器还是第一次。正是因为这个墓葬的出现，才有后来方辉老师的发掘。他们的运气更好，发现更大、更丰富的墓葬，除卜骨外，更发现了有文字的甲骨片是特别重要的考古发现。遗址的范围很大，有几十万平方米，这就引起国内学界关注，为此召开了座谈会、发布会。可以说，大辛庄遗址的发掘是我们学校、我们专业对商代历史考古做出的贡献。

**刘索焓：**那您认为大辛庄发掘对山东大学考古学系又产生了怎样的影响？

**徐　基：**首先，我们每一届的考古班的学生都要到那里去调查，这一举措很正确，实地考察与课堂结合很重要，要坚持做下去。其次，我们在1984年发现了5号棺椁墓和甲骨片，出现了青铜器和玉石礼器后，历史系的老师全体到那里去参观，也看出这个遗址的重要和老师们的兴趣；这对历史学专家们也是一次考古学普及。当时的发现只是常规的，一小套青铜礼器在商周考古中，其实并不值得大惊小怪的，但5号墓在商王朝东鄙的大辛庄、原东夷人活动地，这就不一般了。遗址发掘过四五次，青铜器出土了半个多世纪，却一直没有找到出土具体地点，总是很遗憾的事，不甘心啊！当然，正是他们一次次给我们提供了许多疑点和线索。这个5号墓再往东边移30米，就是方老师他们发现更多青铜器的墓葬区——相对而言那可能是又一个族墓地（贵族的？）了；仅就这个遗址而言，对于山东省、对我们系，乃至对于我们考古人会产生一系列新的思考。如对整个遗址的性质、定位、规划，遗址内涵的分析、认识，及其与中原商文化的比较研究，乃至与东夷人的岳石文化的关系等，都是有启发、有积极意义的。

**刘索焓：**山大考古从创立至今到现在已经历经了50年的风雨，一代又一代山大人从前辈的手中接过历史的接力棒，铸就了山大考古今日的辉煌。您能谈一谈山大考古50年的历史中对您最有感触的人和事吗？

**徐　基：**首先要大家记得考古专业的创始人刘敦愿先生。这位老先生原不是搞考古的，但是参加了在建国初期中国科学院考古所联合北京大学历史系举办的考古培训班，不到半年时间，他就对考古学有了深刻的认识和兴趣，并成就为一位美术考古学家。因此在1972年，先生高瞻远瞩地跟上了在大学开办考古专业的形势，创办了山大考古专业。

当时的山大考古能力有限，是他和蔡凤书、宋百川、李肇年、马良民老师等几人，办起了这个专业；先后聘请过北京大学的、中国历史博物馆的先生，请了省内专家来上课、讲座。渐渐地又有于海广、任相宏、刘凤君、张守林、宋艳波，和先后留校的栾丰实、王子厚、杨爱国、许宏、崔大庸、方辉、李慧竹、王青、靳桂云、陈淑卿、王强等老师加入，师资队伍日渐健全起来，专业也有大拓展。每届新生入学，几乎都陆续为专业注入新鲜血液，当然，还有兄弟院校新锐才俊的入驻，山大考古得以茁壮成长，繁荣昌盛。

另外，环顾四海，从我专业走出的同学，大多都搞出了名堂。进京的成了专家学者，地方上的成为学术骨干，出类拔萃者当上馆长、所长，俨然是一方方“诸侯”，都为学校增光添色了。

总之，刘敦愿先生对我们学校考古专业的建设有开创之功，卓有远见；山东大学考古专业能屹立于国内诸大学考古学之林，刘敦愿先生其功莫大焉。

**刘索焓：**请问您是为何选择考古学并决定在山大任教的？能谈谈您在山大任教的过程中发生发生了哪些让您感触至深的事情吗？

**徐　基：**这就说来话长了。我是在北京大学学的考古学。因为我家庭“出身不好”，是个“地主”。但是我好像没必要背这个历史的包袱，内心里颇倚仗我的两个姐姐是解放军、中共党员，而且分别是在抗日战争、解放战争初期就参加革命的，我是完全、地地道道地出自一个进步家庭。说到这里我就再多说几句，那也是一段真实的现代史。史实是，我来自一个八口之家，拥地30亩，房屋18间，骡子一匹，大车一驾，长工一名；那个“地主成分”着实略显滑稽，1947年二姐徐義坤的军属证上，明确写着“家庭成分：中农”，三年后却变成地主，帽子给我奶奶徐张氏戴上了；我的父亲是职员（长期在东北当学徒、技术员）、乡人民代表、中共预备党员。我就不懂怎么又弄成后来这个样子了？（后来听说乡里是按住户比例，找出地多、家富的，我们这可能是“国内最小地主之家”吧？）我家发生的这个事，后来也得以澄清，可是太晚了！这对于当时的我来说，处处得谨小慎微，当然，包袱还是让背上了——“组织”上掌握，不过，年级（支部）班里对我还挺好的；只是没批准我入团（笑）。

当时我想，考古事业基本上不接近、远涉及意识形态的问题，我也不懂政治，离它远点儿就是了。考古是一门技术性的、知识性的学科，又可以背上相机到处跑，尤其是乡下——我喜欢农村。所以我就选择了考古专业（我当时的思想是既“复杂”又幼稚的）。当年北大考古对学生体质要求是很严格的，因为将来的工作，就是爬山越岭到田野，多跑路，不收扁平足。还可能会饿肚子，我在朝阳清理一座盗余的元代墓，只剩一件小影青执壶，结果，生产队忘记给我派饭了，这是后话。

1965年夏末，我毕业被分配到辽宁省朝阳市文教局工作。那里在古代的地理位置很重要，系中原通东北的枢纽地带，又是山地草原畜牧业与大中原农业文明的交汇区。可是专业人员就我一个，局里人事科长起初是让我当历史或语文教师。我不干，在招待所待了5天——趁空登上凤凰山，朝拜了朝阳古洞里的卧佛。几天后孙天凡局长回局，他很重视，没有让我参加当时的四清运动，叫我到文化科做考古工作。

当时，辽宁省博物馆正在北票西官营子、发掘北燕国王的弟弟冯素弗的墓葬。我在那里待了40多天，石椁大墓，4颗印章200多件随葬品，很增长见识。以后我就在科里，没有考古调查发掘权，就随科里做日常工作。当地经济、文化都属后进区，下乡放幻灯片，作政策宣传、文化普及，抗旱挑水上山植树的一些活动，都会有我的份儿。我也曾经多次参与带京剧团去驻地慰问解放军、慰问贫下中农的活动；日常文物工作是不定期到各县文化馆、废品收购站，宣传政策、拣选文物。成日如此地工作，生活，我自然渐感不安心，整整的13年就这样蹉跎过去了。所以，后来我当考古教师，实属半路出家，虽说努力了，还难说是个很称职的人民教师。

20世纪70年代早期，因为父母年纪大了，所以我就申请要回到山东，经过四五年的请求，在老同事的同情与帮助下，调到了山东大学。当时是于海广、宋百川老师到朝阳了解、接受了我。我是很高兴的，离家近了，可以常看看两位为革命做过贡献的老人，了了尽点孝道，以求得心安些；也因为我哥哥正好先行调回掖县，我便安心在山大待下了。

当时考古专业还不能算人强马壮，专业人员不多，让我具体干的是魏晋南北朝部分，但是搞田野发掘的一直人手不够，我就又被安排到新石器时代组了。但我对商周考古比较感兴趣，后来还真有机会碰上大辛庄遗址发掘，让我带队，我是欣然接受的。

刘先生对我从地方上回到高校的考古专业还是很重视和关心的，批准、同意我到北大回炉进修半年，我自己也很珍视这个机会；进京未久，碰巧栾老师那个班到京参观实习，宋老师让我接手带他们参观几个大博物馆。我带同学们拜会了苏秉琦、贾兰坡和严文明先生，并分别到中国科学院考古所、古脊椎动物与古人类研究所、和北大聆听了几位先生的报告。我在后来的教学、考古发掘中得到了锻炼，也得到了老师们的支持和帮助；若说取得了一点点成绩，但跟别的老师相比，我只能说："努力了，成绩是小小的，没有误人子弟吧！"

**刘索焓**：请问您认为山大考古精神包括什么？还有您对于我们考古文博班的后辈还有什么期待吗？

**徐　基**：山大考古精神，向刘敦愿先生致敬，向前举同学专家、馆长学习，干出自己的成绩来！

我前面举过一个例子：北大选择考古专业学生的时候，身体要求从头到脚都要健康，从事考古工作是很辛劳的；到考古专业来，同学们不要怕苦，当然（过去的）考古队是最穷最苦的。地质队和古生物的那一套野外工作完全是照搬西方的，出必有汽车，住带有帐篷、锅灶——他们自己做饭都可以；我们不行，我们必须住到老乡家里，吃百家饭，或者借某单位食堂搭伙（那是最好的），其他什么都没有；就是扛着探铲、凭一双脚底板到处跑，干的是力气活，然后才是回城读书、研究。所以，同学们选择考古专业，在这方面还是要做必要的思想准备：要考古精神，先要健康体魄。

考古专业并不都是光按实物说话，尤其是商周以后的考古研究，必须有跟文献资料结合的本事，就是要有文献功底。大至四书五经、二十五史、资治通鉴、历代类书，小至断代专门史，跨学科的学习，多多益善。在校时，我常觉“书到用时方恨少”，老来感悟是“少年功夫老始成”。同学们正当年轻读书时，切切记住“少年功夫老始成”的道理——学问是要不断积累的。比如说大辛庄遗址东边的益都苏埠屯大墓，现在属青州市，它到底是商代哪个阶段、哪个地方族属？方国到底是叫什么？四墓道大墓，铭文铜器，硕大铜钺等文物古迹，那个“孤怪”的“丑”字，要确认它，有哪些相关历史记载，参考资料，必须结合实物查检文献、实物资料，反之亦然。因为，如果对文献和历史地理比较熟，对这些地方的发现就会有更深切的了解。因此，同学们要重视文献资料的学习和积累，在这些方面，史料之外，认真地多读读、领会梁启超、沈从文（著《花花朵朵 坛坛罐罐》，内中沈先生以文物鉴识文献记载，颇多建树）等先生的相关文章，自会受益多得些启发。

还有一点是要眼界拓展开，多看一看相关的外地的考古发现和博物馆藏品，收集周边地区的相关资料来认识和充实我们所学的专业知识和遇到的物件。像我对大辛庄遗址的认识就有一个长过程，一直想去郑州、殷墟看看（未果）。因为对商代考古、文献资料都不熟。一开始认为这个遗址有早商阶段的，因为传说曾经在这里发现过早商的陶器，我们又恰恰发掘到与郑州南关外、二里岗下层相同的素面高裆鬲、甗一类的东西。大辛庄遗址发掘之后，我写了一个简单的材料，画了一些线图，到北京去请教苏秉琦先生。先生看过信和图后跟我讲：“那里有二里岗下层的东西，济南市博物馆的蒋宝庚曾经拿着一些图来家里看我，你去他那里看看实物，对照一下吧。”我听了先生的话。大辛庄确有像早商的东西，有些器物具有和郑州二里岗下层、南关外遗址的素面褐陶甗一样的“岳石文化”因素。苏先生都讲了，那我就更重视了。但，反复思想、比对、察考后我又跟先生讲，这可能是商王朝到达济南地区之后，在它的统治下，把岳石文化（东夷）的这一支统治了，成了商人的奴隶；也因而在大辛庄遗址就没有单独、完整的“岳石人”的活动地层，也没有发现完好的居住单位，都是分布零散混杂的一些陶片，这只能是商人的奴隶、劳动苦力。这当然只是个推测，但却很有意思——这就提出一个新问题：商人是以怎样的方式统治夷人的？

另外，提醒同学们，到外地参观考察，要随手画几个图，瓶瓶罐罐，盆盆碟碟，既练了手，又有“到此一游”的纪念效果。

去年，《苏秉琦先生的通信集》发表了上、中、下三大册子，其中收录了我的那篇小文章，里面也谈到了这个问题。后来不知道苏先生的观点有没有改变。但是这说明了一个问题，必须注意周边地区新发现的考古资料，然后做对比。有这个认识之后，我和陈淑卿老师就把大辛庄遗址最早的年代定在了二里岗上层—中商偏早些吧。我们转了一个大圈子，才确定了大辛庄遗址属于商文化的早期，也就是在中商早段，开头这个事情就是认识不清楚、知识浅拿不准嘛。到外面走走，看看，请教识者，总是会得益的。

最后，送同学们六个字吧：执着、多思、会画。

# 丹青妙笔，薪火相传*

## 访刘善沂老师

教师简介：刘善沂，男，1948年生。于济南市文物局从事文物管理工作，在《文物》《考古》发表文章二十余篇。

2003年开始负责山大考古主要绘图工作，随栾丰实教授前往三峡库区整理资料绘图，开展了鲁荒王墓、新泰周家庄战国墓、晋侯墓地、日照两城镇、丁公、大辛庄、焦家、仙人台等遗址绘图和整理工作，培养了一批山大绘图人才。

采访方式：问卷访谈

**问题一：**刘老师，您之前是济南市文物局的中坚力量，是什么原因让您选择回到山大呢？

**刘善沂：**2002年前，我担任济南市文化局（现济南市文物局）文物处副处长，在那之前相当长一段时期，济南市的考古调查、发掘工作我都参加过或者直接由我组织实施，文物管理中发生的一些事件的基础性调查取证工作，也多由我负责完成。我的直接领导也认为我任劳任怨、工作不讲条件，别人干不了、甚至不愿干的活我都愿意去，因此我离开原工作岗位领导非常不高兴。但是根据当时政策55岁必须离岗，如此离开自己热爱的工作，我其实心里是很无奈的。由于家父与山大考古专业的渊源，山大考古专业当时的领导、老师对我的业务能力、工作态度，以及为人都是很了解很熟悉的，同时，因为长期工作关系，虽然好几个省直文博单位的领导都想让我去他们那里帮忙，我最后还是因

2010年刘善沂在新泰博物馆绘图

* 本文系刘善沂老师根据访谈提纲形成文稿。

为、或者说主要因为家父与山大考古专业的渊源，选择了到山大考古专业帮忙。这些年，除了省直文博单位一些必须帮忙的工作，我主要是在山大考古专业帮忙，发挥余热，继续从事我所钟爱的考古工作。

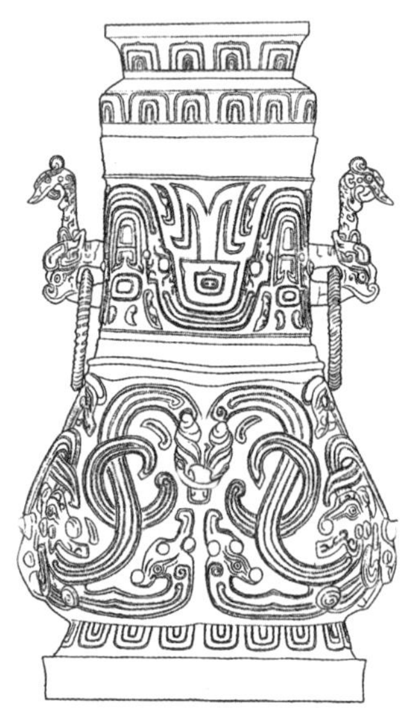

刘善沂绘图作品——青铜器

**问题二：**能讲一讲在您眼中，山大考古50年的发展吗？

**刘善沂：**山大考古专业从1972年创立，已经走过半个世纪的路了。我个人的看法，山大考古专业的发展主要可以从两个方面体现出来。一个是山大考古学科自身的发展。山大考古专业创立前，全国仅有三所高等院校有考古专业（北京大学、西北大学、厦门大学），现在已有几十所大学有考古专业了，所以山大是国内比较早创建考古专业的大学之一。从初创阶段只有少数几位专业或公共课教师、只开最传统的专业课（田野考古）、学制只有三年，到现在进入到国内高校考古专业实力第一梯队，拥有众多高水平师资，跨学科实验室，体系完备，培养从本科到博士的各层次专业人才，学术成果在国内名列前茅，在国际也有相当影响力，是非常不容易的，是几代学者、师生努力的结果。

2020年刘善沂在西安高陵区文化馆拓片

50年来，山大考古专业的毕业生遍布全国，为全国考古、文物保护、博物馆事业发展提供了大量合格人才，发挥了重要力量，像栾丰实、方辉、许宏、郑岩等许多学者在全国都有重要影响。尤其在学校所在的山东省，说最近几十年文物考古事业主要是由各届各层次山大考古专业毕业生支撑起来的，毫不过分。

刘善沂拓片作品——青铜器纹饰

**问题三**：想听您谈谈心中的刘敦愿先生？您觉得他身上体现着怎样的山大考古精神？您从父亲身上学到的最重要的东西是什么？

**刘善沂**：家父刘敦愿先生是山大考古专业的创始人，应该说在山大考古专业的创立和前期发展中起到了重要的作用。这一点由我来评说不甚合适，再怎么说都会被认为不客观，我就简单说两点：一是科研水平，特别是他的美术考古的研究，在全国开启了独树一帜的先河，已成领军人物。二是专业创立，从成立之初的只有两名教师的考古专业，经过 50 年不断发展和壮大，至今已成为名列前茅、在全国具有重要影响的山大考古专业，不仅后继有人而且成就斐然。

至于我从家父身上学到的东西，可以说很多。我的基本考古知识以及绘图技能都源自父亲，但我以为最重要的是如何“做人”和“做事”两点。做人，具体到我毕生从事的文物考古业务工作，与人为善，不与同事争名利，像升职、发表文章等，不与同事争先，为同事提供方便。做事，就是凡工作踏踏实实，认认真真，从最简单最初级的工作做起，在逐步掌握全套应用知识技能过程中，根据自己喜好和特长，争取在某个方向或方面有所突破。

20 世纪 90 年代刘善沂与刘敦愿先生父子于灵岩寺合影

**问题四**：在科技手段代替人工绘图方面，您认为科技对手绘的部分替代需要有什么标准，人工有哪些不能替代的？

**刘善沂**：考古绘图是正投影剖视图，测量方法以直角坐标法为主。通过多年的绘图及教学，体会到两点，一是多绘多练，熟能生巧；二是摸索新方法，提高绘图速度及质量。在绘图过程中，最大的难点是绘制器物上的纹饰图案。例如陶器上的绳纹，这是在绘图中量大，时代变化丰富，用手绘最不好表现的活。这些年，通过不断摸索，尝试各种方法，终于想出了解决这一难题的办法：

器物表面拓片，然后在电脑上用软件处理，能够达到很好的效果，使绘制绳纹这一复杂的工作变得容易多了。

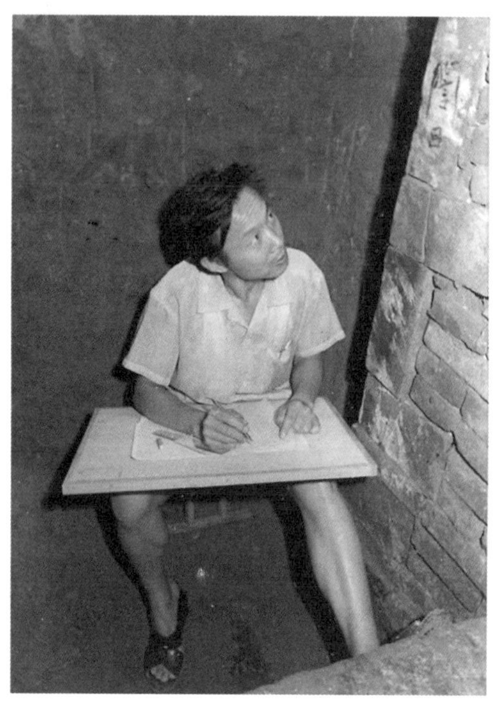

1985年刘善沂在济南郭店元代壁画墓现场绘图

随着科技的进步，越来越多的绘图软件面世，使繁重的绘图工作变得相对简单了，如Photoshop、三维建模等软件。但是要想熟练掌握电脑软件绘图，首先要学会手绘图，熟练掌握各种表现方法，才能在电脑软件操作中达到理想的效果。从目前看，电脑只是绘图很好的辅助手段，有些绘图工作，如绘制陶器残片复原图，还是得手绘，电脑无法胜任。

**问题五**：请您对山大考古学子说一些寄语吧！

**刘善沂**：山大考古专业从创立之始到发展至今，能取得如此大的成就，如果父亲地下有知，一定会含笑于九泉的。寄望山大考古同仁以及后来之人，薪尽火传，踵武前贤，为考古事业继续努力拼搏和发扬光大。

# 任重道远田野路，宏才远志山大人*

## 访任相宏老师

教师简介：任相宏，男，1953 年生，山东大学历史文化学院教授。1978 年于北京大学历史系考古学专业毕业后到山东大学历史文化学院执教至退休。兼任中国长城学会理事，中国博物馆学会藏品保护专业委员会委员。

主要研究方向为考古学、商周考古。主持多项国家级和省部级课题，发表论文数十篇，出版《新泰出土田齐陶文》《淄川考古：北沈遗址发掘报告暨淄川考古研究》等著作和考古报告。

采访时间：2022 年 9 月 4 日

采访方式：电话采访

**白静芳**：老师好。非常感谢您这次愿意接受我们的采访，我们这次采访是为了系庆 50 周年而做的一个口述史的项目，邀请校友和老师来讲述一下和山大考古的故事。第一个问题是，您曾经主持长清仙人台周代墓葬的发掘，这批墓葬出土了许多精美的青铜器，也成为我们山大博物馆必不可少的精美藏品。请您讲讲，在仙人台墓葬发掘过程中有什么令您印象深刻的事吗？这些事对您又有什么影响呢？

**任相宏**：仙人台的发掘因为有教学实习的参与存在一定的特殊性，它和平常的考古发掘，特别是科研单位所主导的考古发掘有所不同。山东大学是一个教学单位，以教学为天职，学校选择的遗址点必须综合考虑教学、科研、教学标本三方面的需求。山东大学考古专业的设置在全国层面是较早的，但却晚于西北大学、北京大学等一众老牌考古名校，相应的教学标本就比较少，特别是青铜器方面。在我初到山大的一段时间里教学标本少得可怜，虽然国家博物馆，也就是以前的中国历史博物馆会支援我们一些，但是标本量依然无法满足增长的教学需求。

---

* 本文系杨天孚、丁茗锐、孟庆伟整理校对文稿，经任相宏审阅修改而成。

后来，我们请陕西周原一个可以复原青铜器的工作站帮忙，复制了一些青铜器用于教学，其中还包括部分石膏制品。但当时复制技术也不如现在精良，而上课需要教学标本，我们只能尽可能地提高教学质量。考古比较侧重实物，讲授青铜器的课也需要实物，最好同学们能上手触摸，亲自感受青铜器的纹饰、造型、铸造工艺，等等。

回到长清仙人台发掘的问题，教学计划、科研问题、教学标本问题都需要兼顾，但相比之下，教学标本问题更为紧迫。此外因为学院其他老师对青铜器的研究相对较少，而我当时正在任教古代青铜器这门课，所以此次发掘我格外看重是否能出土青铜器。基于当时的情况，解决教学标本问题、提高教学质量，是我们必然的行动。

1995年仙人台遗址发掘合影

仙人台遗址的考古发掘，是1995年我带学生实习的。我们山东大学特别注重实习，这与刘敦愿先生有密切的关系，因为刘先生就特别注重野外。我从北大到山大之后，刘先生就安排我下工地参与发掘。野外是取得考古资料的第一手段，考古发掘能力的提升也需要野外锻炼。

在此之前，山东大学是隔年招生，学生也不是很多，有条件进行两次实习，有些时候还会更多。开始是见习，就是去工地看一看，了解什么叫探方、什么叫手铲、什么叫探铲，等等。一般情况下，我们每个礼拜都会带学生去看一看。此外还有现场实习（也叫生产实习），一般是在二三年级的时候进行。这次实习中，老师带着学生从布方开始，让学生学习怎么根据实际情况布方、怎么布设隔梁、怎样区分不同遗迹情况、怎么去写探方记录，怎么去发现和处理遗迹现象等等，最终完成发掘并形成过程的完整记录。

最后一次是毕业实习。是在本科四年级的时候，进行本科期间最后一次实习，这次实习就是独立作业，没有老师的指导。在有条件的情况下我们会把学生分成几个不同的组，史前、商周，或是其他阶段，可以出去做一些小规模的考古调查发掘。这一次基本上属于独立性工作，老师基本上不介入，但这次实习无论是对走向工作，还是选择科研、教学来说，都有着重要意义。我们的毕业论文，一般情况下就是在毕业实习的基础上完成的。所以说我们当时有三次实习：见习、生产实习、毕业实习。

隔年一招的情况下，我们还比较有能力兼顾不止一次的学生实习。当然，以目前的招生情况，如果依然按照那个时期的教学方法，那我们的师资力量和考古发掘经费都不会得到很好的保障。现在我们培养的学生，野外的动手能力往往比以前要差一些，在我看来就是因为实习比以前少多了。

回到仙人台实习问题。历史时期的考古发掘，特别是商周时期，我们的带队老师往往是于海广老师，以前的时候还有徐基老师。一般是这些老先生、老教师带队，虽然我年龄比较大，但在他们里面还算比较年轻的，所以他们带队比较多一点。我带队的情况在当时实际上是比较少的，毕竟有很多老师在前面，所以我必须珍惜这次实习带队机会。

因为上青铜器的课比较多，所以我就想发掘青铜器，给上课提供一点真实的、我们第一手发掘的青铜器。当时我、于老师、济南市文物处的处长刘伯勤老师和栾丰实老师就确定了目标：挖到青铜器两三件就非常好了，哪怕是一件也可以，也可以解决那时候我们缺少教学标本的燃眉之急。

定了目标之后面临的就是选择发掘地点。好在那时候我们有团体领队资格，在山东省、甚至全国范围内都可以选一个我们实习的地点。这个点，就要顾全教学、科研、教学标本的三大目标，尤其是教学标本。我们首先考虑山东省内的地点，因为我们的财力实在难以维持长时间在省外的实习发掘，进一步考虑人力、物力，济南市就成了最好的选择。

因为我对山东的情况比较了解，整个山东大概有三个地方出青铜器比较多。一是滕州薛河流域，上游东江出土小邾国遗物。薛河的整个流域面积内历史遗产非常丰厚，特别是青铜器，商代早期、西周、春秋战国、汉代，都有很大的数量，那时候也是我们山东省出青铜器最多的地方。二是济南长清，南大沙河流域附近，这一片区出青铜器也非常多，包括小屯出土的兵器等，但稍逊于滕州薛河。南大沙河非常重要，我后来发掘的济北王陵、双乳山汉墓，都属于南大沙河流域。三是胶东黄水河流域，在今天龙口黄县附近，那里出的青铜器主要集中在西周、春秋时期，而且量非常大。如果想在山东发掘青铜器，目标就在这三个点，其他地方可能也有青铜器的存在，但是出现的可能性比较小。在这三点的具体考虑上，黄水河流域和薛河都因为距离问题被否决，最后我们就选择在长清南大沙河附近进行发掘。

然后考虑具体地点，当时因为小屯出土过青铜器，我们就直奔1958年修小屯水库的地点，后来我们发现1958年小屯出土青铜器的地点信息不准确，调查之时发现的那一批青铜器并不是考古发掘而来的，所以小屯的线索不可靠，就放弃了进一步的发掘工作。

之所以选择仙人台，是因为有一天中午我们在长清文化所那边吃饭，我提出想看一下他们的仓库。一般情况下，我们出去的时候喜欢参观库房，因为库房里有一些很原始的物品地方人员可能认识不到其重要性或特殊性。在库房里我突然发现两件青铜簋。古代用鼎制度有九鼎八簋、七鼎六簋等，两件簋足以说明这出在墓葬是没问题的，而且墓葬的等级肯定比较高。也就是说我们选择发掘这里的话，只要墓葬未被盗掘，那么发掘两三件青铜器的目标应该是没问题的。有两件簋的话理应会有鼎，三鼎两簋，按照当时组合制度的话至少是五件，甚至可能还有更多。于是我们就去了解这两件器物的出土地点，调查到是在北黄崖，也就是仙人台。

最后我们选择了北黄崖，同时为了安全起见，备选了陈庄。陈庄在仙人台西，据说以前也出过青铜器，所以那一年我们就上报了仙人台、陈庄两个点，两个点都是长清的，距离也不是很远。

后来我们的发掘就很理想了。给我印象最深的，首先是车马器的发现。我们当时认为能够挖到两三件青铜器就非常满足了，所以后来同学们看到我最先清理的一号墓青铜器绿锈都非常兴奋和惊喜。大概是在我们探到第五座墓葬、探测工作即将结束的时候，我就开始估算，如果一座墓葬出土五件青铜器，就是采用三鼎两簋制，六座墓葬就是30件。后来我和方辉老师两个人实在忙不开，又把崔大庸老师叫了过去。期间回到学校我就准备了足够装30到32件青铜器的橱子，着手运到工地准备装青铜器。结果最后橱子基本上没用，因为橱子太小，青铜器太大，放不进去，而且也不是三十来件，是一百多件。现在校博物馆里展示的就是我们发掘的那一批青铜器。

发掘过程中，高兰英同学说：任老师，这个地方出扇子了。但怎么会出扇子呢？当时清理的是四号墓，那是个车轮，大部分被当地农民以前种地之类的活动已经挖没了，只剩下靠近轮骨那个地方了，很像扇子的扇骨。可以前都是团扇，没有折扇，我们才恍然大悟。我们实在想象不到有马车，有马车的话遗址规格就更高了。发现车马器以后，工作受到了一定的阻碍，因为清理车马器十分麻烦，要求很高的技术。所以在没有办法的情况之下，我就想到了野外技术和清理发掘技术都很高超的崔大庸老师。

这时我们三个人就到齐了——我、方辉、崔大庸，我是总负责。当时还有周代遗址发掘，因为遗址发掘比墓葬要困难得多，所以我们仨分工操作，我侧重于墓葬，方辉老师侧重于遗址的发掘，崔大庸老师主要是负责清车马器。后来发掘双乳山，又请了崔老师来清理车马器。

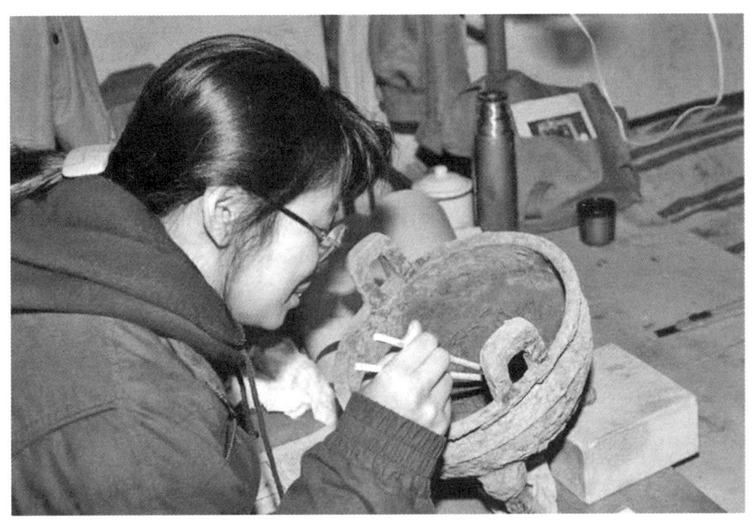

1995年颜孔昭在仙人台驻地清理出土的青铜器

第二个惊喜就是六号墓。六号墓是最大的一座墓，我们推测是国君墓。可出土了那么多青铜器，里面层层叠叠密密麻麻，有的大的套小的，有的乐器套三层，大的套小的，里面再套一个，有的盘是放一个再放一个……因为墓葬空间小、随葬品多，我开玩笑说再让我放回去都不可能了。当时超出预料的，还有一件很大的的青铜鼎，远远超出预期。这件青铜鼎的重量到今天我还不知道。它的直径是90厘米，一个足是19斤，一个耳朵19斤，都是实心的，这个是非常惊喜的发现。

方辉老师也是抑制不住的兴奋。我们的女同学最初都要求去值班，但我说女同学坚决不能去。最后我和崔老师、方辉老师，我们仨带两个学生值班，就睡在墓坑里。春天风大我们上工地有时候就看不到崔老师，因为尘土飞扬以后，尘土就把他盖掉了。六号墓的出土量太大，而且青铜器太多，出了十五鼎八簋，鼎大得都抬不动的。当时我跟国家文物局说，我们这里要出九鼎八簋，九鼎八簋是天子之制，他们认为是不可能的，出几件青铜器就不错了，不可能九鼎八簋。而最后出土成果，不是九鼎八簋，是十五鼎八簋。

仙人台的发掘使我们的教学任务、科研水平都得到了提升。后来仙人台遗址的发掘获评全国十大考古新发现，我也有了国家课题。遗址有名了，我也出名了。从那个时候起，就我比较走运，接连发掘了十大考古发现。一开始大家都认为双乳山被盗了，后来我去了才认识到没被盗，这已经是我参与的第二个十大发现了。说回仙人台遗址，无论是从教学还是科研，都可以说是非常顺利的，对我们学校的本科评估、教学评估，起了很大作用，同时这批青铜器都成了校博物馆的镇馆之宝。后来国家文物局、中国历史博物馆，都想收藏这些文物，因为就连国家博物馆也没有一套完整的编钟编磬类的器物，但我们都没有轻易交出。

**白静芳**：那您觉得这次发掘对我们山大考古学系的发展有什么影响呢?

**任相宏**：我认为这对整个山大的教学评估提升有着重要意义。对于我们的学校、我们的专业，无论是知名度，还是学生分配方面，都起到了很好的作用。教学质量也得到了显著提升，我们那批同学对青铜器的敏感度很高，因为他们都亲手感受过、清理过、修复过出土的青铜器。这之后我们的教学标本数量多了，而且种类丰富，对于教学质量的提升起到了明显作用。

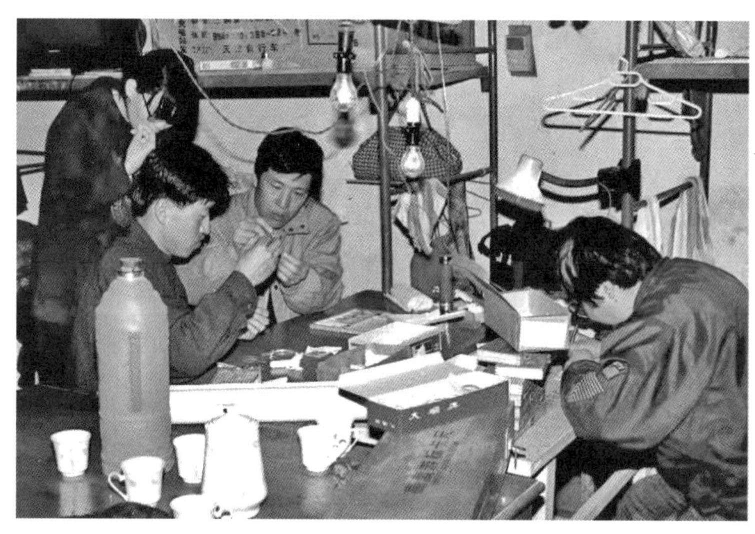

1995年任相宏（左三）、方辉（右一）等晚间整理仙人台出土资料

**白静芳**：您研究的方向主要是商周考古，想请您谈谈对于山大商周考古领域的研究有什么看法和期待?

**任相宏**：我们山大考古总体来讲，以前经常排名第三，位居在北大、吉大之后。以前我们山大老师非常少，曾经最少只有六七个人，是我们最困难的时候，但最困难的时候，也是我们最辉煌的时候，在20世纪90年代的时候，我们甚至是有两次排名是在吉林大学前面，排名是北大第一、我们第二、吉大第三。现在我觉得山大考古必须要有危机意识，大家都在学科发展，不前进就是后退，走慢了也不行，必须得比别人都快才能上去。现在排名我们基本排不上第三，而西北大学现在是比较稳定的第三。那我们就是第四了，甚至之后可能就成了第五，后面第六，我觉得有点危险。虽然方老师非常努力，我们老师都非常努力，但还是需要大家一同进步才能让山大考古更上一层楼。

每个老师具体情况不一样，他们自己的发展方向、研究方向由他们自己来定夺，不可能做一个研究室或是让院长去规定它怎么发展、研究。每一个人都有他自己的学术空间，是不能干预的。但如果作为一个考古学院，我们需要有规划，科研与教学并举，教学搞不好科研很难；科研搞不好教学更难，他们是一个相辅相成的问题。作为培养人才的大学，教学放在第一位，科研放在第二位，两者都不能放松。

作为一个学校，根据地理位置和发展情况，形成一个基本定位问题很重要，更难能可贵的是看到我们这个专业的弱点在哪里。我们现在最大的问题是经常说自己的长处，愿意自我表扬，我们山东大学“文史见长”，我认为这也无可厚非。以前都是他人表扬，现在自我表扬，但如果要发展，是要看到自己的短处的。像我们的考古常识没问题，我们上课的理论方法也不能动摇。方法理论可能是盲目的，因为没有实践，那是空洞的，所以理论方法是相辅相成的。要是天天在挖不总结方法，不总结理论，就是盲目的，永远不可能到前面；但要是光谈理论光谈方法，而实践操作不行，那是空洞的，就没有根基。提升我们的教学，就是在接触考古本身之始，必须加固方法理论。

第二个问题是文献。我一直主张培养学生注重文献。我们现在很多学生不注重文献，不看文献。特别是商周考古，商周考古本来就有先秦那么多的文献，但是我们视而不见，这是非常大的问题。面对很多出土的器物，不看文献能行吗？不看文献还能记住什么？其实也不只是我校考古专业，这个问题是全国考古学科普遍的问题。我一讲看文献学生就说不行，因为他们认为那是历史的功课，认为历史是研究文献的，考古是研究实物的，这是不对的。作为学科来讲，培养本科生还好，研究生这样培养就是失误的。学生必须读文献，倒不用像学中文的那么熟悉，但必须了解相关文献的来源，用的时候会更方便，知道是怎样一件事情。我们研究商周考古的很多人，包括部分老师在内，不仅要看我们说的正史文献，还要看地方的一些史证。

第三个问题是出土文献。出土文献比传世的纸质文献还重要。出土文献包括金文，包括竹简、木牍、甲骨文等，甲骨文我们很难接触到，但是必须得了解。每年出土这么多东西，每年出土这么多的青铜器铭文，光局限于传世文献是不行的。我们以前老说要考古学独立出来、有自己的理论方法，我们是研究实物的。但是在今天来看，作为学科来讲，以后千万不要把考古和历史放在对立面上。学考古的就是历史学者，历史学者也应该懂考古，否则永远成不了大事、永远出不了成果，就算今天出了成果也是看个热闹，明天这个热闹就没有学术生命力了。

考古发掘的出土物必须要进行解读。以仙人台为例，那么多铭文不识读是不行的，而识读又和文献相关联，因此文献也必须要读，只知道器物的年代是不行的。所以商周考古比史前考古难度大，比后面的时期难度要大，出成果很难。全国研究商周的人不多，研究出名堂的更不多。

我现在主要是做专家比较多，现在最多的活动就是参加学术会议。学术会议我一般不参加外省的。另外就是比较多的参加山东省鉴定委员会的工作。山东省鉴定曾经存在很多问题。现在重组后的鉴定专家力量更强了，明显的错误就可以避免了。这样我从去年开始成为山东省文物鉴定委员会的鉴定专家，事情也多了起来，包括为各个省的博物馆定级等，只要是涉及青铜器就会联系我，我看过后他们就放心了。前几天有一个比较大的案子，青州公安局有一个盗墓案件的现场鉴定，他们知道我在淄博就把我接走去做顾问，进行一些咨询，进行了将近一天，现在他们已经理出眉目了。我说这些是想表达，我能走到现在的地步，与仙人台墓地发掘有关系，如果没有挖到那批青铜器，就没有现在的我。

1995年铃木卓也在仙人台进行现场发掘

现在可以说，全国文博界的人挖的青铜器的数量还没有人能超过我。我挖了仙人台、双乳山、纪王崮等，经手的青铜器数量巨大，所以看青铜器是比较专业的。以前我们还把王振江先生请来一起修青铜器，所以我还有修青铜器的经历。我的开端还是与仙人台有关系，如果没有这些积累，我可能也不会和青铜器如此有缘。

**白静芳**：山大考古从创立到现在经历了50年风雨，一代又一代山大人从前辈手中接过了历史接力棒，铸就了历史辉煌，想您谈谈这50年中对您最重要的人和事？之前事的部分已经讲的很详细了，这边就谈一谈关于人的事情吧。

**任相宏**：我认为每个人都做出了贡献，只是角度不同。我们有三个主要的创始人，刘敦愿先生、蔡凤书先生和李兆年先生。首先是刘敦愿先生，刘先生一生比较坎坷，从学西洋画到学中国画，然后是中文，从中文到历史，再从历史到考古，他的经历丰富，所以他的阅历就比较丰富。蔡凤书老师是北大专业毕业的，对于我们考古专业，特别是教学体系的形成，客观来讲做的贡献应该是比刘先生还要大。刘先生毕竟是杂家，他也自称为杂家。开创阶段时最主要的是刘敦愿先生和蔡凤书先生，他们做的贡献最大。后面的马良民先生，还有跟李伯谦老师是同班同学、研究画像石的李发林老师，对汉代考古教学也做出了很大贡献，但因为他一直到退休还是副教授，现在人们提及较少。山大有一些老师他有自己的个性。李发林老师是广西人，北大毕业的。马良民老师以前是我们山大历史毕业的，他是做着资料员又教着考古，所以他的身份一直不是纯粹老师性质的。还有徐基老师，他也是北大毕业的，从博物馆跳到魏晋南北朝又跳到教博物馆学，后来又教史前考古，他转的比较多，但是他没研究过商周考古，商周考古评职称难一点，他也比较坎坷，大概是退休的时候才成为教授。

**白静芳**：回顾您的考古学术历程，想请问您当时为何选择考古学这条路，进而选择商周考古方向，希望您可以对于山大考古学生有一个什么样的寄语？

**任相宏**：选择这个专业，一个是形势，一个是因为选择了山大。商周考古挑战性比较大，选这个专业时刘敦愿先生起了一些作用，在当时我们学生比较听老师的话，老师怎么说就怎么做，领导怎么说就怎么做。当时来了以后，我来的时候我们师资很少，也没有几个人。徐老师来得晚，马老师也基本不来上课，因为他当时在资料系统，教学就没有人，所以我们刚成立时很多老师都是从外面借的，我们山大当时商周考古是李伯谦老师来上的，因为我们没有师资。比较实际的说是研究史前比较好，因为刘老师自己也在做，所以选择的话我还是听取刘敦愿先生的意见。

我们当时有一个说法，叫“古不下三代”。考古，就是到三代为止，旧石器、新石器、夏商周。我们现在说基本上到春秋战国，以前我们看汉代东西都觉得时间太晚，汉代以后的东西基本上是看不上的，不去重视。考古就是以三代以上为主。现在跟以前不一样，但是在那个时候还是这样的思想。后来我听取刘先生的意见去学商周考古。那时氛围比较好，每个礼拜每个老师都会讲一讲心得，去激励你学习一点东西。刘敦愿先生教育教学方面很有经验，我们过段时间就会做一个小沙龙，拿一个晚上写些东西，此外白天考虑的问题也可以跟老师交流，这种环境下个人成长是很快的。我选择商周考古除了听老师的一些安排外，也是对这阶段有一定的兴趣。先前在北京大学，我们的老师各有特长，个人受他们影响比较多一点。比如说严文明先生，严先生是研究新石器的，他的逻辑思维很严密，我毕业实习是跟着他去做研读。文献方面，是俞伟超先生负责的，我受他影响比较大一点，所以也比较喜欢文献，慢慢走上这条道路。

当然我们也需要实习，毕竟遇到事情都要先了解一下，才能做有目标的选择，才能去考虑一些老师。到山大以后我还是侧重一些与商周有关系的内容，没有关系的我不也感兴趣。我们好多老师去做南水北调工程，其实都是些承包工程，很多单位都是为了争取横向经费而进行的，包括三峡工程。三峡工程本来叫我去的，因为三峡工程总指挥是俞伟超，我们是师生，关系也非常好。但是我考虑拒绝，基本上我不感兴趣的就不介入，所以到现在也未曾参与。南水北调本来是我跟王青老师负责，但我一看是龙山的，便不感兴趣了，即便有优惠条件我也不去。做商周考古十分看重积累和经验，比如仙人台是春秋的，为了把仙人台研究清楚，肯定对相关方面是很熟悉的。方老师做大辛庄，出土的遗物多了后，必须进行解读，发掘的东西必须去解读，但一个人的精力又是非常有限的，以前盛产大家，现在是很难的，以后只能是个小专家，不会像以前一样了。现在出不了先生，很难产生综合性的专家。在众山林立的现今学界，在一个领域里面做得好一点就已经非常难得了。

现在回过头来看，刘敦愿先生是很有眼光的，不愧是我们的一个开创性的先生。他眼光放的远，他从另一个角度来看问题是比较清楚的。有时候我们逻辑思维有定势问题，但是我们先生他从学西洋画到中国画，然后到中文，再到历史。他为什么这么跳脱？正面来说是刘先生有丰富经历，但说不好听的就是不得已而为之，很难在一个领域留住。学术竞争非常厉害，换句话说，在油画里难以立足，对那个系统不适应就跳槽，不行就再换地方，可见丰富经历这个词有时候是贬义词，不是褒义词。那时候我们先生还杀到中文系，又跳到历史，从一个火坑跳到一个火坑，他也是不得已而为之，为了生存而走到今天。我不是彻底的山大人才敢说这话，马老师、方老师不会说这种话，但是从另一个角度来讲，这就是阅历。刘先生一路走来坎坎坷坷，取得了很多成绩，但也看到了一些经验或者一些教训，所以他把经验教训总结，再后来去指导我们，我在他身上是受益的。包括他要求我们去野外，当时我们年轻人都不理解，我们基本都结婚了，还有家庭和孩子，事实上很难顾全野外。但是现在在我看来是非常受益的。

若干年以前很多人不认为我是山东大学的老师，而认为我是山东省考古研究所的人，因为我跟他们频繁的接触，所以有时候会把我的信寄到考古所。其实我是山东大学的人，因为我跟刘先生、张学海先生包括杜金鹏先生频繁接触，从他们身上学习了很多。看陶器陶片是跟杜金鹏学的，史前商周考古是跟张学海先生学的，他们都是大家。这些先生都在中科院做了很多年，现在社科院的人也是全国到处跑的，刘先生也经常把我们往田野赶。这是刘先生自己得出的一些经验，然后用在我们身上。所以，我今天非常感谢刘先生，非常怀念他。

我从事考古50年了，还有一个导向的问题，就是我们各种考核各种指标。有时候我觉得它跟我们的教学规律有矛盾，它有时候不符合我们的教育发展规律，不适合我们这个学科。但是你不这样做可能也不行，结果就是学科评比上不去。所以说有时候当领导很难。我们现在学科比较多，有文化遗产，还有旅游，比较丰富多彩，但是我们也得谨慎，就是必须立足我们的特长领域，不能跨太多，现在我看到方辉这后面也都做起来了。

50年是什么概念呢？如果从事理工科，应该是比较好的年代；如果从事文科研究，那就是最好的年代——壮如牛猛如虎的年代了。所以我认为年轻的老师还是要把基础打得牢一点，我们以前称之为功底，不练好功底肯定是不行的，有时文章里的一句话就判断这个人的功底如何。所谓的功底，就是基础要好，而最基础的就是文献，加之多下田野，我们的考古学专业才能健康发展，这样培养出的学生才会比较合格。我们培养的学生，出去必须要适合单位需求，能胜任工作。我们培养学生的目标，并不是培养技工去帮他们发掘。我们培养的是研究型、综合型的人才，既能考古发掘同时也必须有学术功底，具有研究能力、学术眼光、学术能力。

你们还年轻，必须得打基础，对全国的学科发展必须要了解。比如商周考古，全国是哪里发了一篇文章，哪里出现了新材料，我们都得敏感，要及时跟进，这样才能走到前沿。因为我们的学术更新很快，但我们文科学术生命很短，史学可能一二十年滚动一次，我们考古不同，滚动太快，可能明天就有新发现、新观点了。比如前段时间我给李伯谦老师写了一个关于沂水纪王崮“纪侯大去其国”的文章，那篇稿子比较长，2 万多字，里面有齐长城的问题，关于齐长城，以前我们写过一个《齐长城源头建制考》。后来清华简《系年》里面关于齐长城是哪一年修的写得很清楚——公元前 441 年。以齐长城为例，可见它的年代争论非常大，新证据出来以后证明我的观点还是比切合实际的，就说明我那时候看得比较专业。有新证据以后我们看得就更准了，刚写完寄出，写了 7000 字，我实际是从文献、实物等方面尝试提出一个新观点。我从平阴的古城、新泰的平阳邑、青岛的琅琊邑等来看齐长城修建的动机，因为齐长城在边境，是用来防楚、晋、越、吴等外来诸侯的，这没有争议。长城往往都是被动修筑的防御性设施，可是我们要是从文献看，如果清华简没问题，那我们看得很清楚，前面这几个地方都是属于齐国的，而且都在公元前 441 年之前。由此可以得出结论：齐长城并非是一个边墙，它不是齐国的边界，而是一条内墙。这条墙是建立在他们的版图领土以内的，可以推测齐国人修长城，不讲究天时，它的目的就是扩张，争夺天下，它是主动修建的一种综合性防御性设施。这是一个新观点，角度跟以前的都完全不同。产生新见解，还要熟悉文献、考古资料。我以前承担国家课题，在平阳做过工作，也调查过琅琊，关注过古城。古城就是埋项羽头的地方，前段时间他们邀请我在东平开会，就是讨论程咬金故里和项羽头埋在哪里的问题。

我认为山大是很有希望的。一个事业需要有人，我们除了培养学生之外，老师也要盯着学术前沿，我们争取在全国保住第三的位置，然后再往上争取一点。我希望你们学业有成，更是想山大考古可以更上一层楼。

# 记忆入职山大考古

任相宏

接到方辉院长发来的《山东大学考古专业创建50周年纪念文集》约稿函，当看到“怀念卷”时触发记忆，入职山大、带领学生考古实习的画面一幅幅在大脑中闪过，历历在目，记忆犹新！

## 一

1978年7月上旬，在北京大学三十六号楼一层历史系办公室，宋百川和于海广老师动员我毕业后到山东大学历史系考古专业任教。当时，我对于两位老师并不陌生。

与宋老师初次见面，记得是1977年上半年在北京大学文史楼，是宿白先生引见的。那时，宋老师在北大进修隋唐考古，听宿先生的课。有一天，在文史楼的三楼我们不期而遇时，是宿先生叫住我在走廊里介绍的。当时我非常惊讶，先生对一位学生怎么这么了解！

之前清明节后的两周，宿白先生带领我们到山西大同实习，先后参观了云冈石窟、华严寺和北魏平城故城遗址。正赶上寒流，入住的宾馆双层玻璃都难以抵挡大风，天气异常寒冷，无奈，当地文物部门领导只好到部队求援借来棉大衣御寒。即使这样的天气，先生教学依旧严谨。在云冈石窟和华严寺，先生现场讲解完并布置好作业就在出入口处把门查看作业，如果同学临摹的佛像或是绘的古建筑铺作不准确必须重新临摹、绘制，直至合格签字才放行。可能是这次实习，师生天天在一直活动，我给先生留下了较为深刻的印象。

入职山大以后，每次见到宿白先生，他总是问宋老师的情况。2001年，国家文物局在南京江宁召开两年一度的田野考古工作汇报会，期间每晚几乎都与先生在一起聊天，那次询问宋老师的情况最为详细。宋老师也常常挂念着宿先生，每当得知我见过先生后，见面也总是问一问宿先生的情况，他们之间情深谊厚！

说起先生，就想到先生上课的特点。先生上课都是提前一刻钟到教室，吸上一支香烟休息片刻，接着就开始在黑板上绘图，图绘好了也就到了上课的钟点，时间掌握得非常精准。上课的内容，就是黑板上所绘的内容。听先生的课必须提前到教室，紧随先生的节奏，否则就有点忙乱，跟不上授课的速度。除去绘图，授课过程中还有规范的板书。先生授课，多在上午一两节。

先生图文并茂的教学方法，直观具体，可以有效地提高教学质量，对我影响很大。在山大教书的日子里，时间允许的课我也是提前到教室，爬黑板绘图。

于海广老师参加了1976年北大举办的考古进修班，参加进修班的还有山东曲阜文管会的项春生和来自全国各省市自治区的文物干部。我在三十六号楼跟于海广老师见过一次面，记得是俞伟超先生介绍的。下半年，他们去陕西周原遗址发掘实习，由俞伟超先生带队。

那时北大考古专业有见习、生产实习和毕业实习，实习课比较多。见习时间为两周，后两次实习各为一个学期。实习都有老师带队，所以比较其他专业师生之间在一起的时间就格外多，所以关系也就格外密切、亲切。

俞先生没有带领我们实习，但却是跟我们接触最多的先生，只要在校他有时间就会到我们宿舍聊天，每周至少一次。谈天说地，聊的内容非常宽泛，当然考古是最多的话题。聊到兴致时，我们只好轮流吃饭轮流跟先生聊，没有饭点。记得有一次晚上聊得过于兴奋，而宿舍里正好有空闲床位，先生干脆就住下了，家也没回。当时还在猜想，一夜不回家，师母范老师脾气可真好！与先生接触，才真正体会到学问不只是在课堂上，更多的是在实践中获得的。

先生知识渊博，上课很容易天马行空，回不到主题上来，也就势必拖堂。印象中，先生上课没有正点下过课。听先生的课，都有一个晚吃午饭的思想准备，因为先生的课多在上午三四节。

宿白先生上课是提前一刻钟，俞伟超先生上课是拖后十分钟。但先生们讲课有一个共同特点，都是讲他们最新研究的学术成果及研究方法，授业传道！

先生文献功底扎实，除秦汉考古外还给我们上过版本目录学的课。在先生的劝学下，从大一下半年开始，我就尝试接触前三史，熟悉三传，了解三礼。

宿白、俞伟超先生文献功底都非常深厚，他们做学术研究不但重视第一手实物资料，还注重传世纸质文献和出土文献，甚至是口碑资料，这对我都产生了潜移默化的影响。

1972年是我国文博事业发展的一个重要节点。停刊多年的三大杂志复刊，吉林大学、南京大学、山东大学创建考古学专业。之后，厦门大学、武汉大学、郑州大学和山西大学也相继成立考古学专业。到20世纪70年代末，全国已有11所院校创办了考古学专业，我国的文博事业进入了一个繁荣时期。据说，这与故宫的一次文物展览还有关系。1971年，国家文物局在故宫举办了一次“无产阶级文化大革命期间出土文物展”，反响很大。

但是挑战也随之而来，考古专业师资力量严重不足，地方文博力量更是薄弱。山大考古也不例外，创建时曾先后邀请李伯谦、高明先生讲过课，以维持正常的教学运转。为了扭转这一局面，高校教师、地方文博干部纷纷到北大历史系考古专业进修、学习，或是旁听，很是热闹。宋百川和于海广老师，就是在这样的历史背景下到北大考古进修学习的。

高中毕业不久，我就到联办中学任民办教师。每个月村里记一个劳动力的工分，国家补助八元钱。在物质匮乏的那个年代的乡下，教师是比较明事理会算计的文化人，个人的名利往往看得比较重，是不被多少人尊敬的职业。

因此，宋老师和于老师动员我到山大考古任教我并没有立刻答应，对于这一职业没有多少兴趣。宋老师和于老师平易近人，待人和蔼可亲，中午还特地邀请我到校外长征食堂共进的午餐。那时我不会喝啤酒，但宋老师饮啤酒的专业和享受的表情至今难忘。在老师的劝说下，最终还是答应来山大教书。两位老师马上交代，不要拖延时间，要尽快到山大报到！

然而，我的报到通知书却迟迟拿不到，同学们都走了，只剩下我一人在校焦急等待。期间听李志义老师讲，我已被分配到湖北，调剂到山东可能需要一段时间，劝我耐心等待。李志义老师当时兼任考古专业书记，分管学生工作。

在宋老师和于老师动员我到山大工作之前，湖北省博物馆的王劲先生到北大招过学生，找我谈过话，动员我到湖北工作。1976年下半年，由李伯谦先生带队我们到湖北盘龙城实习，发掘的是二号宫殿基址，还在南城墙打了一条南北向的探沟。湖北省博物馆也参加了这次发掘工作，带队的就是王劲先生。当时还举办了一个“亦工亦农考古培训班”，由先生们轮流上课。王劲先生几乎天天都在工地跟我们在一起，也是我们的指导老师。那时王先生年轻，英姿飒爽，说起话、工作起来干净利落。王劲，还有中国社会科学院考古所的郑振香、山东博物馆的郑笑梅和新疆维吾尔自治区文物考古所的穆舜英先生，被誉为当时中国考古界的四位女英雄。

同王先生一块到北大找我谈话的，印象中还有武汉大学的彭金章先生。谈话的地点是在未名湖畔，两位先生都在北大学习过，对校园环境十分熟悉，选择此处似有怀旧之意。两位先生非常热情，武汉的热，还有杨家湾血吸虫病带给房东家的危害给我留下的印象太过深刻和伤感，而又不好意思推辞先生的厚爱，只好表示服从分配。

8月上旬，终于接到分配通知书，但报到单位不是山东大学，而是山东省教育厅。山东省教育厅，那时在济南青年东路，与文化厅、卫生厅在一起，叫文教大院。报到之后，带上通知书才到山东大学办理的入职手续。

## 二

山东大学新校校园对我来说也并不十分陌生，因为不久前还在这里居住过。1978年上半年，在严文明先生的带领下，我们实习小组在曲阜孔庙整理兖州王因的大汶口文化墓葬资料，结束后到济南参观，就住在新校四号楼宿舍。那时考古实习都是自带行李，对口接待，出行市内是轿车，市外则是解放大卡车。1976 年下半年到湖北盘龙城实习，在武汉期间也是住在武汉大学，交通都由武大负责。在济南，我们先后参观了山东博物馆，四门塔、城子崖和平陵城遗址。

第一次到文史楼历史系办公室，正好遇到刘敦愿先生。先生有个习惯，每天上午九点多从新校家属院居室步行到系办公室取信件。先生精神矍铄，健谈、爽快！第一次见面就跟我交谈田野考古的重要性，并安排我赶快安顿好之后回老家休整几天，然后去诸城呈子遗址发掘，参加省里统一组织的田野考古培训班，还建议我以后教学科研以商周考古为重点。看来，先生早已把我的工作进行了统筹规划。

来山大之前就听说，山大考古专业是由两个半人创建的。刘敦愿和蔡凤书先生各算一个人，李肇年先生算半个人。刘先生国立湖北艺术专科学校毕业，早年学习油画，从事国画，后改中文、历史，最终落脚考古，经历丰富，自称是位杂家。先生阅历丰富，知识渊博，对考古学认识独到、全面、到位。蔡凤书先生 1960 年北大历史系考古专业毕业后到山大历史系执教，科班出身。李肇年先生毕业后较长时间在校部工作，考古专业创建不久又调至中共山东省委党史研究室（研究院）工作。刘先生讲授夏商周考古，蔡先生讲授新石器考古，李先生讲授革命文物。

刘先生当时负责考古专业工作，自然从专业学科发展和个人特长进行过全面考虑之后才做出的规划，所以我很快就同意了先生的安排和建议，没有提出任何异议。

呈子遗址位于诸城城区以南十五千米处的呈子村西，隶属当时的皇华公社。遗址的南边不远处就是泰沂山脉，源于山脉的扶淇河自南向北流经遗址的南、西和北后北去注入潍河。遗址黄土发育较好，与周围较为贫瘠的沙山地形成较为明显的区别。遗址的文化性质较为复杂，由大汶口、龙山文化和周代三个不同时期的遗存构成。面积不大，不足三万平方米。文化层深度最深处三米左右。

发掘虽由省文化厅统一组织，但业务主要是杜在忠先生负责。工作非常顺利，因为其前已经做过一次发掘，对遗址已有所了解。大汶口文化遗存主要是墓葬，龙山文化主要是房址，周代以窖穴为多。上半年实习，在严文明先生的指导下刚整理过兖州王因的大汶口墓葬资料，期间苏秉琦先生在曲阜还就鲁故城的周代陶器专门给我们上了两堂课，因此当看到这里大汶口文化墓葬和周代陶器时感到格外亲切。

杜在忠先生是潍坊人，1959 年考入北大考古专业学习，毕业后到科学院考古研究所工作，1976 年调入昌潍地区文物管理组（潍坊市博物馆）工作。从发掘现场到室内上课，先生都是耐心指导和讲解，从不保守。参加发掘指导的，还有山东博物馆的王树明先生。这次受训，对我来说收获颇丰，特别是对龙山文化有了一个全面的了解，对周代遗存也有了进一步的认识。

参加这次培训的学员二十多人，有省博物馆的赖非、万良、张振国、王占琴、王桂萍等，青岛文化局的宋爱华，潍坊文物管理组的曹元启，安丘徐新华、寿光贾效孔、胶南王京东、高密李储森等，山东大学有我和同年由吉林大学考古专业毕业入职山大考古、后来到校部机关做领导的张志奎。

1980 年秋季，1978 级本科生实习，由马良民老师带队发掘茌平南陈遗址，参加辅导的还有于海广老师。当时茌平县图书馆馆长、后来成为文化局局长的李胜奎，是山大历史系毕业的校友，选择这一遗址实习与他有很大关系。遗址位于茌平县城东南七点五千米处的南陈村西，原为南北两个土丘，发掘时村民取土已夷为平地，没有勘探面积尚不详。文化层深两米多，因地下水位过高没有清理到生土层。遗址的文化性质较为复杂，包含了龙山文化和商代、西周、东周和汉代等不同历史时期的文化遗存[①]。

面对这些遗存，大脑自觉不自觉地就联想到经历过的诸城呈子、黄陂盘龙城和曲阜鲁故城等与之相近或是相同的遗存，很是兴奋。特别是当看到带有实足尖的陶鬲时还有点激动，因为与我们在黄陂盘龙城实习时出土的部分陶鬲几乎一模一样。这种鬲与河南郑州二里岗文化上层出土的陶鬲更为相近，是商文化的遗存，是中原商文化向外扩张的一种直接反映。

从学生到教师，虽然是第一次角色的转换，但由于其前的实习和受训，并没有不适之感，反倒有点轻车熟路之觉。

1981 年秋季，1978 级考古实习，由于海广老师带队对尹家城遗址进行第三次发掘。尹家城遗址的文化内涵也较为复杂，主要由龙山、岳石文化和商、周代文化遗存构成。这次发掘最大的收获是对“尹家城二期文化”资料的丰富和进一步的认知，为岳石文化的确立提供了重要依据。

尹家城遗址位于泗水与曲阜的交界处，与山大考古很有缘分。1970 年，山大文科搬迁到曲阜与曲师合并为山东大学，理科留在济南改名为山东科学技术大学，1974 年恢复山东大学，文科又从曲阜迁回济南。山大考古的诞生地是在曲阜，在孔夫子的故里，而非济南。尹家城遗址距离当时的山东大学 15 千米，不算远，而且遗址的规模不

---

① 山东大学历史系考古专业、聊城地区文化局、茌平县图书馆：《山东省茌平县南陈庄遗址发掘简报》，《考古》1985 年第 4 期。

大不小，文化层堆积也不深不浅，发掘难度不大，非常适合学生实习。因此，山大考古成立的第二个年头的春季就进行了第一次发掘。这次发掘的指导老师，除蔡凤书先生外，还聘请了北大的李伯谦先生和北京图书馆的徐自强先生。

1984 年春季，1982 级文博班田野考古实习，由于海广老师带队与省文物考古研究所联合发掘青州凤凰台遗址[①]。遗址位于何官镇杨家营村东侧，是一处高出周围地面 2～5 米的高台地。台地南北长东西窄，面积三万多平方米。遗址主要由龙山、西周和东周文化遗存构成。东周特别是春秋为其鼎盛时期，遗存包含了围绕台地的夯土围墙、房基和大型储粮窖穴等，占据了整个台地。印象最深的是有的房子墙体竟然还高出当时地面一米多，还有形制规整、底部尚留有炭化谷子直径达四米多的大型窖穴。除去教学外，选择凤凰台遗址考虑最多的是解决“尹家城二期文化”问题，当时岳石文化是考古的热点。但遗憾的是，发掘没有发现岳石文化遗存，夏名采先生提供的信息失真。

参加辅导和发掘的还有省考古所的罗勋章、冀介良、邵明贵和佟佩华，青州博物馆的夏名采、张启明和孙新生等。在这些人员当中，唯有张启明我们是第一次见面，因此他主动要求跟我同住，说是既可熟悉又便于请教问题。他阅历丰富，知识面广，很是能聊，每天晚上入睡前我们总是侃上一会。话题当然少不了正在发掘的凤凰台遗址，还有多次调查距此不远的藏台。从地望、年代、遗址的规模和遗存丰盈变化等多方面考虑，当时我们一致认为春秋时期的凤凰台应是纪季以酅入齐的酅邑，而非地方史志所说的临淄皇城村田单的封地安平，即汉代的东安平。藏台或许与营丘有关，但最大的可能是一座规模较大的汉代墓葬。

张启明是荣成人，入职博物馆前是青州仰天山林场职工，后来回到原籍筹建博物馆，期间曾几次邀请我现场指导工作，但都没有成行，现在回想起来很是后悔。

1985 年春季，惠民地区文物管理所的常叙政和徐其忠，邀请我协助他们对邹平丁公遗址进行试掘。他们说这是一处“自留地”，没有公布文物点，当然也就不是任何级别的保护单位。试掘地点选在了村民取土破坏最为严重之处，石羊村的村北。这里龙山文化遗存丰厚，仅一个残存的小灰坑内就出土了可以复原的四件素面陶鬲。岳石文化遗物也非常丰富，地表到处都可采集到，既有尊形器、浅盘豆等陶片，也有方孔和半月形双孔石器等。更为惊喜的是，在住地苑城饭店西侧乌河桥以西的河床，采集到了大量的北辛文化标本，有陶器也有石器，这是鲁北地区首次发现的北辛文化遗存[②]。邹平县图书馆王珍、苑城乡文化站的言家信也参加了试掘和调查工作。鉴于遗址的学

---

① 山东省文物考古研究所、山东大学历史系考古室、青州市博物馆：《青州市凤凰台遗址发掘》，《海岱考古·第一辑》，山东大学出版社，1989 年。

② 山东大学历史系考古专业：《邹平县苑城早期新石器时代遗址调查》，《考古》1989 年第 6 期。

术价值，秋季就进行了试掘[①]。

1986年秋季，1984级考古实习，由徐基先生带队与省考古研究所合作调查、发掘薛国故城。发掘最大的收获是，发现并清理了一批周代墓葬。这些遗存都与薛国有关，性质、属性明确。参加辅导的老师，还有后来到校部机关做领导的李淮生。省文物考古研究所的冀介良、邵明贵和王守功参加了这次发掘。期间，所长张学海先生多次到工地指导工作，很是受益！

1987年秋季，部分1986级硕士研究生实习，由我和崔大勇老师带队发掘临沂后明坡和莒南化家庙遗址[②]。后明坡主要为岳石文化遗存，化家庙则为较单一的龙山文化遗存。那时我对岳石文化有兴趣，而崔老师则对龙山文化感兴趣，所以后明坡由我负责，他负责化家庙。两处遗址发掘领队，为于海广老师。

其前，鉴于黄河下游地区考古工作的现状和专业学科发展需求等实际情况，于海广老师带领我和栾丰实老师到临沂考察，考虑除去鲁北的邹平丁公外，以后的学生实习地点也逐渐向以莒国为中心的沂沭河流域布局。当时，校友李伯臣在临沂文化局工作，具备一定的天时之利。大致商定，栾丰实老师侧重鲁北地区，我侧重沂沭河流域。临沂后明坡和莒南化家庙遗址的发掘，就是这次考察的结果。

意想不到的是，1988年春季山东省文物考古研究所在章丘宁家埠举办考古技工培训班，我被邀请担任教学工作，而之后又参加了于海广老师带队昌乐后于刘遗址的发掘，还主持宁家埠遗址发掘资料的整理工作，所以沂沭河流域考古实习布局规划的实施搁浅，直到1990年出现转机。

1990年秋季，1988级文博班田野考古实习，由徐基先生带队发掘位于沂河上游的沂源姑子坪遗址，参加辅导的还有崔大勇老师。

其实，我大学毕业后最早自主进行工作的遗址就是姑子坪，很早就有接触，因为我的老家就是沂源，跟姑子坪遗址有着天然的缘分！

## 三

1979年暑期回老家沂源避暑，其间应沂源县图书馆张文明先生的邀请调查姑子坪遗址。我岳母与张文明是同事，由此才有了这次调查，也开启了我与姑子坪遗址故事。

① 山东大学历史系考古专业、邹平县文化局：《山东邹平丁公遗址试掘简报》，《考古》1989年第5期。

② 山东大学历史系考古专业、临沂市博物馆：《山东临沂市后明坡遗址试掘简报》，《考古》1989年第6期。

遗址位于县城西侧沂河支流螳螂河西岸，是一处非常显著的黄土台地，高出河床十多米。文化层厚度不一，平均一米多。遗址灰层丰厚，非常有利于农作物生长，所以当地流行着“挖了姑子坪打的粮食无处盛”的说法。由于历来村民取土或是农田基本建设取土，致使遗址仅存五千多平方米，破坏严重。时值盛夏，天气炎热，植被茂盛，调查只进行了两天。采集到的遗物有龙山文化鼎、罐陶片，最多的是周代鬲、盆、盂等陶器残片，可以确定这就是一处龙山和周代文化遗址。据说这里曾建有一座姑子庙，所以村民叫这一地点为姑子坪。因此，遗址也被命名为姑子坪遗址。

发掘不但进一步证明这就是一处龙山和周代文化遗址，还新发现了岳石文化遗存，更让人惊讶的是这里竟然出现了春秋时期高规格的夯土建筑基址遗迹，加深我们了对遗址文化性质的认知①。

然而，随着1990年沂源从临沂划归淄博市行政区划调整，之前以莒国为中心的沂沭河流域考古实习规划也随之彻底放空。

1995年春季，1992级考古班、1994级硕士研究生实习，教研室决定由我领队。媳妇熬成婆，这是我第一次领队，机会难得，格外珍惜。山大考古专业成立的时间比较晚，历史比较短，而实习又以史前时期的遗址为多，所以我承担的青铜器课程教学标本颇为匮乏，教学质量难以保证，更谈不上提高。为了扭转这一局面，除去完成教学任务外这次实习我们打算亲手发掘几件青铜器，目标是两三件，不敢有太多的奢望，用作教学标本。当然，学术也是这次实习要考虑的因素之一。

鉴于三万元的实习经费及以往出土青铜器的情况，长清出土商代晚期“举”器的小屯成了我们实习地点的首选。但是，1994年秋季在现场考察时我们发现，小屯出土青铜器的地点不能确定，或不在小屯而是在前坪村南，即小屯水库大坝的东端一带，所以只好放弃。在长清博物馆文物库房参观时，我们突然发现黄崖村仙人台出土的两件春秋早期青铜簠庄重大器，疑为墓葬出土，引起了我们的极大兴趣。最终，实习地点选定了长清仙人台遗址。为了确保目标的实现，我们还选择了距离仙人台遗址不远的陈庄遗址，作为备用实习地点。参加这次实习的辅导老师，还有方辉和崔大勇。历城博物馆的刘继文和贾贵法，作为进修生也参加了这次考古发掘。

出乎意料，实习发现并清理了周代墓葬六座，其中较完好的五座，出土青铜礼乐器近110件，数量远远地超出了既定目标。六号墓葬出土青铜器数量最多，礼器35件，乐器20件。其中鼎15件，簠8件。让人惊喜的是，有7件青铜器带有铭文，除两件为相同的一字外，其余5件铭文都较长。其中4件为郭国青铜器，分别来自不同

① 任相宏：《沂源县姑子坪遗址龙山文化至周代遗址》，《中国考古年鉴》，文物出版社，1991年。

年代的三座墓葬之中。据此，我们推断这是一处周代邿国贵族墓地，其中六号墓为邿国国君之墓[①]。《左传·襄公十三年》："夏，邿乱，分为三。师救邿，遂取之。"仙人台周代墓地应为邿国一分为三的之一部，而且邿国也早已分裂为三部分。这一分部，地缘上近齐，也向好于齐。五号墓具有浓郁的齐国葬俗，墓主姜首应是来自于姜齐的一位女子。原本鲁国附庸，突然转向于齐是鲁国绝不会允许的，所以襄公十三年鲁师所取之邿也应就是这一分部。

周代墓地之外，发掘还发现了岳石、西周等历史时期的文化遗存，为更好地理解周代墓地背后的历史提供了帮助[②]。周代邿国贵族墓地，被评为1995年度全国十大考古新发现。新闻媒体曾多次进行报道，中央电视台《探索·发现》栏目还曾录制过节目。心想事成，首次领队实习，获得了圆满成功！

济南市和长清没有派人参与这次考古发掘，是学校独立工作，因而发掘资料全部运回学校进行整理，青铜器也成了学校博物馆的镇馆之宝。

仙人台发掘不久，受新上任长清县文化局局长何卫国的邀请，我带领技工王丙合和进修生段宏亮对长清双乳山采石场进行调查，结果发现这是一座规模宏大的汉代墓葬，并推测墓主是西汉济北王刘胡。鉴于村民采石破坏的严重现状，建议抢救发掘。

经省文物局批复，与教研室沟通，在长清县文化局、墓葬所在地归德镇政府的直接组织下，由我负责带领长清县博物馆、文物管理所的部分工作人员对墓葬进行发掘。在墓葬发现被盗未遂之后，为了慎重起见，鉴于地方财力和发掘力量等多方面因素，经省文物局、省考古所、市文化局和山东大学联合会议协商，由省文物局、济南市文化局、长清县文化局和山东大学重新组建考古队，蒋英炬先生领队，我为执行领队。发掘工作从1995年10月底开始，到次年6月结束，历时8个多月。

发掘结果表明，墓葬位于双乳山最高处，凿山为陵，竖穴式双甲字形。封土为覆斗形，已破坏，底部痕迹边长六十五米。墓室在南，墓道在北，坐南朝北。方向15°，朝向西汉济北王都卢城。墓室、墓道南北总长85米，墓室深22米。总面积1447.5平方米，采石量880立方米[③]。

葬具为二椁三棺。棺椁之间为四个器物箱。北器物箱主要放置一辆小车，西器物箱主要放置青铜器，东器物箱主要放置漆器。外棺底部四角，各装置一个青铜棺轮。

---

① 山东大学考古系：《山东长清县仙人台周代墓地》，《考古》1998年第9期；山东大学历史文化学院考古系：《长清仙人台五号墓发掘简报》，《文物》1998年第9期；任相宏：《山东长清县仙人台周代墓地有相关问题初探》，《考古》1998年第9期。

② 山东大学考古系：《山东长清县仙人台遗址发掘简报》，《考古》1998年第9期。

③ 山东大学考古系、山东省文物局、长清县文化局：《山东长清县双乳山一号汉墓发掘简报》，《考古》1997年第3期。

墓主人骨架已腐朽成粉末，但轮廓较为清晰。头向南，与墓道方向相反。仰身直肢，骨痕长 1.8 米。外藏椁位于墓道底部，南北 31 米多，内置 3 辆大车，1 辆小车。

出乎人们的预料，双乳山汉墓被盗未遂，出土随葬品两千余件，主要有青铜器、玉器、金饼、钱币和车马器等。青铜器百余件，器形主要有鼎、壶、钫、灯、熏炉、盆等。玉器 50 余件，器形主要有覆面、枕、璧、手握、九窍塞、剑璏等。金饼 20 枚，其中大者 19 枚，小者一枚，总重量 4262.5 克。钱币 20 枚，均为五铢钱。马车 5 辆，其中 3 辆大车，2 辆小车。金属车器均鎏金或错金银，木质部分髹漆。之外，还有部分铁器、陶器，以及大量的漆器和家禽等。

发掘完毕，依据种种反常现象最终我们推断墓主人为西汉最末一代济北王刘宽，而非其父刘胡。刘宽于汉武帝天汉四年嗣位，后元二年即公元前 87 年因“与父式王后光、姬孝儿奸，悖人伦，又祠祭祝诅上”而自刎，在位 11 年[①]。

鉴于双乳山汉墓发掘的学术价值和意义，被评为 1996 年度全国十大考古新发现。连续两年度的全国十大考古新发现，都有崔大勇老师的身影，所以国家文物局考古专家组的专家称我们是黄金搭档。媒体也对墓葬进行了大量报道，中央电视台《探索·发现》、《走进科学》和《大家》栏目也都曾录制过节目，社会反响强烈！

2001 年春季，我带领部分 1998 级本科生和 2000 级硕士研究生对沂源县姑子坪遗址进行发掘，前夕我们与淄博市文物局还抢救发掘了一座周代墓葬，再次进入沂沭河流域实习。除去龙山、岳石文化遗存外，这次发掘最重要的收获是又发现了周代夯土建筑基址，还有部分周代墓葬，出土了较为丰富的随葬品，其中也不乏青铜器[②]。同时还认识到，周代文化遗存不限于姑子坪台地，还向外扩展，面积应在十万平方米以上。

这次发掘，入围了 2001 年全国十大考古新发现，为当年度全国 23 项重要考古新发现，也取得了重要成果[③]。媒体也曾多次报道，中央电视台《探索·发现》栏目也正在录制节目，社会反响也很热烈！

然而，这次带领学生实习之后领队工作开始与我无缘，尽管也带学生实习，如 2005 年春季河南安阳小司空村墓地发掘、2007 年春季新泰单家庄矿冶遗址调查、2008 年沂源东安故城调查、2010 年沂源东里东台地战国墓葬抢救发掘、2012 年春季沂水天

① 任相宏：《双乳山一号汉墓墓主考略》，《考古》1997 年第 3 期。

② 山东大学考古系、淄博市文物局、沂源县文管所：《山东沂源县姑子坪遗址的发掘》，《考古》2003 年第 1 期；山东大学考古系、淄博市文物局、沂源县文管所：《山东沂源县姑子坪周代墓葬》，《考古》2003 年第 1 期；任相宏：《沂源姑子坪周代遗存相关问题探讨》，《考古》2003 年 1 期。

③ 任相宏：《山东沂源姑子坪周代贵族墓葬》，《2001 中国重要考古发现》，文物出版社，2002 年。

上王城春秋墓葬发掘、2012年秋季兰陵曾国故城调查，等等，都取得过重大成果，但大多都是地方文博单位邀请配合他们工作开展的，是被动的！

白驹过隙，转眼间入职山大考古已四十余年，山大考古也已50周年啦！此时此刻，特别怀念仙逝的宿白、俞伟超和宋百川先生，也特别怀念过去带学生实习的场景，也祝愿山大考古发展壮大，明天会更好！

# 潜心致学寻师道，创新考古焕活力*

## 访于海广校友

校友简介：于海广，男，1948 年生。本科 1972 级校友。山东大学历史文化学院教授，兼任山东省考古学会理事、省博物馆学会副理事长等。1974 年毕业留校任教至 65 岁退休。曾任山东大学博物馆馆长、山东大学历史文化学院党委书记、考古与博物馆学系主任。

主要研究方向为考古学（夏商周考古）、博物馆学、文化遗产保护，主持多项省部级研究课题，发表学术论文数十篇，出版《田野考古学》《中国殡葬史·先秦卷》等著作。

采访时间：2022 年 9 月 22 日

采访方式：线上采访

**王开腾**：我们了解到您是山大考古系最早的一届学生之一，当时的学习环境和学习条件是否与当今差异很大？有什么让您印象深刻的人或事吗？

**于海广**：当时的困难状况与现在条件相比真可以说是不可同日而语了。我是山大考古专业建立后的第一批学生，是 1972 年入学的。大家都知道 1972 年是咱们国家经过“文革”之后，各行各业都在恢复正常的这么一个时间点。从文博考古工作来说，主要是从三个方面表现了事业的重新开始：第一个方面是“文革”期间停顿了多年的田野考古工作，开始陆续的恢复；第二个方面是考古学领域中的三大杂志——《考古》《文物》《考古学报》，在 1972 年陆续复刊，应该说这也是考古领域中的一件大事；第三个方面就是咱们国家在 1972 年正式批准了，在国内除已有的北京大学历史系考古专业之外，十所学校建立考古专业。那么咱们山大就是在那个时候，经过国家批准允许建立考古专业的，我也有幸成为山大考古专业建立之后的第一批学生。

实事求是地说，当时在刚刚入学的时候，万事开头难嘛，咱们学校的办学条

---

* 本文系林璐、付建丰整理校对文稿，经于海广审阅修改而成。

件，确实是存在着很多的困难。现在仔细地回想一下那个时候的困难，主要有这么几个方面：第一个方面是师资力量严重不足，咱们考古专业刚刚建立的时候，专业老师只有两个人，就是我们专业的开拓人刘敦愿先生和蔡凤书先生。其他的课程都是从当时山东博物馆、山东省文物总店、北京大学、郑州大学等单位，前后请了外面十几位老师来上课的。如北京大学的李伯谦先生给我们班讲过课，也指导发掘实习。那个时候师资是我们的一大困难，所以当时刘敦愿先生除了完成他的教学任务之外，大部分精力都是在想尽办法引进老师，这是当时的一个现状，一个实际的困难。

再一个方面就是当时教材很紧缺。因为专业刚刚建立，从全国来说，其他的新建立考古专业的和原来有考古专业的学校也没有教材，给学生上课没有教材，这就是一个大问题。对于咱们山大的老师来说，在这方面是走在了其他学校的前面，就是老师自编讲义。回顾我们当时上学的时候，拿到的讲义都是比较完整的，老师写出教材来，请人刻钢板油印，这样装订成册发给学生。当然我们请的一些外面的老师，他事先没有这样的准备，往往就是在上课的前几天，把他的提纲写成一张纸油印出来，上课的时候发给学生。到后来咱们人员逐渐增多之后，也要求每个老师上课之前，一定要把教材写出来，那个时候的教材也都是油印的。所以刚刚办学的时候，教材的缺少也是一个制约条件，而且加上那个时候可参考的资料非常少，几乎是没有，所以克服这种困难也是当时面临的一个大的问题。

另外一个方面是，由于我们专业刚刚建立，学校还在曲阜，教学的标本非常少。山大当时拥有的考古标本，主要是刘敦愿先生到山大之后收集的，大多是他从事考古调查采集的标本，另外是征集的一部分标本，比现在是少很多的，也是远远不够上课所需的，所以这也是当时阻碍我们提高教学质量的一个因素。

还有一个方面是实习的条件和现在相比是非常差的，资源也非常紧张。从考古专业的学科特点来说，进行教学实习是十分必要的。20世纪70年代初期，我们国家的总体的经济条件和实力也比较差，我们的实习经费也不足。我们班第一次出去实习，学校拨给的实习经费就是四五千块钱，其中要包含付给农民的征地赔偿、雇佣民工的费用，以及给教师学生的生活补助费。经费非常紧缺，师生在实习地点的居住也就是在村里租老百姓的房屋，自己带被褥睡地铺。

就是在这样的条件下，正是因为我们的老师都怀着一颗执着的事业心，所以克服了非常多困难，创造了很多有利条件，并且逐渐树立了一个基本理念，那就是——培养考古专业的学生，要紧紧地抓住田野实习基本功的教育，这一点应该可以说已经成了山东大学考古专业的一个传统和优势，无论是在国内，还是在国外，山东大学考古专业培养学生很重视田野实习，学生的田野考古适应能力比较好，都是有目共睹的。山大的考古专业，尽管在办学初期条件非常差的情况之下，仍然闯出了一条正确的道路，也为后来的专业发展奠定了很好的基础。自国家设立每年的十大重要考古发现评审以来，山东大学已有多项考古成果列入其中就是最好的说明。

**王开腾**：好的，谢谢老师。老师您谈到了咱们考古系创办初期的艰难，现在非常引以为傲的也是山大考古的田野本领。我们在查阅资料，包括在学习的过程中也都注意到，您曾经在田野考古的理论方面也发表过相当多的文章，还出版过一本《田野考古学》。我想这是不是您在学习期间由于缺少教材资料，导致您更加重视这个方面？您觉得这50年以来，山大考古系在田野考古理论方法和实践上面有什么进步？

**于海广**：针对这些问题，我就从两方面说吧。先说我自己，你刚才提到发表过一些研究成果，应该说无论是作为一个大学老师还是从事这个领域的学者，在实践的基础上进行科学研究都是我们一个正常的任务，所以每一个人都会有一定的科研成果，这个就不用多说了。

从专业的建立初期一直发展到现在，变化确实是非常大的。如果说"日新月异"有点过分的话，现在和当时相比，我们确确实实是"今非昔比"了。发展变化的一个前提就是近年来我们国家对田野考古工作的格外重视。几乎在一年之内，咱们国家党中央政治局学习的时候，就安排了两位考古专家授辅导课，这说明我们国家对考古工作和文博领域的重视。有了国家高度的重视，大力的支持，所以整个的文博工作都发生了重大的变化。我们现在赶上好时候了，大家更有条件发挥自己的各种才能、有了用武之地，这是大环境给我们造就的有利条件。

再回到山大考古专业的角度，我们专业从建立之后一直发展到现在，变化也是非常明显的。刚才我提到原来我们的师资队伍非常紧张，那么现在我们不能说是"兵强马壮"，也确实是专业人员非常齐备，从旧石器时代、新石器时代、夏商周、春秋战国、秦汉、魏晋隋唐一直到宋元，各个时间段我们都有一个梯队，而且其中很多老师都是国内甚至是国际上的非常知名的专家。正是有了这样一个强大的师资队伍，才为我们教学科研奠定了非常好的基础。所以今天如果梳理一下山东大学考古专业近年来的发展，就会发现一个事实：我们除了完成本科生、研究生、博士生教学任务之外，还承担了许多重要的国家级和省部级的研究课题，建立了多个研究基地，而且完成科研成果的质量大多数都是非常高的，这也是我们一个重要的变化。

再一个就是我们的办学条件，在考古专业刚刚建立起来的时候，除了上课的教室，我们看标本只能在一个非常狭小且标本数量非常少的一个标本室，条件非常简陋。现在，通过常年的积累，特别是我们多次重要的发掘所获得的一些实物标本，标本资料变得更加充实。最明显的是，现在有两个校博物馆，不管是在济南还是在青岛，都有数量非常多的，质量非常高的，价值、作用、意义非常重要的一大批标本，这就为我们的科研、教学工作提供了良好的条件。另外，我们陆续建立了一系列实验室，动物考古的、植物考古的、环境考古的，等等，为丰富研究成果提供了极好的条件，也为学生提供更优越的教学实习环境，利于他们写论文，这也是过去不可比拟的。

还有一个方面是，我们的老师和同学们在平时的学习、工作和研究当中，完成了一系列非常重要的研究成果，推动了考古领域的发展，虽然说我们仅仅是一个单位，但是我们的研究成果在社会上也是有影响的，在有些方面是有引领和推动作用的。在这方面，我们作为一个山大考古人是应该感到非常欣慰的。那么直到今天，我们有很多的原来山大毕业的研究生，我们在职的老师和同学在一些实验室的研究工作当中，也发挥了非常重要的作用，甚至是在国内外都产生了重大影响。比如1978级的杜金鹏，他除了在田野工作的实践和研究领域有诸多的重要成果之外，还在国内比较早地提出了实验室考古的概念并建立了实验室，这对推进中国考古学向纵深发展的意义是巨大的。再比如说我们学校的植物考古研究室，应该说在研究成果方面也是非常丰富的，一年几项十几项的研究成果推向社会，咱们研究室的老师在国内外具有重要的影响，像靳桂云教授，到现在我有一些知识不足的地方，有些原来知识遗漏的地方，我都提出来向她学习、请教。这一方面和过去相比较也是一个非常突出的进步。

**王开腾**：您刚才谈到了考古系师资力量的丰富，现在山大考古非常多的老师都曾经在您的教导下成长起来，我们想请问您，您留在山大任教的过程中，从学生到教师的这种转变是怎样一种体验呢？在您从教的这几十年的经历之中，有什么印象深刻的事情吗？

**于海广**：从一个学生转向教师工作岗位，对于自己来说确实是一个重大的变化。如果从开始的时候讲的话，我毕业之后就留校任教了，你刚才说好多同学都受我什么影响，这个我们也没必要说得太过分，但是我的一个优势条件就是我是第一届学生，之后凡是山大毕业的都称我老师，这是个事实。但是要从教师的职业角度来讲，我自己的体会，特别是在刚刚任教的时候，确实是压力很大的，因为做教师就要给学生上课，要指导学生实习，这就需要有丰富的知识储存。所以刘敦愿先生和蔡凤书先生经常跟我们讲，你给学生一碗水，你自己要准备一桶水。我在刚刚从学生转变为老师的时候，在这方面压力非常大。实事求是地说，我在毕业后一段时间里，几乎是晚上12点之前没有睡过觉的，有时候看书备课常常得忙到一两点、两三点。那时感觉自己知识的匮乏，要对学生负责，就要自己做好充分的知识储备，这是刚开始教学生涯之时一个很深切的体会。

那么再一个呢，因为我是第一届毕业留校的，刚才我也谈到了当时的师资力量还比较少，我作为一个新生力量加入到队伍中来，所以承担的任务就比较重。除了在学校上课之外，几乎前15年的学校学生的实习任务我都要参加。因为老师少，年轻的更少，所以在这方面确实是感觉到压力非常大。

特别难忘的事，我就想到我们刘先生、蔡先生和宋百川先生，对我初次上课的重视和培养。因为我这个人在当教师之前，很少在人多的时候讲话，教师这种职业的讲话环境对我是一个很大的挑战。在人多的时候讲话，即便是以为已经做好心理准备了，但是一说话还是紧张，有时候脑子紧张得就一片空白（笑），那在这种情况之下要搞好教学是很困难的。所以当时刘敦愿先生和宋百川先生就在 1975 年，也就是我毕业第二年，在日照东海峪实习的期间，安排我上田野考古学这门课。接到任务后我就开始准备，两位老先生为了指导我讲好课，检查我能不能讲好课，就在东海峪村的一个小学教室里边，让我准备两节课试讲给他们听。我非常紧张地准备了一天一夜，觉得该讲的东西我都准备了，但是安排的两节课教学时间，我不到一节课，就把话说完了。这个时候，两位老师就一点一点地给我指出，在上课当中应该怎么做、现在哪些地方做得不够，从语速、音调、板书，一条一条地给我进行指导。就在这些老先生、老教师的指导帮助之下，我才慢慢地适应了教学工作。所以到后来，不管是给本科生上课还是给研究生上课，都感觉比较自如。这个成长变化的过程，应该说是我们的老前辈对我们热情栽培的结果，我想现在我们在职老师对学生也应该像我们的老前辈一样，对学生的教学，对年轻教师的成长要有更多的关心和扶持，这样才能使我们的学生、年轻的老师能够更快地更健康地去成长和提高。

**王开腾**：您刚才也谈到了从考古系的艰难到现在的繁荣，作为山大考古系 50 年来的亲历者和发展的重要的见证人，我们想请您谈一谈，您认为 50 年以后，我们山大考古专业又将以怎样的发展方向与目标前进呢？

**于海广**：这是一个宏大的问题，很难回答好。事物总是在不断发展变化的，总是不断地向更深刻更高峰的阶段发展的。那么，经过了 50 年的发展，今后我们的路怎么走？这应该说也是摆在我们每一位山大考古专业老师面前，值得认真思考的一个问题。

学科的发展总是在不断地深化的。在过去对于田野考古学，我们怎么理解？能够调查，能够发掘、能够写出考古报告，这就是我们的基本任务。能在这几个方面做好了，或者做得相对好了，就是一个比较合格的教师或一个合格的田野工作者了。但是社会发展到今天，随着学科的深入，再把眼光和目标停留在这样一个高度，就远远不够了。今天考古学的发展已经进入到科技考古这样一个新的时代和阶段。

我们考古学，在研究过程中，已经陆续地吸收了原来被认为和我们考古学毫无关系的一些学科和领域。所以，今后我们应该更加注重吸收和利用多种学科的研究方法、研究成果来丰富我们的研究工作。另外，我们还要跳出田野考古学只是“调查、发掘、研究”这样一个固有模式。在这个基础上更好地提高或者创新研究思路，扩大研究课题的视野，把田野考古工作的成果和保护利用更紧密地结合起来。现在这几个环节，如果仔细地或者深入地去思考的话，每一个环节都有大学问，都是一个大课题，都有着许多新的问题和新的困难摆在我们面前。如何把我们的视野放得更高一点，不单单是站在固有的传统高度，而是放眼世界的话，就需要有一个不断发展创新的眼光，把考古学的研究和中国古代社会的研究紧密地结合起来，放宽我们考古学研究的思路和途径，把我们在田野考古实践当中所能够提供的各种信息，更大限度地收集到、利用好，推动我们的研究工作。我觉得这可以说是咱们山大考古专业应该共同关注并努力的一个方向。

再者，考古最基础的工作，或者说获取资料最重要的手段，还是田野考古实践：我们要做好调查，做好发掘。做好是科学的做好，为我们更丰富、更全面、更深入地收集资料奠定好基础。这就需要充分发挥我们手铲基本功的作用，因为所有的重要发现都是我们通过手铲来剔剥出的、来捕捉到的。不管其他的研究路径和研究方式如何丰富，它的基础都是田野考古工作以及田野考古实践过程当中提供的资料，这是最基本的、也是最重要的。所以在培养学生方面，应该进一步发展我们的优势传统，把田野考古这个基本功更好地传授给我们年轻的学生，使他们在走向工作道路以及进入到研究的领域之后，能够更好地发挥和吸收山大田野考古工作的教学成果，为推动科学研究做出更大的贡献。

**王开腾**：您刚才提到了考古专业需要更重视科技的视野、结合更多的学科，以及培养基本功。那么对此您对我们这一代学生有什么叮嘱呢？

**于海广**：应该说考古学的基础理论，随着考古学科的发展，大家在这个理论构架的方面，认识越来越开拓和丰富。但是不管如何发展，考古学最基础的理论方法或者说方法论，仍然是考古地层学和考古类型学。所以我希望同学们能够在这方面，在老师的帮助之下，在基础的理论方面、基本的方法论方面，有更深刻的理解。在这方面理解得越丰富、越透彻，对考古资料的理解就越全面、正确和科学。所以我还是希望大家在学习的过程中，从最基本的理论入手，逐渐深入，全面、科学地理解考古学的特质。随着学科的发展，不管今后从事哪一个领域，哪一个门类的研究工作，如果能首先有一个好的田野工作基础，自身的发展、进步和提高就会更快、更好。

另外，在最后我想表达一个心意和祝愿：我们这50年风风雨雨，山大的考古专业确实在困境当中不断地发展、不断地壮大和提高，今天已经取得了很好的成绩，但是任重而道远。学科在发展，事业在前进，我们的老师和同学应同心协力，在社会大环境的指引和推动之下，为我们山大考古专业，为我们中国的考古事业做出更大的贡献，取得更加辉煌的成绩。

**王开腾**：好的，谢谢老师。辛苦您了。祝老师身体健康，工作顺利。

# 首届考古班的田野实习与社会实践课

朱承山

校友简介：朱承山，男，1948 年生，本科 1972 级校友。曾任济宁市博物馆首任馆长。

笔者为山东大学首届考古班的学生，1972 年春节后入校，那时只有 10 个学生，即于海广、崔秀国、常叙政、李兰之、李伯臣、高存德、朱承山、李淮生、吉爱琴、李玉凤。

考古班是那时山东大学各系科中人数最少的一个班，又是专业初办，在社会上具有神秘感，因而受到校领导及其他师生的格外关注，尤其在后勤管理中给予较多关照。比如，成立之初就为这个班配备了专用中巴车，以致驾驶员师傅都能熟识本班师生；再者，为探索办学经验，集中力量办好这一班，首届考古班几年的学习生活结束，毕业后的翌年才续招第二届。因为考古班的师生队伍小巧快捷，能够雷厉风行，常有社会实践课陪伴我们，使我们学有所得，受益匪浅。虽 50 年倏忽已逝，但至今令我难忘。

首届考古专业的设立是时代的产物。当时为防止国外文化渗透，正常的对外文化交往已受到严重影响，大多期刊杂志停办。为克服这一影响，先从文物工作起步，于 1972 年恢复了停办多年的《文物》、《考古》和《考古学报》"三大杂志"，筹备了文物出国展览，并在山东大学等高校设置考古专业，北大、吉大、西北大学等高校的考古专业也恢复了招生，教育系统也已逐步恢复教学秩序。虽然考古班的设立与教学依然带有浓浓的历史因素，但求是求实、培养人才的教育方针在这一届得到较好落实。20 世纪六七十年代，毛主席曾发出指示："学生以学为主，兼学别样。即不但学文，也要学工、学农、学军"。当时的教育部根据形势要求，提出"开门办学"，与实践相结合，与社会相结合，与专业相结合。笔者本文的忆旧、忆往，则是本专业贯彻"开门办学"方针的具体做法。

首届考古班的课程设置突出专业特点，设有考古学通论、中国考古学（旧石器、新石器、商周、秦汉、魏晋南北朝、隋唐考古等）、古文字学、历史文献、考古技术（摄影、测量、绘图等）、考古专题（瓷器、货币、建筑等）、中国通史和世界通史（古代、中世纪、近、现代）及公共课（哲学、政治经济学、科学社会主义）等十几种课程。考古班的实习及社会实践课程安排有力配合了理论教学、课堂教学，巩固强化了理论认知与专业认知。

首届考古班在校期间，重要的实习及开门办学安排有7次，即1972年的北京之行21天；1973年的尹家城遗址考古发掘21天，9月间分赴各地的学员宣讲活动10天，10月启动的烟台、威海、青岛之行35大；1974年5～6月的豫陕活动50天，9月份的淄博社会实践活动23天，11月份的大汶口文化遗址考古发掘等；另有省内的临时校外课堂安排，约占校内教学课时的1/4，适应了考古专业尚实的专业性特点。

## 一、考古实习

训练动手能力与田野工作能力是考古人才必须具备的基本技能，为此，考古教研室首先安排了考古技术课，如摄影、测量、绘图，地层原理及考古地层的发掘程序、识别常识，老师授课中还反复地讲解了地层学、类型学，为考古实践打下了坚实理论基础。为了增添感性认识，1972年4月26日，老师首先带领我们参观了邹县野店遗址发掘现场，山东博物馆考古部正在这里发掘。该遗址是一处新石器时代遗址，已清理出一批古墓葬、古窑址，探方布置密集有序。工地负责人郑笑梅及张江凯、吴诗池、罗勳章等专家先后带领我们参观、讲解，使我们眼界初开，我们好像回到了数千年前的原始时代。日后，我们又参观了邹县文管所、曲阜文管会的文物库房，大量藏品是我们学员的初次相识。

记得我们第一次考古发掘是1973年3月19日，在泗水县城西10千米的金庄镇尹家城遗址，历时21天。该遗址在尹家城村西南150米处，为一高台地，高约14米，由于台地南北均有河溪流过，因而此地似为一自然地标，台上面积约六亩（合4000平方米）。该地块由山东省文化局、教育局申报，计划委员会批转济宁地革委安排的一宗考古实习基地，开国内考古专用实习基地之先河。

实习中，共布置探方5个，之后局部扩方，发掘面积100平方米。我们每2人分到一个探方，考古研究室主任刘敦愿、副主任蔡凤书，外聘临时授课教师徐自强（北京图书馆）、阎孝慈（徐州师范学院）及相关授课老师跟踪指导，因而保障了发掘质量，出土了数万陶片与石器、骨角器、蚌器标本，收获满满。发掘标本因工地靠近小河，每逢下工回村，顺路洗刷，一有空闲便粘对修复，竟得到部分完整器物。也因收获较大，故第二年就有师生提出了尹家城遗址以龙山文化为主，可分出尹家城二期文化（即日后确立的岳石文化）的主张，正是若干年后证实的结论。

第二次田野考古实习，于1974年11月16日入驻，安排在泰安大汶口遗址，食宿设在大汶口公社供销社旅馆内，共21天。发掘地点选在大汶口村的西南方，汶河北岸，距村约1000米处。这里正是山东博物馆考古部选定的发掘区，两支队伍合并后，统一分配任务，统一指挥，专家带学员，为我们提供了随时求教的良好机遇。开始时，发掘队长张学海还为我们做了一场战前报告，讲解了大汶口文化研究现状，1959年山东省文物管理处与济南市博物馆联合发掘大汶口遗址的收获，以及考古班如何编组实习、发掘程序、工作要求、探方记录等。发掘期间又有专家郑笑梅为我们讲课。尤其是整个发掘区完成后，张学海队长对全体发掘人员讲解的如何打隔梁、探方间如何整合图纸、随时写记录，出土陶片的整理，完整器物的出土方位填写等问题，令我们收获不小。尤其是大面积考古发掘工地的探方探沟布置、编号、控制点、控制线的确定，全局资料的汇总分析等，是笔者终生的唯一一次收获。

## 二、参观学习

结合参观学习进行现场教学当是首届考古班的重要特色，并贯穿大学生活的始终。1972年10月的北京之行，3周时间我们先后参观了北京房山的北京猿人洞遗址、故宫、长城、十三陵、中国历史博物馆、中国军事博物馆、中国农业博物馆、中国地质博物馆、古人类与古脊椎动物研究所展示馆、北京自然博物馆、颐和园、圆明园、劳动人民文化宫、民族文化宫、天坛、地坛、中国科学院考古所相关科室、卢沟桥与宛平县城抗日战争发生地等文物名胜地、纪念地、文博单位展示地。

1973年10月19日至11月的烟台、威海、青岛之行（烟台23天、威海7天、青岛5天），我们先后参观了烟台港、烟台博物馆、烟台殖民地旧迹、烟台罐头厂、烟台锁厂、烟台钟表厂、烟台张裕公司等老字号企业；参观了威海造船厂、威海橡胶厂、威海刘公岛北洋水师提督署残墙旧址、刘公岛炮台、威海烈士陵园；参观了青岛市博物馆、青岛市水族馆、青岛海洋大学陈列馆、青岛海关、青岛八大关等。

1974年的豫陕之行，先后落地郑州、洛阳、三门峡、西安、咸阳、延安等地。我们参观了郑州商城、河南省博物馆、郑州市博物馆、河南省考古所、嵩岳寺、少林寺、登封汉代壁画墓、登封告城镇观象台与周公观景台、二七纪念塔、大河村仰韶文化遗址发掘工地；洛阳龙门石窟、河南新安县铁门镇的千唐志斋石刻展、三门峡虢国墓地、三门峡水库库区考古成果展；西安的明代故城、陕西省博物馆、陕西省考古所、秦始皇陵管理处、华清池、捉蒋亭、鸿门宴旧址、半坡博物馆、西安碑林、丰镐周代都城展示馆、沣西车马坑、咸阳地区兴平县汉武帝茂陵、礼泉县唐太宗昭陵、乾县乾陵、秦代阿房宫旧址勘探工地、咸阳杨家湾周亚夫将军墓地；黄陵县黄帝陵；延安地区的毛主席在延安十三年展览馆、毛主席等中央领导居住过或抗战时期中央各大机关所在地的王家坪、凤凰山、杨家岭、枣园、南泥湾、延安飞机场、宝塔山等。

此外，还先后到曲阜（1972年）、济南（1972年）、淄博（1974年）参观了三孔、少昊陵、鲁故城城址、周公庙、西汉九龙山鲁王崖墓，济南解放阁、济南英雄山烈士陵园、山东博物馆，临淄齐国故城等文物名胜地。

由于考古班的实习性质及其专业性要求，每地都派出精通业务的专家、教授或社教部主任为我们讲解，不少时候还互动交流，达到了校外课堂教学的最佳效果。

我们开门办学时走过的北京、郑州、洛阳、三门峡、西安、咸阳、延安、济南、烟台、青岛等城市，当时的城市化水平还比较低，除个别地标建筑外，均是大面积的平房区；除北京外，90%以上的平房都是草房。尤其在延安的两周内，我们住在延安师范学校（抗战时期的中央党校）。我每天都要散步，低矮的居民房、商业房或是临时搭建的茅草房棚户，再加上狭窄且又弯弯曲曲的泥土街道，毫无城市气息。我们从西安到延安乘坐的是公共汽车，两天路程的黄土高坡、黄土峰峁的穿越也属不易。当我问到司机是否要修铁路？说是已经开工，计划七年修通。今日想起来，各大城市已全部消除棚户平房区，才意识到这50年的巨变。聊备于此，也算是历史文化工作者的纪实记忆。

## 三、聆听教诲

开门办学的过程中，延聘当地专家学者讲课，以巩固校内授课效果，补充课堂教学之不足，也是社会实践课的应有之义。除众多参观点的现场讲解外，还采用了设堂专讲形式。

1972年的北京之行，我们首先聆听了时任国家文物局长王冶秋先生的指示，专讲一上午。王先生先后就“文革”中文物工作现状、党和国家对文物工作的安排、周总理对各地文物保护的指示、《文物》杂志复刊，以及对高校考古专业师生的要求与期待等进行了介绍，如细雨无声滴润心田，使我们学习信心倍增。期间，学员们住在北京自然博物馆，古生物学家甄所南先生及馆内学者为我们讲课一周，就地球的产生、地质时代、古生物的衍化、动植物的分道扬镳发展、人类的产生等进行了讲解，令我们眼界大开。中国科学院考古研究所夏鼐所长、古脊椎动物研究所韩康信先生、故宫唐兰先生、徐邦达先生分别为我们授课，先后以他们的专长考古学、人骨鉴定、动植物化石鉴定、历史专题、书画鉴定等作了讲座。

豫陕之行中，河南省考古研究所所长安金槐先生为我们讲解，题为《郑州商城与亳都说考证》。洛阳龙门石窟文物保管所于福伟先生作了《洛阳城与龙门石窟》报告。陕西省考古研究所所长石兴邦为我们作了《陕西省考古现状与展望》报告，陕西省博孙达仁及王仁波、西北大学陈直教授等也都作了学术报告。陕西省文物处还派人带我们到秦始皇陵参观。当时的秦始皇陵高 46 米，远远望去犹如一座小山，专业人员说正在组织秦始皇陵的全方位钻探，陵区密植的石榴树正在开花结蕾，至今记忆犹新。在延安的两周，我们聆听了延安革命纪念馆专家李忠泉、刘昭高的学术报告，题目分别是《伟大的整风运动与大生产运动》《毛主席在延安 13 年》，为期 5 天，使我们结合党史学习，更深刻理解了中国共产党领导全国人民闹翻身、求解放的艰难历程。此间，为弘扬延安精神，还抽时间参加整治延河劳动一天。

1973 年的威海之行中，甲午战争史专家戚其章先生为我们作了《甲午海战》的学术报告，并带领我们登上刘公岛，察看遗迹（当时尚未复建北洋海军提督署）。在山东开门办学期间，我们还先后听取了省博物馆长杨子范、省博物馆瓷器专家白云哲、书画专家杨正旗、曲阜三孔专家孔凡银、邹县三孟专家王轩等先生的讲授和训导。

## 四、写史与演讲

首届考古班在“文革”期间，也安排了几项与专业相关的活动，其中写史两次，宣讲一次。

1973 年 10 月 19 日我们入住烟台葡萄酒厂，前后 23 天，按计划是调查撰写《张裕葡萄酒厂厂史》，并调查参观民族资本起步的其他名牌企业。此间，师生一行走访、调查酒厂老工人，翻阅厂内档案，还和工人并肩劳动，与工人促膝谈心，基本完成了资料的搜集工作与学工的教学目标。张裕葡萄酒厂开办于清末，由民族资本家张裕创办，经过近百年的经营创新，我们进厂时的产品品种已达 20 多个，享誉海内外，为他们编写一部厂史具有十分重要的意义。按分工，资料汇编已经完成，遗憾的是没能成书出版。在威海期间，我们还帮助橡胶厂老工人周师傅整理了家史资料。

1974 年 9 月 21 日至 10 月 13 日，共 23 天，考古班师生入住临淄，并 4 次前往淄博开会，这次淄博之行目的是完成一部《齐国儒法斗争史》书稿。这是一次山东大学历史系与淄博市委宣传部的合作项目，由宣传部领衔，具体由考古班师生与淄博的五名理论工作者完成。此间，牵头单位为我们准备了一批相关资料书，使我们能按时完成任务，及时交稿，并打印装订，分给每位作者。该书分为两大部分，约 40 万字：一是理论阐述、考证，即立论，另一部分是春秋战国时期的齐地百家。齐地百家包括管仲，重点选介了战国“稷下学宫”的百家争鸣人物。稷下学宫是战国之际的齐国国立大学，在历史上具有重大影响。学宫作为学术平台，吸引了众多思想家来此，或授课、或著述，并作为齐国国君的顾问班子为齐国出谋划策。著名思想家孟子，两次来学宫讲学，历时五年。另有学宫祭酒（即校长）、法家荀子。还有墨学家墨翟、哲学家田骈、道家环渊、阴阳五行家邹衍及接予、慎到、淳于髡等，孙武、孙膑、司马穰苴等军事家也活跃于齐国学术界。《齐国儒法斗争史》实际上是齐国思想文化史，书中却也牵强附会地加入了不少儒法对立、儒法斗争的分析与批判内容。

1973年9月中旬，考古班与历史专业学员穿插分配，每两人一组，包括教师在内，共分20多个宣讲小组，分别到济南、泰安、济宁、临沂、淄博等10余个地区进行宣讲。笔者与历史专业的张广田分到一组，先后到兖州县、曲阜县做报告，其中本人承担了七场，每场听众均在千人之上，其中山东省拖拉机总厂（设在兖州）停产听报告，人数达五千多人，可见当时宣讲的轰动效应。之所以人数众多，一则因为是布置的任务，二是人们对孔子很陌生，很喜欢了解这位历史人物，宣讲基本都在解读孔子，去讲孔子生平、孔子思想、孔子的故事。

以上两项活动，虽是命题作文和讲评，并非我们学员研究心得，但却训练了我们查找资料、归纳评价，提炼观点等理性思考能力、论文写作能力。尤其在大庭广众之下做报告，既训练了口才，又锻炼了胆量，使在校大多数学生逢场胆怯的毛病得以克服，为走入社会，提升个人能力，为学生成才打下了基础。

50年过去了，笔者回想起在校时的田野考古实习及社会实践课安排，仍感到幸运。我们感到幸运的有四个方面：一是学到了很多校内课堂上得不到的东西；二是提高了我们的写作演讲能力；三是在众多活动中聆听过国内一批专家的讲课；四是每次开门办学中都要安排3名以上教师，或是带队肃纪，或是负责联络，或是业务辅导，或是后勤服务，让学员学好、听好、住好、吃好，安全圆满地返校。回想起豫陕之行前，考古教研室还编写了《豫陕开门办学资料汇编》，供我们与实际对照，故社会实践课各环节衔接有致，安排得当，使我们感到温馨，受益匪浅。值此庆典之时，向为我们付出辛劳的老师们致敬！

# 50年的坚守

崔秀国

校友简介：崔秀国，男，1950年生，本科1972级校友。历任泰安市文物局副局长、泰山管理委员会副主任、国家文物局泰安培训中心常务副主任、泰安市政协学习委员会主任等职。著有《东岳泰山》《泰岱史迹》《泰山史话》等。

50年，在历史的长河中只是短暂的一瞬，作为山东大学第一届考古专业的学生，回首50年来从事文物工作的经历和实践，激情满怀，感受颇丰。本文试图通过个人几十年从事文博工作的收获和体会，以探索地县级文物事业开展工作的基本规律和流程，以个性反映普遍性，以期提供给文物考古业内同仁们参考。

1972年开春，顺应时代要求而率先在全国创立的山东大学历史系考古专业，迎来了我们第一届学员。新兴建的考古教研室秉承对国家文物事业高度负责的精神，确立了严谨科学的教学理念和方向，克服初创时的重重困难以保证教学任务的完成。在繁重的教学过程中，充分利用山东大学历史学力量雄厚的条件，优先安排有声望的教授执教中国通史、古代汉语、古文字学等基础课；充分调动本校师资力量，辅以聘请北京大学等院校老师落实专业课的教学；充分发挥山东文物大省的优势，出色开展了考古调查、田野发掘的教学实践；还精心组织了与国家文物局、中科院考古研究所、国家和省博物馆、北京大学、西北大学的社会交流活动。圆满完成了三年的教学任务，从而在思想观念、专业知识方面，较高质量的成就了我们这届学员的学业。

1974年岁末，我被分配到山东省泰安地区泰山管理局（代管全地区10个县的文物工作），又伴随着机构变动先后就职于泰安地区文化局（与文物局合署）文物科（文物考古研究室）、泰安市泰山风景名胜区管理委员会（含泰安市文物局）、国家文物局泰安培训中心工作。一路走来，既有深入基层开展一线工作的实践，也有了综合性行政管理工作的经历。在几十年的文物工作生涯中，我始终被一种使命感和责任心支配，砥砺前行！虽然也不乏艰辛，挑战，误解，无奈，甚至是打击，但依旧初心不变，坚守住了对文博事业的热爱和责任，以及尽力拼搏的那份执着。主要概括为以下几个方面：

### （一）倾心致力于文博事业的基础建设

基层文物工作的主要任务是保护管理，其工作的基本特点是具体、繁杂和应急。由于业务性强，牵扯到社会方方面面的关系处理，因此必须要有一定的行政部门和业务单位去协调和承办，如果不认真解决好机构建设和专业队伍的建设，必将制约着一个地区文物事业的长足发展。20世纪70年代的泰安地区下辖10个县，位于古代齐鲁腹地，这里有“大汶口文化”和“龙山文化”的两大命名地、奄商发源地、中国最早齐长城的起始地、西汉至元代的繁华古东平城，以及号称“中国历史文化缩影”的泰山，等等。其历史源远流长，地上地下文物十分丰富，在山东省域有着十分重要的地位。但在文物保护管理方面，既缺乏相应的行政管理机构，又缺少专门的业务单位和专业队伍，与日常保护管理的要求和事业的发展极不适应。

1978年我国改革开放以后，百废待兴，文博事业也面临振兴发展的迫切要求。我们从泰安文博事业繁荣发展的长远目标出发，突出主要矛盾，优先抓了文博机构的建设。主要通过广泛社会宣传，制造舆论，争取领导重视，据理力争，于1980年率先在山东省成立了“泰安地区文物管理局”（与泰安地区泰山管理局合署办公），并在1982年全国性机构精简改革中予以保留（又明确公布与泰安地区文化局合署）。1985年山东省、泰安市对泰山管理机构实行有史以来最大的改革，决定建立“三位一体”（泰山风景管理局，泰安市文物局，泰山林场）的“泰山风景名胜区管理委员会”。我们抓住这一有利时机，突出进行了行政机构与事业单位的配套建设：一是在原定行政机关设置文物一科（分工泰山文物）、文物二科（分工县市区文物）的基础上，保留了“文物考古研究室”编制（后改为下属事业单位）；二是正式建立了专职业务单位“泰安市博物馆”“泰安市文物店”。从而真正实现了完善的行政管理与业务单位的有机配套。文博管理系统的建设，深得国家和省级文物主管部门的好评。与此同时，我们还积极推动各县市区相继建立了“文物保护管理所”或者“博物馆”，实现了上下贯通，协调配合的管理体系，有力地推动了全市文博事业的发展。

建立完善的管理体系以后，又认真抓了文博队伍的建设。经过几年的不懈努力，逐步建立起了一支适应要求的文博干部队伍，使其在专业人员数量、配置结构和业务能力方面均走在了山东省各地的前列。其基本的做法：一是敞开大门，吸纳相关大专院校的毕业生，先后从北京大学、山东大学、复旦大学、吉林大学等引进了一批专业人员；二是从本地区发现、挖掘了一部分热爱文博事业、有学历有专长的人员；三是通过积极组织参加国家、省的专题培训和文物考古活动，举办文物干部培训班，以提高素质凝聚队伍，诸如国家文物局的“瓷器培训班”、“古碑刻培训班”、“古建筑培训班”、“田野考古勘探培训班”、“齐故城勘探发掘”（1976年春由北京大学、山东大学、山东博物馆联合举办，为期三个月），“大汶口文化遗址第三次发掘”，以及本市组织的“新汶凤凰泉春秋墓群清理发掘”（一个月）、莱芜侯家台商周墓清理发掘、肥城汉墓清理发掘等，从理论与实践的结合上锻炼和提高了队伍的业务素质。

1989～1996年，我被组织安排到国家文物局泰安培训中心主持工作，在此期间，我们坚持以“教学为中心”，以创建“全国文博干部之家”为动力抓后勤保障，按照国家文物局的指示和要求，克服办学经费不足、学员来自全国各地差异大等客观困难，成功举办了各级各类专题业务培训班20余期（其中包括一期国际博物馆研讨班），为培养和提高全国各级文博、考古队伍的业务素质，推动全国文物事业的发展、以及文博单位的基础建设做出了积极的贡献。该中心也因此成为国家文物局唯一保留的培训基地（国家文物局原有8个培训中心），泰安培训中心也被山东省文物局评为省文博系统的先进单位。

### （二）悉心于当地的文物保护管理

中国历史悠久，幅员辽阔，地上地下水域文物丰富，无论是广袤无垠的地下，还是浩瀚缥缈的江河湖海，甚至是人迹罕至、沉寂累年的沙漠戈壁和荒山野坡，都有可能随时传出惊人发现，因此日常保护管理的任务义不容辞地落在了基层文物单位的肩上。如果没有一线文物工作者的不懈努力和执着守望，我国的文物考古事业只能是“无源之水，无本之木”，所以中国文物考古事业的基础在基层。几十年坚守基层文物工作的过程，既使自己在艰苦的历练中逐步成长，也享受到了许多成功后的喜悦。

自1978年以来，国家文物局为进一步加强文物的保护管理，摸清文物家底，为全社会提供科学保护的法规依据，相继开展了三次全国性文物大普查工作。本人有幸亲自组织和参加了两次全市文物大普查，我们首先有针对性地举办了文物干部培训班，以统一明确目标任务和业务要求。然后带领地县文物工作者不畏严寒酷暑、不辞劳苦，或骑车返复、或徒步跋涉，风餐露宿的奔波于广阔的山间田野，如期完成了全市文物普查的任务。并随即顺利完成了各级文物保护单位的材料整理、上报审批工作。在各级人民政府正式公布“各级文物保护单位”以后，又认真扎实地开展了各级文物保护单位的“四有工作”（即有保护范围、保护资料、保护标志、保护组织）。在此基础上，我又亲自执笔编写了《泰安市各级文物保护单位概况》一书，发放到各级政府及有关部门、文化单位等社会层面。这些工作的有效开展，为调动全社会加强文物的保护奠定了坚实的法规依据和科学操守。

社会流散文物的保护管理是文物工作的重要组成部分，由于牵扯到地方和群众的切身利益，政策性强，因而也是一项艰巨的工作任务。大量古建筑、古墓葬遭受严重破坏，历代遗留下许多支离破碎的石刻，有的成为乡村的铺路石，有的成为群众院墙、井台、猪圈的砌墙石，甚至被改造成生产队机械的奠基材料。抢救和收集这批文物使之免受二次摧残，则成为当时文物部门的一项紧迫任务。1978 年冬，在宣传争得上级领导的支持以后，本人承担起了对全市不易保护的散落石刻的收集、运保任务。面对一无车辆、二无吊装设备的实际困难，通过疏通关系，首先妥善解决了运输车和装卸器械，然后我们不顾天寒地冻、早出晚归、不辞辛劳，历时两个多月，顺利将一批汉画像石、汉石阙、唐经幢、宋元明清建筑石雕、元代著名人物“博罗欢”大型龟趺螭首石碑等 70 余件珍贵石刻运抵泰安岱庙集中进行了保护。针对泰安地区民间流散文物丰富的特点，我们长期坚持把社会流散文物的管理列入工作范围。通过广泛社会宣传、举办相关展览、物质奖励与荣誉表彰相结合等措施，在民间收集了汉代铁釜和铁质农具、北魏鎏金精美佛造像、“一刀平五千”错金刀币、唐三彩炉、明嘉靖端砚等一大宗珍贵文物，还对一时不能收购的民间文物进行了登记。既防止了民间文物的流失和损坏，又为国家充实了博物馆藏品。20 世纪 70 年代，是全国性“农业学大寨”农田水利基本建设的时期，大规模的农田坡岭改造工程使大量不可预知的古墓葬、古遗址受到破坏，急需现场及时处理。在单位业务人员少、老同志身体不支的情况下，我义无反顾地承担了现场处置的工作，起早贪黑地巡回在全区 10 县的农田改造工程现场，为科学处置、抢救出土文物做出了应有的贡献。

文物事业的发展与振兴，与社会政治、经济的发展、全民文化素质水平紧密关联，因此广泛深入的宣传社会、赢得社会重视，是一项艰巨而繁重的任务，需要每一位文物工作者，忠于职守，不唯个人名利，百折不挠的努力工作。1980 年春天，新上任的泰山管理局领导为了改善机关办公条件，做出了将岱庙内文物库房搬迁至关帝庙的决定（我身为文物组长，因出差在外没参加办公会议）。当时的关帝庙是泰山脚下的一处古建筑群，长期无人看管，里面杂居着许多社会人家，戏称是“小联合国”。岱庙的文物库房保存着有 190 余件国家一级藏品（多是明清以来帝王祭祀泰山的祭器）为首的 10000 多件文物。如果轻易将其搬迁到破烂不堪的关帝庙，将面临极大的安全隐患，势必是一次万劫不复的灾难。本着对事业、对领导负责的精神，我专门找领导陈述了自己的意见，并在其后的复议会上给予了否定，从而阻止了一场危机的发生。尽管因此事个人在人格和工作中受到不公正对待，但自己仍感到问心无愧！此事直到三年后的一次偶遇，才冰释前嫌，得到了这位领导的谅解。

### （三）潜心于当地文物的科学研究

植根于历史悠久、古代文化积淀深厚、社会变迁频繁、地理区域差异大的中国文物考古学，未知的探讨层出不穷，待科学研究的课题浩如烟海。作为基层的文物考古工作者，虽然没有省以上文物考古工作者（包括大专院校的专家教授）优越的研究条件，但却有着突出地方特色、紧接地气的优势，仍然可以发现和挖掘出得天独厚的研究课题，并取得不俗的研究成果。因此可以大胆地说：从事文物考古事业，比其他任何一个学科（包括自然学科）都比较容易出成果。

基层文物考古工作者，日常的保护管理业务面广、专业性强，单靠在校所学远远不能适应工作的需要，因此要求每一位从业人员必须坚持不懈地加强自身岗位学习，不断充实和丰富业务技能。毕业后的前三年，我利用日常工余时间通览了《文物》(包括前期的《文物参考资料》)、《考古》、《考古学报》三大专业杂志，还通读了有关泰山的《岱览》《泰山志》《岱史》《泰山小史》《泰山道里记》等古籍，并做出了笔记和摘录，特别还对与当地息息相关的资料一一作了重点收集。既从宏观上系统掌握了大量第一手资料，充实丰富了所学知识，也为应对本职工作所需、开展对地方历史和文物的研究奠定了坚实的基础。

几十年来，本人从所辖地区历史文化的内涵出发，瞄准地方特色和优势，守土有责，当仁不让，认真遴选课题，从无到有、从小到大，力所能及地开展研究，并取得了一定成果。一是突出优势，重点开展了对泰山历史文化的研究。泰山不仅是中国，而且也是影响世界的名山，它的显著特点是承载着丰富的历史文化，连接着历代政治、经济、文化、宗教、思想、军事、民俗等历史脉络，被称为“中国历史文化的缩影”。但在1949年之后的几十年中，国内对泰山的研究一直处于空白状态，不仅没有正式出版过书籍，就连普通的文章也很少见到。本人带着一种使命感侧重加强了对泰山历史文化的研究，自1978年在《光明日报》“文物与考古”专栏，以半个版面的篇幅发表“泰山”文章以后，又先后于1979年在文物出版社出版《泰山（旅游版）》一书；1983年在中华书局出版《五岳史话》(撰文泰山历史开篇部分）一书，并随后由该书局发行了《泰山》单行本；1987年在山东友谊出版社出版《泰岱史迹》(以历史文物为主题，共18万多字，开启了综合研究泰山历史文化的先河）一书。其中的中华书局《泰山》、山东友谊出版社的《泰岱史迹》先后被评选为“山东省社会科学优秀成果”，2019年，此两本书又被山东人民出版社列入大型“泰山丛书”系列修订精装再版。二是结合日常文物保护管理中的业务开展、文物调查、文物清理发掘等，整理资料、撰写研究论文，先后在《文物》《考古》《文物天地》《民俗研究》《大众日报》等国家、省级报刊发表文章30余篇，约计10万余字。这些成果的取得既锻炼提高了个人的专业素质，也为当地历史文化的探讨和研究发挥了启发和推动作用。

山东省是中国历史上现存古石刻最多的省份，其中古代碑刻（汉碑占全国现存的80%左右）、汉画像石（分布区域广，特色突出，含量巨大）、摩崖刻石（年代早，存量大，价值高）、石窟造像（分布均匀，造像史上没有空白期）、古建筑石刻（数量多、丰富多彩）不仅门类齐全、蕴含丰富，而且保存现状良好，在全国占据非常重要的位置。20 世纪 90 年代，由本人领衔编写的《山东石刻艺术》一书被列入山东省“八五”社科研究规划项目。我们调集全市业务人员组成了专门的编写小组，克服点多面广、现场调查任务繁重、经费不足等困难，充分利用日常工作间隙实地考察了全省 100 多个县（市），收集素材、拍摄图像，查阅了大量的图书资料，历时两年多的时间，基本完成了草稿任务。后由于人员变动、出版行业状况，经费问题等原因，至今尚未能正式出版。

因组织安排离开文物工作第一线以后，本人仍不忘初心，潜心于毕生所从事的文物事业，时刻关注着当地文物事业的发展，主要利用其他的社会平台做了大量社会咨询、出谋策划的工作，继续发挥了力所能及的作用。2007 年，被泰安市史志办公室聘去编辑《泰安市文化遗迹志》，本人以一名专业工作者的身份，指导参加了对该书条目架构、资料使用、语言文字的把关编辑，以科学严谨的态度为主管部门当好参谋，积极发挥了应有的作用。该书历时两年多，长达 80 多万字，文图并茂，于 2010 年由齐鲁书社正式精装出版，从而弥补了本地无《文物志》的空白，助推了全社会对泰安历史文化的研究，深受社会的广泛好评。

# 考古历程回眸

何德亮

校友简介：何德亮，男，1952 年生，本科 1975 级校友。本科毕业后入职山东省文物考古研究所（现山东省文物考古研究院），直至 2012 年退休。

长期从事田野考古发掘和研究工作，发表学术论文数十篇，合作出版《兖州西吴寺》《枣庄建新：新石器时代遗址发掘报告》《兖州六里井》《昌邑辛置：2010～2013 年墓葬发掘报告》等多部考古报告。

## 一

1975 年 9 月，是我终生难忘的日子。我收到盼望已久的山东大学入学通知书，能到全国著名的高等学府去求学，激动的心情难以言表。当时并不了解，既然要学这个专业，我也下了一定要学好的决心。我们班是山大考古专业招收到的第二届学生，共有 15 名同学，来自山东省内的 11 个地市，入学不久，大家就都熟悉了。

学考古，田野实践是重要的学习内容，山东大学考古专业的办学理念，非常重视对田野实践技能的培养。我们在校三年，先后参加了三次田野发掘实习，这对我今后从事考古工作奠定了很好的基础。

第一次是入学不久，就到日照东海峪遗址去实习，那是与山东博物馆考古组联合的发掘，山大带队的是刘敦愿、蔡凤书、宋百川、于海广老师，山东博物馆有张学海、郑笑梅、张江凯、苏玉琼几位。省博物馆负责发掘居住区，山大学生实习集中在墓葬区。我们是第一次实习，既好奇又茫然，老师们从布方开始教起，手铲怎样使用、怎样刮地层、怎样找遗迹，一步步直到探方发掘结束写探方记录，让我们对发掘过程和要求有了认知和初步掌握。在发掘过程中，除山大老师指导外，富有发掘经验的张学海、郑笑梅老师也不断给我们做现场讲解。这次发掘，对东海峪遗址的史前文化，提出了大汶口文化层、由大汶口文化向龙山文化过渡层、龙山文化层三叠层的认识，对解决大汶口文化和龙山文化的关系，在当时的认识上，是一重大收获。

第二次是1976年3～6月，我们班又参加了对临淄齐故城的发掘。那是由山东博物馆、山东大学（1975级学生）、北京大学（1973级学生）联合举办的田野考古培训班。根据工地统一安排，我分配到临淄桓公台发掘。这里主要是两周时期的建筑基址，有了东海峪发掘的经历，发掘时不再缩手缩脚，清理地层堆积、遗迹现象好像不那么难了，手铲功夫有了提高，分辨地层的意识也开窍了。

第三次实习，是1977年春季，是由中国社会科学院考古研究所山东工作队主持的兖州王因遗址，有山东队的吴汝祚、韩榕、胡秉华、沈强华，滕州博物馆的万树赢老师，山大带队的是蔡凤书老师。这个遗址大汶口文化墓葬密集，墓葬间打破和叠压关系复杂，而且墓内墓外土质土色很难分辨，韩榕老师指导我们确认墓口的方法和技巧，给我们极大帮助，使我们顺利完成发掘任务。

三年大学学习，三次田野考古发掘实习，加上课堂学习，让我成了一个经过系统培训的科班出身的考古人。

## 二

1978年毕业我被分配到山东博物馆文物管理组，从大学校园到工作岗位，又一次实现了身份的转变。从此开始走上一条漫长而艰辛的考古之路，真正成为一名专业考古工作者。稍加休整后，国庆节刚过，接到文物组领导的通知，让我参加诸城呈子遗址第二次田野考古发掘工作，这是毕业后进行田野考古发掘的第一个遗址。当时工地领队是山东博物馆王思礼、昌潍地区文物管理组杜在忠先生。我之前虽然通过几年的大学学习，也曾参加过几次较大规模的考古实习发掘，在课堂上亦学到一些有关的考古学理论和基础知识，但与实际田野操作技术还有不小的差距，对地层间的打破叠压关系和遗迹现象，以及与周围各探方之间的相互联系等均存在许多亟待解决的问题，这就需要通过参加较多的田野发掘工作来提升自己的田野操作技能。因此，参加这样的田野考古发掘机会还是难得的。通过发掘，也确实有很大收获。

岁月流逝，再回首，转眼又是一年。1979年春，根据文物组的工作安排，我参加了莒县陵阳河与大朱家村遗址的考古发掘工作，领队是山东博物馆王思礼先生，参加人员有王树明、赖非、万良及莒县博物馆苏兆庆先生等。这两处遗址主要是大汶口文化时期的墓葬及部分居址。首先发掘的是陵阳河遗址，这批墓葬排列比较整齐，均为长方形土坑竖穴，这次发掘，最大的锻炼是清理墓内随葬品，因为随葬的陶器大部分已经破碎，而且互相叠压在一起，当时清理相当困难，一不小心就容易将器物弄坏。特别是绘制这样大型墓葬的线图，对没有美术功底的人来说，会遇到很大的挑战，面对墓内放置的大量随葬品，一时不知从何处下手。由于当时田野发掘工地没有专门从事绘图的考古技术人员，所以这些工作都要自己动手。万事开头难，随着发掘工作的不断深入，绘制墓葬线图这样的技术问题也慢慢得到了解决。当时深深感觉到，从事考古学研究工作，如果没有一定的美术基础是难于胜任的，因此，必须练好内功，基本功扎实了工作起来才得心应手。

陵阳河遗址的发掘，对于研究大汶口文化社会性质、中国古代文明的起源及贫富分化等均具有重要意义。特别是发现的这批图像文字，有的像自然物体，有的像工具和兵器。这是古代文明即将到来的一种标志，曾被学术界誉为古代文明的火花。

1980年山东省文物考古研究所成立。1981年秋天，栖霞杨家圈遗址开始发掘，这是省考古所成立后我参加的首次田野考古工作，其任务主要是配合北京大学1979级考古专业的田野实习。工地发掘领队是北京大学严文明教授和山东省文物考古研究所郑笑梅老师，北京大学参加发掘的还有高崇文和王树林老师。省考古所参加这次发掘的是吴诗池、张竞放、邵明贵、李志勇、司湘和我，等等。

田野发掘期间，我们多次聆听严文明、郑笑梅先生发掘现场对各种遗迹现象的分析和判断。在工地现场发掘中出现什么疑难遗迹现象，严文明和郑笑梅两位先生总能得出合理的解释以及处理的方法，许多遗迹间的叠压打破现象，经过先生们的讲解都会迎刃而解。所以说，这次田野工作是我们又一次继续学习、不断提高的绝佳机会。发掘历时两个多月，发掘面积达800多平方米，发现有建筑基址、灰坑和墓葬等遗迹，出土大量大汶口文化、龙山文化时期各类文化遗物。发现的大汶口文化房屋为方形或长方形建筑，仅存部分基槽和柱洞。墓葬皆长方形或梯形竖穴土坑墓，无葬具，亦无随葬品。龙山文化房屋皆深基槽木骨墙两面坡式屋顶的方形地面建筑。有的基槽深达2米以上。槽内柱洞排列密集，四角柱坑较大。有的柱洞平整而坚硬，并铺垫天然扁平石板为柱础，或用碎陶片加工垫洞底，然后夯实、个别还要火烤。房基面积一般30平方米左右，最大达50平方米以上。灰坑有圆形、圆角长方形及不规则形诸种。直径一般1～2米，最大达3米。坑浅者0.2～0.5米，一般1米左右，最深1.8米以上。坑内堆积多为红烧土，也有红褐或灰褐土，质较松软。陶器有鼎、罐、平底盆、圈足盘、尊形杯、单把筒形杯等。

特别是出土的粟、黍和稻谷等痕迹，对于研究我国稻作农业的起源与发展具有重要意义；而铜条、铜渣、孔雀石的发现，则标志着龙山文化生产力的进步以及进入铜石并用时代的有力证据。

## 三

20世纪80年代初期，我们这代人多数刚刚成立家庭，在上有老下有小，家中需要照顾的情况下，为了钟爱的文物考古事业，只能舍弃小家顾全大家。基本常年坚持奋战在田野考古发掘第一线，每年野外工作时间多数都超过半年以上。这一阶段，我先后参加了曲阜南兴埠、林前村、广饶营子、临淄两醇、寿光边线王等多处重要遗址的考古发掘项目。一系列田野工作的磨炼，不仅使个人的操作技术和发掘水平得到不同程度的提高，同时也学习到前辈们为了我国的文物考古事业的献身精神和吃苦耐劳的职业道德，这些均为后来从事文物考古工作，奠定了重要的思想基础。

自 20 世纪 80 年代以来，据不完全统计，我参加的国家重点基本建设工程的考古调查、勘探项目近 30 项，主要有兖石（兖州至日照石臼所）铁路工程、益羊（益都至羊口）铁路工程、济枣（济宁至枣庄）公路建设工程、南水北调工程、胶东调水工程、胶济（胶东至济南）铁路工程、京沪（北京至上海）高速铁路工程、高临（高唐至临清）高速公路工程、同三（同江至三亚）高速公路工程、潍莱（潍坊至莱阳）高速公路工程、烟台疏港公路工程、日照疏港公路工程、京福（北京至福州）高速公路工程、胶济（胶东至济南）铁路客运专线工程、西气东输管网建设工程、胶新（胶州至新沂）铁路建设工程、威乌（威海至乌海）高速公路工程、青银（青岛至银川）高速公路工程、青临（青州至临沂）高速公路工程、济菏（济南至菏泽）高速公路工程、日东（日照至东明）高速公路工程、济莱（济南至莱芜）高速公路工程、枣临（枣庄至临沂）高速公路工程，以及菏泽堌堆遗址专项考古调查等项考古调查与勘探任务。

上述配合建设工程所进行的田野考古调查与勘探工作，对于我国经济建设的提升发挥着重要的作用。不仅有力配合了国家重点基本建设项目，为工程建设部门的施工进度赢得宝贵时间，有力地提高了建设工程效率，同时，也对地下文物做到有效保护和合理利用。因此，这种做法既不影响建设工程，又能达到保护文物之目的，也是认真贯彻“两重两利”方针的具体表现。

在全面进行田野考古调查与勘探的基础上，也选择了部分重点遗址进行了田野考古发掘工作。多年来，参加或主持的考古发掘项目，除上面提到的有关遗址或墓地外，还有济宁潘庙、凤凰台、城子崖，兖州西吴寺、六里井，邹县南关，泗水天齐庙，章丘城子崖、孙家东南，枣庄建新，滕州庄里西、薛故城、西公桥、朱洼，日照海曲，济南王府、催马庄、殷陈，高密乔家屯，长清大街，临沂朱家斜坊、耿家斜坊，曲阜朱家庄，费县方城，平邑杨顶庄、大东阳，苍山后杨家官庄，青州郝家庄，昌邑辛置等 29 处遗址或墓地等。其中，我作为考古领队发掘的日照海曲汉代墓地获评国家文物局评选的 2002 年全国十大考古新发现。

上述众多遗址与墓葬的发掘，为研究山东地区古代各个历史时期物质文化遗存的面貌特征、社会性质等提供了大量可依据的实物资料，因此，具有非常重要的学术价值。

2012 年到了退休年龄，刚办理完手续不久，郑同修所长找我商量，让帮忙临时负责《海岱考古》的编辑工作，能为单位考古工作再作贡献，我欣然答应下来，此项工作从接手到结束接近10年时间。在这段时间里，除做好主要承担的编辑工作外，还利用业余时间进行学术研究，撰写有关学术论文，主要发表《海岱与中原地区史前文化的交流》《山东龙山文化聚落与经济形态之考察》等6篇文章。同时还穿插进行了田野考古发掘资料的整理工作，先后发表了枣庄建新（《海岱考古·第三辑》）、苍山后杨官庄（《海岱考古·第六辑》）、滕州朱洼（《海岱考古·第八辑》）、青州郝家庄（《海岱考古·第十辑》）和昌邑辛置等发掘报告。编辑工作及资料整理直到2022年4月止，善始善终完成了单位交办的各项工作任务。

## 四

为使我国的文物考古事业逐步走上科学化与规范化，国家文物局决定以举办考古领队培训班的形式，来促进考古领队以及田野水平的提高。1984年秋天，国家文物局决定在山东省济宁市兖州西吴寺村举办第一期田野考古领队培训班，我有幸参加这次考古培训班的培训，得到一次很好的全面学习和锻炼的机会，因而非常珍惜。报到后才得知，黄景略先生担任培训班主任，亲临田野发掘工地坐镇指挥。指导老师是北京大学俞伟超教授和山东省文物考古研究所郑笑梅老师。两位先生对田野发掘要求非常严格，在工地现场经常手把手地教学员们如何划分地层、怎样处理遗迹间的打破叠压关系等。先生们严谨的工作态度，一丝不苟的敬业精神，为学员们做出了很好的榜样，是值得我们永远学习的。

经过四个多月系统严格培训与紧张学习，圆满完成了这次培训所有科目的考试，顺利通过了国家文物局考古领队培训班考核委员会答辩，拿到结业证书，获得了国家文物局田野考古领队资格。

根据培训班工作安排，结业后经国家文物局文物处与山东省考古研究所协商，决定让我留在兖州国家文物局考古领队培训班协助有关行政后勤管理工作，这是对我的信任，也是对自己一次严格的考验。因此，我愉快地接受了这项任务。

1985年上半年，在兖州西吴寺举办第二期田野考古领队培训班，来自全国各地文物考古部门的33名学员参加了培训。下半年又配合吉林大学1983级考古专业学生的田野考古实习，第三次发掘了兖州西吴寺遗址。1986年，国家文物局考古领队培训班，根据培训学员的实际情况，决定迁移到兖州市区附近的唐庄培训基地继续开展培训工作。

1986年春节刚过，培训地点开始转移，首先是出土文物的搬运，当时工地人员较少，为了保证文物的绝对安全，我与国家文物局的李季同志亲自动手装箱、押运，以保证文物的绝对安全。我们将全部文物平安运到基地，一颗悬着的心才能平稳落下。

随着各种发掘设备和办公用品的陆续运达兖州唐庄培训基地，我们才算真正在此安下了“家”。

刚刚搬完家，还立足未稳，下半年就要在济宁潘庙、凤凰台和城子崖举办第三期考古领队培训班，当时由于实习遗址地点比较分散，工地指导老师和后勤管理人员各个工地来回奔波，给教学和管理工作增添许多的不便。考虑到1988年春还要在此举办第四期考古领队培训班，时下寻找考古实习地点成为当务之急。根据国家文物局有关领导意见，要求选择培训的遗址交通便利，食宿方便，所选遗址文化层有一定厚度，且具有两个以上的时代。

为了达到上述田野发掘实习的教学要求，做到不打无准备之仗的目的，我们开始了寻找发掘地点的田野工作。先后在兖州、曲阜、汶上、泗水、邹县、微山和滕州境内，对近百处先秦遗址进行了考古调查与重点遗址钻探。经过长时间的田野工作，先初步选择滕州岗上、微山尹洼、泗水天齐庙和兖州六里井4处遗址作为实习培训地点，考虑到交通情况和遗址保存状况，最终选定泗水天齐庙遗址，作为国家文物局第四、五期考古领队培训班的实习遗址，而将兖州六里井遗址定为1992年第六期考古培训班的发掘地点。经过实际田野发掘证明，所选择的遗址，基本符合田野考古培训学员的要求，达到了很好的实习效果，得到国家文物局有关领导的肯定和好评。

除去繁忙的事务性工作，在唐庄培训基地多次参加来自全国各地许多高校、科研单位的一流知名专家教授的授课，如俞伟超先生的考古地层学与类型学，张忠培先生的聚落考古、文明起源研究，黄展岳先生的如何编写考古报告，郑笑梅先生的物质文化遗存分析等重大学术课题，思想认识及学术水平均有了较大的提高，有些不明白的问题也得到很好的解决。先生们的学术讲座，指导着我们这些青年学子在考古学研究中不断进步。

这一时期，我不仅限于聆听先生们的授课，还得到张忠培、吴汝祚两位先生手把手的指导，百忙中帮助修改文章，提出许多好的建议。黄景略先生则把定稿的文章推荐给有关学术刊物发表。莒县大朱家村大汶口文化墓葬，则是在中国社会科学院考古研究所高广仁先生指导下完成的。先生们的提携和厚爱，使我收获满满，终身受益，将成为一生中宝贵的精神财富。

其中花费精力用得最多的工作，还是协助国家文物局李季和乔梁等同志从事基地日常行政管理事宜，接来送往，后勤保障、生活管理，工地安排等。事无巨细，烦琐多项，要做好上述各项繁杂事务性工作，虽然付出了很多，但得到的收获更大。其一是受到老一辈专家学者、教授的谆谆教诲，学到许多书本上学不到的知识和做人的道理；二是结识了来自全国文物考古界的老前辈、专家、教授、同行、朋友。我与他们结下了深厚的友谊，这份感情胜似亲情，十分珍贵，将藏在心中永远铭记。

在国家文物局兖州唐庄考古培训基地，在做好日常管理工作的前提下，我还利用有限的业余时间整理发掘资料。在李季同志具体安排下，顺利完成《兖州西吴寺》的编写工作。在整理过程中，曾得到黄景略、郑笑梅、张学海等先生经常的帮助和指导，1989年夏，初稿完成后，又请叶学明、李伯谦等先生对报告进行了评议，收获颇丰。

国家文物局考古领队培训班从1984年在兖州西吴寺开班，时间很快就是10年。国家文物局根据全国田野考古培训的需要，决定从1993年开始，将国家文物局考古领队培训班由兖州唐庄基地迁移至河南郑州举办。由于当时基地上有些遗留问题需要处理，我与乔梁同志在此又继续留守了一段时间，负责处理培训班许多遗留问题。不久之后回到原来工作单位——山东省文物考古研究所，从事日常田野考古发掘、调查、勘探与考古学研究，尽职尽责完成一名考古工作者所承担的每项工作任务。

人生如梦，转眼离开兖州唐庄基地已经30年，当时的此情此景仿佛就在眼前，犹如昨天，历历在目。只是当年曾朝夕相处，共同生活，一起战斗在田野考古第一线，指导学员工作、学习的我国著名考古学家俞伟超、张忠培、吴汝祚、郑笑梅、张学海等先生已经去世，但他（她）们的言谈举止、音容笑貌还时常浮在眼前。这种怀念之情，久久不能忘怀，心情亦难以平静。为了不辜负先生们的厚望，只有用实际行动来报答其培养教育之恩，继续努力为国家文物考古事业贡献力量。

## 五

自参加文物考古工作以来，在从事紧张的田野考古发掘、勘探与调查的同时，我对过去发掘的一批田野考古资料进行了系统的整理，及时向学术界发布相关发掘成果。根据省级文物考古研究所的任务特点，克服当时人员少、经费不足、时间短、任务重等困难进行考古资料的整理工作。1995年与孙波、燕生东同志完成了《枣庄建新：新石器时代遗址发掘报告》的编写，1996年由科学出版社出版发行。该书由我国著名考古学家苏秉琦先生题写书名，并得到张忠培先生、蔡凤书先生的高度评价。张先生曾称赞该报告整理编写及出版快，资料详尽，较为完整，是近年来考古报告中较为优秀的著作。我的老师蔡凤书先生也认为，《枣庄建新》详细而有条理，文化分期的度把握得准确，是继《大汶口》《邹县野店》《胶县三里河》报告之后又一全面对大汶口文化分期编年的著作。

从1996年开始，按照国家文物局尽快完成发掘资料的整理与发表的要求，在不脱离原单位工作的情况下，又与乔梁、朱延平同志合作编写出版《兖州六里井》发掘报告，实现了国家文物局出人才、出成果的初衷和愿望。一系列田野发掘报告的整理与编写工作，不仅使自己的业务水平得到很大提高，而且为学术界提供一批重要的考古研究资料。

一分耕耘，一分收获。多年来经过不断努力，取得了一批较为重要的科研成果，其中发表简报或考古报告20余篇，作品主要有《莒县大朱家村大汶口文化墓葬》(《考古学报》1991年第2期)；《滕州西公桥遗址考古发掘报告》(《海岱考古·第二辑》)等。合作出版考古发掘报告及报告集8部，《兖州西吴寺》《枣庄建新：新石器时代遗址发掘报告》《兖州六里井》《昌邑辛置：2010～2013年墓葬发掘报告（全四册）》为代表。其中，《枣庄建新：新石器时代遗址发掘报告》被评为1997年山东省第十二次社会科学优秀成果三等奖。

利用考古学有关资料，从多领域、多层次、多视角、全方位就海岱地区史前考古学文化进行综合研究，并对当时社会历史发展的演进渐变进程以及我国古代文明起源进行全面诠释，其中文明探源工程、考古中国等，均是当前学术界非常关注的重要研究课题。

有鉴于此，在日常工作中，我不仅注意搜集有关这方面的资料，特别是对考古发掘资料进行综合研究，并撰写相关研究文章，据不完全统计，先后在多家刊物上发表学术论文近百篇，代表作主要有《山东龙山文化的类型与分期》《从大汶口文化看古代文明的发展过程》《海岱地区古代社会的文明化进程》《山东史前时期自然环境的考古学观察》《试析早期铜器在文明进程中的地位》《中国史前战争初论》等。

同时，还依据田野发掘提供的有关考古资料进行个案分析与论证，分别就枣庄建新、滕州西公桥、兖州六里井、潍坊前埠下、兖州西吴寺、济宁城子崖、栖霞杨家圈等遗址的文化面貌与特征、年代与分期、地方类型、文化性质以及与周边地区的文化关系等问题进行了研究。对大汶口文化时期的商品交换、埋葬习俗、彩陶艺术、打击乐器和文明起源的形成与发展过程，以及山东龙山文化的聚落形态、社会经济、历史地位等方面进行考察，亦分别撰写了相关学术论文。

在此基础上，进一步对海岱地区史前时期相关的一些学术问题，如原始农业、自然环境、史前玉器、陶塑艺术、早期铜器、宗教祭祀、古代战争以及与周边地区原始文化的交流等学术问题也进行了系统的梳理。特别是关于原始农业与我国古代文明起源的关系，家畜饲养业、原始手工业的形成与发展对我国古代文明起源与发展的影响；冶铜术的出现、文字的产生、城市的兴起、墓葬制度的演化、聚落形态的发展与递变、社会内部的分层与分级、遗址群的分布、金字塔式中心聚落的产生以及自然环境的变迁等，无不对中国古代文明起源的形成与发展产生诸多影响，因此，这类课题一直成为长期研究的重点领域，同时取得一批重要的科研成果。

## 六

40多年来的风雨历程，弹指一挥间。回顾过去，思绪万千。回忆自己走过的这段考古历程，其成绩取得来之不易，每一步并不是一帆风顺，有时还充满着艰辛。经过长期坚持不懈的工作，前进道路上的困难得以克服，为考古事业做出了自己的不懈努力。长期以来，由于工作关系，我结识了全国各地许多知名专家、教授及一些知心朋友和学术界同仁，交往中曾得到他们许多无私的帮助。

除此之外，还要铭记山东大学多年的培养教育和老师们长期的殷殷教诲，也不能忘却各级领导的关心与支持。所以说，取得的成绩绝非完全属于自己，而是大家共同努力、密切配合，集体间相互协作的结果。滴水之恩定当涌泉相报。对于曾经帮助和关心成长进步的单位和个人，都会牢记在心中。做到常怀感恩之心，常念相助之人，力行所能之事。感恩已经成为当今社会为人处世最基本的准则，只有感恩才能体现出一个人心灵的精神境界。

人生七十古来稀。青丝已尽，白发满头。对于我们这批 20 世纪 50 年代出生的人来说，其年龄大多已跨入或者临近七十，且已经退休在家，离开了工作第一线。有的还活跃在不同工作岗位上，继续发挥着余热。

江山辈有人才出，长江后浪推前浪，一代更比一代强。母校人才济济，英雄辈出，因而，取得丰硕的科研成果，成绩斐然。由此也铸就了山东大学蒸蒸日上的大好局面和今天的辉煌。作为校友，为母校取得的巨大成就，感到由衷高兴和非常的自豪。同时，也为山东大学早日建成世界一流大学而加油。

不忘初心，牢记使命，踔厉奋发，砥砺前行。在纪念山东大学考古专业成立 50 周年的大喜日子里，深深缅怀我们的老师，考古教研室去世的刘敦愿、蔡凤书、宋百川、李发林等先生。多年来，老师们的悉心指导和辛勤培育，使我们在思想政治、专业知识、职业道德等方面，懂得了许多的人生哲理，同时引领大家走上一条为之奋斗的考古之路，大家都在各自岗位上为国家和社会做出了重要贡献。今后我们要继承老师们的遗愿，不辜负先生们的殷殷嘱托。同时，也向健在的老师们问好，祝愿保重身体，健康长寿，享受幸福美满的晚年生活。

我作为山东大学昔日的学生，离开母校已经 45 年了。虽然已经走上社会，仍把学校当作自己的家，今后会经常回到学校来感受当年的校园生活。继续发扬山东大学的优良传统，牢记学校“为天下储人才，为国家图富强”的办学宗旨，遵循“学无止境，气有浩然”的校训及“崇实求新”的校风，在各自不同工作岗位上，继续努力再创辉煌，为母校增光添彩，用实际行动报答母校多年的培养与教育之恩。

# “三牛”精神传真谛，扎根考古促传承*

## 访白云翔校友

校友简介：白云翔，男，1955年生，本科1975级校友。1978年毕业后进入中国社会科学院考古研究所工作，先后从事田野考古、学术期刊编辑、考古研究和教学以及学术组织管理工作，曾任中国社会科学院考古研究所副所长，考古杂志社社长兼考古编辑室主任。兼任中国考古学会常务理事及秦汉考古专委会主任，中国秦汉史研究会副会长，德国考古研究院通讯院士。2021年至今获聘山东大学讲席教授。

主要研究方向为秦汉考古、手工业考古、中外文化交流的考古学研究等，发表学术论文百余篇。出版《先秦两汉铁器的考古学研究》、《山东省临淄齐国故城汉代镜范的考古学研究》（合著）、《临淄齐故城冶铸业考古》（主编）、《中国考古学·秦汉卷》（主编）等著作和考古报告。

采访时间：2022年7月9日

采访方式：线上采访

**杨　慧**：白老师，您好。首先想请您讲述一下您在山大的求学经历，在求学过程中有没有让您印象深刻或者是感触较深的人呢？

**白云翔**：我应该算是老山大人了，山大考古系成立50年，我基本上算是见证人之一。我在1975年入校，当时叫工农兵学员，是山大考古专业第二届的学生；第一届大家知道是1972年入学的于海广老师他们。大学毕业以后离开了学校，到了2001年，咱们山大考古学科获得博士学位授权点以后，我就又考入了山大去读博士，应该说我是山大考古学的第一批博士。从这个意义上说，我对山大近50年来的发展，基本上是亲眼所见和亲身经历过的。

我的求学经历，从大学到博士都是在山大度过的。40多年来我跟山大的联系也非

* 本文系魏舒童、耿一淏整理文稿，经白云翔审阅修改而成。

常多，就读书期间的印象来说，令人感触的事情非常多，所以我每一次见到山大的老师们同学们都有很多话题，大都是在回忆，都是在讲过去。举例来说，我在大学读书期间，当时师生们如同亲人的关系给我留下的印象非常深刻，而且对我后来的工作影响也很大。我们入学一个月以后，那个时候叫“开门办学”，就到了日照东海峪遗址搞发掘，一次发掘两三个月，大家睡大通铺。到 1976 年的春天，我们又到临淄齐故城发掘，又是两三个月。在发掘过程中，从刘敦愿先生（当时最年长的教授），一直到当时中年的宋百川老师、马良民老师、蔡凤书老师、李发林老师等等，老师们和学生同吃同住同发掘。因此在这个过程当中，作为学生所受到的不仅仅是学业上的指导，更是人生态度、工作态度、为人处世的一些影响，到现在我有时候跟我的同学、甚至跟后来一些年轻的朋友们谈起来的时候，总是非常怀念在山大读本科的时光，那些跟老师们一起下田野的情景历历在目。再譬如说 1976 年夏天唐山大地震后，大家把双层床搬到楼下来搭成地震棚防震。在这个过程中，老师跟同学们建立了一种特殊的感情——虽然不能叫生死感情，但至少说也是在特殊背景下建立的，至今也令人难忘。因此在大学期间，老师真是把学生当成自己的孩子一样在关心、在教育、在照顾，对我影响也非常大，应该说是终生难忘的。

在我读博士期间，作为山大第一届考古专业博士生，考试是 2001 年春天补考的，当时同等学历考试要考 6 门课，考场设在现在的公教楼。去年秋天我去公教楼讲完课以后就很感慨，20 年前的时候我在那儿考的博士，20 年以后回到公教楼了，给同学们上课，这真是有种“沧海桑田”变化的感觉。我当时考博时住在学人大厦，考试完要出成绩的时候，于海广老师、栾丰实老师、方辉老师等，对我的考试成绩比我本人还着急，公布成绩的那天早上，他们几位就派学生到校部大楼外的成绩公布栏去看我的考试成绩。老师们对我心心念念的这种关怀和惦念让我非常感动。在读博士期间，我的工作发生了一些调整变化，考博时我还是考古杂志社社长，但入学之后不到一周，我就调到考古研究所副所长岗位上了，这样一来，再按照原计划长期住在学校就不现实了，要经常地往来于北京和济南之间。在这个过程中，老师们对我学业上的指导、生活上的关心是无微不至的。我入学报道的时候，从北京带了很多行李，但于老师、栾老师及夫人王彩玉老师，还有当时崔大庸老师及夫人杨杰老师、方辉老师等，居然把我在读书期间所需要的日常用品都给我准备好了。报到以后，同学们就说，你方便，所有东西都给你准备好了。这就是老师们对学

2005 年白云翔在广州南越王墓考察

（左三为白云翔）

生的一种关爱。再比如说，我读的博士生是统招的全日制脱产生，但在读书期间有时候因为工作的需要，不能跟其他同学一起上课，经常是礼拜六过去上课，于是不少老师们牺牲了周六周日的休息时间来给我上课，并且上完课以后，我有时还可以蹭顿饭。这样一些经历，师友们对我的关心和帮助，对我来说终身难忘，其影响也是终生的。我在对师友、对同学们的时候，也经常是自觉不自觉地按照当时感受到的那种方式去做。如果讲过往的人和事情，还有非常多，暂且举这几个例子。

**杨　慧**：从您那时就传下来的这种人文关怀，到我们现在也是可以感受到的。那么您觉得这些年来传承下来的独属于山大的考古精神是什么呢？

**白云翔**：如果讲到山大人的考古精神，因为我没有做过一个很好的梳理和总结，也不好说哪些是山大所独有的精神，但是我经常在想，山大考古 50 年能发展到今天，它靠的是什么？应该说靠着大家共同努力这是没问题的，靠着方方面面的支持和帮助也没问题的。但从精神层面来讲，我想与时俱进，务实求实，应该是山大考古学的风格，我们也可以把它称为山大考古精神。为什么这样讲呢？我们 1972 年创办考古专业的时候，当时全国只有 12 所高校，从北大、吉大、咱们山大，然后一直到南大、武大、厦大，中大、川大、西大、郑大，等等。我们今天看考古学的时候，无论是社会上还是学术界，都感到不陌生了。但是当时创办考古专业，无论从刘敦愿先生也好，跟他一起创办的宋百川先生也好、蔡凤书先生也好，他们都是顺应了时代发展的潮流、适应了学术发展的潮流来创办的。当然其中离不开山东大学学校领导的支持。

再比如说，到了 2002 年，又创建东方考古研究中心，也创办了连续出版物《东方考古》辑刊，这也是适应当时学科发展的需要。这是一个很重要的举措，北大建立了中国考古学的基地，吉大建了边疆考古基地，山大设立了东方考古中心。这个中心的设立也同样是适应了当时学术和学科发展的需要，并且对我们山大考古学学科的发展产生了非常重要的作用。比如说 10 年前我们又建立了文化遗产研究院，后来又建立了国际考古实验室，这些都应该说是在时代的大潮当中，顺应考古学学科发展，顺应我国文化遗产事业的大潮来做的，有些甚至走在了全国前列。这对我们学校能走到今天尤其是最近十几年来的发展，作用是不可低估的。学科发展和学科体系建设，是我近二十年来经常思考的一个问题，一个高校也好，一个研究单位也好，它的学科的布局一方面要从基础做起，另外一方面一定要赶上时代的潮流。就我们山大来说，由于文化遗产研究院的建立到国际实验室的建立等，就现在来说山东大学的考古学科布局结构是比较完整的，是成体系的，是比较前沿的：传统考古是我们的基础，科技考古我们在大力推进，文化遗产保护专业领域也在推进。这种架构，或说这种学科的布局，体现了当今中国考古学发展的一个大趋势。在这方面，我们是与时俱进往前走的，并且在某些方面，比如国际实验室还是全国领先的。

讲到务实求实，我很有感受。因为山大的毕业生走向社会以后，社会对山大的毕业生就会有一个评价，山大考古学生的特点是什么呢？据我所接触到的学界的朋友们，大家比较一致的一种反映是，山大的学生很扎实，做学问扎实、做工作踏实、做人也很实。这是一个总体的、一般性的看法。我总在想，这种评价来自于何方呢？它是来自于山大考古学科老师们在教学科研活动当中的务实求实的精神和风格对学生们的影响。如果说山大考古精神的话，与时俱进、务实求实，是不是可以作为山大考古精神来看呢？

**杨　慧**：这 8 个字总结真的很精髓了。既然您也提到了刘敦愿老师，刘老师作为山大考古学科的一个创始人，他在您心中的印象是怎样的？在您从事考古工作中，又起到了怎样的作用？

**白云翔**：一提到山大的考古学科，我们就不能不提刘敦愿先生。在我看来，刘敦愿先生不仅是山大考古学科的创始人，而且是山大考古精神、考古风格的开创者。这就涉及我们如何来评价刘敦愿先生的问题。当然我是弟子，我不能去过多地评价刘敦愿先生，但毕竟在我读本科那三年里，刘先生耳提面命，亲自指点。回顾我们学科发展历史的时候，刘敦愿先生对我们山大考古学科的发展产生了深远的影响。这就涉及对刘先生的一些印象或者感受问题。刘先生是国内外公认的著名的考古学家，十几年前考古学界有一个活动，要编写 20 世纪中国知名科学家学术成就概览这样一部书，由社会科学院考古所和考古学会来承担。在推荐和评选中国 20 世纪知名考古学家的时候，我也在场，是参与者，刘敦愿先生是高票当选的 20 世纪中国知名考古学家。大家如果有兴趣可以看一看这部书《20 世纪中国知名科学家学术成就概览 · 考古学卷》，反映了刘先生在中国考古学界的地位。

如果说讲到对刘先生的印象的话，当然很多，归纳起来主要是两个方面。一个方面是做学问，学术方面刘先生虽然不是考古学科班出身，但是刘先生一直注重田野考古，从 1961 年开始，刘先生就作为历史系的老师去做田野调查。考古专业创立以后，田野考古的发掘刘先生都是亲自参加的。到了后来年龄大了，他也还非常关注田野考古，而田野考古又是现代考古学的基础。在这方面刘先生是非常突出的。另一个方面，就是刘先生的文献功底深厚，并且在研究当中非常注重考古材料和文献资料的有机结合。因为我的研究领域之一是秦汉考古或者说汉唐考古，有时候我就在想，汉唐考古也好，秦汉考古也好，我们要把它放到大的历史中去做考古研究。夏鼐先生在《中国大百科全书 · 考古学》卷很明确地讲到，历史时期考古学最突出的特点之一是与文献资料相结合，但是在我们的实践当中，还差得很远。原因是什么？我们这一代人的文献基础相对薄弱。就拿我本人来说，虽然从小学到初中到高中，在当时来说是比较系统地读下来的，但是我们的古文献的功底应该说跟老一代是没法比的，尽管说上大学以

2021年在白云翔在黄骅大左庄遗址考察
（左一为白云翔，左二为王青）

后尤其是工作以后，自己在不停地在补课，但这种文献功底跟老先生远远没法比，而刘先生对文献的熟悉度，在他同辈当中也是非常好的，并且他能把考古材料和文献资料有机地结合起来去研究问题。

大家看科学出版社出版的《刘敦愿文集》两卷本。最初是在台湾地区出的，后来科学出版社又出了一个两卷本的。书中几乎每一篇学术论文都是考古材料和文献资料有机结合的成果。在考古与文献的结合上，是值得我们好好地学习并继承发扬的。还有一个特点，学术上刘先生往往是以小见大。我也很主张研究历史、研究考古，要注重宏大叙事，因为我们考古学的根本任务是研究古代的社会历史文化及其发展规律。具体而言，作为一个学者个体来讲，恐怕我们的研究还是要从一点一滴做起。刘先生发表的学术论述里边，有兴趣的年轻朋友可以看一看，相当一批的学术论著，题目看起来都不大，但是这些文章的特点是什么呢？除了我刚才讲的是考古资料跟文献资料有机结合之外，再一个特点是专和深，而只有专和深的研究集合起来，才能够研究宏大叙事。可以说，这方面也是刘先生的一个突出的学术风格和学术特点。可能有些年轻的朋友不了解，在20世纪90年代甚至再早一些80年代的时候，考古学界对于这种研究的风格或学术取向，实际上当时是有不同的声音的，好像考古就仅仅是挖掘、仅仅是考古材料的梳理。但是进入新世纪以后，学术界越来越感觉到：田野考古的基础不能丢，而在考古资料的阐释上，在历史文化问题的解读上，离不开跟文献的结合，离不开方方面面的专题和个案的研究，这样的学术才是完整的、有血有肉的和有深度的，考古学所构建的古代历史文化的发展，才能既有主干，又有那种枝叶繁茂。正因为如此，我跟年轻的朋友也好，我的学生也好在谈做学术的时候一直强调，做学问做学术，学术站位要高，视野要宽阔，但在具体做的时候一定要从一个一个的个案做起，而且做深、做细、做扎实。在这方面刘先生的学术风格对我实际上是很有影响的。

除了学术之外，另外一个方面就是刘先生如何对待学生。当然，由于时代的发展，现在生活条件有了很大的变化，但是当时我刚读本科的时候，刘先生一样是住筒子楼的；我们跟刘先生在田野考古过程当中，那真宛如家人；回到学校的接触也非常多、非常密切。我们经常有事没事的，就跑到刘先生家去，那时候山大的西门外可没有现在这么多饭馆，我们没有饭吃的时候，有时候就去刘先生家蹭饭。一到刘先生家以后，到现在为止还记忆非常深的一句话是什么？一看着学生去了，问学生还没吃饭，刘先生对他的夫人就说：敏君呐，某某同学来了没吃饭，煮面条吧。就这样，可以看得出来刘先生对学生的关爱是发自内心的，而且是非常自然的，是在点点滴滴当中体现出来的。因此刘先生无论是做学术还是对学生，他的为人处事，对我后来的学习工作、如何对待学生等方面的影响是很直接的、很深刻的，一直到现在。

2019 年冬，白云翔在韩国罗州市考古工地考察

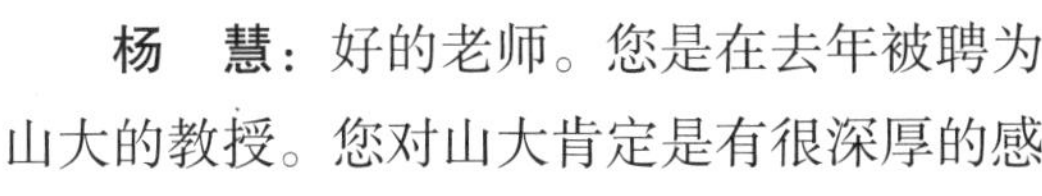

**杨　慧**：好的老师。您是在去年被聘为山大的教授。您对山大肯定是有很深厚的感情了。但还是想请您谈一谈，是什么样的契机让您回到山大？

**白云翔**：说起这件事来，也有不少的朋友问过我，你怎么回山大去了？要说什么契机嘛，其实没有什么特别的契机。好像在我感觉里，就是一个水到渠成。因为我是咱们山大考古专业第一批进京的学生，我们那一届有三位同班同学同时进了北京，到北京以后我跟山大的联系一直非常密切。尤其是新世纪以来的 20 多年间，无论在工作上、在学术上还是在其他方面，应该说我跟山大考古学科的老师们同学们都保持了密切的联系。所以在交往的过程当中，无论是早些年于海广老师、栾丰实老师，最近十多年更多的是方辉院长，跟他们在交往的过程中间经常谈到山东大学考古学科的建设和发展问题，这也可能是学人的一个特点。见面以后除了谈一些具体的事情之外，自然而然地就谈到了山大的学科发展、学科的建设。实际上我是 2016 年春天退出考古研究所管理岗位的。退出管理岗位以后，方辉院长几次见面就说，回山大吧，咱们一起把山大的考古学科再往前推进一步。当然，当时也不是很正式的。我退下管理岗位以后，其实还承担着所里的科研和教学任务，直到 2018 年初我才正式退休。这样本来就可以回山大了，但是退的同时又受聘为中国社会科学院“登峰战略”资深学科带头人，专门做研究，三年一个周期。就在这期间，方辉院长多次问我什么时候能回母校来，与此同时，另外有几所高校也找我谈，希望我能加盟他们的考古学团队。在这样一个背景下，2020 年底，我完成了中国社会科学院“登峰战略”资深学科带头人研究计划的第一个周期之后，我没有再同意续签，而是明确接受了方辉院长、王芬副院长他们的邀请，决定回母校。因此，要说契机没有什么特别的契机，好像是自然而然地就回到母校了。当然，这里需要说明一件事，在这个过程当中，另外也有几个高校的邀请，并且都是考古学科实力很强的高校，而方辉院长是邀请在先、并且是多次邀请，尤其山大是母校，我跟其他高校的朋友讲，既然母校很盛情，那么我想还是回母校，朋友们也非常理解。至于说以什么身份回母校，其实最开始也没有说得很清楚、很具体，我也没有过多的考虑，因为是母校，老师们盛情，又有方辉院长通盘考虑、王芬副院长等具体操作，所以我也没有什么需要多考虑的。大概就这么一个过程。

但我要特别说明的是，回山大做讲席教授对我来说既感到非常的荣幸，又感到诚惶诚恐。非常感谢山大的老师们这种厚爱和盛情，使我有一个机会继续学习，有机会为母校考古学科的发展能尽点儿心、尽点儿力，大力不敢讲，毕竟学识、能力和精力都有限，但是至少可以说具体地做一些事情，做一些服务。因此，聘任仪式上跟樊校长交谈的时候，樊校长问到我的想法，我也简单地做了回答。大意是说：现在全国不是讲“三牛”精神吗，拓荒牛、老黄牛和孺子牛这三种精神；这“三牛”里边我都可以尽力去做，但是我更看重的是孺子牛，因为事业是一代人一代人的事业，像我这个年龄、这样的资历，重要的不是我自己做一些什么，而是需要更多地做一些服务性的、为中青年学者更好地成长做一些摇旗呐喊的、铺路搭桥的、敲敲边鼓的事情，因此我更想用孺子牛的精神要求自己，用这种要求考虑我回到山大的工作。虽然说我是40多年快50年的一个考古战线的“老兵”，从1975年入学一直到现在都没有离开过考古界，但是学识毕竟是有限的，又长期在研究所工作。当然，在研究所里的工作岗位多次调整，先是做田野考古，后来又办学术刊物，再后来又专门做研究、带学生、做学术组织管理等，40多年一直在研究所，并且从事了多种不同方面的工作，很可能就形成了与高校老师不同的学术传统，不同的学术思路。就像人类的文明需要交流和互鉴一样，一个长期在研究所工作的人加入到高校的教师队伍当中，大家通过学术的交流和碰撞，可能会产生一些火花，对于我们山东大学的考古学科建设和发展，可能会有一些益处。因此，我很注重跟中青年老师的交流。回山大做老师，大概就是这个情况。

当然，我也一直在想这样一个问题，那就是我能不能胜任岗位工作？说实话是诚惶诚恐的。为什么呢？因为我是长期在研究所工作，尽管说我也带了20年学生，在北京也培养了一批博士硕士，而且他们现在无论是在政府机关、管理部门还是科研机构、高等院校和文博单位，大部分都已经是骨干甚至是学术带头人，但在社科院带学生的感觉，跟在高校带学生，至少我这半年多来的感觉还是有很大的不同。因此，我现在也在想尽快、尽可能地了解并适应高校的要求、节奏、做法，力争在岗位上尽心尽力做一些事情，为山大考古学科的发展尽一点绵薄之力。这就是我的想法。

**杨　慧**：老师，您还是太谦虚了。我想顺着您的话问一句，您觉得在研究所和在高校带学生有什么不同吗？

**白云翔**：这种不同很难以说得很具体、很清楚，但这种感觉还是很明显的。从去年9月份第一个学期，开始带两个硕士研究生，给大三讲几节考古学前沿的课。我在社科院带学生，是在社科院研究生院，现在改成叫中国社会科学院大学了，实际上就是在研究生院的基础上进一步整合和发展起来的。当时，社科院研究生院是只有硕士生和博士生，而高校的教育的主体是本科生，基础是本科生，那么在教学安排和教学方法上就有很大的不同，这是不同单位的性质和任务的不同所决定的。

就研究生来说，我对高校还了解不多，但就目前我所了解的考古系的学生来说，分得好像还是比较细、比较清楚，不同老师带的学生之间的交流好像不那么多。社科院研究生考古系的学生，平时的课由研究生院负责，导师就是负责专业指导，但无论是那个老师带的学生，无论是什么研究方向，同学们之间的交往、跟老师的交流非常多。我在社科院带学生，基本上不给他们讲课，主要是给学生指定要读的书，读书后跟同学们讨论问题，解答同学们的疑惑，这可能与研究所有关，强调研究为主教学为辅；有的学生参与我的研究课题，但大部分学生并不参加我的课题研究，而是要求他们集中精力读书、思考、做专题研究，这与人文社会科学的特点有关。另外还有一个不同，也就是老师带的学生数量有很大不同。十多年前，考古研究所有 41 名研究员，但博士生导师只有 12 位，而考古系每年只有 4 个博士生名额，当然现在博导和博士生都增加了不少。但高校就不一样了，一位老师同时指导多名博士生的情况很常见，这是高校的任务所决定的。但这个差别是很明显的。对于我来说，如何来适应新的情况新的要求，可能是摆在我面前的非常现实的问题。

**杨　慧**：您之前已经提到了很多关于国内以及山大考古学科发展的看法，在这里也想请您稍微谈一谈，对于这些发展，您觉得我们下一步可能会面临哪些挑战？

**白云翔**：无论是全国还是山大，应该说我们考古学已经进入到一个黄金时代，党和国家高度重视、社会高度关注、考古学的社会功能在继续提升等，对于考古学的学科发展来说，是一个非常好的、非常难得的大好机遇。但机遇往往与挑战并存，我们也面临着很大的挑战。前段时间我在中国人民大学有一个讲座，讲到现代考古学的一些基本问题。这几年我也一直在想，面临着这样一个大好的形势，在这样一个新的时代，我们应该如何来发展我们的考古学？这应该说是值得我们每一个考古人来认真思考的。就全国考古学科的发展和建设来说，我去年在郑州大学、前段时间在中国人民大学的讲座，比较系统地谈过我的想法，今天就不再展开来谈了。

如果讲到我们山大，我的说法很简单，但做起来并不容易，就是坚持。简单地说，就是继续坚持用我们山东大学考古学科与时俱进、务实求实这样一种传统、这样一种精神来思考、谋划、布局、推进我们的学科建设和发展。这是值得我们每一个山大考古人都要思考的问题。

当然，具体操作起来涉及的问题就很多了。就目前来说，在两地办学的背景下，如何更好地把两地办学形成合力，力求达到 1+1＞2 这样一个状态或者一种境界，是摆在我们面前很重要的一个课题。我跟方辉院长、刘军书记都曾议论到两地办学的事情，这对我们的教学和科研实际上是存在一些客观的困难。那么如何来克服这种困难，真正形成合力，对我们山大考古学科来说，还是要认真思考并采取措施的。

如果从学科总体思路上讲，一方面要强化基础。继续坚持以田野考古为基础的传统考古学为重点，因为它在现代考古学中具有基础性的地位和基础性的功能。另一个方面是把我们山东大学的优势更好地发挥出来，把特色更好地突出出来。当时我在考古研究所参加讨论学科布局和科研规划的时候，基于考古所的性质任务和要求，我们曾经有这样一些提法：人无我有，人有我强，人强我有特色。对山大来说，一方面是强基础，另外一方面是发挥优势、突出特色。在断代考古、区域考古、科技考古、专题考古方面，如何把我们的优势发挥得更好、把特色更好地突出出来，这可能是我们在山东大学的考古学科今后发展当中值得思考和布局的一个问题。

**杨　慧**：最后，想请您给我们考古学的青年学子一些寄语或建议。

**白云翔**：谈不上寄语或建议，但想法有一些。无论是原来我在研究所工作，还是说现在在山大教书，我对年轻人一直很关注。因为我经常在讲，学术乃天下之公器，但学问是时代的学问，事业是时代的事业。我很羡慕现在的青年学子和年轻学者，赶上了一个好时代。在这样一个时代当中，实际上青年人肩负着繁荣和发展中国考古学，肩负着建设中国特色中国风格中国气派考古学的历史使命。那么，在这样一种历史使命面前，我们年轻人应该怎么做，值得年轻的朋友们认真思考；我们的领导层和管理机构应该怎样来布局人才队伍建设，同样值得认真思考。

接到你的访谈提纲以后，我就想起1965年前毛泽东主席出访到苏联去，在莫斯科大学接见中国留学生的时候发表讲话中的一句名言："希望寄托在你们身上。"讲话60多年过去了，但是对年轻人的期望，对年轻人和国家民族事业命运连在一起的分析和判断，是很值得我们去牢记、去思考、去体悟的。中国考古学发展到今天，是几代考古学人不懈努力的结果。中国考古学的今天，尤其是明天和未来，希望同样是在青年学子和青年学者身上。我不敢说寄语，但至少说如果借此机会跟青年学子和青年学者说几句话的话，我想应该是：要从学习做起、从点滴做起。现在我们讲"致广大而尽精微"，也就是想问题、看问题，站得要高、格局要大、胸怀要宽广，但是要从细微之处入手，从点点滴滴做起，扎扎实实做起，不负韶华，不负时代，在建设中国特色中国风格中国气派的考古学进程中，学有所成、干有所成。

如果说讲寄语的话，我想借用李白在《行路难》中的一句话："长风破浪会有时，直挂云帆济沧海。"年轻朋友们，中国考古学的未来和明天，在你们身上。

# 抱朴守正，笃学敏行*

## 访佟佩华校友

校友简介：佟佩华，男，1949年生，本科1978级校友。研究馆员，中国文物学会大运河专业委员会理事，中国文物保护基金会考古和大遗址专家组专家，原山东省文物考古研究所副所长。

主持和参与发掘济阳刘台子西周六号墓、章丘城子崖和西河遗址等项目，西河遗址发掘被评为1997年“全国十大考古新发现”。

主持编写《山东20世纪考古发现和研究》《蓬莱古船》《山东济阳刘台子玉器研究》《汶上南旺：京杭大运河分水枢纽工程及龙王庙建设群调查与发掘报告》《临朐白龙寺遗址发掘报告》等论著。

佟佩华近照

采访时间：2023年2月

采访方式：微信通话 线上采访

**林　璐**：佟老师您好，1978年正是山大考古专业逐步兴起之时，能请您分享一下您进入考古专业学习的契机吗？

**佟佩华**：我先把我们1978级考古班的情况大概说一下。我们78级考古班共有25个学生，全都是男生，自以为是“光头班”。我们班的同学来自山东、四川、陕西、江苏、江西、河北、安徽七省，上学之前有的同学在农村务农，有的在工厂做工，有的做老师，有的还是学校的学生，融汇了整个社会各个阶层各个门类的青年学子。年龄

* 本文系林璐、丁茗锐整理出文稿，经佟佩华审阅修订而成。

横跨了 20 世纪 40 年代、50 年代、60 年代三个年代，最大的“老三届”高三学生，出生于 1945 年；最小的是四位在校应届毕业生，出生于 1960 年，相差了 15 岁，平均年龄是 25 岁。我入学时 29 岁，全班排名第五。这就是当时的历史情况。当时我还是 17 岁的高一年级的学生，也亲耳从广播里听到了高考推迟半年的决定，谁知这一推迟就是十几年。我们班 25 个人中有 14 个人是“老三届”的学生，就因为高考推迟了半年，而失去了进入高等学校学习的机会。

1977 年国务院决定从当年起恢复高考招生，采取自愿报名、统一考试、择优录取的办法，恢复被废弃的高考制度。当年 12 月以省为单位组织考试，1978 年 3 月入学。1977 年的高考虽说是自愿报名，但仍然需要单位领导批准。有不少老三届就因为这一条被卡在了高考大门之外。我们班也有不少人参加了 1977 年的高考，因为政审年龄、婚姻未被录取。有的同学曾经去北京教育部反映情况，最后也不了了之。

我们的 1978 年高考，也随着国家理论思想路线的转变，做了政策上的调整。不再强调政审、不限年龄、不限婚否，让更多的有理想、有才干、有知识的青年可以进入大学深造。1978 年的高考是在 7 月份举行的，是教育部统一组织进行的，可以说是恢复高考制度以来第一次全国意义的高考。后来公布了数字，1978 年高考考生 610 万人，录取 40.1 万人，我们每个人都是四十万分之一了。因为当年 2 月份已经有 1977 级学生入校，学校宿舍、教室、师资等配备问题困难。我们 1978 级入学推迟了一个月，一直到 1978 年的 10 月才入校。

实际上我们 1978 级是恢复高考以后山东大学考古专业招收的第一班，所有这些都是我们工作以后，逐渐在学习和感悟中连接和清晰的。当时谁也没有能够想到我们一个普普通通的年轻人的命运能够同国家的命运和发展联系在一起。我们是“幸运儿”，我们赶上了 1978 年高考的末班车。

**林　璐**：谢谢老师的分享。时代的机遇让您来到山大，您也在山大度过了难忘的校园时光。我们了解到 1978 级的前辈们曾前往茌平南陈庄以及泗水尹家城遗址两处进行发掘实习，校园学习经历丰富，可以请您分享下您的求学经历吗？

**佟佩华**：1978 年 10 月我们重回校园，对于我们这些“老三届”的学生来讲，已经相隔了 12 个年头。当时校园的一天是从出早操开始的，当时学校规定，各个班级要按照大喇叭统一号令到操场集合跑步做操。我们班同学年龄比较大，一时难以适应，于是有人想出一个办法。轮流选出一个人早上出操，将宿舍门反锁上，其他人还可以再睡一会儿。后来我们被系里的老师发现，受到了批评，也成了一时的笑谈。

学校的广播从六点半转播中央人民广播电台的“新闻和报纸摘要”节目，大家也比较注意收听，这是我们了解国内外大事的重要窗口。七点的时候会播《英语 900 句》，或者陈琳教授讲的《广播电视英语课程》。

1978 年国家实行 6 天工作制，每天课程都排得满满的。如果某一个时段没有排课，学生们就积极到文史楼西侧的阅览室去抢座。因为当时学校的教室很紧张，抢一个座位并不容易，或者到图书馆借图书查找资料。久违课堂的学生们十分珍惜这些难得的学习机会，如饥似渴，课堂认真听讲，努力做笔记。有的同学课后相互对笔记，对笔记还要进行整理，对于感兴趣的资料会用手抄。文史楼东侧小树林的树木当时只有杯口粗细。炎热的夏天，同学们自带马扎，或背单词，或三三两两地交流学习体会。学校顺势增设了石质桌凳，这逐渐成了山东大学学生刻苦学习的一景。

下午四点以后，各系会安排一些学术报告。我们开学以后不久，学校召开文科理论讨论会，系里邀请蔡尚思、孙思白、吴大琨、漆侠、田昌五等史学大家做学术报告，文史楼 201 教室座无虚席。我们当时只是刚从大山里走出来的小和尚，不知教授来历，不解学术观点，一切都觉得很新鲜。根据 1978 级历史专业的丁辉君同学统计，我们在校 4 年，系里共邀请 80 余位专家教授做了 110 多场学术报告。

山东大学考古专业一直注重田野考古理论、方法和技术的教学工作，这也为我们日后的文物保护和考古发掘工作打下了坚实的基础。

我们第一次参加田野考古发掘是大二第一学期。1979 年的秋天，山东大学考古专业的老师对泗水尹家城遗址进行第二次发掘，我们去工地进行了一周的实习，见识了一下考古发掘是如何进行的，考古发掘的场景是一个怎样的模样。由于是第一次，同学们都很振奋，因此印象也十分深刻。

1980 年 9 月，大三第一学期，我们到茌平南陈庄龙山文化和汉代遗址进行教学实习。这次发掘的目的是学习和掌握田野考古发掘的基本技能。当时使用的还是小平板水准仪，从定点到布方，打纵横两条直线，再用卷尺按 5 米间隔划分探方。从切探方壁到刮地层，手铲成了万能工具，我们对它爱不释手。遗址被汉代墓葬打破，龙山文化堆积破坏严重，发现有房址和灰坑等。房址为白灰铺地，可惜地下水渗透严重，无法继续往下做。汉墓的清理对我们初学者也是一个很好的锻炼。从墓穴划定到室内清理，从骨架清理到绘图照相，是一个完整的训练过程。当时生活条件也是很艰苦的，租用老百姓的仓房，铺麦秸草打地铺，一个挨着一个挤着睡。大多数同学剃了光头，我们班也真的成了“光头班”。

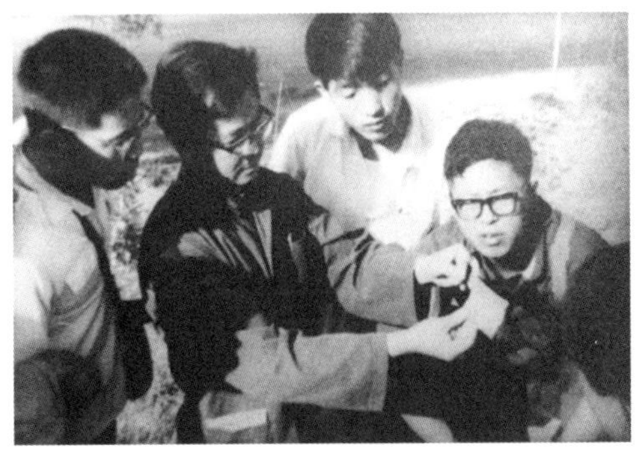

1981 年在尹家城遗址倾听蔡凤书教授讲解陶片
（佟佩华、车广锦、蔡凤书、刘庆悦）

1981 年 9 月，大四第一学期，我们到泗水尹家城遗址进行毕业实习，历时近 4 个月。尹家城遗址文化堆积较厚，一般在 2.8 米左右，有的灰坑深达 4 米。这样的遗址对一个初学者来讲是艰难的，但事物往往是相辅相成的，对于一个初学者来讲，这又是一次很好的磨炼。我自己的田野考古发掘技能，经过尹家城遗址的发掘，得到了很好的掌握。我和贺福顺同学分在一个方，探方号是T208。当时的一个难点是出土遗物的年代辨识，我们不断地叫老师来探方指导，唯恐做乱了地层或做漏了遗迹。有一些进步的是，我们已经知道注意自己探方四壁地层线的连接，还会跳到隔梁上，注意与相邻探方地层线的协调和统一。

尹家城遗址出土文物丰富，因此我们在资料整理、文物拼对修复和探方记录上用了很长时间，下了一番苦功夫，也较好地完成了田野毕业实习任务。我记得出自我负责探方T208的灰陶鸟首足盆形鼎是我拼对修复的。前几年看到这件鼎被陈列在山大博物馆文物陈列的展线上。

尹家城遗址发掘的重要成果中，第一次从可靠地层关系上将岳石文化同龙山文化进行区分，为岳石文化的确立奠定了考古学基础。在资料整理时，我对岳石文化遗存产生了兴趣，亲眼观察，亲手揣摩1981年发掘的岳石文化标本，做了详细的笔记。回校后又查阅了有关岳石文化发现的资料，有了一些自己的看法。后来同于海广老师、任相宏老师和栾丰实同学合作，撰写了《谈对岳石文化的认识》一文，用思集的笔名发表在《山东大学文科论文集刊》1984年第1期上。

**林　璐**：谢谢老师，感谢老师精彩的分享。您当年在如此艰苦的情况下，仍然度过了精彩丰富的大学生活，现在的我们也都应该向您学习。我们都说一代环境造就一代人，可以请您谈谈当年令您印象深刻的人和事吗？

**佟佩华**：“文史见长”是山东大学的标志，历史学科尤以“八马同槽”享誉中国学术界。八大教授杨向奎、童书业、黄云眉、张维华、陈同燮、郑鹤声、王仲荦、赵俪生诸位先生，以及丁山、赵纪彬、吴大琨、许思园、刘敦愿、韩连琪、孙思白、华山、庞朴等一批知名学者，支撑起了山东大学历史系的殿堂。我们很有幸，1978年入学时，教授们还有很多在世。王仲荦、张维华、郑鹤声、赵俪生、吴大琨、刘敦愿、孙思白、庞朴等，或给我们做专题讲座，或给我们做学术报告。

刘敦愿教授是山东大学历史系考古专业的创始人，是我们踏入考古殿堂的第一位启蒙老师。我们入学时还担任着教研室主任，并亲自给我们讲授考古学绪论和商周考古课程，我们是得到了刘先生真传的弟子，说起来我们都会引以为豪。

尽管又走过了44年，但与刘敦愿先生第一次见面时的情景仍然浮现在眼前。开学后的第二天，考古专业的老师与我们举行见面会，刘先生满面春风，风趣潇洒，欢迎我们到考古专业学习。现在还清楚地记得刘先生讲的两点，一是告诉我们科学的春天来了，现在是学习的最好时机，你们中不少人耽误了十多年时间，现在要刻苦学习。二是教育我们要坚定专业思想，用培训飞行员需要飞行多少小时的比喻，要我们准备吃苦，锻炼田野考古发掘的过硬本领。刘先生讲课多是由浅入深，娓娓道来，引人入胜。刘先生讲课不拘于讲义，而是不断增加新的考古资料和研究成果，广征博引。刘先生在木板房黑板上书写的“行百里者半九十”的名句，至今历历在目。

考古专业中给我们上过课和带领我们发掘实习的老师还有蔡凤书、李兆年、宋百川、李发林、马良民、徐基、于海广、刘凤君、任相宏、李淮生等。其中一件事令我们终生难忘。大二的第二个学期，马良民老师讲授战国考古课程。一次课后，留下了书面作业，需要去查阅考古资料，再做一下综合分析，当时作业留得不多，大家也没太在意。过了一段时间，马老师要收作业了，没做的几个同学抓了瞎，于是同时借来几个同学的作业，左抄一段，右抄一段，还有的同学抄了又抄，以为可以应付了事。马老师一贯认真仔细，一丝不苟，在作业讲评时一一列出，王二抄了李三哪段，抄了张四哪段，刘五又抄了王二哪段，哪些抄都抄错了，排比罗列得一清二楚，说得同学们目瞪口呆，十分佩服。有几位老师现在都已经去世了，我们深深的怀念那些给我们传道授业解惑，开辟山大考古事业的前辈们。

我们还要怀念我们的班主任张知寒老师。张老师是在我们大二时担任考古班的班主任的，我们毕业后又继续做了多年的班主任工作，被评为全国教书育人的优秀教师。张老师历经磨难，1978年平反昭雪，重回山大。张老师心怀大爱之心，与我们交友，细雨无声地帮助我们解决思想上、学习上、生活上的各种问题。在面对我们同学中出现的一些问题时，张老师既严肃批评，同时也是尽其所能百般呵护。

**林　璐**：谢谢老师。我们的前辈老师们不论是在专业学习还是生活上总是对我们关怀备至，谢谢老师的分享。

**方佳蕾**：好的老师，我们了解到您毕业后先后参与和主持了一系列重要的考古发掘项目，其中章丘城子崖和西河遗址是比较重要的两项，西河遗址的发掘于1997年获评“全国十大考古新发现”，且于近年来入选“山东百年百项重要考古发现”，您能谈一下在山大考古专业的学习对您之后的工作有着什么样的影响吗？

1997年在章丘西河遗址向严文明教授等汇报发掘遗物

**佟佩华**：1990～1993年，我作为主要发掘人员，参加了张学海所长主持的城子崖遗址发掘，这是相隔60年之后的第二次发掘。发掘结果确认了城子崖遗址存有周代、岳石文化和龙山文化三个时期的城墙，查明1930年第一次发掘时发现的夯土城墙应属岳石文化时期。岳石文化城下新发现有龙山文化时期的城墙，破解了城子崖遗址夯土城墙的年代之谜。1991年城子崖遗址发掘被评为全国1990年度和"七五"期间双十大考古新发现。前不久，张学海所长逝世，享年89岁，斯人已去，精神长存。

1997年，由我主持的章丘西河遗址发掘，发现距今8000年左右的后李文化时期房址。房址排列有序，为研究房屋建筑和聚落形态提供了重要资料，被评为"1997年全国十大考古新发现"。从1989年在临淄后李遗址发现并确认后李文化为海岱地区新发现的最早考古学文化开始，山东省考古研究所组织了一系列的考古调查和发掘工作，在泰沂山地北侧，山前冲积平原发现十余处后李文化遗址。1995年，我所以"山东地区早期新石器文化研究——后李文化研究"为题目，申报了国家社会科学"九·五"规划重点课题。2000年，完成课题研究报告，并通过鉴定。

如果说工作和学习取得了一些成果的话，我以为有以下两点：

**一是"学一业，终一生"，坚守考古初心。**

我们入学的第一课就要树立专业思想，这是山东大学考古教育的重要环节之一。如果你不热爱考古，不能对考古的认识从感性阶段上升到理性阶段，你就很难甘于清贫，艰守考古，更何况做出成绩。

我们1978级考古班同学大多始终坚守在文物考古、博物馆工作上，不少人担任了领导职务。有两位同学因各种原因脱离了文博领域，但他们仍然在自己热爱的考古研究领域上作出了深入的研究，也是小有成绩。我们现在都已退休了，兑现了1978年入学时的承诺，可以告慰刘敦愿先生在天之灵。

**二是脚踏实地，树立科学精神。**

如果总结和归纳山大考古精神，我以为这应算是一条。考古是一门实践科学，需要你用手铲刮地层、划遗迹；需要你用手去揣摩陶片的夹砂粗细和纹样纹路。要脚踏实地，来不得半点虚假。考古也是一门尖端科学，关系到社会生活的各个领域，需要有科学精神，实事求是，有什么资料就说什么话。我们1978级考古班同学，在离开学校四十余年的时间里取得了许多成果，可以向母校报告。

重庆同学王川平，1997年被任命为重庆市三峡文物保护领导小组组长，成为重庆库区三峡文物保护工作的"操盘手"。他先后400多次穿越举世闻名的峡谷，为三峡文物保护工作做出贡献。后来王川平同学又积极筹建中国三峡博物馆，为发掘出土的文物找个家。2005年，中国三峡博物馆建成开馆，受到业界好评。王川平同志担任了第一任馆长。

留山大任教的栾丰实同学四十余年默默耕耘，教书育人。2005年荣获山东大学第一届教学名师。栾丰实同学先后主持了泗水尹家城、邹平丁公、日照两城镇等重要考古发掘，丁公遗址发掘获当年"全国十大考古新发现"。栾丰实同学着力于中国新石器时代考古和考古学理论与方法研究，出版《泗水尹家城》《两城镇：1998～2001年发掘报告》《考古学理论·方法·技术》等专著和《栾丰实考古文集》，是当代耕耘于一线的中国新石器考古研究的领军人物之一。

工作在中国社会科学院考古研究所的杜金鹏同学，脚踏实地，先后参加和主持了偃师二里头、北京琉璃河、偃师商城和安阳殷墟等全国有影响的大型考古发掘，取得了重要的学术成果。杜金鹏同学作为中国社会科学院重点学科主持人，致力于商周考古、宫殿考古学和文化遗产保护研究，硕果累累。不久的将来还会有一批重要的研究成果面世。

至于说到我自己，1982 年从山东大学毕业后，到山东省文物研究所工作，2009 年退休。我有幸担任了 25 年副所长，先后参与或主持山东省一系列重大的文物保护工程和考古研究项目，这也可以说是取得了一定成绩吧。2005 年，我主持编写的《山东 20 世纪考古发现和研究》一书，总结了 20 世纪山东考古的发掘与研究、发展进程和丰硕成果。我还先后主持编写了《蓬莱古船》《山东济阳刘台子玉器研究》《汶上南旺：京杭大运河分水枢纽工程及龙王庙建设群调查与发掘报告》和《临朐白龙寺遗址发掘报告》等。

1978 级考古班毕业合照

**方佳蕾：**感谢老师的分享，老师们学习与工作上的感悟对我们而言也是非常有激励作用的。最后一个问题，在山大考古专业成立 50 周年这一时间节点上，能请您谈谈对山大考古的未来展望和对我们这些后辈学子的期待和建议吗？

**佟佩华：**从山东大学毕业后，我分配到山东省文物考古研究所工作。山大考古专业和山东省考古所是发展山东文物考古事业的两个轮子，缺一不可。50 年来，山东考古所和山大考古专业进行了多次合作，山大考古专业的重要发掘工地，我都会去学习考察。2003 年，山东大学东方考古研究中心成立，我被聘为学术委员会委员，我也曾多次参加和主持山大考古专业研究生的答辩会。

50 年来，山东大学考古学科，从山东大学历史系考古专业创建开始，经历山东大学历史文化学院考古系、山东大学东方考古研究中心到山东大学文化遗产研究院，走过了一条漫长而艰辛的路程。如今，已成为一棵参天大树，山大考古学科在全国处于一流水平，某些领域处于领先水平。山东大学历史系考古专业的发展，我们至少可以看到两条清晰，并不断上升，有时跳跃式发展的轨迹。

第一条轨迹，正如栾丰实教授在《尹家城·丁公·两城镇——山东大学田野考古理念发展的心路历程》演讲中总结的那样：山东大学田野考古始终追赶世界和中国考古发展的潮头，在吸收和融合中勇于创新，取得了考占教学和科学研究的世人注目的丰硕成果。

第二条轨迹，正如方辉教授为院长的山东大学历史文化学院和山东大学文化遗产研究院网站中概括的那样：山东大学考古专业已经从我们入学时一间教室、两间陈列室且其中一间为摄影室的艰难状况，发展到今天泱泱 5000 平方米，下设 9 个实验室，集考古教学、考古实验和考古研究为一体的开放性、国际化的考古殿堂。

面对未来，我盼望山大考古在已构筑的坚实舞台上，脚踏实地，保持考古初心，追求科学本真，选择时机，把握机遇，再实施几项较大规模的史前考古发掘项目。开展多学科、多视角、多层面的综合研究工作，为中华文明起源的研究和古史重建提交山东大学答卷。

同时也希望在校学习的师弟师妹们，秉承山大考古人的优良传统，要吃苦耐劳，用一点一滴的汗水浇灌自己心中考古的理想之花。要珍惜时间，充分利用在校时间、上乘的师资和资料条件，打好研究基础。要感恩时代，感恩父母，感恩老师，这是我们塑造人格品质的根本。

**方佳蕾**：谢谢老师，今天的采访就到这里，祝老师身体健康。

# 感谢母校给了我一副厚实的肩膀*

## 访王川平校友

校友简介：王川平，男，1950年生，本科1978级校友。第十一届全国政协委员，重庆中国三峡博物馆名誉馆长，研究馆员、享受国务院津贴专家，国家文物局专家库成员，重庆市政府旅游高级顾问，重庆市文史馆馆员，重庆地方史研究会学术顾问。历任重庆中国三峡博物馆首任馆长、重庆市文化局副局长兼三峡文物保护领导小组组长，国际博物馆协会中国国家委员会副主席，中国博物馆协会副理事长，重庆市政府三峡文物保护专家顾问组副组长，重庆市申报世界文化遗产专家组副组长，重庆移民文化研究会会长，重庆市作家协会副主席、荣誉副主席，重庆舞台艺术创作专家委员会主任。

主编《中国地域文化通览·重庆卷》《行千里·致广大重庆人文丛书·巴渝文化概览》《重庆历史文化丛书》《三峡历史文化丛书》《老重庆影像志丛书》等。主持、策划、建设了包括重庆中国三峡博物馆在内的20余家博物馆。出版有论文集《在历史与文化之间》《英雄之城——大轰炸下的重庆》《重庆老房子》《晴皋诗书画集》，诗集《墓塔林》《王川平诗选》《女孩子、老人及其它》。主创大型历史文献电视片《风雨同舟》《重庆》，主撰《龚晴皋》电视片，参与《永远的三峡》《三峡》《巴人之迷》等大型电视作品。

采访时间：2023年1月

采访方式：文字转述

**杨天孚**：王川平老师您好，首先感谢您接受我们的采访！您于1978年进入山东大学考古专业学习，距今已经过去近45年了，从您之前的采访中我们了解到，您也是机缘巧合之下选择了考古专业，可以请您分享一下您当年参加高考的故事和当时选择山大考古专业的原因吗？

---

* 本文系徐灿、陈嘉怡整理出文稿，经王川平审阅修订而成。

**王川平**：非常感谢来自母校山东大学的采访。山东大学考古专业建立50周年，非常值得纪念。2022年也是我从山东大学毕业40周年，也蛮有意思的。为什么会选择考入山大历史文化学院的考古专业呢？一是山东大学的文史哲成就名垂青史，我慕名而来。1972年我从下乡知青招工进重钢四厂，参加了1977年高考，想的是科学救国，于是先考的工科。体检了之后，我的六个高考志愿填的都是工业自动化专业，后来改考文科。当时重钢四厂有六七十位六七十年代的大学生，他们说山东大学的文史哲很有名，非常建议我去。二是我自己把语文考砸了。语文是我的强项，那年有道缩写题，30分。我早早答完，闲的无聊，反复看，看出问题了。直觉感觉是要缩写完整，应该改一下题目。最后心一横，改了。考分下来，我的语文只考了70多分，奇耻大辱哇！改了题目，30分变成10分；在10分里再打分，我充其量得8分吧。但由于我的数学等学科都在及格线以上，历史考了93分，百分制的93分！于是就报了山东大学历史文化学院的考古专业，也是误打误撞。

现在想想，还是得感谢母校，感谢历史文化学院，感谢考古专业，感谢老师们和1978级考古班同学，感谢此前此后的兄弟姐妹们。

1998年王川平（左三）在三峡考古工地接受凤凰卫视记者杜宪（左四）的采访

**魏舒童**：我们了解到，您曾为保护三峡文物而400多次穿越三峡，亲力亲为，力求完美，一次次地参与到遗址、文物的抢救过程中。作为一名文物工作者，您会经常与文物打交道。可以请您讲一讲您与三峡文物保护的故事吗？

**王川平**：这就说来话长了。我从1989年起分管重庆市的文博工作，主持了30余年重庆库区的三峡文物保护，担任三峡文物保护领导小组组长直到退休；我还是“重庆市人民政府三峡文物保护专家顾问组”的副组长，所以三峡保护中与重庆有关的绝大部分工作，我都有参与，细细说起真是亲切又熟悉，对我来说，三峡就是我的知己。

1992年国家文物局主持调查和制定了三峡文物保护规划，往后这么多年的文物抢救和保护都任务繁重，重庆库区考古勘探了1300多万平方米，发掘了120多万平方米。

提起三峡文物保护工程，最先想起的就是“三大项”，也就是重庆涪陵白鹤梁原址水下保护工程、重庆忠县石宝寨原址保护工程、重庆云阳张恒候庙搬迁保护工程。白鹤梁是三峡文物保护中难度最大、科技含量最高、投资最多的文物保护项目。从1992年至今，我到三峡四百多次，其中超过四分之一是去涪陵白鹤梁，当然有人说花上亿元保护几块石头不值——但我们认为，很值！三峡工程蓄水175米后，白鹤梁将永远沉于水下，为了保护白鹤梁，我们先后提出七个保护方案。那时我专门奔赴武汉，找到中国工程院院士、上海交通大学葛修润教授，而葛院士创造性提出了“无压容器”原址保护方案。我印象很深的是，当时葛院士突然对我说，我们这一代知识分子如果拿不出白鹤梁保护的好方案来，我们对不起这个历史，对不起这个国家，对不起这个民族。我也是这样认为的。几十年来，在针对三峡的每一次抢救与保护中，我都怀抱着要为国家、为民族保护好这份遗产的心情，力争做到最好。后来白鹤梁水下博物馆对外开放了，我们白鹤梁题刻实现了原址原貌保护和观赏，成了目前世界上唯一建成的水下博物馆，也是国内外同类文化遗产成功保护的首例，是联合国教科文组织盛赞的“世界首座非潜水可到达的水下遗产地”，我们的努力和研究总算没有白费。

还有石宝寨原址的保护。因为三峡水位的问题，我们必须与时间和三峡水位赛跑。三峡工程原定是2007年开始，但是后来提前到了2006年，时间一下子就被压缩了。但是我们全体工作人员砥砺前行脚踏实地，终于没有拖三峡工程的后腿，按时完成了石宝寨的原址保护。

在三峡的文物保护中，有太多这样的例子。我们铭记来自四面八方的全国同行艰苦、艰辛的劳作，他们中有白发苍苍的老者，有刚从学校毕业的青年，更多的是年富力强的学界中坚。为了三峡文物的保护，全国各行各业的支持者、多学科、多行业、多工种的人们聚到重庆长江边的山岭之中，在潮湿、暑热、寒风、霜冻中坚持作业。正是由于来自全国各地的支援，才让规模巨大、如此难度艰深、如此时间紧迫的三峡文物保护有了今天这样的状况——我们“拼尽全力”，完成了这样一个“不可能完成的任务”，顺利完成了三峡文物抢救工作。这为我们的国家保留了一份瑰丽绚烂的国家记忆，是我一生铭记的事业。

1982年王川平在重庆市中区西汉墓考古工地

**杨天孚**：您作为三峡博物馆的首任馆长，对于博物馆的建设倾注了大量心血，也曾主持过重庆市博物馆的工作。可以请您讲一讲您与三峡博物馆的故事吗？

**王川平**：三峡博物馆建设的目的就是保护三峡库区抢救出来的文物，保护好这些珍贵的遗产。对于三峡博物馆的建设，当时我是这样想的：一棵大树，一定是栽在土壤比较丰厚的地方，一个大的博物馆，修在小地方去，活不了。后来国务院办公厅批准命名重庆中国三峡博物馆，把它作为重点建设工程修建在了重庆市人民大礼堂的对面，也算是圆了我的一个心愿。

三峡博物馆这个项目，从2000年启动，到2005年6月18日建成开放，历经4年零6个月，我作为筹备组组长和首任馆长，在国家和重庆市里各个领导的支持和帮助下，一点一点看着这个博物馆从无到有。上上下下都倾注了大量的心血，我们的市民也通过投票的方式积极参与进来，可以说是全民投入。也多亏了市领导的高度支持，各区县具有代表性的旧藏文物和三峡出土文物一起进了博物馆，这让我们馆的展品更加丰富。

在创设三峡博物馆展陈体系的时候，我们就确定了《远古巴渝》《壮丽三峡》《抗战岁月》《城市之路》这四个基本陈列。这是有原因的，我的构思是用这四个主题来分别表达它们所对应的文化形态。《远古巴渝》对应的是以巴文化为主体构架的巴渝文化；《壮丽三峡》对应的是三峡山水和三峡文化；《抗战岁月》对应的是以重庆为代表的大后方抗战文化；《城市之路》对应的是以重庆工商业为核心动力和主要特征的近现代城市文化，还有从邹容到江竹筠直到西南大区建设的重庆革命文化。

三峡博物馆荣获过“中国建筑工程鲁班奖”，我希望大家能从中看到城市灵魂和中国精神。三峡博物馆是三峡历史文明的物质载体，易中天先生在三峡馆大堂里说：“东风万里长江水，文化三峡不夜天”，这是我们重庆市民引以为傲的城市名片。重庆中国三峡博物馆，是绝对值得参观的，希望同学们以后也去走一走，看一看，领略一下三峡和重庆文化的波澜壮阔。

**魏舒童**：2022年是山东大学考古专业成立50周年，一代一代的山大考古人还在不断地传承下去，作为考古与文博方面的老前辈，您有什么话想要告诉我们这一代的考古后辈们吗？

**王川平**：首先是要脚踏实地，不骄不躁。考古不是一个能够一蹴而就的事业，想要在考古上取得成就，是需要坐冷板凳的。当年在山大进行田野考古实习的时候，老师们就用实际行动教会我们实践的重要性。在后来的工作中，我一直都在尽力做到亲力亲为。三峡的文物保护，三峡博物馆的建造，每一个环节我都全身心参与，从而取得现在大家看到的这些成果。希望山大新一代考古人能够一直脚踏实地，在工作上亲力亲为，从实践中积累经验。

另外，希望你们这些孩子们能够有一份属于中国的文化情怀。无论是做文物保护，做博物馆，还是做别的什么工作，都要谨记文化自信。比如我们的重庆中国三峡博物馆，我在策展的时候力求展现重庆的城市文化。博物馆是这样，考古也是这样。我们把尘封的文物从泥土中发掘出来，掸去灰尘，摆在今人面前。这些东西，都是文化的东西，民族的东西，只有有这份民族文化情怀，才能以文物为载体，实现我们中华民族的文化自信，民族自信。

2022 年王川平（左）与著名画家陈可之讨论为老父亲画像

山大考古系 50 年了，我在校的时候处于草创时期，现在正在更进一步的发展。希望山大考古能越来越好，也祝同学们前途光明。

**杨天孚**：我们了解到，除了出色的文物工作者这一面，您还有作为诗人的另一面。可以请您分享一下您与诗歌的故事吗？

**王川平**：记得大二的时候，中文系的老师在写作课上列举了我在校内文学刊物《沃野》上发表的短篇小说《半截胡萝卜》，并作为范文和作业，要求大一学生阅读。在此前后，我还发表了纪念张志新烈士的诗《那时，我们多愚昧》，小说《绢花》等。未登刊的中篇小说《第八条校规》有手抄本在校园流传。中文系老师当时对我说，川平同学，你已是大二了，到了大三就不能转系了，学校不允许高年级学生转系的，询问我要不要抓紧时间转入中文系。而因为我对考古的热爱和向往，婉拒了老师的邀请。

事后的发展，也证明了我这一选择的正确。

那年深秋，我们班在鲁西北茌平田野考古实习。小村里一个巨大的石碾和推碾子的十一二岁单薄的小女孩吸引了我，我写了那首《推石碾的女孩子》（全诗附后）。

恰逢国庆节，筹办专栏的历史专业校友向我征稿。我就让返济的同学捎回学校，结果在头题的位置给贴了出来。据说抄写的同学毛笔字还很漂亮。后来这首诗引起了一场轩然大波，以至于寒假开始了，还不让我返家。好在我在乡下实习，没有见过大块专栏的批判文章。我写了一份关于这首诗的创作经过，直接走人了。开学返校时也没人找麻烦，事后我才知道，我的 1978 级考古班班主任张知寒老师保护了我。现在，这首诗在 1998 年出版的《王川平诗选》里静静躺着，顽强地传递着一种悲悯情怀。

2022 年，中国诗坛 5 人获鲁迅文学奖，其中两人是山东大学的校友，一个是韩东，一个是路也，世人惊谓“山大现象”。当年中文系创办了云帆诗社，创社社长 1977 级吴滨即将毕业去北京工作，社长改由 1978 级杨争光担任，韩东为骨干，我居幕后。云帆诗社在新校大阶梯教室搞过一次诗歌晚会，将当时非常有名的北岛、舒婷、杨炼等的成名作与云帆社员们的作品一配一的朗诵。那晚座无虚席，过道、窗台上站满了学生。由陕北汉子杨争光朗诵我的《第一次站立》（全诗附后）成为当晚的高潮。多年以后，还有人惦记着呼喊着——

太阳 一个血红血红的儿子
正从我的胯下诞生……

诗是我的业余爱好。疫情中写了近百首《庚子杂记》，最近的一首是《大雪》，与大家分享，以此作结。

**大雪**

大片大片的雪
落在北方
落在南方
飘在城里和乡下
日子过得紧巴巴的人家

就算你抽象成了
一个节气
还是改变不了
雪飘的方向
（本诗作于2022年12月7日）

**杨天孚**：感谢王老师接受我们的采访，我们今天的采访就到这里，祝您身体健康，事事如意！

附：

### 推石碾的女孩子

在你面前
耸起一座平原
一座山峰
碾心缠绕你渴望奔跑的脚步
像绕结一盘祖先纺不完的纬线
当汗水从你红扑扑的脸庞落下
打断无数颠簸而重叠的零
你抬头望望天空那片旋转的浮云
小手揉皱了蓝衫儿上
一块酱色的补丁 然后
你轻轻哼起一支时兴的歌子
把帚条一挥 抹平
所有的努力的痕迹
村口 土墙边的黄昏里
依然一盘冷静的石碾 等待着
等待一位比石碾更冷静的老太太
来推

### 第一次站立

——一个非常非常古老的故事，献给人的赞美诗

拽着长长的影子的尾巴 我
弓起脊的山梁 在大地上
爬行
柔软的野草触摸我柔软的下腹
长毛的太阳抚慰我长毛的头颅
我爬行
全身挂满一茬茬黄的绿的草叶
无数世纪像起伏翻滚的天空
潮水般从背上滑过
我爬行
战栗的四肢粗野地吻着土地

吻这块造就我的土地
吻地上的血浆
吻血浆的淡热和褐红
吻我自己褐红的面颊
吻幸存者和胜利者阴暗而明亮的心
我爬行　爬进黑夜
远处　剑齿虎弯曲的胡须
弹射出星光和血的气味
弹射出威严与恫吓
恐惧的潮头一次次淹没我站立的冲动
这多少万年经久不息的骚动哟
我爬行　在黑夜里爬行

夜的黑色的火　燃烧着
燃烧着寒冷
燃烧着惧怕
燃烧着对黎明的渴求
一粒露珠冰凉地从乳头落下
溅起无数痒酥酥的星星
贴着草皮我做着湿漉漉的梦
梦见我为枝头娇艳的果子诱惑
为远处闪光的湖面诱惑
为晨风里飘荡的太阳的黄头发诱惑
为铿锵而来的那只强壮的公的诱惑
……
……
从梦魇中醒来　我看到
为了梦的诱惑
我——开——始——站——立
在天与地之间胶状的灰白里
竖起一个浓重的人
我的后肢抖抖索索捧起我的骨盆
我盛满繁衍力的骨盆哟
献给新宇宙的见面礼

我的前肢饥渴地伸向灰蓝的天幕
直到我的梦中
默默而焦灼地唤起晨风
为了梦的诱惑 我的头
一颗高悬的星球
四射的长发
是我馈子天宇的黑色光线
绞结朵朵霞云
为了梦的诱惑 我的乳房
开始轻轻拍打心脏
在晨曦里播种曲线和光斑
为了梦的诱惑 我的眼
第一次平视一切
太阳 一个血红血红的儿子
正从我胯下诞生
他那无声的喧闹
和辉煌的色调
正把我沉甸甸的身影 绿茵茵的姓名
庄严地压向山川
我的名字是人
是
人

# 脚踏实地立足田野，积极开拓拥抱创新*

## 访栾丰实校友

校友简介：栾丰实，男，1951年生，本科1978级校友。山东大学历史文化学院教授，兼任中国考古学会新石器专业委员会副主任、中国社会科学院古代文明研究中心客座研究员和专家组成员等。1982年毕业后留校任教至退休。曾任山东大学东方考古研究中心主任。

主要研究方向为考古学理论、田野考古、新石器时代考古等。主持多项国家级和省部级课题，发表论文百余篇，担任考古学辑刊《东方考古》主编，出版有《栾丰实考古文集》《海岱地区考古研究》《东夷考古》《两城镇：1998～2001年发掘报告》等著作和考古报告，主编《考古学理论·方法·技术》《考古学概论》等教材。

采访时间：2022年9月30日

采访方式：线下采访

**赵怡然**：栾老师好，您27岁考上大学，中途经历了很多波折，在当时的社会背景下选择了考古这个行业。但在那个时代，“考古学”比现在还要冷门得多，大多数人也许根本不知道这个专业，您一开始是怎么看到它然后产生兴趣去选择它的呢？

**栾丰实**：这个其实比较简单，当时也没有很多想法，另外可供选择的专业也比较少。那时候山东大学文科也只有中文、历史、政治经济学、外语等几个系，所以填报志愿相对比较简单。我们这一代人接受教育时比较坎坷。当时的一个基本想法，就是希望将来从事的职业较为平静。而考古接触和研究的是年代久远的古代，所以内心感觉比较踏实。其实那时候我也不知道考古到底学的是什么，就觉得它离现实比较远，不像政治经济学、中文和历史等，比较起来可能还是考古好一些。实际上我们对考古学所研究的内容等，或者说将来到底要做什么，也是进入学校之后经过较长时间的学习，特别是经过田野考古实习之后，才一步一步地了解了这个专业，我想大部分同学

---

* 本文系徐佳琪、赵佳滢整理校对文稿，经栾丰实审阅修改而成。

可能也是这样，最终才慢慢喜欢上这个专业。现在来看，我们1978级的大多数同学觉得考古专业还是挺好的，终生都在从事考古和与考古有关的工作，并做出了各自的成绩和贡献。

后来的学生和你们相对好多了，都受到了比较正规的中小学教育，而我们班的大部分同学都是以社会青年的身份考上大学的。比如我，1966年我才刚上完初中二年级，所有的学校就全部停课了，中学不上课，大学也停办了。1968年离开学校到1978年恢复高考，前后达十年之久，多数人都是在社会上从事不同的职业。我们1978级考古班共有25人，来自全国7个省市，可以说工农兵学商都有，年龄最大的33岁，最小的18岁，这种情况恐怕也是空前绝后了。

**赵怡然**：田野考古是考古学的基础，您在发掘或者带队的过程中，有没有印象比较深刻的事呢?

**栾丰实**：现代考古学诞生的标志就是科学的田野考古学。考古学概论等课程讲考古学研究的对象是实物资料，或者说是实物史料，这和主要依靠文献来进行历史研究很不一样。而这些实物资料的获取和成为我们研究人类历史的资料，需要采用特定的技术、方法来实现的，最后上升到理论的高度来研究和阐释这些资料，进而达到了解、认识和研究人类社会的目的。其中第一步就是怎么来获取这些实物资料，那就是通过田野考古。田野考古有三种基本方法或途径：第一是考古调查，不管一般调查、重点调查、普查还是系统调查，都是在不发掘的情况下，通过地表踏查来获取资料；第二是考古勘探，通过勘探来了解地下的文化堆积情况，由此可以确定遗址的范围、文化堆积的厚度和大体时代及文化性质等；第三就是最复杂的考古发掘，发掘能够详细、准确地了解和认识古代各种各样的遗存的分布、年代和相互关系。所以通过田野考古的途径来获取考古学研究的基础资料，对考古学来说是非常重要的。这也是考古学区别于其他的学科的一个重要特征。

去年是中国现代考古学诞生100周年，就是从安特生1921年在河南渑池仰韶村的发掘算起。这是第一次在中国采用科学发掘的方法来获取地下实物资料，发现了一批全新的文化遗存，随之被命名仰韶文化。尽管过去关于中国现代考古到底诞生于哪一年还有不同意见，去年在河南三门峡市举行的大规模庆祝活动，表明我们国家正式把1921年作为中国现代考古学的开端。所以，学习考古学包括了从书本上学习和到田野中实践两个部分，而且只有经过较长时间的田野考古实习，并掌握了田野考古的基本技能和方法，才能成为一个合格的考古专业的毕业生。当从事田野考古工作的次数越来越多，慢慢地就会发现，有很多重要的东西，甚至包括一些可以改写历史的知识，都是我们用手铲在地下发掘出来的。

比如说我们学校近几年发掘的章丘焦家遗址。以前根据从地表采集的陶片等标本，只是知道它是一个大汶口文化中晚期遗址。因为海岱地区的大汶口文化遗址数量很多，至于它的文化内涵和学术价值重要还是一般，在没有发掘之前是不清楚的。经过几年来的发掘，在焦家遗址发现了丰富的大汶口文化墓葬，其中既有高等级的贵族墓葬，也有普通的平民墓葬，最后还发现了更重要的环壕城址。那么我们对鲁北地区大汶口文化中晚期的社会就有了全新的认识，可以更清楚地认识和确定遗址的性质及其所反映的社会发展阶段。所以，当这些改变历史的重要资料被揭露出来的时候，作为亲历这一过程的发掘者们，心情一定是非常激动和兴奋的。因为是在东方的海岱地区找到了中华文明五千年的实证。20世纪后期，学术界还认为龙山文化时期尚处在原始社会阶段，而原始社会是一个没有产生阶级分化的平等社会。我们现在讲古代社会的演进是由平等社会逐渐过渡到分层社会，最终进入阶级社会，社会分工和分化是伴随着社会演进过程的重要内容。

基于当时的认知水平，我们学校最初在邹平丁公遗址发掘时，也没有想到能在遗址上发现龙山文化城址。等1991年发现了丁公龙山文化城时，这些新材料的出现就促使我们对龙山文化社会的认识产生了一个飞跃，即龙山文化时期的社会已经不是原来学界认识的那样，原始的、平等的、没有分化、没有阶级的社会，而是分化早已开始，社会已经分层，产生了阶级并进入文明时代的社会。修筑城墙等大型工程需要耗费巨大的人力、物力和财力，这一切的背后需要有公共权力来组织和调动人力、物力和财力。所以才会促使我们认识到，龙山文化时期应该有了最早的王权，产生了最早的国家，从而进入文明时代。丁公龙山文化陶器文字的发现，从另一个方面证明了上述认识。

田野考古中的这些重要发现，如果能够被及时地辨识出来，理解和认识到它的重要性，这时当然就会从内心感觉到异常兴奋。当然也不一定是特别重要的发现，你发掘的探方里第一次出现墓葬，墓葬里有玉器、陶器等随葬品，人骨保存比较好，作为发现者可能也会挺兴奋的。过去有同学问我考古学的最大魅力是什么，为什么多数同学通过田野考古实习之后才会真正喜欢上考古。我的解答是，田野考古发掘时，你面对的是未知，而探索未知是人类与生俱来的欲望和追求，你不知道手铲挖下去之后会出现什么，有可能就是一个改变历史的发现。你们现在还年轻，十年或者二十年以后，如果你还在考古的工作岗位上，就会慢慢体验到各种各样使你感到比较振奋、比较难忘的一些考古发现。当然在研究的过程当中也会出现这样的情况。

**赵怡然**：您为构建海岱地区史前文化谱系、聚落考古和多学科研究的理论方法等等贡献良多，可以说现在的学术成就已经很高了，您近期还有什么学术目标吗？比较关注哪些学术问题呢？

**栾丰实**：考古学研究的发展有其阶段性。现在回过头来看，中国现代考古学经历的100年，研究的重心前后时期有重要变化，可以划分成不同的阶段。

考古学产生之初，没有可以进行比较研究的资料，所有发现都是新的资料。当年在河南渑池仰韶村发现的彩陶片，是从哪里来的，和谁有关系等基本问题都不清楚。所以有人将其与中亚地区的一些有彩陶的文化进行比较，认为有可能是从中亚传播过来的。这就是所谓的中国文化西来说。从当时的学术研究实际来看，由于资料的局限性，其实也没有办法知道它到底是从哪里来的。过去我们批判安特生早年的中国文化西来说，也不是太客观。安特生1923年写的《中华远古之文化》，就认为仰韶文化的人种是中国现代居民的远祖。

考古发现的资料多起来之后，就会发现同一时代的不同区域和同一区域的不同时代，都会有不同的人群在居住和生活。这些人遗留下来的遗存就可能属于不同的文化。在这一基础上，提出了考古学文化的概念。这一时期的考古学，主要任务就是建构没有文字记载时期考古学文化的时空框架。这个工作在中国的主要地区，即黄河流域、长江流域和西辽河流域地区，大约要到20世纪90年代才基本完成。横向可以把中国新石器和早期青铜时代划分为若干个文化区，每一个文化区的内部，又可以区分出不同的发展阶段。以山东为主的海岱地区为例，前后依次经历了扁扁洞类型、后李文化、北辛文化、大汶口文化、龙山文化和岳石文化，之后则是历史时期的商、两周和秦汉等，考古学文化的发展序列基本建立，演变过程连贯而清晰。当然，考古学文化内部还可以进一步划分为更小的单位，横向多为区域类型、文化小区等，纵向则是分辨率更细的分期。

考古学文化的时空框架基本建立起来之后，原来以年代学为中心的文化史研究基本完成，考古学研究的重心开始转向古代社会，就是说要研究各个时期的人和社会，以及人与环境、资源等的互动关系。考古学发展到这一阶段，要求从业者学习和掌握的技术、方法和理论和前一个阶段就有所不同。在建构不同地区、不同时代考古学文化发展序列和谱系的过程中，采用的考古学方法主要是考古地层学、考古类型学、文化因素分析、考古学文化等方法和理论。那么，到了后一个阶段，仍然要使用地层学和类型学方法来整理和分析出土资料。但是研究的路径变长了，后续研究的内容大量增加，各种不同的自然科学方法被运用到考古学研究中来，即所谓多学科合作研究。同时，聚落考古的方法也引入到考古学研究之中，成为社会考古学研究古代人们的社会组织、社会结构、人和人之间关系的重要方法论。聚落考古可以分为微观和宏观两个部分：微观聚落研究以聚落为基本单位，聚落内部的房子、灰坑、窖穴、陶窑、水井，道路和墓葬等，都是聚落构成的基本要素。这些要素之间的关系就反映了当时居住在聚落内部的人和人之间的关系。比如一个只有15平方米的房址，里面有一个火塘，我们就可以认定房子里可能居住着四五个人，而不可能住十几个二十几个人，那么居住其中的人最有可能是一个核心家庭。而后李文化时期一个房子的面积有四五十平方米，房内有两三个灶址，这样的房子睡十几个人是没有问题的，而又有两三个灶址，说明一起吃饭的人也比较多，所以可以推断这种房子的容量不是一个核心家庭，而是人口规模更大的社会基层组织。所以通过聚落考古的方法可以研究古代社会的社会组织和社会结构。宏观聚落形态研究，就是探讨较大区域内聚落和聚落之间的关系，比如聚落群内部甚至聚落群与聚落群之间的关系，进而确定更高一级的社会组织和社会结构形态。

采用聚落考古的方法研究古代社会关系和变迁，并且在聚落遗址的发掘过程中采用相关的自然科学方法，例如植物考古、动物考古、环境考古等。对古代人类吃的什么，用的什么，吃的东西是怎么来的？是种植驯化的农作物，拟或是采集野生植物遗存？肉食是通过家畜饲养来获取？还是开展狩猎活动？在用的方面就是手工业，如陶器制作，是一家一户做，还是有一个工场开展专业化生产，以后把生产的陶器采用分配或贸易的方式分发到外地？其他还有骨器怎么做，蚌器怎么做，玉器怎么做，石器怎么做等。这样就使得考古的后续研究范围、空间和内容无限扩大。过去我们发掘获取的石器，整理时只是做一下简单的分类，如分为石斧、石锛、石铲、石刀等，统计之后画图公布一下即可。最多也是根据农具的产生推测可能已经有了原始农业。考古学研究转型之后，随着研究范围的拓展，一系列新的问题就被提了出来。或者说在聚落考古方法的指导下，与古代社会有关的所有内容都得到充分重视，考古研究工作也在不断完善。当然，不同的分支学科需要其相对独立的检测技术和研究方法，如植物考古、动物考古，环境考古、人骨考古等。但各分支学科的最终目标还是围绕着古代社会这一中心议题而展开。

20 世纪 90 年代后期至新旧世纪之交，山东大学和美国同行合作在日照地区开展了长期的系统考古调查，在聚落考古思想指导下对两城镇遗址进行考古发掘和开展的多学科综合研究。比较早地从思想和实践两个方面认识到考古学转型的紧迫性和重要性，进而提出中国考古学研究进入转型时期的观点，并在思想意识和考古研究的实践方面开展了许多工作。现已出版的《鲁东南沿海地区系统考古调查报告》和《两城镇：1998～2001 年发掘报告》，比较全面地记录了上述聚落考古思想指导下工作的过程和内容。

**赵怡然**：您梳理的考古学的百年历程，也是山大考古学理念转变的一个过程。从吴金鼎先生到刘敦愿先生，再到现在学校发展起来的科技考古，我们走过了八十多年的历程，您觉得这些年传承下来的独属于山大人的考古精神是什么呢？

**栾丰实**：山东大学考古学科的起步，一般是追溯到刘敦愿先生在历史系开设《考古学通论》和独立开展田野考古调查工作的 20 世纪 50 年代初期。而晚一点讲，则要到 1972 年考古专业的正式创建，这也是今年我们隆重庆祝考古专业成立 50 年的原因所在。2001 年，山东大学、山东工业大学和山东医科大学三校合并为新的山东大学。

其中山东医科大学的前身是齐鲁大学，而齐鲁大学在20世纪20年代后期也聚集了一批考古学者，发现城子崖遗址和提出并确立龙山文化的吴金鼎先生就是其中之一。20世纪30年代初，山东大学文学院部分师生参加过中研院历史语言研究所考古组组织的滕州安上村遗址的考古发掘，详细的发掘成果刊载于1933年出版的山东大学《励学》杂志创刊号。如果从这一时期算起，山东大学的考古学科则有近百年的历史。所以从学科发展历史的角度讲，山东大学的考古学科可以追溯到20世纪二三十年代，而形成完整的教学、科研体系和人才队伍，还是要到1972年考古专业的正式建立之后。20世纪五六十年代，刘敦愿先生开展了包括考古教学和田野考古调查在内的大量考古工作，期间，还曾专门到北京中国科学院考古研究所与夏鼐先生商谈创建考古专业之事。这些工作为后来考古专业的顺利创建奠定了坚实基础。

至于山大人的考古精神，从刘敦愿先生开始，我们山东大学考古专业就特别重视田野考古。前面讲过，田野考古是现代考古学诞生的基本标志，也是考古研究的基础。考古学中许多重要观点和重要思想的出现，多半是基于新材料的发现。如中国文明起源的研究，就是从红山文化发现坛庙冢，到良渚文化发现出土大量玉器的高等级贵族墓地和祭坛，再到各地发现的一系列龙山文化城址，甚至可以往前追溯到更早的阶段，如大汶口文化、仰韶文化、大溪文化等。所以说田野考古是考古学最重要的基础。重视田野考古技能的训练，脚踏实地的开展田野考古工作，是山大考古的重要特色。

在重视田野考古的基础上，我们重视中外合作和文化交流，愿意并善于接受各种新事物。例如，聚落考古和多学科合作研究，目前在中国考古学界得到普遍实施。山东大学在国内是比较早地开展聚落考古和多学科合作研究的实践。如1995年开始的中美合作鲁东南地区区域系统考古调查和两城镇遗址的考古发掘，以及后来独立开展的济南大辛庄、青岛北阡等遗址的调查和发掘工作。对于推动聚落考古和多学科合作研究的实施起到了一定的示范效应。而各种现代自然科学技术支撑下的实验室的建立，我们也走在全国前列。通过中外合作考古的实践，吸收适合于中国考古实际的新技术、新方法和新理论，积极地拓展研究思路，比较早地提出中国考古学研究的转型问题，提高中国考古学的研究水平，也是山东大学考古学科的重要特色。

**赵怡然**：最后再问您一个问题，就是像我们也是年轻人，刚开始接触考古，跟前辈您请教一下，对于年轻的学生和老师有什么建议或者说嘱咐。

**栾丰实**：我认为到了研究生的学习阶段，专业思想可能已经比较巩固。如果本科阶段选的就是考古学，现在又继续读研究生深造，特别是选择了一些比较专业的研究方向，如新石器考古、商周考古、动物考古、植物考古、环境考古、人骨考古等。我讲的期望主要是针对这一部分人。

首先，要通过学习全面、系统地掌握考古学的基本技术、方法和理论，打下一个好的基础。不管你是做断代考古，还是做科技考古甚至文物保护，都需要对考古学有一个整体性把握。要知道考古学是怎么一步一步发展到今天的，或者说要明确考古学的发展阶段性及特点。要了解目前中国考古学研究的现状和今后的发展方向，哪些方面有可能取得突破，或者说考古学研究的学术生长点是什么。只有较好地把控和掌握了这些问题，将来在自己的研究中才不会迷失方向。有了这样的前提和基础，就可以明了自己的研究课题在中国考古学研究中处于一个什么位置，其价值和意义何在，将来对中国的考古学研究会有什么贡献，等等。所以希望你们能够比较好地理解和掌握这些问题。

其次，要重视田野考古。希望你们在研究生阶段能够比较熟练地掌握田野考古的整个流程和操作技能。如从考古调查到发掘过程中的具体操作，包括遗迹和文化层的分辨、各种发掘和清理方法、各种采样、记录及后续的工作步骤等。熟悉并掌握了田野考古工作的各个环节，才能够清楚考古研究所用的资料是怎么获取的。田野考古工作说起来可能比较简单，如按土质土色划分文化层和遗迹，然后由晚及早逐层清理。实际上操作的过程是相当复杂的。要达到熟练掌握的程度，就需要通过不断地实践来积累经验，提升自己的田野工作能力。只有过了田野考古这一关，才能算是迈入了考古学之门。

再次，尽快找到和掌握适合自己的做学术研究的方法。我以前给同学们讲过，为什么本科阶段是大学生，硕士开始就是研究生。因为大学生是以学习为主，到了博士研究生阶段主要是研究，而硕士就是一个从以学为主转移到以研究为主的过渡阶段。你们要比较快地完成从学习为主到研究为主的转变，缩短这一过程，这个很重要。在这一过程中，要学会总结出适合自己的通过读书和思考来发现问题，进而通过研究来解决问题的方法。这个问题说起来简单，但是要真正做好，可能需要较长时间的探索和磨炼。过去学校经常会请一些资深专家来给同学们讲授治学经验，听了以后要将其变为自己的东西，还是要结合自身的经历、特点和基础等，不断地进行实践、探索和总结。我对你们的一个期望就是，尽快找到一个或者总结出一个适合自己的、有效的读书和做研究的方法，提高自己解决问题的能力。而提高解决问题的能力的前提是要发现问题，发现问题不外两个途径，一是通过读书发现问题，二是在实践中发现问题。只有发现和提出了问题，才能进入到解决问题的层面。不少同学在读书时感觉很迷茫，看一些文章，总觉得说的都有道理，发现不了问题。所以我希望你们采用批判性思维来读书和听演讲，提倡或者说要有质疑精神，以尽快找到适合自己的读书和研究方法。

**赵怡然：**好的，谢谢老师，那我们的采访就结束了。

# 薪火相传，砥砺前行*

## 访刘伯勤校友

校友简介：刘伯勤，男，1952 年生，本科 1978 级校友。本科毕业后入职济南市文物管理委员会办公室，后于济南市文化局工作。曾任济南市文化局文物处处长，济南市考古研究所首任所长。

主持 1987、1988 年文物普查及多项考古调查和发掘项目，先后发表《山东济南市发现一批新石器时代早期遗址》《山东平阴新屯汉画像石墓》等文章（含合作）十数篇。师承刘敦愿先生，完成刘敦愿先生晚年古籍整理项目《齐乘校释》。

采访时间：2023 年 1 月 16 日

采访方式：腾讯会议 线上采访

**朗朗珍嘎**：刘老师，您好！能有机会对您进行一次这样的访谈，我们感到非常荣幸。首先想请问您是如何走上考古这条道路的呢？以及在您读书和刚开始工作的时候，您个人的兴趣方向是什么？

**刘伯勤**：在未来道路的选择上我们这代人受时代影响比较大。我的情况和许多 1977 级、1978 级的同学一样，经历了前期的不可选择与改革开放参加高考后不明所以、稀里糊涂的“选择”。我们这几届学生多数都不是从校门到校门一步步走过来的，我们班大多数同学有过闯荡社会的经历。我从 1968 年到 1978 年，两年上山下乡回来后，在铁路济南站工作八年，然后才重新开始读书。

当年入校时我们班同学真正了解考古的不多。我从小对探索奇妙的事比较感兴趣，对墓葬里埋藏宝贝的传说很感好奇。从前看过一部河北满城汉墓发掘的纪录片，墓主人是中山靖王刘胜，岩洞墓，打开墓门以后，里面全是珍贵文物，让我感受到了深深的震撼。说实话，我当年对考古的理解就是“芝麻开门”，就是挖宝，哪想到一般考古发掘，挖方才是最主要的，挖的墓葬也多数是土坑墓、平民墓……

---

* 本文系李婧瑶、邹丽萍整理出文稿，经刘伯勤审阅修订而成。

毕业以后，我的主要工作其实并不是考古，而是相关的文物保护管理。因工作需要我参加过文物普查，主要是对地下文物的田野踏查。也主持并参加过几次考古发掘，都是抢救性的，且发掘的墓葬比较多，遗址比较少。还可算个考古票友吧。因为是在基层文物管理部门工作，碰到什么样的事件（与考古有关的多为墓葬和遗址被破坏、被盗掘）处理什么事件，再加上考古并非直接工作，也就难于谈个人兴趣和研究方向了。

**朗朗珍嘎**：老师，您在20世纪90年代后期创建了济南市考古研究所，能请您谈谈当时成立的背景和考古所早期的工作情况吗？

**刘伯勤**：我1982年毕业分配到济南市文物管理委员会办公室，1983年文管办被撤销，业务合并到市文化局。当时济南市考古事业是显赫与危机并存。一方面济南地处泰沂山区与华北平原交接地带，自然条件良好，适合古人类繁衍生息，又处于古代东夷地区（后来的齐地）与中原地区交通要道，许多古遗址在现代考古学初传入国内至"文革"前即已被发现发掘，且举世闻名（例如龙山文化命名地城子崖遗址，以及历城大辛庄遗址、长清小屯遗址等）。另一方面由于之前考古力量薄弱，工作较少，济南地区的古文化面貌则混沌不清。至20世纪80年代中期，已发现最早的古文化遗址是相当于北辛文化晚期的西郊田家庄遗址，历城、长清、章丘、平阴四个面积过千、近千平方千米的县级政区，发现并确认的古遗址数量都不多，都没有建立起海岱地区已知的从北辛文化到汉代的完整的考古学文化序列，各有缺环。而随着改革开放的推进，济南市辖区面积扩大4倍有余，大规模经济和城市建设如火如荼，建设工程许多由过去零散工程变为成片成线占地的大型建设项目，施工形式则由昼间施工、人力挖掘、浅基础越来越多变为夜间施工、机械挖掘、深基础，对地下遗存的破坏往往规模大、快速、彻底和不为人知（不为文物部门所知）。当时上级考古力量根本顾及不过来各地不时发生的地下文物损毁现象，只能以"重点发掘"（当时文物工作方针）自我安慰。济南市时有的文物事业机构主要职责不在于不可移动文物尤其是分布于郊县的地下文物的保护，其职责范围和编制经费也未随文物保护形势的变化及地域范围增大而做相应调整，主要领导并非专业干部，不甚理解这些。1988年春，省里要求加快第二次全国文物普查的补查与复查，局文物处拟与市博物馆分工，各包干几个县的普查。市博物馆虽设有"考古部"，但明确答复只承担（1958年建馆时济南行政区的）四个城区和历城区（原历城县）的普查任务。其时文物处只有一名副处长和四名普通公务员，对局属县团级事业单位虽有行政管理之名，却无行政命令的权威，对于这种公然"甩锅"，非常为难。不得不由张传英处长在家独撑门面，放我们四人分赴各县，与县里文物干部一起进行普查。面对这类专项任务和许多突发事件中文物得不到有效保护的状况，我们作为市文物行政部门一般工作人员既痛心又无奈，往往不得不亲自上阵去抢救这类文物。但这种努力注定只是杯水车薪，解决不了根本问题。

大约在 1984 或 1985 年，市博物馆老专家于中航先生在一次交谈中曾对我说："济南市要想做好文物工作，应该有一个独立的文物工作队。"我深受启发。时任文物科副科长张传英同志则主持其事，不懈地向上级反映。但未获领导认同。

1987 年 8 月，我们争取到一次人大视察的机会。通过一系列运作，市人大常委会视察文物工作后，将设立市文物工作队列入了对市政府加强文物工作的要求。可后来在落实时打了折扣，编委发文称市文物工作队与市博物馆合署办公，不增加编制、经费。仅相当于市博物馆加挂一个文物工作队的牌子，对于推动文物工作完全没有实际意义。此后，经历了十年时间，直到 1997 年，市文化局新一届班子建立，认识到全市文物事业人力财力投入方向，与必须改变为以保护为主、以抢救优先的济南市文物保护现实状况严重背离，已成济南市文物事业发展的瓶颈，下决心加以解决。责成我从局文物处、市博物馆选调人员，在市文物工作队兼职，独立于市博物馆工作。同时，积极争取编委支持，单独列编。由于局，尤其是主要领导王善桐同志的坚定支持，其实我们并未费多少周折，市文物工作队成功单独列编，只是按照编委意见，改名为济南市考古研究所。

济南市考古研究所甫一建立，就向社会公开了举报电话，欢迎市民提供发现地下文物的线索，得到市民及媒体的支持。许多建设工程毁坏文物的现象被及时发现、制止，文物被抢救下来，保护文物的作用初步显现。比较显著的例子如历下区七家村墓群发掘、平阴西山墓群勘探发掘、章丘洛庄汉墓陪葬坑的清理发掘等，从原来只能对单个、小型墓葬抢救性处理逐渐过渡到能对墓群、大型墓葬进行比较规范的勘探、清理、发掘，甚至还主动参与了一些建设工程前在建设区域内的调查、发掘工作，例如济南东绕城高速公路沿线考古调查及遗迹的发掘等。从我个人来讲，其实还有一个愿景，就是史载今济南老城周围汉初及以前就有泺、鞍、历、历下等城邑名称，但其具体位置和宋金及之前历城（今济南城区）的城市位置、范围、布局并不清楚，完全没有考古资料佐证。我们可以创造条件，例如通过市文化局争取市人大地方立法，划定地下文物保护区，在所有可能埋藏文物区域施工前都必须进行考古勘探、发掘。这样，经过几代考古人数几十年乃至一二百年的努力，像拼图一样慢慢拼出这个区域城市发展的完整脉络。

但是，饭得一口一口吃，路得一步一步走。考古所建立之初，面临的主要问题是业务力量、技术水平（甚至还谈不上学术水平）严重不足。大概是由于所的前景不明朗吧，原先共同展望济南市文物事业未来时几位颇感志同道合、也是科班出身的同事，不肯来兼职，甚至仅挂名也不答应；市博物馆向所属意的几位同志也不愿来，明确愿意一同创业的连我只有四人，难以凑成一个"单位"。一时个别领导也产生了怀疑与动摇，周围更是不乏看笑话的言论、眼神。但开弓没有回头箭，我们只能咬牙坚持下去。在定位上，我们仍将考古所确定为市的"文物工作队"，主要完成各类不可移动文物

（不限于地下文物）保护、管理的业务类工作，为国家、省的文物考古及学术研究拾遗补缺。就这样，在考古所初创的几年里也是很勉强的，全凭背靠母校这棵参天大树好乘凉。作为当时的考古所负责人，我十分感激那些年母校的支持及栾丰实、于海广以及崔大勇等诸位先生，没有母校和上述师长、老同学的鼎力支持，济南市考古所的起步与发展可能完全会是另一个样子！

市考古所建立之前我们压力一部分来自局机关，对文物处公务员亲力亲为考古调查、发掘，有“不务正业”的议论。考古所建立之后，外界对我们的质疑则是“又当运动员又当裁判员”。无论其出发点是什么，应该说这个批评不无道理。在20世纪末社会比较强调“依法治国”、行政机关须依法行政大的环境下，具有行政管理职能的公务员兼任有收费权事业单位负责人的合法性、合理性渐成问题。1999年12月底，在考古所人员增加、有了独立办公地点、自筹经费可以满足工作需要、工作渐入正轨之后，我主动离开了市考古所所长职任。此后，随着国家经济发展，财政收入和社会对文化生活需求增长，市考古所几位后任所长更注意将工作与媒体结合，强化宣传，吸引领导关注，成功地增加了考古所的编制、国拨经费，补充了一些考古专业毕业、能独立开展工作的业务人员，建所初期许多难以逾越的困难一一破解，取得了新的成绩，但这些已与我无关了。

**朗朗珍嘎**：老师您曾参与洛庄汉墓的调查，可以谈谈当时的情况吗？另外，洛庄汉墓墓主人的身份也一直颇受争议，有学者根据陪葬坑中出土的“吕大官印”“吕内史印”等封泥结合文献记载认为其墓主人是公元前186年的吕国第一代王吕台；也有学者认为墓主人为刘邦的儿子齐国国王刘肥。对此，老师您怎么看？

**刘伯勤**：洛庄汉墓1956年曾被公布为省级文物保护单位，1980、1990年被重新公布为县级文物保护单位。它实际上是一个汉墓群，地面上原本有十余个巨大封土堆，但经历多年“农业学大寨”运动，被慢慢挖光了，后来仅剩下较为平缓的土丘，个别还呈稍微高些的不规则土台状。由于农民平整土地，其陪葬坑埋藏又比较浅，过去当地博物馆的文物来源记录、文物商店收购文物的来源信息显示，这个地方经常出土文物，因此属于我们的重点监控区（并非制度性工作安排。但就我个人来说，心里有这根弦，一直比较关注洛庄。由于我长期在市文物行政部门工作，因而这里客观上成为济南市文物行政部门的“重点监控区”）。

1999年6月，又有当地村民拿东西到省、市文物店售卖。市文物店经理崔明泉先生发现这些东西是出土文物，遂向文物处通报。我们到现场实地考察，发现情况十分严重，要求章丘市文物部门立即采取措施，制止在此取土。6月26日，当地又在此动用机械取土，掘出大量带铭文铜器。章丘市博物馆闻讯后赶至现场，清理了2.5米 × 2.5米的范围，又出土一批文物，随后回馈消息：他们对现场的“窖藏”进行了清理，已处理完毕，明确告诉我们“不用再来了”。但我还是不太放心。6月28日，我们再去现场勘验，认为墓葬破坏严重，章丘馆此次所获文物与之前村民售卖文物、取土现场遗留文物残片器类不同，已清理的“窖藏”与墓葬关系不明，有必要扩大清理范围，在全部取土范围内进行抢救性发掘。因对该墓的布局、范围、结构等不了解，遂向省文化厅请示对（整个）墓葬进行抢救性发掘并获同意。由于当时市考古所处于组建初期，技术力量不足，处理不了这么重要的遗迹，我们“按照惯例”，向母校求援，商请栾丰实教授来帮助抢救性清理。栾丰实教授来现场看过后，立刻提醒我这种性质的墓葬“清理”不简单，短时间内恐难结束，表示与自己早已确定的暑假期间日程安排冲突。于是我们再改请崔大庸同志来帮忙。7月8日起，市考古所在母校的协助下，对该墓进行全面调查、钻探，对墓葬南部已遭破坏的陪葬坑进行清理……后来的事实表明，继续进行抢救性清理的选择是正确的、及时的、决定性的：一村民指认的出土文物处所实际已是一陪葬坑的底部，仅在此坑就出土了不少铜器、金器等重要文物，对于该墓的认识以及下一步采取继续探查其他陪葬坑并加以清理的保护措施，起了关键性作用。我个人以为，这次事件及前期过程，是地方文物部门抢救性清理濒临损毁地下文物的一个成功案例。

至于墓主人身份，虽然该墓（陪葬坑）清理是由我决策进行的，但我本人自始至终并未参与清理、发掘，因而难以持有具体学术观点。仅按照常识推断，我比较倾向于认同该墓属于发掘者提出的西汉早期吕国墓葬。刘肥的墓葬在临淄的可能性似乎更大。

**朗朗珍嘎**：刘敦愿先生作为山东大学考古专业创始人、我国美术考古领域一位早期的开拓者和奠基人，对我国山东地区早期考古学相关研究做出了重要贡献。我们有了解到您作为他的学生补充完善了先生晚年基本完成的古籍项目《齐乘校释》，您能谈谈这一工作的过程以及刘先生对您从事考古工作的影响吗?

**刘伯勤**：《齐乘》是山东现存最早的省志，为研究山东古代史地与考古所必读，也是历代于山东为政者的重要参考书。使用、研究它的绝对人数不多，但对它的需求却是持续的。我体会刘先生于教学科研工作接触之后，由于三个原因，决定对它进行整理的：一是当年这部古籍存世量很少，只有在大的、老的图书馆才有，而且是放到古籍部，一般读者很难找到、借出。二是虽然原书是比较浅显的文言文，但书中提到的许多当时的和过去的制度、行政区沿革、山川地名变异、引用的典故等，一般读者不熟悉，阅读、使用有困难；三是《齐乘》本是于钦的未完稿，内里正文、引文过于简略，有的只列出线索，出处甚至文字错讹不少，未及补充、核对，今日读来，往往有不知所云的感觉。因此才下决心做这项“份外的”、耗费心力而惠及读者的工作的。

刘先生这项工作开始时间不晚于20世纪80年代前期，曾列入1985～1987年“全国高等院校古籍整理研究重点项目”。为此，他做了大量基础性工作和预研，发表过

《柳贯:〈于思容墓志铭〉简释》和《〈齐乘·风土〉章校注》, 1992年秋完成《古迹》篇的校注。但不幸此时先生心脏病发作，入院治疗，工作未能延续下去。出院后先生又开始对其他各卷进行标点、注释，已做了卷一、卷四、卷五、卷六部分条目的注释或提出了注释线索，意图逐渐连缀完成，最终辑合出版。1994年1月，先生自感体力不济，恐日后难以为继，向编辑部请求撤下已确定发排的《〈齐乘·古迹〉篇校注》稿，调整计划，改拟与宋百川先生合作，由宋百川先生对《齐乘》全书进行标点，先生作最后之把关，先出一标点本，以应社会之急需。但就在宋百川先生将初稿拿出时，先生已沉疴不起，终于1997年1月15日驾鹤仙去，未及完成心愿。后宋百川先生亦患病，不能动笔，致此书一直未能定稿。

我与先生长公子善沂兄多年同事。2003年善沂兄提及先生《齐乘》一稿未完之憾事，我即贸然请缨完成先生遗愿。承蒙善沂兄信任，嘱我先行将宋百川先生标点稿录入计算机（那时候真是一个字一个字敲进去的）。2009年3月，我按当时政策离岗后，才全力开始此项工作。

刘先生开始的计划除了校勘、注释之外，还有：通过实地调查，绘出古今对照的地图，以与文献记载比较；对传说中的古迹与考古调查发掘成果相核对，证实、纠正与补充书中的记载；出版一本综合性研究专著。这是一个学术要求很高的标准。由于本人才疏学浅，起初甚至连如刘先生已发表《风土》篇那样详加考证、注释也不敢想象，只欲按先生一退再退的标准，将宋百川先生的初稿略作梳理出版即可。但在整理中，逐渐发现这样做也不容易、不省事，勉强出版肯定达不到先生的预期效果。因此，从开始为标点需要查核原书，到以为应把查核结果存留下来告诉读者；从给一些比较生疏的历史典故作注，到对书中涉及历史人物的传记、书籍、辞赋文章、言论标示出处；从以文物普查成果核实古迹到对于氏明显的误记进行考证，部分回归了刘先生最初的校勘、注释设想。刘先生最初计划还有加入元代（于钦）所见遗址和现代考古发现考证的相关内容，至少应当有对照的地图。但当时还没有办法达到这个要求，我就退而求其次，加入于钦所述古城址的附图，对考古调查确认的位置都进行了标识，即《齐乘》所记录的共81个古城分布图。前面还附了元代行政区地图。

实事求是地讲，我所做的工作，只是在刘先生前期大量工作基础上，将先生因为身体原因没有办法做完的一些没有太多技术含量、但耗时费力的工作，主要利用电脑、互联网等现代信息工具补充完成而已。延伸性的工作只有三点，一是为方便读者，尽量注出了《齐乘》引文出处；二是基于当年从政读者实际需要，为一些非常见字加了注音；三是限于当年条件，刘先生没有见到明嘉靖本，我于得到嘉靖本后，发现与乾隆胡德琳本差别比较大，为保持、恢复《齐乘》本来面目，顺便订正一些初印本中错误，对全书做了一次修订。关于书名，刘先生原定叫做《齐乘校注》。在我整理后期，偶然发现社会上已见一本非学术性的同名书（后证实为盗号出版），为避免混乱。经与出版社及善沂兄商量，决定改为现名（《齐乘校释》）。

由于失却先生指引，我在整理过程中所走弯路太多。倘若能在刘先生直接指导下工作，相信仍存在的许多错误都可以避免，质量还可提高，耗时也可缩短。还必须指出，《齐乘校释》的出版，实在得力于母校东方考古研究中心、历史文化学院和栾丰实、方辉二位先生的大力支持，没有他们的支持帮助，这部书的出版、修订都是不可能的。

**朗朗珍嘎：**老师，在山大考古专业成立 50 周年之际，您能给新一代的考古工作者一些建议吗？

**刘伯勤：**在我的工作经历中，无论从文物管理还是个人成长发展角度看，都绕不开一个重大教训，就是有一些花费公帑和诸多同事心血的田野工作阶段成果由于未及时整理而报废。苛责起来，说是失职渎职并不为过。就算于个人，也是不负责任的。对于将来仍从事考古工作的同学，我想说的是请你们接受某些考古单位或个人（包括我本人）的这个教训，在自己参与考古调查、发掘之后，一定要重视及时整理发表相关报告（包括简报，下同）。单位没有给安排整理时间，要积极争取，必要时拿出自己一定的时间也是值得的！我认为考古专业学生，未来不改行的话，从事的职业其实可分为两个系列：一是大量的在基层文物单位的工作者，工作性质类似于工厂生产一线的工程师，其职责是用他们学过的知识解决一般性专业问题，在考古方面，能胜任本地区考古调查、抢救性发掘即可；另一系列所需人数较少，为处于学术金字塔顶部的高校教学、纯研究机构的人员，工作性质类似于理科的基础科学研究，不断探索、发现、研究新问题，应该是他们的主要职责和对他们的考评要求。而所有的考古工作以致文物管理都离不开之前的调查、发掘成果（报告）。所以考古调查、发掘的全过程，理应包括田野工作期间获取资料的整理。我建议未来从事田野考古、基层（尤其是市县一级）文物工作的学弟学妹们，一定要将自己主持、参与调查、发掘的报告尽快整理发表出来。从考古学科本身而言，及时发表可供大家共同使用的报告的重要性和贡献，不比发表一般性的论文差多少。论文表达的是作者自身的观点，考古学发展日新月异，个人观点可能会过时，而真实可信的考古调查、发掘报告的研究、利用价值，则会更长久存在。当然，如果未来高层管理机关能够出台针对两个系列工作者的不同考评、晋升办法，是最好不过的了。

最后，感谢母校考古专业的所有老师——你们当中有我的老师、同学、学弟学妹，也或有外校高材生加盟进来的同志。50 年来，母校考古专业硕果累累，成就斐然，你们的付出，对得起刘敦愿先生等创业者的期待，使我们历届毕业生为母校、为曾是这个专业的一员感到骄傲与自豪！再次感谢你们！

**朗朗珍嘎：**我们的采访结束了。谢谢老师，老师您辛苦了！

# 不忘师长教诲，认真努力工作*

## 访鲁文生校友

校友简介：鲁文生，男，1952 年生，本科 1978 级校友，文博三级研究馆员。1982 年到山东博物馆工作，2012 年退休。历任山东博物馆办公室主任、陈列部主任，山东省文物局办公室副主任、文物处长、副局长，山东博物馆馆长兼支部书记。兼任山东省政协第十届和十一届委员，政协文史委员会委员，济南市历下区第十六届人大代表，中国博物馆协会常务理事，山东博物馆学会副理事长兼秘书长。

采访时间：2023 年 2 月

采访方式：微信视频

**杨天孚**：学长您好，感谢您接受我们的采访！请问您最初是为何选择入读考古专业的呢？

**鲁文生**：说起来挺有意思，我上学的时候是 1978 年，当时我还不知道考古专业具体的内涵是什么。1978 年的时候国家的文化事业基本处在一个百废待兴的状态，尽管当时学术环境并不好，考古发掘工作却一直没有中断。我也经常在报纸上看到一些出土文物的重要发现。记得那个时候还办过一些出土文物展览，我就是这样对考古产生了兴趣，有点稀里糊涂地选了自己的专业。

入学以后我慢慢地了解考古专业的各个方面，在毕业后三十多年的工作里也一直在从事考古相关的事业。对于当初选择考古专业这件往事，我自己还是比较庆幸，也比较满意的。

**杨天孚**：请问您在山东大学考古专业的学习生涯中最大的收获是什么？在山大就读期间有没有发生令您印象非常深刻的事情呢？

---

* 本文系徐灿、陈嘉怡整理出文稿，经鲁文生审阅修订而成。

**鲁文生**：印象深刻的事很多。我上初中的时候基本上没读什么书，但是在动乱的年代我还是喜欢看一点书的，1977 年恢复高考，我通过努力，也很侥幸地考上了大学，上大学之后就完全是一个不同的世界了。

我 16 岁就下乡当知青去了，下乡回城后又当了 6 年工人，也就是说读大学是我离开课堂 12 年之后又回到课堂，而且还是大学的课堂，一切都是新鲜的。对我这个基础知识很差并且没有经过学校正规训练的人来说，大学的一切都是那么高深、艰难。所以，一开始我怀着一种饥渴感去学习，不光是我，我们的同学都是如此。那时候的考古专业和现在的考古系不可同日而语，基本上还在草创阶段，教材基本上都是讲义，没有什么成型的教科书，开课程较少，但是教课的几位老师水平都很高，尽心尽力培养学生的意识也非常强烈。那个年代刚刚恢复高考，大学刚刚恢复正常的教学秩序，后来就越来越好了。

在学考古之初老师就告诉我，考古主要是要培养田野考古工作者，是一门理论知识和实践操作并重的学科，实习至关重要。我们经过两次实习，第一次实习是三年级到聊城市的茌平南陈遗址，作为新石器时代遗址，这个遗址有很复杂的、叠加的地层。第二次就是 1981 年大四上学期在泗水县尹家城遗址，这个遗址是山大独立发掘的，成果颇丰。这两次都是任课老师亲自带队，年轻的老师是主力。在实习当中我们既当民工又当技工，还当考古工作者，深入参与了田野考古的全过程。在尹家城考古之前，我们和泗水县的文化部门配合，按他们分的任务进行了田野考古调查。这两次考古实习，对我们基础知识和基础技能的训练很重要，我实习得也比较认真，但是没想到毕业以后没能到考古单位，在博物馆工作了这么多年。

我们那时候大学里还没有开博物馆的课程，所以虽然我毕业以后分配到博物馆了，却对博物馆相关的知识所知寥寥，工作也是从头开始，但是大学四年的学习和训练为我奠定了一些考古和历史方面的专业基础。虽然因为没学过博物馆相关知识，不知道怎么办陈列、写陈列大纲，但是很快就能上手。这一点得感谢大学时期认真教授的老师。回想起来，当时学校里教的课程还是相对单调了，就业以后知识面有点欠缺，现在应该有一定的补充了吧。

我后来在单位也接触过很多像你们这样从小在学校一步步地训练出来的学生，给我的感觉是他们的知识面还是有点窄。本科阶段应该拓展学习的面去进行广泛的积累，学习的知识的门类应该更多一点。考古方面的同学的情况我不是很熟悉，但是在博物馆方面我有此体会。

**陈　瑾**：谢谢鲁老师！您长期从事考古文博一线工作，您认为山大考古专业的学习经历或者说山大考古的精神对您几十年来的工作有着怎样的影响呢？

**鲁文生**：这个影响还是非常大的。我们这代人的经历比较曲折，没有从小接受正规的系统的教育。到了山大以后，有点拔苗助长的意思，是在不具备基础的情况下，直接进了大学课堂。但是大学期间的认真学习，还是为我后来从事文博工作打下了很好的基础。

我 1982 年毕业就到博物馆工作了，这对我来说是个新的专业，也是在一个陌生的环境中工作。大学四年系统的学习和训练，使我有了一定的工作能力。尽管很有困难，但是我有那种努力克服困难、更好地完成工作的冲劲。我觉得这些品质都是在山大学习期间培养出来的。

可惜的是在 1984 年的时候单位就安排我做行政工作去了，所以说我在学术上没有什么造诣。我身边有很多优秀的学术人物：比如我的师兄栾丰实，在北京社科院考古所的我的同学杜金鹏，还有晚一届的方辉院长、许宏，等等。我跟这些校友们相比就差得很远，还有点遗憾。我在省文物局很长一段时间负责地下考古的管理，大学期间所学一直指导着我的工作。起码不给山大丢人，这点我是做到了的。

**陈　瑾**：您曾经担任山东博物馆的馆长，在您看来，一所博物馆想要取得成功的关键是什么？您认为山东大学博物馆未来要如何做得更好呢？

**鲁文生**：山大博物馆现在的发展，令我感到非常欣慰和高兴。因为当时我们刚入校的时候，山大只有一个 50 来平方米标本室，是用一间教室改造的，让我们能够近距离地接触到、触摸到文物。到 2000 年以后，在趵突泉校区建了一个 1000 多平方米的博物馆，那时候我正好在博物馆工作，我还提供了一些力所能及的帮助。山大的中心校区博物馆、青岛校区博物馆，我都为博物馆的建设提了一些意见。能够尽绵薄之力，我也是很高兴、很乐意的。

大学博物馆和社会上的博物馆不一样，社会上的博物馆是大多是公立的文化机构，需要跟主流宣传工作步调一致，不会过度强调学术性。但是大学的博物馆专业性更强，更能体现博物馆的业务特质，像咱们山东大学的博物馆，就更能体现出山大考古在考古学上的一些工作成就。比如山东博物馆绝大多数都是历史的、人文的、艺术的展览，而山大博物馆就能够比较纯粹地从学术方面来进行安排和布置，为学生提供一个比较好的学习环境。

我也参观过一些国外的大学博物馆，他们的规模比较大，历史积淀非常深厚，收藏丰富。说实话，博物馆的成就取决于自己的积淀，包括文物的积淀、研究的积淀、人才的积淀、等等；真正博物馆的内涵，靠的是历史的积累，不是一两代人就能够达到高水平的。

所以我认为山大博物馆还应该办得更活一点，能够为学生提供一些类似实验、类似考古实习这样的机会，要拓展博物馆业务能力。我们馆后来接收了很多学生，包括咱们的校友，有二三十位；但很多刚毕业的学生对博物馆一些基础的东西掌握的还是太少。我问过他们，他们基本上没有这方面的实习，只是单纯上课，记住老师讲的东西。但是博物馆工作实际上和考古工作一样，是一个非常注重实践，非常注重实际操作的工作。

以后在这方面，山东大学博物馆需要给我们的小校友们提供一点这方面的更便利的条件。

**陈嘉怡：**中国考古已经有了超过百年的历程，我国的考古事业成果丰硕，在国际联合考古和办展方面也取得了显著的成效。从您的工作经历出发，您认为在博物馆的陈列设计方面，中外有什么差异呢？您对于中外联合办展这一领域有何展望呢？

**鲁文生：**博物馆这个事物是我们跟欧洲人学的，它的工作内涵和形式基本上一样。但是由于文化传统和欣赏习惯的差异，两者略有不同。就陈列设计方面，欧美博物馆注重对展品的展示，辅助展示手段用得较少，让观众注意力集中在展品上，自己细细品味欣赏。我国博物馆的展览注重系统性，辅助展品和展示手段用得较多。咱们国内大博物馆的陈列设计水平已经很高了，在这方面投入很多。

中国和外国的博物馆联合办展，是中外文化交流的重要方面。改革开放以来，我们国家文物系统的各级博物馆，到海外举办了很多中国文物展览。对弘扬中华优秀传统文化，促进外国人民对中国文化的认识了解起到很大作用。近些年我国博物馆也引进了许多文物和美术品的展览，使国内观众更直接地欣赏了解外国的文化。

随着生活水平和文化水平的提高，中外博物馆合作办展会越来越多。

**陈嘉怡：**请问您对于我们这一代年轻学子有什么寄语和期望吗？

**鲁文生：**从山东博物馆新馆建立之初，一直到现在，博物馆就业的门槛越来越高，原来本科能进，现在至少得硕士，当然更欢迎博士；但是进来的学生们，我感觉知识面太窄，基本上对博物馆工作都非常不熟悉。因为博物馆的工作很庞杂，仅文物的保管研究这一项也能分出很多小项。不像在学校里那样笼统，在博物馆里文物就分很多种，研究瓷器的、铜器的、书画的各不相同。当然这是工作以后的情况，但是大部分学生上学期间看博物馆太少，和博物馆的交流也太少了。

我知道现在上学课业负担很重，学的课程比较多，考虑的问题也比较现实、复杂。但是知识的积累和拓展，是不能落下的。学生们在校的时候，如果立志于未来从事考古专业，立志于文物工作，包括文物和博物馆，那么就要尽量拓宽知识面。有些事可以不求甚解，但是需要知道。

当然，要想刚毕业的学生到了博物馆立即就上手，这是不可能的事。因为这毕竟是从书本到实践，从宏观到具体的微观，它有个过程。但是尽量地拓宽知识面，尽量地多了解一些东西，是绝对有用的。我建议同学们在本科学习阶段涉猎要广一点。

**杨天孚**：感谢鲁老师接受我们的采访，我们今天的采访就到这里，祝您身体健康，事事如意！

# 高情厚谊，辞旧开新*

## 访杜金鹏校友

校友简介：杜金鹏，男，1957年生，本科1978级校友。本科毕业后进入中国社会科学院考古研究所工作。历任中国社会科学院考古研究所研究员、夏商周考古研究室主任、文化遗产保护研究中心主任，兼任中国殷商文化学会副会长，中国考古学会理事兼文化遗产保护专业委员会主任，中国文物保护技术协会考古遗址与出土文物保护专业委员会主任等。

主持和参与二里头遗址、偃师商城遗址考古发掘工作，取得一系列重大考古成果。主持多项国家级课题，发表学术论文140多篇，出版《殷墟宫殿区礼仪建筑基址研究》《实验室考古入门》《偃师商城（第一卷）》等学术著作和知识读物30余部。创立“实验室考古”，积极投身考古遗产保护研究。

采访时间：2023年1月

采访方式：线上采访

1997年杜金鹏荣获首届胡绳青年奖，领取奖状奖牌

**郎　曼**：首先，想问一下您，是什么促使您选择入读山大考古专业，从而走上考古研究这条道路的呢？可以请您讲讲您在山东大学考古专业求学期间印象深刻的人或事吗？

**杜金鹏**：大学选择考古专业，应该与我的学习“偏科”有关吧。我的中学阶段，语文、数学是强项。高中毕业之后，我曾有三年的中小学执教经历。执教科目包括初中和高中的语

* 本文系魏舒童、丁茗锐整理文稿，经杜金鹏审阅修订而成。

文、数学、地理，也是当年高考的文科考试科目。那时，政治学、哲学、历史学都是比较“热门”的高考学科，但我的老师建议选择远离“政治”的科目，因为“文革”刚刚过去，很多人对于“政治”（广义）心有余悸，研究古代文物的考古学，似乎与现实毫不相干，于是就选上了考古学。殊不知，学问与政治是表兄弟，学问本身也许没有政治性，但学问为谁服务就是一门大“政治”。若干年以后，我高举起“考古是人民的事业”、“考古要为人民服务”的旗帜，投身考古遗址保护和利用，热衷于考古遗址公园建设，是我当年选读考古学时所绝对没有想到的事情。

大学期间，同班25位同学清一色是男性，属于“和尚班”；入学时年龄最大的老大哥35岁，最小的小弟18岁，又是“父子班”；有几位同学已婚并育有一两个子女，还是“父亲班”。就是这样一个差异颇大的班集体，却相处得比较融洽，主要是年长同学普遍修养较好，能够包容小兄弟们的任性与顽皮，甚至推选年龄最小的同学担任班长，消解了不同年龄之间的隔阂。

最难忘，是同学之间的友谊。某日，我趁中午把衬衣洗了，去阳台晾晒回来，发现同舍室友已经锁门上课走了，我进不了宿舍正为没有衣服穿发愁时，对门宿舍詹开逊同学主动招呼说“穿我的”，穿上他的衣服，我才得以去教室上课。而当栾丰实同学做阑尾炎手术后，作为他的烟台同乡，我自觉有义务照料他，便主动在宿舍陪他。后来他在学术上很有建树，我为他感到骄傲！还有一些事情虽然与我无关，但同学之间的互帮互助，触目皆是，回想起来总是暖暖的。

不能忘怀的，还有我的老师们。记得第一次田野实习，即将奔赴泗水尹家城遗址，刘敦愿先生作动员报告，谆谆教导我们说田野考古是考古学的根本，不要怕吃苦，要踏踏实实做好实习，并风趣地说：自己对于田野考古是一窍不通，不通就不通吧，但你们一定要过好田野考古关。正是老师们的重视和付出，山大考古专业学生才能以田野技术过硬而著称。刘先生讲课，口吐莲花，神采飞扬，一手香烟，一手粉笔，广征博引，循循善诱，字写得漂亮，图画得优美，有时香烟“意外断顿”，会问在座的同学们“那位老兄有香烟？”没有谁认为先生的香烟会污染教室空气，反而觉得那香烟味道就像是庙堂里的那淡淡的、神秘的烟火味，沁人心扉。

蔡凤书老师的课，口才、文采、创新观点，征服了我们的心。虽然他提出的“尹家城二期”没有在学术界流传下来，但由此教会了我们考古学文化辨识、命名，给予我们创新意识。

在我心目中，于海广老师的田野功夫十分了得，在田野发掘中总能帮助我们解决一些疑难问题，在课堂教学中善用出土标本。在一次有历史班同学听课的大课堂上，于老师手拿一件陶鬲残足，询问其年代，我举手回答说是二里冈上层的，于老师给予了肯定，显得很是高兴，我自己也小小地兴奋了一把，至今还记得当时的情景。后来，我毕业分配到中国社会科学院考古研究所，是于老师亲自坐火车把我送到北京。为感谢老师，想请于老师吃饭，却在那繁华的王府井大街没有找到合适的饭店，至今感到非常遗憾和抱歉！

还要提到我毕业实习时，带我做古代瓷窑遗址调查的宋百川、刘凤君老师。这是我第一次接触田野调查，在兖州、泗水一带，寻得多处隋唐瓷窑遗址，采集了大量标本。写成的调查报告，在某刊物发表，成为我一生中最早发表的学术性文字。虽然，刘老师后来疏离了考古，但作为曾追随其后的学生，却不敢忘记老师的恩德。

**郎　曼：**田野考古是考古学研究的重要环节，您毕业之后在二里头和偃师商城这两个重要遗址从事了几十年的考古发掘和研究工作，这对于您而言一定是非常珍贵的经历。您能跟我们分享一下这段经历和对您学术生涯的影响吗？

**杜金鹏：**我在偃师二里头遗址和偃师商城遗址从事考古工作20多年，也是我田野考古的基本经历。

二里头遗址是一个十分独特、复杂的大遗址。在这里，我真正进入到田野考古的天地中，掌握了大遗址田野考古工作的基本规范和技术，学会了田野考古的组织领导，奠定了自己的学术基础。参与了几乎遍布整个遗址的发掘工作，对于二里头文化的内涵与特征，有了较深认知。参加铸铜遗址和祭祀遗址的发掘，掌握了二里头文化有关精神文化和工业科技方面的一手资料。对于夏商文化建立起初步学术认识框架。

1996年我调任偃师商城，面临诸多重要任务：其一，重组考古队，搭建一个新的科研队伍；其二，田野考古转型，从以配合基本建设为主转向主动性科研发掘，兼顾被动性保护发掘；其三，推动偃师商城考古研究迈向更高层面，解决一些亟待解决的基本问题；其四，完成重大学术课题，即国家社科重大项目《中国考古学·夏商卷》、国家重大科技攻关项目“夏商周断代工程”所赋予的偃师商城考古工作有关科研任务。在短短5年期间，发掘了大城城墙和城门、小城城墙、铸铜作坊、宫城多座宫殿建筑基址、池苑、祭祀遗存等，基本解决了偃师商城商文化分期、始建年代、遗址布局、宫城内涵、主干水系、城址性质等问题，提出了偃师商城始建于二里头文化第四期偏晚阶段、偃师商城的始建为夏商文化界标、偃师商城为商代早期都邑遗址等学术观点。较好地完成了《中国考古学·夏商卷》关于夏商文化框架搭建之任务，完成了“夏商周断代工程”关于偃师商城年代和分期之任务，将偃师商城考古研究，推向一个崭新的高度。

通过在偃师商城的考古发掘与研究，我自己的学术观点从“二里头西亳说”转变为“偃师商城西亳说”，从而对夏商文化基本框架有了新的规划。

因此，在偃师二里头和偃师商城的考古经历，为我从事夏商文化研究，奠定了良好基础。

2018年安阳殷墟发掘90周年大会上
杜金鹏与好友中国社会科学院学部委员
宋镇豪先生合影

**郎　曼**：您现在主要从事文化遗产保护方向的研究，又是什么促使您从多年的田野考古转向文化遗产保护事业的呢？

**杜金鹏**：一颗朴素的报恩之心，促使我从田野考古转向考古文化遗产保护。

我们常说，遗址是考古人的田园，我们的学术成长，我们的职称晋升，我们大小名利，无不与考古遗址密切相关。每当有些许成绩，便会扪心自问：遗址给予我许许多多，我回馈给遗址的，却是伤筋动骨、千疮百孔。一个好医生，是病人培养出来的；一个好考古学家，是遗址喂养出来的。难道我要一辈子无休无止向遗址索取？显然不应该。

在长期从事田野考古工作中，目睹了当地居民为遗址保护而付出的巨大代价。祖祖辈辈生活在遗址上的人们，被捆住了发展的手脚，建工厂办企业，不被允许；辛辛苦苦积攒一点钱，要盖房子却很难拿到许可，即便有幸进入建房行列，还得为因此而来的考古发掘承担费用。他们生活艰难却依旧善良！依然对考古人抱有善心，我所在的二里头考古队、偃师商城考古队，均与驻地村民保持了良好的关系。在那个需要用粮票按比例购买细粮、粗粮的年代，二里头村的村办面粉厂收取粮票给我们全部细粮；考古队要建工作站，村里慷慨出让土地；工作站建成需要绿化，村办企业把自己院子里的树挖出来移栽到考古队院里。这是什么胸怀？我们何以为报？

于是乎，我就想要通过遗址保护利用来为当地人民谋取一点利益。早在20世纪80年代后期，我就跟几位当地乡绅合计二里头遗址开发利用事宜，合写了一份研究报告《关于偃师二里头遗址开发利用的初步探讨》，提交给洛阳市政府。1988年，将这份报告改题为《建议尽快开发二里头遗址》，由时任全国人大代表的二里头村党支部书记王中岳提交给七届人大一次会议（提案编号149号）。尽管在那个一切以经济建设为中心的年代，一个农民代表的文物保护利用提案太过“超前”未被采纳，但是，考古遗址保护利用成为全国人大代表提案，对于考古遗址保护利用而言总归是一件历史性事件。

1998年，我在偃师商城主持考古工作，有了一系列重要考古发现，便借助了“夏商周断代工程”的便利，推动“偃师商城东北隅考古发掘现场保护”项目，亲手编制保护方案，得到国家文物局支持，建成我国第一个建立在考古发掘基础上的考古遗址公园，随后启动了偃师商城宫城遗址公园的规划和建设。后来又参与偃师二里头遗址保护规划的制定，承担其他一些考古遗址保护规划编制、保护方案制定工作。算是遂了自己的心愿，还了遗址和当地乡亲的欠账。

**郎　曼：**您是我国实验室考古的主要创建者和推动者，山东大学近年来也一直在从事实验室考古方面的研究，您认为国内实验室考古发展面临的机遇与挑战是什么呢?

**杜金鹏：**实验室考古是中国考古学转型发展的学术生长点。它的萌发，已有很长的历史，但促使其快速成长，则需要一个历史机遇。中国考古学走过近百年历程，其中新中国的考古学，在“保护为主，抢救第一”方针指导下，用了约40年时间，在大规模生产建设背景下，基本完成了考古学文化区系类型的建立，把一万年以来的中华文化发展史，勾勒出一个基本轮廓，描绘出中华文明起源发展基本线索，为中华民族伟大复兴事业，奠定了文化史基础。这个时期的考古学，专注于考古学原始资料的积累，考古学基本问题的解决，遗址和文物的保护与抢救，总在抢时间、赶进度，可以说是一种比较“粗放”的工作模式，但考古遗址是不可再生的宝贵资源，精细化考古是学科发展必由之路。

思想意识的创新，人才的储备，法律法规的完善，财政状况的改善，大规模建设项目对遗址危害的减少，为精细化考古铺平了道路。因此，新世纪以来，实验室考古有了充分发展的条件。尤其是当下，中央高度重视考古工作，各级政府加大对考古事业的支持，使得实验室考古更有充分施展的机会。

1994年杜金鹏发掘偃师二里头遗址发现的绿松石镶嵌牌饰

但是，实验室考古不是添置些仪器设备，搞几间工作室，增加几个人手，就可以搞定的事情。要真正把实验室考古工作做好做大，首先应该让全体考古人在思想上，真正认识到实验室考古的重要性和必要性，愿意花费很多时间和精力做这件看起来似乎“效率不高”的事情。并且，实验室考古最好是由田野考古专家主持，科技考古和其他专家参与。

目前，实验室考古还缺乏完善的操作规程和技术规范，大家还都是在摸着石头过河，因此，坚守文物安全第一原则至关重要，探索创新精神必不可少。

**郎　曼**：山大考古专业成立已经50周年了，与您就读时相比，您认为山大考古最大的变化是什么？未来发展中应该重点关注哪些方面？

**杜金鹏**：就全校而言，校园大了，天地小了；楼宇高了，院墙矮了；教授多了，大师少了。

就考古专业来说，已经从单一考古学走向了文化遗产科学——建立起了包括传统考古学、实验室考古、科技考古、文物保护、博物馆展陈等专业方向，正在形成一个逐步完善的崭新的学科体系。

这个变化，说起来简单，做起来很难，做好了更加不易。没有一个好的学术带头人、一个坚强的领导班子、一个适宜的学术环境、一批有素养的专家，是难以达到目前的发展状态的。

正确的指导思想、雄厚的人才队伍、扎实的田野考古、丰硕的学术成果，是学科发展的根本之道。山大考古，前途无限。

**郎　曼**：最后，可以请您为我们这些青年学子进一步学习考古和未来从事考古工作提出一些建议吗？

**杜金鹏**：回答这个问题有点说教的意思，不大妥当。我还是说说自己的体会吧。

打好基础。从古代文献，到现代科技，从考古学基本技能，到跨学科融会贯通，逐步一一探索学习。

以写促学。写作是学习的最好方式，要在研究中学习。那种认为学好了再写论文的想法，不可取，因为学习是终生的。

学风优良。对于任何学术思想和观点，都应抱持尊重态度，尤其是对于不同于自己学术认知的学者和观点，须抱有敬畏之心。同时，要有独立思考意识，在学术研究上，不唯上，不畏众，唯求真。

创新进步。守旧不能进步，创新是进步的硬道理。

# 栉风沐雨，兴趣使然*

## 访尚民杰校友

校友简介：尚民杰，男，1957 年生，本科 1978 级校友。研究员，已退休。历任青海省文物考古所研究室主任，西安市唐代艺术博物馆副馆长，西安市文物保护考古所副所长，西安博物院党委书记，西安市文物保护考古研究院书记、院长。

主要研究史前、汉唐时期考古与历史，发表论文 80 余篇，包括《对史前时期成年男女合葬墓的初步探讨》《关于姜寨遗址的几个问题》《西汉以后的未央宫》、《长安城郊唐皇室墓及相关问题》《隋唐长安城的设计思想与隋唐政治》等。

采访时间：2023 年 1 月

采访方式：微信通话 线上采访

**方佳蕾**：1977 年全国恢复高考，您作为“新三届”的一员，我们想请您分享一下进入山大考古专业学习的契机。

**尚民杰**：进入山大考古这件事，实话实说，考古不是我的第一志愿，当年我考的分数也不高，印象中我是很偶然地来到了山大。刚开始我是 1977 级高考，那个时候我还在农村下乡，已经体检了，但是最后没有等来录取通知书。然后在第二年，我们就成了山大 1978 级的学生。第二次高考的时候我已经当了工人，是从工厂考上的。那个时候的上大学和今天有些区别，根本的区别就在于那个时候大学毕业，工作是国家统一分配的。现在的毕业生都是要自谋工作，但当时毕业以后学校有一个分配方案，每个班会给相应的就业指标，有相应的岗位，可能有本省的、有外省的，单位也不一样。所以在我们那个时代，能考上大学，就是彻底改变了命运。

假如我当年下乡的时候就考上了的话，那我从学校毕业，身份就变了。当时大学毕业生分配了工作，有干部待遇。你们可能不太理解那个时候的身份，但是现在都不存在这些问题了。举个例子，比如说干部身份要想调动工作，可以在事业单位里调

---

* 本文系李铸镔、魏舒童、丁茗锐整理出文稿，经尚民杰审阅修订而成。

动；如果工人想调入事业单位，他的身份就导致不允许调动到事业单位。简单地说，那时候高考考上了，对一个人的人生来说，是根本性的转折，不光有了学历，还有了一份工作。过去有应届毕业生考上的，有些人是毕业以后在家务农时考上的，还有民办教师等，我们班什么身份的学生都有，但在一毕业以后就成了干部。所以这在当时确实很重要，我上了大学，就从一个学徒工、工人，按照那时候的话说，毕业以后就成干部了。

**徐　灿**：考古人常说田野实习是一道分水岭，据我们了解，1978级考古专业学生发掘了茌平南陈庄遗址和泗水尹家城遗址，可以请您回忆一下当年发掘的情况吗？

**尚民杰**：茌平按照我现在的记忆，条件上还是很困难的。我们班一共是25个男生，没有女生。当时还住在生产队里一个类似于库房的大平房里，地上铺的是厚厚的麦草，上面是苇子杆或高粱秆编的席。竹席属于比较高档的，类似现在的凉席，但我们那时候都没见过。我们就打地铺，没有床板，二十几个人一字铺开，和现在有的电视剧、老电影里面的场景一样。当时还没有电，更不用说电视了。白天上工发掘，晚上天黑什么也看不见，我就带了一个收音机，班里还有几个半导体收音机，这对于你们来讲跟文物差不多了，大部分人闲时就听广播，倒也不是全班很整齐的都躺着，有人不愿听就起来散步。那时候就是听广播，有新闻，还有一些节目，我躺在那说说闲话。没有电，也看不了书，就睡觉，那个时候条件是很差的，在茌平的时候就是这样。

后来去尹家城的时候条件就好一些，我们住在当地的公社，就是公社所在地，现在公社应该都改成乡了。乡政府所在地有一个院子，里面有一个小礼堂，有好多架子床，大家全部都在礼堂里。我们还没把地方占完，空地就放着一些我们从工地上挖回来的标本，那时候主要是陶片。在遗址旁边有一个本地的中学，我们就在学校的食堂吃饭，条件就比较好。最后还鼓捣过来一个电视，全班都在那里看，那时候最热闹的事就是看足球，当时的基本情况就是这样。

**徐　灿**：好的，谢谢尚老师。另外，1983年山大曾聘请您作为辅导老师参加了山西侯马北坞古城的发掘，这是山东大学第一次在省外进行的田野考古发掘工作，您能谈谈当时的情况吗？

**尚民杰**：当时是方辉老师班级的实习课，他们比我低一级，在山西侯马的考古工作站实习。当时不只有咱们学校，还有厦门大学，两个学校两个班的学生去山西考古所侯马工作站，侯马工作站的一些老先生组织安排这些事情，也包括指导学生，因为他们对当地遗址比较熟悉。

同学们都住在侯马工作站里面，那时也住架子床，条件比较好。工作站弄个大棚子，做大锅饭食堂。除了两个班的学生，还有其他工作人员，一共百十号人。我们开大巴去工地。四十几年前的大巴不像现在这么好，类似当时的公交车，每天吃完早饭上车拉到工地现场，然后中午吃饭时又拉回来，下午我们再去，晚上到点再回来，是这样一个过程。

遗址是一个古城遗址，本身相对简单，因为堆积不够，挖到夯土就不再往下挖了。表土上的农耕土也都不太厚，一般的几十厘米，有的能深到一米也就可以了。再因为它是建筑基址，所以布方也不是很密，当时挖建筑通常做 10 米 ×10 米的探方，有些地方可能做更大一点的。相对来讲比较简单，堆积也不复杂，条件相对比较好，就是这样一个情况。

**徐　灿：**您作为山大考古历史的参与者和见证者，可以请您谈一谈在校期间记忆深刻的事情吗？

**尚民杰：**在校的时候，我们都特别喜欢去实习，因为在学校有点憋得慌。我们那个班情况比较复杂，我的年龄今年 66 岁，我当年入学的时候 21 岁，有比我大 10 岁的，有工人，有农民，有些同学过去就是教师，而我是知青，后来又当了工人。在学校除了学习，也没有什么印象太深刻的事情。如果要说，我就记得伙食了。一个班是 10 个人一组或者 8 个人一组一个大桌子，平常里面就是摆桌子也没有凳子。刚开始也没有饭票，一桌发一个搪瓷盆子，一个人过去拿菜、馒头，端回来放在桌子上，然后有人拿勺子分，分成 8 份或者 10 份，这是最开始的情况。

后来就改成饭票了，大家就自己买自己的。我们那时候的助学金按家庭收入情况发，最高才二十几块钱。但是那时候生活费最低的同学，一个月吃十五六块钱，我们班有几个农村同学，有二十几块钱伙食补贴，每个月还能省几块钱。每天早晨的伙食是玉米面粥和咸菜，那时候最便宜的是咸菜疙瘩。咸菜当时一分钱一块，切得像手指头这么大一块，那一分钱都吃不完，太咸了。刚开始时候喝玉米面粥喝不惯，后来就喝习惯了，每天二两。那两年说大米饭，很稀罕。到了后来，当时罢过课，学生们反映说伙食太差，当然现在就好多了，所以我印象最深的就是吃饭的事。

**方佳蕾：**谢谢老师的分享。如今山大考古已经走过 50 个春秋，我们很高兴能够站在这一历史的节点总结过去，展望未来。最后我们想请您谈谈对于山大考古未来发展的展望，也希望您对我们这些考古新人能够提几点建议。

**尚民杰：**对于山大考古的展望，那可能不是我能展望的，在我看来，学考古有两个基本的东西。

第一要热爱考古的事业。所谓研究考古和历史，没有根本性的区别，但一个显著的不同是考古多了一条腿——技能。这个技能还需要机会，因为墓葬也不是随随便便就能挖的。但考古更好一点的是，获得原始资料的机会要更多。因为历史的史书都可以读，没有什么封闭的，但是要获得田野的第一手资料，就只有干考古、下工地，不管是大墓小墓、大遗址小遗址、重要还是不重要，你发个简报都算一篇文章的，这至少会有一个获得感，但是历史专业只有阅读的积累，少了获得原始资料的这种手段。

另外从现在的基础上看考古学的今后，考古学的包容面会越来越广。比如说现在出现的一些新名词，比如动物考古、植物考古、环境考古等，所以将来考古包容的学科的面会越来越大、越来越多，考古专业分的也就比较细了。你们以后可能只是重点在某一部分，但是要注意一点，不管你是做历史的哪一段，都要努力提高综合的能力，不能光守着自己的小圈子。比如选隋唐，那隋唐这段历史是怎么来的？它前面是什么样的？主攻方向的来龙去脉，是学生要关注研究的内容，这样你的思维就开阔了。

想问题要怎么做呢？从方法上来讲，首先要辩证地看问题。包括写文章，不要轻易说某事某物很重要之类的，要拿原因来论证。现在你看好多电视上报道的考古发现，都说很重要，但不能个个都是三星堆。三星堆的重要性也不是说出来的，是靠多年的积累，所以我们要有还原能力。因为做考古的人更多接触的是实物，但是实物怎么还原是值得研究的，比如一个罐子就有很多可研究的，有些人研究它的制作工艺，有些人研究它的制作年代，那时候还叫罐子排队，还有地层学等。下田野麻烦一点，吃苦要吃的多一点。有的时候地层堆积比较丰富，探方弄个两三米深的，下去之后一阵风吹过来，吹过来头上就都是土，现在条件都好多了。我想强调的是关注的面要宽一些。其次要注重文献学。不能像一些普及读物，不论事实研究空谈，这样就是做普及也算一种误导。不是看东西很值钱就可以说很重要，比如现在有出土金子的就说很重要，这只是现代人的观念，所以要避免传播成见。有些看着不起眼的东西，要学会研究，把这些东西还原到当时生活场景的层面。比如随葬的盆盆罐罐，那罐子是空的，还是里边都装着东西的呢？大部分应该是都装有东西的，主要是粮食等，它们无非是水器和储藏器，作用是这样的，有的上边还有字。我们还要考虑为什么要放东西？要放什么东西？要去解决问题，要对应文献，有关历史地理的内容，要读的书确实很多，这样才能把自己从考古上获得的第一手资料发挥最大作用。这样去写文章，读研究生你们得有论文，工作了也得发表文章。最后就是要注重综合研究。从思维上，平时的学习上，关注的视角要开阔，因为考古涉及的面很多，但是咱们本身缺乏很多方面的知识。

第二，我经常强调的是，要充分地理解今天的社会，如果连今天的社会都弄不清，研究古代社会就更无从谈起。今天和古代的社会环境虽然是有区别，思想文化有变化，但我们都是人，存在社会结构，古代的人也有领导、有群众、有父母。当然我们还原的时候，不能拿今天的社会去套古代的社会。今天的社会如果认识不清，就更没有办法去梳理古代的社会关系。或者举个实例，比如饮食习惯，比如川菜是怎么来的，我说的就是这个意思。要根据实际的能力，只有爱好不一定能做出什么学问，但是首先得爱好，不爱好就不下功夫。我认为关键是思考，不是说看了多少书，是读进去了多少书，要思辨，要多问为什么，要解决问题。

考古发掘本身，我总结了几个问题。第一要问有什么，比如有什么遗迹遗物要记住有什么。第二要看这是什么，比如判断这个遗址里有一道墙或者有墓葬。第三要从学术角度看，为什么是这个样子？为什么有这些东西？要解决这些问题，需要很多依据，不是凭空想象的。我的意思就是要多读书，考古的责任不是学会几种技术就行了，挖出来是第一步，解释它、把它还原到当时这个社会，那才是我们自己真正要做的。

# 考古承传文脉，田野历练人生*

## 访崔大庸校友

校友简介：崔大庸，男，1961年生，本科1980级校友。教授，现任山东省人民政府参事，民盟中央委员、山东省委副主委、济南市委主委。曾任山东大学历史文化学院教授、济南市考古研究所所长、济南市文物局局长等。获评济南市青年科技创新人才等称号。

主持完成考古发掘项目10余项，其中“平阴西山墓地发掘”1999年被评为“泉城十大文化新闻”；“洛庄汉王陵发掘”被国家文物局、中国考古学会等评为2000年“全国十大考古新发现”。发表论文数十篇，出版《济南重大考古发掘纪实》（主编）、《济南历史文化名城保护工程论丛》（副主编）等著作。

采访时间：2022年10月2日

采访方式：通讯采访

**王瑞文**：据我们了解，崔老师您在山大考古系学习工作近20年，您觉得这一段经历，对您学术研究生涯有什么重要的意义？

**崔大庸**：如果从上学开始，到我1999年底调到济南市考古研究所工作，也确实是真正意义上的在山东大学历史系考古专业学习工作了近20年的时间，但1999年以后，我仍是山大考古专业的兼职教授，而且于2003年特聘成了山大考古专业的博士导师，一直至今，从这个意义上讲，我始终算是山大的一员。这些年时常想起来，我的学术基础就是这在山大的近20年奠定的，也就是人们常说的“老本”，因此也可以说，这后20年的工作学习都基本上是在“吃老本”，这很管用。

1984年本科毕业留校工作后，除了参与带学生进行田野考研实习，还上了一些课。说起上课，那时候考古教研室搞后段的老师少，因此领导是让我把重点放在汉代以后去准备，我也是这样做的。留校的年轻老师都要上一点技术课，如测量、绘图、摄影

* 本文系王瑞文、孟紫阳、孟庆伟整理校对文稿，经崔大庸审阅修改而成。

等，我就给学生们上了几届的考古绘图。我绘图在本科时还是比较好的，大概与我在初中高中阶段出过黑板报有关吧。以咱们系的名义发表的一些简报和报告的图有的即出自我的手。还有一门课是大家都要轮着上的，也就是给非考古专业的历史专业的学生上考古学通论课程，这我也上过。前几年一位师弟在网上发了一篇大作，还把我小夸了一下（笑）。其他还上过汉唐考古、中国古代建筑简史等课程。当然，带田野考古实习是最重要的课程了，我那几年先后参与了大辛庄、尹家城、后于刘、姑子坪、仙人台、双乳山、三峡等重要考古实习，积累了一些田野考古经验。那时候年轻，田野工作较多，好久也去不了系里的办公室几次，以至工作两三年了，系里有的老师见我还问我是哪个年级的呢。

那些备课本和学习笔记

除了上课和带学生，还得加强学习，有三次学习机会对我很重要。第一次是1986年去北京大学考古系进修，那时比较简单，报上名，北大同意了就可以去，由学校给北大交300元，安排住宿，4个进修生一个宿舍，我在北大进修时和两位进修计算机的、一位进修数学的其他高校的老师同住，好像是在29号楼住。同楼住的还有后来成了考古界大咖的几位，如赵化成先生、王迅先生、李水城先生等。进修了半年，听过严文明先生、李仰松先生、高崇文先生、张江凯先生等给本科生上的课程。严文明先生是我的进修指导老师，所以有幸参加了几次严先生给他的研究生上的课程。第二次是1986年我考上了蔡凤书先生的在职研究生，学了史前考古。那时蔡老师刚从日本交流回国，不仅给我们讲了许多最新的学术动态，还让我们轮流主讲，互相提问题讨论，最后完成了大汶口文化向龙山文化过渡的研究毕业论文。这样，这几年我便在史前与后段之间移动。后来，当看到我们班的方辉、许宏、崔乐泉都先后考上了博士研究生，我也眼馋了，于是有了第三次学习机会，1993 年考上了田昌五先生的博士研究生，因算在职，学习了四年。考上田先生的研究生后，田先生让我的毕业论文写文明的起源，而这之前的几年我把主要精力都放在后段的教学上了，虽然心里打鼓，但还是硬着头皮同意了，因为这是田昌五先生对学生们的一个总体规划和布局，想着把一些学术问题系统搞一下。田先生上课非常认真，讲得也非常广阔，从人类的起源一直讲到改革开放，从中国古代思想史一直讲到马克思主义史学观。那时候他应该是史学界最懂考古的大家之一。他常说，搞考古的不能把自己的脑袋套到陶罐子里，只能看见陶罐，啥也看不到，这不行。所以，我现在的微信昵称还叫“崔陶罐”，也许这就是起因吧。我的毕业论文写的是长江下游文明的起源，算是顺利毕业，并取得了学位。这三次学习对我很重要，但也形成了一个在学术圈里非常不好的境况，即忽前忽后，没有研究方向，为此好几位老师提醒我，该选择个相对固定的学术研究方向了，否则将来不好办。所以想来想去，我还是把重心放到了汉代以后，汉唐考古课程照常上，两篇毕业论文也就放在那里作纪念了。

实际上，除了四年本科，在山大从事教学科研工作也有 15 个年头了。从前面也可以看出，我经历的还算可以，得到了老师和同学们的认可。这么说吧，学习教学使我从理论与知识两方面奠定了较为系统的学科基础，田野考古实习提升了处理田野考古的操作水平和社会关系的能力，而最重要的是山大考古专业先生们治学严谨的敬业精神和山大的扎实学风已深刻地埋藏于我的地层的各个角落，这些不仅深深地影响了我的从前，也将伴随着我的未来。

**王瑞文**：崔老师，您读本科时候，系里也有组织田野实习嘛？这是您第一次系统的田野考古实践吗？这次实习有没有让您记忆依旧深刻的事情？

**崔大庸**：当然组织，而且次数和时间还是比较多的，一般见习一次，考古发掘实习两次，田野调查实习不算在内。我们班是入学后的第二年分的班，虽然报考专业时填的是考古专业，但入校是历史和考古一起上的大课。分好专业后，第一次田野考古现场是“见习”，大概是 1981 年秋天吧，1978 级的师兄们在泗水尹家城进行发掘实习，老师让我们班去现场见习一个星期，这确实是第一次到考古现场，进入探方。在师兄们的指导下，如何握手铲、如何刮地层、如何识别土质土色，以及认识灰坑、墓葬等遗迹现象，确实有了极强的感性认知，初步了解了田野考古原来是这么回事呀。那时见习也非常艰苦，不要说宾馆了，像样的旅店都住不上。老师要求自带行李，而且是一个同学拿被子，一个同学拿褥子，晚上组合起来用。我和方辉同学一个被窝。我们住在金乡乡上的一个小旅店（也许是车马店）的一个大通铺上，有一天晚上竟有老鼠跑到了同学的脸上，引起了一阵“骚动”。这次见习还有另一个重要收获，不仅初步了解了田野考古的一般过程，而且和师兄们结下了友谊，在后来的学习和工作方面都得到了他们的热心帮助，真的非常感谢他们。

1981年秋见习时与王鲁茂师兄在隔梁上

见习时与同学方辉、黄斌、孔富安

第一次正式田野考古实习是在新泰的郭家泉发掘战国墓地，由马良民老师带队。一开始是两个同学一组，共同发掘一座墓葬，这个考古报告已发表。我和杨波同学一组，我们发掘了一个不大不小的墓葬，头一次见到青膏泥和厚厚的棺椁板子，在马老师的指导下，我们做得还是比较认真的，最后评成绩好像是优秀吧。如果说有什么有趣的事，还真有一件发生在我的身上，典型的属于“无知”的事件。我在老家时很小就会骑自行车，一天跑个四五十里路不算什么事。这次实习，由于路途较远，有几辆大金鹿牌自行车，我从来没有骑过这种车，问一下同学说一样的，就骑上了，还在后座上带上了黄斌同学，在平路上还行。但去工地要经过一个下坡和一座小桥，这下坏了，下坡时速度加快，黄斌同学喊捏闸啊，我说捏了，不大管用，因为车把上只一个前轮闸，再用力捏也不是很管用，好歹快速冲过桥，我俩都没事。停车后，他说你怎么不用后闸呢？我说车把上只有一个呀。他说后闸不在车把上，而是用脚踏往回一倒就是后轮刹车的闸。我一试果真很灵，不由叹服。后来想一下真后怕。

第二次正式田野考古实习是1983年秋天在山西侯马的考古“大会战”，由山大一个班、厦大一个班、北大两人，以及当地的考古人员，共同组成一个考古队，配合基本建设中发现的北坞古城的发掘。我校的带队老师有马良民、于海广、栾丰实、尚民杰等，总领队是大名鼎鼎的叶学明，人称叶帅。这次实习的总体情况和意义可能别的老师和同学讲了很多了，我就不再絮叨了。这次实习，我又和杨波同学分到了一个探方，但是从遗迹的复杂程度和出土遗物的数量来看，都不很理想，也即偏少，对此工地上一般有一个戏言，名曰“卫生方”。当然，卫生方还有一个所指，就是每天的工作面要整洁利索，四壁垂直，遗迹现象清理到位，下工前要把探方打扫得干干净净等，这些工作我们当然做得很好。这次发掘，“卫生方”的双重意思我们都占了。虽然号为卫生方，但我们也做得非常认真、仔细，又得了一次优秀（笑）。这次实习中，最让我受锻炼的是马老师和于老师派我去开大方，解剖城墙。所谓开大方，就是开 10 米 ×10 米的大探方。这次开大方主要是为了搞清楚古城的拐角和两座城之间的关系，结果做出来后很是壮观，还发现了一个城墙的马面，剔出了夯窝，发现了车辙等重要遗迹现象，颇有成就感。利用这次实习机会，我们班参观了不少古迹，如陶寺遗址、临汾广胜寺和铁佛寺、芮城永乐宫、解州关帝庙等。这是山大第一次大规模出省实习，为提高山大田野考古的知名度我们班做出了一点小小的贡献，当然这其中最关键的要归功于几位老师辛勤的辅导和教诲。

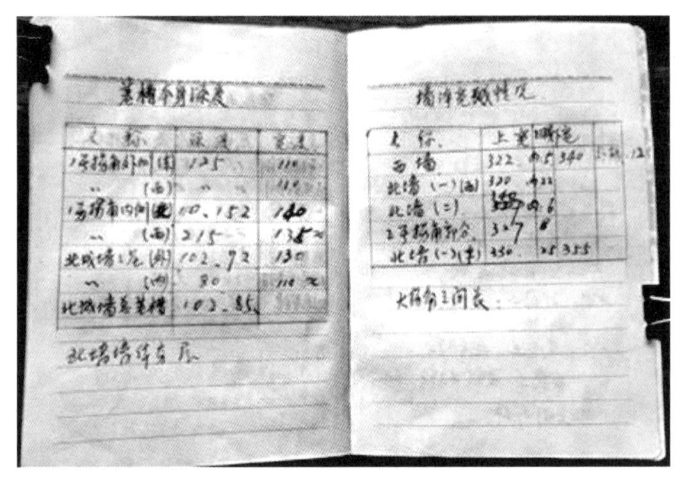

1983 年侯马实习时的探方记录

在 1984 年夏天即将毕业之前，论文也写完了，恰好于海广老师带领干部班的同学在青州杨家营进行田野考古实习，我又去这个工地待了十天左右吧，郑同修比我待的时间长，大概一个来月。这次去主要是参与发掘了一座汉代的小房址，其他时间主要是到各方转悠着学习。这个得说一下，乘这次机会，好好把大金鹿练习了一次。经于老师特批，我一个人骑上大金鹿自行车前往临淄故城参观遗迹，去了殉马坑、博物馆、排水口等地方，来回大概一百里左右的路程，一早出发，天黑前赶回了工地，由此熟练掌握了大金鹿的驾驭技术，想到郭家泉“事件”，也算是一件有趣的事吧。

1984 年毕业留校工作，在开学之后，由徐基老师带队，还有王之厚老师，我和杨爱国也以刚留校的“小老师”身份，参与其中，带领 1982 级考古班的同学到大辛庄进行了发掘实习，到第二年一月份才结束。

顺便说一下，以上几次发掘，虽然基本接触了各个时期的遗存，但没有真正意义上发掘过较复杂的史前遗址，这对考古的来说是个“坎”。于是，1985 年秋趁着 1982 级到尹家城实习，我也要求参加，但除适当参与辅导外，要求独立开一个方，系统发掘一次史前遗址，领队的蔡凤书老师和于海广老师都同意了。这次发掘有个小亮点，就是我首次完整地剔出了一块棺盖板，得到了观摩推广。在这之前也发掘出了棺椁痕迹，但这次我做出的比较完整，可能也属于碰巧吧，从此，较完整的棺椁痕迹在工地上发现的越来越多了。这也算作是我一次很好的田野实习吧。

通过以上这些田野考古的培训，到这时应该说是基本过了田野考古这一关。为什么说是基本上呢，这是因为每一处遗址和墓葬都有不同的地方，从埋藏到保存千差万别，没有相同的，因此，除了经验之外，在我看来，田野考古的要领就应当是谨慎和仔细，没有捷径。

**王瑞文**：崔老师您在山大的二十年间，是山大考古快速发展的阶段，您对于这一阶段山大考古的发展有何感受？

**崔大庸**：应该说那 20 年是山大考古快速发展的时期之一，各个时期有各个时期的机遇和任务，不能绝对地比较。山大从 1972 年创立考古专业后，经过几代的人的不懈努力，立足田野考古这一根本要义，一步一步地向前迈进。你们说的这 20 年应该是从 1980 年到 2000 年之间吧。那时候，刘敦愿先生、蔡凤书先生、宋百川先生、马良民先生、李发林先生等都还在教学科研第一线，我们都听过他们的课，他们为山大考古专业的成长和发展也奠定了坚实的基础。后来的于海广、李淮生、任相宏、刘凤君、栾丰实等老师先后留校或到山大来工作，又一下加强了山大考古的力量，这一代人年青，有想法，能下田野。到我们这一级毕业时，光我们班一下就留校 4 位同学。那时候各段力量基本配齐，可以说老中青相结合比较到位。我记得，当时的老师们还是强调要搞好田野发掘工作，这是基础，直到 20 世纪 90 年代每届学生还要求进行两次田野考古实习。特别是几处重要遗址的发掘和学术成果的公布，使山大考古的知名度逐年提升。这些成果主要是尹家城连续多年的发掘、丁公龙山城和陶文的发现、仙人台邿国墓地的发掘、双乳山西汉济北王陵的发掘、三峡库区的系列考古发掘等，都是影响很大的考古发现，有的还被评为全国十大考古新发现，我主要参与了仙人台和双乳山汉墓的发掘。总之，感觉那 20 年田野考古实习的任务还是比较多的，轮流出击，能完整的在学校待上一年是十分难得的。

除田野考古扎实推进外，那些年山大的学术研究成果也是一个发展较快的时期，这方面有相关的统计，我就不讲了。新世纪以来，考古学的发展出现很多新的方向，这后 20 年山大也抓住了机遇，开辟了新的领域，引进了大量年轻的有生力量，许多方面走在了全国的前列，也可以看成山大考古快速发展的又一个时期。如果说有什么感受的话，在我看来可以用这几句话概括：打好基础、因地制宜、培养特色、实事求是、艰苦奋斗、教书育人。

**王瑞文**：查找资料的时候，了解到您参与了很多秦汉时期的考古项目，这些实践当中有没有让您觉得特别有趣或者是让您特别有成就感的？

**崔大庸**：秦汉考古的项目倒是参加了几个，秦的东西基本没有接触过，我指的是田野考古方面。在学校时主要是配合教学而开展田野考古，在济南市工作期间主要是配合基本建设进行考古发掘，对我来说，除仙人台外，主要是参与了几个汉代考古的项目，如双乳山汉墓的发掘、洛庄汉墓陪葬坑的发掘、危山兵马俑坑的发掘和腊山汉墓的发掘等，其中前三项的田野工作都在一年以上，都是遗迹现象复杂、出土文物丰富的重大考古发现，均获得了全国十大考古新发现。这些考古发掘中印象最深的是对马车的发掘与清理，以前曾整理过一篇小文章，发表在济南市政协出版的一本小书上（崔大庸、许延廷主编，济南市政协文史资料委员会编《济南重大考古发掘纪实》，黄河出版社，2003年），可能很少专业的人能看到，我把这篇小文压缩整理一下，附在后面，也算是对你们提出的问题一个回答吧。

我所经历的几次古代马车的发掘清理工作：

### 1. 初遇马车——仙人台遗址

1995年山东大学历史系考古专业1992级同学要进行田野考古实习，最后选定了长清仙人台遗址。到工地后，任相宏老师对我说，6号墓好像出现了马车的痕迹，你就先搞这个吧。这使我有些犯难，因为我也从来没有参加过马车的清理，而考古界对清理马车有一种像对待“刺玫瑰”的感觉。业内人士都知道，在看早期出版的资料时，许多马车的车轮只有一半，就是因为不认识车朽后的灰痕给做掉了。因此，很长一段时间，考古界把能否在田野考古中“做出”好车子来，看作是一项过田野考古关的门槛。

听任老师介绍完情况后，我即蹲在6号墓圹里仔细观察起来。在墓室的东部和南部靠近墓壁的地方出现了一些红色小圈和小片红彩。负责该墓发掘的郝导华同学给我讲，任老师说这些痕迹可能是车轮上的。我想这么早就出现了遗迹现象，肯定墓室上部被破坏不少，要不怎么会埋这么浅呢。我又用手铲刮了几遍，确实它们排列比较有规律，于是就用竹签试作了一小块，发现有往下延伸的迹象。经过局部小心清理，证实了任老师的判断是正确的。但是，如果是马车的话，车轮怎么会靠在墙上呢，难道这是春秋战国时期流行的那种拆车葬吗？结果很快发现了两个青铜车軎，由此，证实了6号墓中很可能有拆散的马车。经过几天的仔细清理，车轮的形状露出了约三分之一部分，由于最先发现的这两个车轮表面涂了漆，因此清理起来并不算太难。

清理车轮的同时，又在墓室的西南角和西北角分别发现了一些白色的痕迹，是一片呈竖立状的网状遗迹，而且连我们几个老师都不“认识”，这可如何是好。事也凑巧，省文物考古研究所的魏成敏和靳桂云同志来工地参观，我就请教他们，老魏说，这与前些时候在临淄发现的一座战国时期的墓葬中发现的马车有些相似，可能是车舆的底部，因为底部一般是用皮条等编织而成的，因此腐烂后，即成此形。我们觉得非常有道理，就此执行了。接下的发掘证实了这一点。经过系统清理，结果是二层台四周放置有拆散的车器马具，其中有车轮、车舆、车马器等，并殉大犬一只。车轮共发现6个，分别斜倚在南壁和东壁。

6号墓二层台以上部分清理完毕后，即转入清理与之相邻的4号墓中的马车。为了让更多的人都接触一下清理马车的体验，就让许多同学都轮流清理。最后，在4号墓内共发现了4个车轮，并在南二层台上发现一根车轴。另在稍晚的5号墓中也发现了车轮与车舆的痕迹。

初次发掘古代马车，付出了许多，收获也确实不小。仙人台的马车清理，虽然使我们对马车的清理方法有了一些了解，但由于这些马车都是被拆散后埋葬的，因此未能窥其全貌，也未能彻底“操练”一遍，不免有些许遗憾。然而，不曾想到的是，不久后的一次发掘又把我与马车的清理扯到了一块，这一次总算较全面地“操练”了一回。

### 2. 再遇马车——双乳山汉墓

1995年发掘完仙人台后，我有缘再度与任相宏老师合作，对长清双乳山1号汉墓进行抢救性发掘。到1995年年底，在清理墓道中的外藏椁顶盖板时，在后来被编为2号车的位置，率先暴露出了部分车轮的痕迹，颜色为红黑，形状已不是圆形，车轮是因压力而解散开了。不久，在后来被编为3号车的位置，发现了鎏金的轴饰、盖弓帽和一段輢輗。发现了鎏金的车器，所有人都非常兴奋。

由于发现了埋葬马车的端倪，为使接下来的工作更加有序和科学合理，这次必须在资料方面有个充分的准备。回到学校后查阅了有关汉代“王车”的一些资料。如大葆台汉墓、满城汉墓，以及秦陵铜车等资料，基本对汉代马车的特点有了一个较全面的了解。当时我很自信，因为在这之前不久，刚在仙人台清理过春秋时期的马车，应该说对车的发掘方法不算陌生。但事实上，再发掘双乳山的马车时，却遇到了空前的困难。

由于双乳山外藏椁的特殊结构，致使椁内的马车被顶上的夯土和两侧的碎石挤压变形的非常严重，1号车被压成了“千层饼”；2号车南侧的车轮被碎石挤得无处寻踪，车舆也被挤压的不成形状，错位严重；3号车与2号车保存情况相似，但3号车因车舆结构复杂，因而其边框构件也成了“千层饼”。这样的保存状况，似乎比满城汉墓能好一些，但与常见的马车被填土所包围的现象则截然不同，显然必须有较好的对策才能清理好这几辆车。经过慎重考虑，我们采取了“先易后难、先简单后复杂、先清理破坏较严重的，后清理保存相对较好的部分”的原则，并在具体操作过程中根据情况随时改正。

具体做法还有，不论金属构件还是木构件、或者其他痕迹，全部分类编号，每一个号都用口取纸贴在牙签上做成小旗，插在每一个构件上，这样做，既便于识别，也有利于观察构件之间的关系。实践证明，这一方法是行之有效的。

清理这几辆车是整个发掘工作中最艰苦劳累的一个环节。因车的结构较复杂，工作人员一般不敢轻易下手，只有等把具体形制摸索得心中有数后，才慢慢清理。由于这些构件大多紧贴于地面，因此在清理时，常用的姿势是蹲着或不得不趴着进行，潮湿冰冷的石头上，一干就是几个小时。腰酸背疼，脖子僵直，成了大家每天叫苦的主题。如此下来两个多月，有的同志真的落下了永远也康复不了的颈椎与腰椎病，留下了永恒的记忆，也许我就是其中的一个。

具体解剖过程中，采用了逐层揭取的方法，即凡是木构件与金属件相连者，一并取出，而只有木制构件者，则将其逐层剥离，逐层编号，并逐层及时绘制出位置图，以便于将来复位。到清理结束后，仅这几辆马车的“层位图”就有几十张之多。

双乳山 1 号汉墓共发现大小 5 辆车，其中墓道中 4 辆，椁室中 1 辆，发现和发掘过程都是按以上方法进行的。

双乳山马车的清理，较全面地接触到了各个部位的金属构件，对汉车也有了一个较全面的认识，但也有不少问题直至发掘结束也未能解决。如从秦始皇陵出土的 1 号铜车上知道了车辄的安装方法和使用途径，但双乳山 2 号车却出土了两对 4 件车辄，如何复原因车子变形严重已不得而知，成了一个“悬案”。发掘结束后，我查阅其他墓葬出土的资料，可仍找不到可资对比的马车，这可如何是好？于是，我梦想着，再有一次接触汉车的机会该有多好呀，把这些无法解决的问题，在新的发现中予以补充。

真的有点儿天遂人愿，洛庄汉墓的发掘又一次给我提供了学习实践的机会。

### 3. 三熟马车——洛庄汉墓

带着问题去做考古发掘肯定是一种好途径，特别是当某些问题早就想解决时。

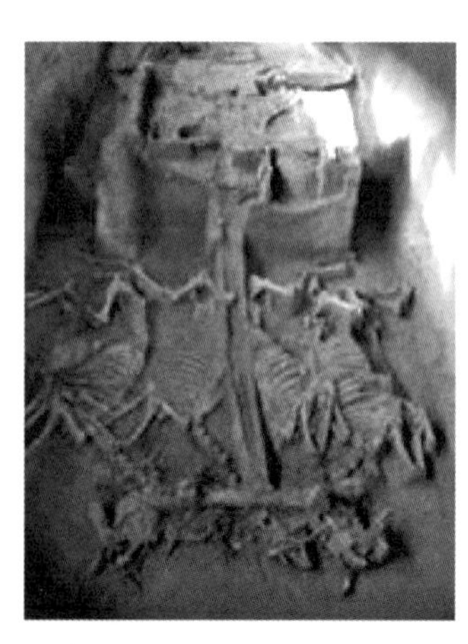

洛庄汉墓 11 号坑 1 号马车

1999 年夏天，在洛庄汉墓的 10 号陪葬坑涉及马车，但只不过是些很小的木偶车，难道洛庄汉墓没有车马坑吗？2000 年春发现的 11 号车马坑，终于圆了我们的梦想。

11 号坑是洛庄汉墓发现的陪葬坑中规模最大的一座，共发现三辆大车 12 匹马。由于坑顶木梁朽烂，其覆盖的石块和灰烬砸落在各车上，坑内积淤了一定高度的土层，使个别车尚可看出其立体形象。值得庆幸的是，每车所驾驷马均摆放在车辕两侧，所配饰件基本未见变形，清理也较容易，认识也较充分。

洛庄汉墓 3 辆马车的清理用时最多，绝对时间近 4 个月。在清理之前，我们找来了较全的资料，绘制了草图，挂在清理现场，并给参加清理的人员不断进行现场讲解。这虽不敢说是“按图索骥”，但对发掘工作确实起到了指导作用。

3 辆马车中最先暴露出的是 1 号车，其次是 2 号车和 3 号车。我们发现这几辆车上都有彩绘，有些色彩还保存得较好，但清理起来后证明，它们的现状既不像仙人台的车，也不像双乳山的车。我们先从保存较差的 2 号车开始清理。

2 号车发现时，车上被石块和灰烬破坏的很严重，而车体的围护物基本都是夹苎胎的“漆器”，支撑的车舆框架全部朽坏，清理起来异常费事。清理了好长一段时间，终于搞明白了这辆车的形制。原来该车分为前后两室，其形状和结构与秦始皇陵出土的 2 号铜车基本相同，这使我们大喜。因为，有了参照对象，对于彻底搞清 2 号车将会有莫大的帮助。

3 号车清理得也很艰难，因为它被压成了“馅饼”状，但比双乳山的车要好得多，因为在淤土中，轮廓保存得非常清楚。经过清理，这是一辆大车，全长 6 米多，也分为前后室，仅后室的面积就同现在的双人床一样，这也使我们很兴奋，因为这是目前发现的汉代最大的实用马车。

1 号车发现的最早，而放到了最后才清理，这是因为 1 号车保存的高度在 3 辆车中最高，也许其各部分保存得更好一些。果然，1 号车的左侧保存得较好，车轮和车耳的位置基本未动，稍加清理就看出了它的大体结构。令人欣喜的是，这辆车从结构到配件竟与秦始皇陵出土的 1 号铜车马几乎完全相同，这可是太有意思了。

洛庄汉墓马车的清理更为仔细完整，每天不停地照相，不断地画图，记录也更加详细。因此，待到车马坑清理完毕后，这三辆车的复原草图已在我脑海中形成。同时，根据洛庄车马坑发掘过程中所掌握的情况，回忆双乳山 3 号车所出土的构件和位置，我初步理清了其与洛庄 2 号车有许多共同之处的思路。然而，双乳山马车的一些问题仍没有得到解决，虽然洛庄 1 号车上也有一对车辄，但双乳山的有两对，还是不知道如何安装与复原。恰巧，又一次不经意的机会，让我把这个问题画上了一个较圆满的句号。

### 4. 四驾马车——危山兵马俑坑

2003 年危山兵马俑坑发现不久，就暴露出了几辆陶车，虽然它们大约只有真车的三分之一多一点，但其制作的方法却令人无比的吃惊。

这些辆陶车大部分是按实物分件制作，然后再组装在一起的，不像别的墓葬中发现的陶车一囫囵制成，看不出配件的组装方式。尤其难得的是，这些“零件”全是按比例制成，安装位置明确，即使个别有错位现象，也可将其拼合组装起来，这简直就是汉代马车的标本。这其中，最引我注意的是双辕陶车和一辆有两对车辄的陶车，因为它们与双乳山发现的 1 号车和 2 号车在形制上非常相像。后来，经过省考古所技术

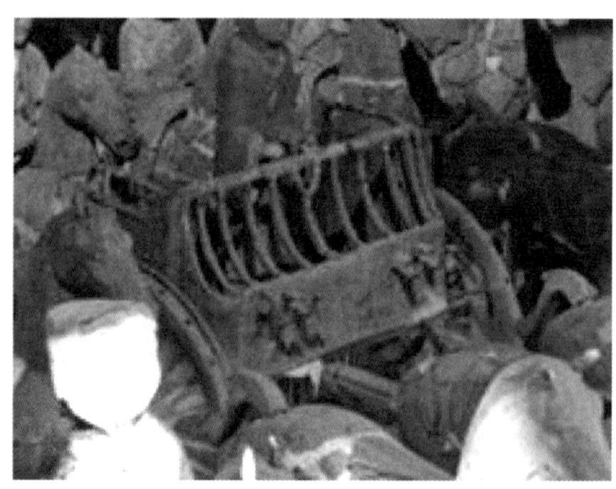

危山兵马俑坑出土的双辄陶车

人员的修复和重新组装，我们得以看到了这两辆车的全貌。一是知道了双辕车双马的驭驾方法，即一为服马，一为骖马；二是终于找到了两对车辄安装的方法和位置，即它们全部安在车舆的前方。这几辆陶制模型马车的发现，使我想起了人们常说的那句话："踏破铁鞋无觅处，得来全不费功夫。"

# 上下求索，知行合一*

## 访郑同修校友

校友简介：郑同修，男，1962年生，本科1980级校友。山东博物馆党委书记、馆长、山东石刻艺术博物馆馆长、山东文物鉴定委员会主任、二级研究馆员，兼任中国考古学会理事、山东考古学会理事长、国家文物局专家组成员等。获评“齐鲁文化英才”“齐鲁文化名家”等称号。

参与主持的章丘西河遗址、日照海曲汉代墓地、临沂洗砚池晋墓、高青陈庄遗址发掘项目，分别获得1997年、2002年、2003年、2009年度全国十大考古新发现。发表论文数十篇，出版《山东汉代墓葬出土陶器的初步研究》《中国出土壁画全集·山东卷》《临沂洗砚池晋墓》等著作和考古报告。

采访时间：2022年9月

采访方式：腾讯会议 线上采访

**周　晴**：老师您好，首先感谢您接受我们的采访！在之前的访谈中我们了解到，您是因为种种巧合选择了考古学专业，请问您觉得在山大考古系学习，对您有哪些重要的影响？

**郑同修**：影响可太大了，可以说影响了我一生，我这一辈子就干了这么一个事，一直到退休。考古不仅影响了我的一生，甚至影响了我的下一代，我的女儿，你们的师姐，也是从事考古工作，所以说考古影响了不止一代人。

我们入校的时候都还小，根本不知道什么是考古，对考古的了解仅限于小时候看过一个考古纪录片，就是20世纪70年代初拍的长沙马王堆汉墓，叫“考古新发现”。但那时候太小了，也就是知道有这么个片子，有人从事考古这个行业，这就是我对考古这个专业的仅有理解，更谈不上对自己产生了什么影响。

我们刚上大学的时候还不分专业，都是历史系。入校后先上半年的大课，然后再

* 本文系刘莹超、李铸镔、白静芳整理文稿，经郑同修审阅修订而成。

分专业，分为中国史、世界史、考古学三个专业。20 世纪 80 年代初，大家都不愿意将来当老师，并且觉得学考古还能到处参观，所以当时尽管这个专业只计划招收 20 人，但还是有八十多个同学报名考古专业。实际上我自己根本没报这个专业，我一看那么多人去报名，心想随老师分去吧，学什么都行。跟我一个宿舍的刘大平同学，他后来分到了警官学院工作，他就报名去了。临出门时他说："我给你填个名吧。"我说："你填一填吧。"他就给我报了名。结果呢，把我分到了考古专业，他却学了历史。所以说我学考古纯粹是歪打正着，赶巧了。

我们是恢复高考以来山大考古招的第二届，栾丰实老师是 1978 级的，是恢复高考后山大第一届考古专业学生。栾老师大学刚毕业就当了我们的班主任。再往前，就是于海广老师他们。那时候老师们都很年轻，年富力强，同时学校也很重视考古。

**周　晴**：考古实习是每位考古学专业的学生必须经历的，您能否谈一谈学生时代实习时发生了哪些印象深刻的事情？第一次“下工地”对您有什么影响？

**郑同修**：不算平常出去搞考古调查，我们那时候有两次正式的田野发掘实习。我记得第一次实习是在 1982 年秋，我们在新泰市郭家泉参加考古发掘，那是我第一次真正的接触到田野考古发掘工作。当时学校经费有限，舍不得请民工，几乎所有工作都是由学生完成。我当时跟一个同学一起发掘一座墓，墓里的青膏泥有 1 米多厚，我和同学拿着大铁锹一铲一铲地挖。郭家泉东周墓地保存比较好，棺椁保存也好，发掘工作挺累的，但也很新奇。

第二次实习是 1983 年在山西侯马。当时山西省考古研究所配合铁路工程建设，在侯马发掘一个古城遗址，叫北坞古城。因为是配合国家建设工程，经费都是由山西省文物考古所提供的，所以我们这次的实习条件比较好，比如吃的就很好。在 80 年代初的时候，我们一天就有一块五的生活费，那时候山东省考古所的田野考古补贴一天才五毛钱。9 月份我们出发，发掘持续到 12 月底才结束。我们班同学对晋东南地区都很熟悉，因为我们刚到侯马不久，就连着下了一个多月的雨，工地开不了工，山西省文物考古研究所和侯马工作站的工作人员就组织学生就近参观。运城、临汾、襄汾等各个县市我们都跑过，好多景点我们都去过，比如解州关帝庙、陶寺遗址、洪洞广胜寺，等等。因为平时都看不到那么多好东西，所以大家都非常兴奋。

当时有三所大学同时在侯马实习，分别是北京大学、厦门大学和山东大学。可以说那次实习我们班为山大考古蹚出了一条路。当时带队的是于海广、马良民和栾丰实老师，他们三位的田野功夫都非常好，另外咱们山大对学生管理也比较严，老师用心，学生也用心。几个单位放在一块，自然而然会产生比较，山大的学生就是优秀，不仅田野做得好，资料也整理得好，干净利索。当时山西考古研究所的领导对我们这批山大的学生赞不绝口，说山大的学生有多少我们就要多少。山大的学生一向是稳重，做事踏实，这是山大一直以来的优良传统和学风。

可以说山大1980级同学给山大考古在全国创立了一块牌子，打下了一个良好的基础，各位老师们以及国家文物局的领导都是比较认可的。李伯谦先生就多次赞赏山东大学的1980级考古学生，先生能给予这么高的评价是很不容易的，因此我给学生讲课时也要求大家一定要坚持山大的优良传统。

我们都很热爱这项工作，同班同学们很多都成了专家，像方辉、许宏、崔大庸、崔乐泉、范雪春、杨爱国、李占扬老师等。除了干考古的同学，还有一位同学成了书法家，这都是非常优秀的。这是为什么呢？因为我们上大学的时候，1982、1983年毕业生赶上全国干部倡导年轻化知识化，于是从刚毕业的大学生里提拔了一批干部，比方说栾老师他们班就好多人被提拔为领导干部。等我们毕业的时候就没这个机会了，我们只好都踏踏实实地干考古。这样长期坚持下来，积累学术经验，就有了比较丰富的成果。总之，踏进这个行业，尽管是无意中选择的，但也算是没给山东大学丢脸。

2003年郑同修于临沂洗砚池晋墓发掘墓室

**周　晴：**我们知道，考古系师生的互动一般都十分密切，可以谈谈其中给您留下深刻印象的事吗？

**郑同修：**深刻的事太多了，比方说我们在新泰市郭家泉墓地实习的时候，就有过一段非常难忘的探险经历。我们实习的附近有两座山，山上有很多化石，其中一座山里面有一个山洞，最起码有六七十米深，村民们传的神乎其神，谁也不敢进。为了弄清楚洞穴里面的具体情况，老师就领我们打着手电筒进了山洞，我记得每个同学都捡了一大堆化石，特别沉，我们背回工地，最后又从工地背回学校。

因为长期在一块实习，老师同学们相处得都非常融洽，师生之间都结下了深厚的友谊，我们当时年纪比你们还小，整天“哄骗”老师，让老师掏钱给买好吃的。一直到现在我们都像家人一样，于海广老师今年都74岁了，栾丰实老师也71了，我们还时常一块聚一聚，他们一直在关注学生们的工作和生活。

**周　晴：**20世纪80年代时我国考古学处于一个快速发展时期，同时也是中西考古学理论发展交汇的时期，山大在1984年曾邀请张光直先生来学校讲座，作为那个年代的亲身经历者，您能谈一谈当时的感受吗？

**郑同修：**张光直先生当时是中外考古学界名气非常大的考古专家，当年山东大学有幸邀请他做了一个讲座，具体内容我记不清楚了。因为那时我们对考古的理解还不那么透彻，张光直先生又是一位考古大家，对考古有着深入的理解，所以当时的我们谈不上完全掌握他的考古学理论，只能说非常仰慕他的才学，觉得大专家不得了。要是说当时的讲座对我们有多大触动，对将来的人生有多大影响，那未必，因为那时候的我们确实还没有达到那个层次。

所以，我一直认为学生听老师的讲座，自己要有一定的学术基础，对专业知识有一定的理解才能掌握他的思想理念，但是和先生们接触，还是会对你的学术和人生成长起到促进作用。

**周　晴**：我们知道，您后来就任山东博物馆馆长一职，面对工作方向的转换，您是如何快速处理并取得斐然的成绩？请问您对山东大学博物馆的未来有哪些展望？

**郑同修**：成绩说不上，因为这是一个工作岗位的变动。干了一辈子考古，就想一生忠于这一件事，从来没想过来当馆长。但因为工作需要，作为一名党员干部，就要无条件地服从组织安排。

2012年郑同修于定陶灵圣湖汉墓提取竹笥

博物馆这两年确实取得一点成绩，这都是大家一起努力的工作成果，当然我起到了一定作用。中国的博物馆，不管是省级馆还是基层博物馆，长期以来形成了一种固定的思维模式，从而容易造成千馆一面的现象。从一个考古人的角度管理博物馆，肯定会有不同的视角。从全国目前情况来看，现在有很多博物馆长原先是考古研究所的所长或者研究院的院长，凡是这种情况，博物馆都会有较大的提升。我们讲“让文物活起来”，怎么让文物活起来？首先你要懂文物。你没有一个很好且深入的研究，你就办不出一个好展览。考古人几十年都面对文物，研究文物，所以考古人看文物和博物馆人看文物，是两种不一样的角度。

现在办展览，我就要求我们的成员先要解决几个问题：第一是为什么要办这个展览；第二是怎么展，展给谁看。展览是要得到民众的认可，博物馆可不是只给专家看，更多是要面对大众。我们过去的展览就是太呆板。比方说展示一个龙山文化的黑陶杯，民众看到后只知道这是什么时候的，是一个杯子，却不了解当时的社会背景和出土保护情况。然而任何一件文物都有背后的故事，所以要见物见人。像我们办的山东考古成果展以及其他成果展，它展示了遗址是怎么发现的、谁发现的、谁发掘的，怎么发掘的等等。展览既要讲物也要讲人的故事，要把知识性、科学性、趣味性有机结合起来，不仅要好看，更重要的是让观众看得懂，学到知识，了解我国伟大的民族精神和优秀的传统文化。办好一个展览首先要清楚为什么要选用这些文物，而不是用其他的文物，想说明什么问题，表达什么思想，这些都需要开展深入研究。

我在接受媒体采访的时候，谈到博物馆的功能问题时，我强调的是科研。博物馆不单纯是办展览的场所，举办展览是一种手段而不是目的。博物馆的基本职能是科研、保护、宣传、教育，最终的功能是落在教育上，要教育社会民众，让民众通过我们的展览，来了解中华五千年文明史，了解我们优秀的传统文化，由此产生强烈的民族自豪感和文化自信心。如何把展览办的让老百姓爱看，还能看得懂，无非就是以下两大内容：首先是内容设计，就是为什么展；其次就是形式，怎么展览，怎么去表现。去年我们的“衣冠大成：明代服饰文化展”，轰动全国。今年我们又要大力投资进行通史展的改陈，光内容设计就从 3 月份到现在，已经策划了大半年。下一步就是怎么展的问题，属于形式设计。所以办展览应当打破原来博物馆固化模式，用一种新的理念来看博物馆，就会令人耳目一新。现在我们馆每天的观众特别多，如果不严格预约限流，门口就会天天排长队。以前家长带着孩子逛大明湖和千佛山，现在家长带他们去博物馆，因为都注重孩子的教育和文化的熏陶。通过博物馆观众的变化，体现的一个社会现象，就是我们的国民素质在不断提高。

一个博物馆展览成功与否，观众认可不认可是关键。所以办好一个展览，研究是前提，一定要加强深度研究。我的想法是，一个展览如果仅仅办成一个文物展，把文物摆上算完这就是失败的。展览应该是要办成文化展，将文物作为一种载体，反映悠久的历史和灿烂的文化。我们陈列一件文物，应当明白其中的道理、发掘文物背后的故事，要看它在中华五千年文明进程中，发挥了什么作用，所以说做好一个博物馆的展览是不容易的。

对山东大学博物馆也应该是这样的标准。学校还设有博物馆学这个专业，拥有一批研究博物馆学的老师，所以高校办博物馆应该更有特色。全国的博物馆不要千馆一面，一定要有地域特色。观众通过观看一次展览，就对整个山东，六十多万年的人类发展史，上万年的文化史，五千年的文明史，留下一个深刻印象。这里面不仅仅是展现显性文化，还有隐性文化。我们的儒家、道家、法家、墨家，我们的历史名人，我们的大运河文化、黄河文化、长城文化，这些如何来体现，绝对不是简单摆摆瓶瓶罐罐和青铜器所能展现的。所以现在我们在内容设计上有很大的改变，下一步将开始进行形式设计，这样一步一步办好一个展览。等那时候再来看山东博物馆，相信会更好。

**周　晴**：作为山大考古的后辈学子，您对我们有怎样的期待和要求？

**郑同修**：我常跟年轻人讲，考古学是一门有无穷学问的学科，如果现在缺乏兴趣，或者学到半路转行，我敢判定大部分属于还没入门，当然也会有其他的各种原因。因为一旦入门了，会感觉到考古学无穷无尽的魅力。因为它是一门不断发现的学问，特别是在田野考古发掘时，你每时每刻的思维模式和认知都会不断地发生变化。

我就常给大家打个比方，一个器物，我们开始发掘的时候，只露出来了一个口，那么可以初步判断它可能是个杯子，但也可能是其他器物。它是完整的、还是残破的？这要根据发掘工作的推进才能拨开迷雾。最后发掘出来，才知道这就是一个杯子。同时又会产生许多新的问题：杯子是什么时候的？什么材料的？怎么做的？为什么放这里？它和什么东西一起放在这里？它们的组合关系是什么？问题不断涌现，就需要不断地去寻找答案，而且问题是无穷无尽的。任何遗迹、文物的发现，一旦进行深入研究，你就舍不得放弃。

我们这帮同学大部分都坚守在科研一线，可以说在全国学术界也有一席之地。我希望你们年轻人一定要坚持，而且不光是同学们，就连我的孩子我也如此要求。所以你们要坚定做学术的信念，只要从现在开始，将来肯定能快速成长。当然了，并不是所有人都适合从事考古工作，首先你得要有吃苦精神，田野发掘需要长年驻扎野外，风吹日晒，吃不了苦，就干不了考古。现在条件好多了，过去学校组织学生实习，经费有限，那时候用塑料绳给编织袋扎口，栾老师都得把塑料绳一劈三半，舍不得用。我们搞调查的时候也只能走路或骑自行车，山东所有的公路、铁路，那都是没路时候我们翻山越岭走出来的。

过去我当考官，参加研究生复试或者是论文答辩，学生回答不对或者准备不充分，我就会很不高兴。只是说作为山东大学的校友，当年我们给山大考古创出了一个这么好的牌子，我希望我们的学生不是说要为学校争多大的光彩，最起码作为山东大学的学生，特别是研究生，不要给山东大学丢脸。因为学校培养一个考古专业的学生，花费的代价很高，所以我希望同学们一定要好好珍惜学校的培养。

**周　晴**：老师您辛苦了！我们的采访就到这里了，祝您身体健康，工作顺利。

# 慎终如始，善作善成*

## 访杨爱国校友

校友简介：杨爱国，男，1963年生，本科1980级校友。山东博物馆研究馆员、副馆长，兼任中国汉画学会副会长。曾任山东大学历史文化学院教师。

研究方向主要为汉代画像石和古代墓室壁画研究，发表学术论文数十篇，出版《汉代画像石与画像砖》《幽明两界：纪年汉代画像石研究》《朱鲔石室》《孝堂山石祠》《临沂吴白庄汉画像石墓》等著作。

采访时间：2022年9月8日

采访方式：腾讯会议 线上采访

**周　晴**：杨老师您好！首先非常感谢您接受我们的采访。请问您初入大学时对山大的印象是什么？当时为什么会选择考古这个专业呢？

**杨爱国**：我原来是在农村学校上的学，对大学并没有多少印象。我从南京坐火车到济南上学，刚下车头还是晕乎乎的，对济南还没来得及有印象，就被学长带上了前往学校的车。首先感受到的是老师和学长们的热情，他们帮助我们登记、熟悉校园环境等等。到新生见面会之后，我才对山东大学历史系有了一个基本了解。

1983年杨爱国在济南四门塔

那时王仲荦先生、张维华先生、郑鹤声先生等老教授都还健在，我虽然没上过他们正式的课，但听过他们的讲座以后，确实感受到大学老师知识的渊博。而更让我感到震

* 本文系周晴、白静芳、李铸镔整理文稿，经杨爱国审阅修订而成。

惊的是，原来大学所学的历史和我们中学课本上学到的很不一样。选择考古专业也是非常偶然，在上大学之前根本不知道考古是什么，也没有别人的提醒，完全是误打误撞进入考古专业的。

**周　晴**：考古实习是每位考古学专业学生所必须经历的事，您第一次下工地对您产生了怎样的影响呢？

**杨爱国**：第一次下工地还不算是正式实习。因为第一次我们是去泗水尹家城遗址见习，当时栾老师他们班正在那里实习。我们待了两个星期，只能说是建立了一种初步感觉。发掘的辛苦都还没有切身的感受，看着土里边埋了这么多东西，就觉得挺好玩的。

为什么我觉得挺好玩呢？因为我老家是沿海的垦区，是建立在滩涂上的，所以我们挖土从来没有挖到过古人留下来的文物。当时我家所在的地区叫洋口农场，是20世纪60年代初由江苏农垦局批准设立的，之前没有什么人类活动的迹象，所以底下也没有什么埋藏。等我们到工地上一看，发现地下还埋了那么多好东西。关键是只要你仔细辨认，就能发现土的颜色是不一样的。而在滩涂上往下挖，不管几米都是一样的颜色。

到我们真正第一次实习，是去当时新汶市，现在已经归入新泰市了。马良民老师带我们去发掘东周时期的郭家泉墓地，到那时才真正有了一些切身的感受。但相对来说，我们实习的工地还是比较简单的，不像发掘商周和龙山时期的遗址那么复杂，而且可能是土质偏酸的原因，人骨等遗存都没了，不过出土文物还是比较丰富的。后来马老师就整理发掘报告，文章发表在《考古学报》上。虽然原来老师上课也讲过发掘，但真正接触田野以后，我才明白原来田野发掘是真的“手铲释天书”，需要通过手铲一点一点把遗迹现象理清楚。像我们发掘的墓葬，就是找到墓的边，向下发掘，接着依墓坑的形制、规模、随葬器物组合来解释历史。这是和传统的历史学不一样的，用今天的话讲就是“有物有真相”。因为这是古人留下来的文物，没有经过历史的改造。

我自己之所以没有继续做田野考古，原因可能也是田野考古运气不佳吧。虽然我在第一次发掘战国墓时成果还行，但后来我挖的探方都比较干净，既没有很像样的遗迹现象，也没有保存很完整的文物。应该说我不是一个田野考古的福将。

说实话，上大学时我感兴趣的方向并不是两汉时期，而是从公元前2000年到西汉的这段社会转型期。按当时的说法，就是从新石器经青铜器到铁器时代的转变，社会形态从原始社会进入奴隶社会再到封建社会。当然现在我们一般都不用这五个形态的说法，但当时确实是那么学的。这个转型时期，我觉得是非常有意思的，但田野考古对我的“负面影响”实在太大了，手气不好再加上身体的原因，导致我后来就转变了方向。其实转变并不是说真有很纯粹的学术目的，还是一个比较投机的想法。为什么叫投机呢？我的同班同学们都更喜欢新石器，古不考三代以下嘛。山东地区资料比较丰富，我就想选一个比较少人做的东西，当时就觉得画像石是一个比较好的研究领域。

**周　晴**：我们知道国家对考古文博事业日益重视，考古事业迎来了前所未有的大好局面，田野考古的条件也有了极大的改善。您能跟我们讲讲当时的实习条件是怎么样的？

**杨爱国**：跟现在比当时的条件当然是比较艰苦的，我们毕业实习的地方是在山西，冬天很冷需要生炉子。刚好我们有些同学会生炉子，像崔大庸老师，他们能够把炉子生的比较暖和。

那个时候我们感觉印象最深刻的是什么呢？主要还是觉得山东大学老师的责任心。你要有考古思维的基础，就要田野考古实习，我们自己也不懂，就得听老师的。我们在山西实习的时候，马良民老师、栾丰实老师、于海广老师对田野考古的重视，给我们留下了深刻的印象。

1983 年杨爱国在山西侯马实习

南同蒲线那片区域是晋国的古城，情况相对不复杂，在城区里边我们挖的都是 10 米 ×10 米的探方。通过这次实习，我们班就涌现出了手铲感觉非常好的同学，现在都已经是考古学界当红的考古专家们了，像北京的许宏先生，山东的崔大庸先生、方辉先生、郑同修先生。他们这些人在当时就已经崭露头角了。

在当时的条件下，作为来自农村的学生，我并没有觉得考古实习有多么辛苦。只是说今天我们回想起来一比较，才觉得条件真差。当时我们也不知道手机为何物，与家人联系都是要靠写信，信件往来就需要半个月，大家都那样。

尤其是我们在山西实习时，生活真挺不错。为了照顾我们这些南方的学生，工地上还经常给我们做米饭。工地上还找了一个正式的厨师，会包水晶包子，我们从来都没听说过。就是现在回想起来也没有觉得有多么艰苦。虽然没有条件洗澡，但大家都一样，整个社会都是处在那样一个状态下的。

我们去工地有自行车骑，有时候还有车来拉我们。我觉得辛苦和不辛苦，更多的是一个横向比较。就在当时的社会层面上，你正在做的事情真的比别人更辛苦吗？条件更差吗？至少我当时没有觉得很苦，很可能与我来自相对贫穷的农村有关。

**周　晴**：我们知道考古系师生的互动一般都更为密切。在您的求学生涯中，哪一位老师给您留下了深刻的印象？

**杨爱国**：如果只能选一位老师的话，那我肯定是选我的班主任——栾丰实老师。他大学毕业就留校任教，做了我们本科两年的班主任。我们在山西侯马实习的时候，栾老师就是我们的带队老师。虽然他刚刚毕业，但上学之前他就已经当过老师。所以在管理学生方面，栾老师当时已经有一套很好的办法。

今天回想起来，我个人认为栾老师有两个方面做得很好。第一是对自己要求严，第二是对学生要求严。就是说他能做示范，要求学生做到的同时，自己肯定也能做到。同时，他对学生能够进行比较有效的管理。所以，不光是我，我们班所有同学都对他充满敬佩。

**周　晴**：您主攻的方向是两汉考古，尤其是汉画像石方面的研究。能请您谈一谈对于山大两汉考古有什么看法和展望吗？

**杨爱国**：我上学那会儿，两汉考古应该说从教学力量上还是比较强的。那个时候有李发林老师、马良民老师，他们都有做两汉考古的教学与研究。后来随着老教师的离休退休，相关年轻老师的调离，应该说前些年我们在战国秦汉考古上的实力是有所削弱的，这些年随着一些年轻老师的加盟又加强了。

山东的两汉考古研究应该说具有得天独厚的条件。我们都知道山东从新石器时代到两汉时代，数千年间一直都是一个适宜人居的地方。这种地方就会有很多人住在这里，并且还会吸引很多高层次的人。两汉时期，刘邦把他的庶长子刘肥封到了齐国，史书记载“食七十城，诸民能齐言者皆予齐王”，只要是说齐国话的人都归刘肥，你看他的地盘有多大。到了刘强，虽然他是东海王，但他也是长期驻鲁，地点就在今天的曲阜，再包括东平王刘苍等，这些都是重要的人物。皇帝除了太子，就把自己非常心爱的儿子封在山东，就可以想象山东有多适宜人居。正是由于这些人来到山东，很多皇家的器物肯定也被带到了山东，应该也埋藏在我们的地下。所以从客观上来讲，山东的文物资源应该是比较丰富的。

再一点，山东的两汉考古开始的比较早。1949年以前，日本人就已经在山东做过一些调查，国内的一些机构，也做了一些零星工作。新中国成立以后，以曾昭燏为代表的第一代考古学家就发掘了沂南北寨画像石墓，拉开了中国画像石研究的序幕。为什么说拉开了研究序幕？因为此前金石学在著录方面是有贡献的，但研究方面的贡献就相对较少了。到北寨汉墓发掘之后，历史学也开始关注画像石的研究。后来除了我们山东大学的老师，像后来到了我们山东石刻艺术博物馆的蒋英炬先生，留在山东省文物考古研究所的吴文祺先生等，都对山东秦汉考古有一定的科学研究成果。他们为我们这些晚辈的研究奠定了比较好的基础。

1992 年杨爱国陪同郑光、蔡凤书、杜金鹏三位先生参观山东章丘城子崖遗址

同时，随着西方考古学理论的进入，再加上历史考古学对于历史文献的重视，20 世纪 80 年代中期以后，两汉考古学的研究进入了一个新时代。一方面是把地层学、类型学等方法应用到画像石研究；另一方面，加强了对文献的要求，把历史文献与实物对读。这种对读同西方不同考古学理论建立起来的考古学思维结合起来，中国考古学研究，包括两汉考古，确实是上了一个新的台阶。

**周　晴**：回顾在山大考古的求学及任教经历，能否请您谈一谈对山大考古精神的认识。您对山大青年考古人有什么寄语呢？

**杨爱国**：我个人认为如果讲考古精神的话，那就是面向大地的求索。我们是要面对实物的，要靠实物来说话。虽然今天很多人在讲考古要包括三个层次，但不管后边两个层次准备提到多高，第一步都必须是要面向大地，要和实物、泥土打交道，然后才能谈叙述与意义的阐释。面向大地的求索，这是由考古学科本身的特征所决定的，否则就不算是考古学了。所以考古学必须是以田野考古为基础，面向大地的。不管现在科技考古多么复杂多么先进，分析泥土也好，人骨也罢，还是分析其他遗存，都是从地下获取的。

对于年轻的朋友，我的想法是这样的：一定要珍惜在学校跟着老师学习的美好时光。工作以后再没有人系统地传授知识了，也很难有人能在你向他提问的时候，像老师那样抽丝剥茧地把问题讲得那么透彻。大家的工作都很忙，而且人家也不知道你的脾气性格怎么样，可能他在讲话的时候还会留有分寸，不会倾囊相授，这和在学校跟老师请教是不一样的。山东大学的老师们都是非常热心对待学生的，所以我觉得最重要的就是要跟着老师好好学习。

第二是要充分利用学校的图书馆，还有考古系的资料室。读书是非常重要的，虽然孟子讲“尽信书则不如无书”，但如果你不读书，要想建构起自己的思维，难度是比较大的，仅仅靠听课是不够的。有些知识可能老师讲得比较快就容易忘，当然现在有PPT可以保留，你可以反复看。我们当时很大的问题就是老师讲的知识全靠笔记，像我这样记笔记比较差的，在实际工作当中还是遇到了很多麻烦。

所以，我想主要就是这两个方面：一个是跟着老师学习，一个是充分利用图书馆和资料室这样非常好的资源。当然也包括网络资源，应该好好地系统学习基础知识。

尤其是本科生，不应该把自己视野制定的很窄，应该打好一个宽基。在宽基里头再选择将来的方向，这非常重要，不要过于功利。山东大学是一所综合性大学，其首要目标不是技能的培训，而是对人的塑造，是对你慧根的启发。如果真正能把你的慧根启发出来了，你未来的研究能力是完全能够得到发挥的。不要急于把技能放在第一位，急于思考我是不是本科毕业的时候就能够发表文章，或者是我硕士期间我能发多少文章。说句老实话，对博士、硕士要发多少篇文章，我是持保留意见的。读书期间重要的是你读了更多的书，知识更系统化，智慧得到了更好的开发，未来会有很长一段时间让你去写文章的。

当然，在读期间你有很好的文章能发表肯定是好的。像现在在北京大学的郑岩教授，当年的确是比较早地发表了文章。你要是有这样的能力，发现了一个比较好的问题能够发表文章，这是非常好的事情。我个人认为文科研究和理工科研究有一个不同的地方，就是文科有很多东西是要靠积累的。每个人积累的能力、对问题的感悟程度是不一样的，有一些人感悟比较快，那就可以早一点发表文章。如果发表文章作为一个任务压下来，感悟和发现问题能力相对较弱的同学就比较吃亏了。他本来可以再多读点书，把问题认识的再深刻一点，可是他要毕业，他就只能硬着头皮写，然后再想办法发出来。

当然，我想你们都是基础比较优秀的同学，有文章早早地发表出来是好的，自古英雄出少年嘛。大家都知道孔子说过“后生可畏，焉知来者之不如今也？”所以年轻的时候不论是不是发表文章，一定要好好努力，不虚度时光才是最重要的。

**周　晴**：老师您辛苦了，我们今天的采访就到这里，祝您身体健康，工作顺利，提前祝您中秋快乐！教师节快乐！

# 老老实实做人，踏踏实实做学问*

## 访许宏校友

校友简介：许宏，男，1963 年生，本科 1980 级校友。现为中国社会科学院考古研究所研究员，兼任中国考古学会理事、夏商考古专业委员会常务副主任等。曾任山东大学教师。

先后参与主持邹平丁公龙山文化城址、偃师商城遗址宫殿区的发掘，主持二里头遗址的钻探与发掘、洛阳盆地区域考古调查等田野工作项目。研究方向主要为中国早期城市、早期国家和早期文明的考古学研究。发表学术论文百余篇，出版《先秦城市考古学研究》《最早的中国》《何以中国》《大都无城》《先秦城邑考古》《二里头：1999～2006》等著作和考古报告。

采访时间：2020 年 7 月 30 日

采访方式：腾讯会议 线上采访

**李铸镔**：老师您好，首先感谢您接受我们的采访！据我们了解，山大考古在 20 世纪 80 年代会安排本科生多次实习，您的第一次考古工地实习体验如何？

**许　宏**：说起来你们对我的情况是有所了解的，我并不是高考第一志愿就报了考古，所以也并不是最初就希望让考古伴随自己终身的。第一次实习说起来还是比较懵懂的，也还在探索的阶段。

我觉得对于考古专业的同学来说，实习大概是一个分水岭。有的同学彻底失望了，接受不了，离开考古；有的同学就死心塌地爱上了考古，成为铁杆，本人就是这个后者的一员。

对我们来说两次实习是比较幸运的，因为第一次大都是迷迷糊糊的，没有感受到什么东西就过去了。比较遗憾的是，绝大部分学校现在就一次实习的机会，学生往往很难深入掌握田野考古的技能和方法。但如果是两次，在总结经验教训过后，第二次

* 本文系李铸镔、张世文整理文稿，经许宏审阅修订而成。

实习你就会心里有数，能上一个台阶。而且我们知道必须参与从考古发掘到资料整理的一个全过程，你才能真切地把握它。

现在看来并不是所有的同学毕业之后都愿意或是能够从事田野工作的。我觉得这一点国外的做法比较好，像西方和日本那样，第一次实习肯定是必须有的，第二次实习可以安排在业余时间比如暑假。也就是说愿意今后从事田野工作的同学，可以安排再实习或找活自己干。如果是不希望今后进一步从事田野工作，比如说从事文博或者做其他工作的，那么完全可以不再参加田野实习了。

**李铸镔**：您在山大学习工作的12年，也正是山大考古乃至全国考古事业快速发展的一个时期。其中，张光直先生1984年在北大、山大的讲学是这个时代标志性的事件之一。您对此有哪些深刻的回忆吗？

**许　宏**：正如你们所言，我所在的20世纪80年代初期，也是山东大学开始快速发展的阶段。一方面是改革开放后国家社会经济的腾飞，另一方面则是思想界的活跃。现在一说到20世纪80年代，给人的感觉就是一种心潮澎湃的状态。当年在学校我们最愿意唱的歌就是《在希望的田野上》啊。

张光直先生的讲学对中国考古学的发展来说，当然是一个非常重要的契机。除了个人的学问，他更是沟通西方考古学界和中国考古学界的一个纽带，对于促进中国考古的转型起到重要的作用。

但当时对我来说还是比较懵懂的。现在的老师都得是博士毕业才能留校当教师，而我当时是本科毕业后就留校的，先是当了四年政治辅导员，是整个1984级历史专业和考古专业90名学生，以及50名档案专业学生的总负责人。我跟他们是同龄人，100多号同学有两三位跟我同岁甚至比我大，绝大部分就是比我小两三岁而已。有些同学刚来山大还想家，我就得做“思想政治工作”。我记得非常清楚，在公教楼101教室给100多号同学开会，请大家递纸条然后我给答疑解惑。就像当时热播的电视剧《编辑部的故事》，他们编的杂志是《人间指南》，我说我当时就像这个编辑部的人似的，给大家讲人生指南。但是实际的21周岁大学毕业的我自己还在成长期，所以我在给他们的毕业纪念册上写的留言是：“我是看着你们长大，也和你们一起长大的。”

许宏带1984级学生实习

除了我，还有栾丰实老师、崔大庸老师、杨爱国老师，都是本科毕业就留校的。

在这种情况下张光直先生来讲学，我能了解多少？当时至多是在本科阶段，你踏踏实实的学习，后来成为铁杆考古人，你特别想做考古，有极强的求知欲，你甚至也已经意识到了当时中国考古的不足。但我们那时候英语不大行，翻译过来的著作也特别少。所以就觉得张光直先生来是一股清风。我记得讲学就在北大和山大吧，能到山大来真是太难得了。因为张光直先生讲的那些东西，都是处于国际前沿的。但在那以前中国的学术交流在国际上较少，考古学界也基本上处于与国外不来往的状态。在这种情况下，我们跟人家是有距离的。当时就囫囵吞枣，半懂不懂地往里边灌，还是比较受震撼的。后来做夏商周考古，主持二里头遗址的工作，在洛阳盆地做区域系统调查和聚落形态考古，都得益于张光直先生的教诲，从听讲座到阅读他的著作。

我个人认为中国考古学现在仍与欧美有 30 年到 40 年差距。在理念、方法上，母校的老师达到的高度，我觉得在中国考古学界都是往前排的。并不是所有的大学、考古文博机构都有这样的层次。但从中国考古学总体上看，现在除了经费比较宽裕，在仪器设备上基本跟西方看齐之外，我们在总体的理念和方法上还有很大的距离。当然这可能并不是整个学界的共识，是有争议的。连现在中国考古学是不是处于转型期，都有不同意见，就看学术史怎么评价了。所以这个问题是非常有意思的，这里就不再展开了。

我对张光直先生的讲学就是那样一个模糊朦胧的感觉，但我已经意识到它的价值所在了。其实那些年考虑中国考古学的发展问题，更多的是受益于身边的学者。我跟栾丰实老师住 5 号楼的时候，他大量的时间在田野，两地分居 11 年，那是怎样一种坚韧啊。我开玩笑说：那些年栾老师跟他夫人同居的时间还没有跟我同居的时间长。

当有北京来的老师学长到山大时，我们都非常高兴。王迅老师，是北京大学已经去世的老教授。当年是邹衡先生带的夏商周考古第一位博士，也是中国考古学界的第一位博士，他做的是东夷文化和淮夷文化的考古研究，常来山东查资料搞调研。赵辉老师也来，他比我大 10 岁，当年在山东做发掘。后来也是大名鼎鼎的学者，但那个时候还是青年教师。之前提到栾老师经常下田野，王迅老师和赵辉老师就住在栾老师那个床。我们都彻夜的聊，聊到下半夜。我才意识到吾

1985 年许宏在山大 5 号楼宿舍

道不孤啊。当年在山东，只有跟栾老师等极少数的同仁能够开诚布公地探讨中国考古学的理论方法、未来走向等问题，但是在北京肯定有更多人可以这样交流。所以就抓住任何这样的机会，和王迅老师、赵辉老师能够聊到下半夜，和栾丰实老师成为知己，这样一种感觉也就是属于那个时代吧！

**李铸镔：** 您谈到与同仁们讨论中国考古学的未来，这让我想起前段时间有几篇讨论兖州会议的文章。

**许　宏：** 你看这个兖州会议，不同的老师隔了这么长时间，回忆上就有不同的意见。一个是记忆的问题，另外一个就是"屁股决定脑袋"。关注点、立场、位置还有学术背景等决定了不同的人如何看这个问题。但无论如何大家都说，那个时候都很"嫩"。虽然隐隐约约觉得中国考古学要变，不过该怎么变当时也没搞清楚。我们这个学科有尊老的传统，本来是年轻人特别想放炮，后来老先生一参与，又有了一定的官方色彩，结果就不了了之了。当时也有我们同龄的60后去参会。但山东大学就栾老师去了吧，我跟方辉老师那个时候还轮不上。就是在那样一个风云激荡的时代、一个探索的时代，我们这么一步步走过来的。

**李铸镔：** 您可以具体谈一谈您在山大期间所经历的一些事吗？

**许　宏：** 我就接着刚才的话题往下讲吧。关于中国考古学的转型，我跟栾丰实老师等好多老师都在呼吁这样一种趋势。现在仍然在转型中，但几乎就是从20世纪80年代开始的吧。我们正好是躬逢其盛，所以说我个人实际上也是时代的产物。那个时段正好也是山东大学考古专业开始走上坡路的时候。一个很大的契机，就是1983年山东大学首次出省到山西侯马实习。也就是我们这一班，在马良民、于海广、栾丰实老师带领下头一次出省，一炮打响。无论是国家文物局、北大还是其他兄弟学校的老师，对山东大学师生都评价很高。我们自己也学了很多，开阔了视野。同时我们这种扎实肯干的劲，也使得山东大学考古专业开始走出山东。我也很幸运能参加这样的发掘。

1983年许宏在山西侯马实习

我刚才说了考古发掘是一个分水岭，喜欢干的和不喜欢干的在此分道扬镳。像我这种铁杆考古人就是那个时候练就的。当年想考研究生，栾老师要考在职的，我们班也有几位要考，所以我们就请假回山大来报名。我因为家是东北辽宁的，当时就跟社科院考古所著名的东北考古的大家佟柱臣先生联系，想跟他学东北考古，回老家搞考古。佟先生很欣赏我，也就答应了。但遗憾的是当初他没告诉我，东北考古方向的外语语种是日语和俄语。而我的学的是英语，没法报名，也就没考成。

按说我们同学考研的就可以不回山西侯马了，就在山大接着复习了。这时栾老师需要回去收尾，我也就自告奋勇跟着他一起回到了侯马。回去之后，我又接了一个探方，因为地里都已经结霜了，每天得用草袋子把遗迹给盖上，第二天才能继续做。每天骑自行车顺着铁路去工地，就把田野做完了。这个时候已经能显现出铁杆的劲儿了。

**李铸镔**：您在本科毕业后为何做出在校任教的决定？是什么留住了您？

**许　宏**：之前已经谈到我们当时的留校跟现在的留校不是一个概念。现在一直读到博士才能进高校，那时本科毕业就可以留。而那个时候大学生就业，还属于计划分配。可能有些工作位置同学觉得不理想，但不管怎么样，你不用自己找，都是国家给你安排好了。所以辽宁省来了两个同学，辽宁就分配了两个名额。而留校也不是自愿，学校为了自身的发展，肯定是要挑他们认为最合适的学生来当教师，本人就被选上了。所以这就意味着有外省的同学必须去辽宁省，为此我觉得挺惭愧的。当然后来他们又都回自己老家去了。像你知道的范雪春老师，现在的福建考古大佬，我的同班同学。他一开始被分到内蒙古，后来也叶落归根回福建了。毕业分配就是这么个情况。

因为我祖上是山东的，老家在胶东，后来是闯关东才到了辽宁，所以我对山东是有浓重的乡土情怀的。甚至我在骨子里是认同山东的民俗和为人，而不大接受东北的地域性格的。人家说许宏还是比较实在的人，所以我觉得自己更像山东人。因此我是非常愿意服从组织安排留在山东大学。

毕业之后我先当了四年辅导员，本来想当两年就回教研室，后来系里说还是把这一届带完吧，这些同学也一直不错。当年系领导是希望我能留在系里进一步做学生工作的，甚至点拨我，说在系里发展比考古教研室的一般教师上升的余地大一点。但我还是婉言辞谢了，说我还是想搞学问。所以我是四年之后坚决要求回到考古教研室的。四年时间偏长，工作不能落下，组织上给安排的工作也不能不干，所以两年之后我就考了在职硕士研究生。到了 1987 年丁公遗址发掘的时候，我又坚决要求跟栾老师、方老师他们一起带队。等于我做了四年学生辅导员，但没有耽误业务工作。到我 1988 年把学生送走了以后，1989 年我的硕士学位就拿到了。1988 年秋季国家文物局考古领队培

1985 年许宏在山大校园

训班办第四期，给山东大学一个名额，我很幸运地被安排去了。我当时是二十五六岁，是被国家文物局授予个人田野考古领队资格证书的最年轻的一位。之后1989年秋季第二次带丁公的实习，1991年第三次带丁公的实习，1992年就到北京来读博士了。

我基本上就是这样一个历程。而在丁公的收获太大了，你们想了解哪方面的东西？

**李铸镔**：从本科实习到带队发掘丁公遗址，您有什么新的感受吗？

**许　宏**：你看我的角色已经变了。以前是学生，现在是带1984级、1986级和1988级的学生去实习。年轻老师有好处，跟同学没有代沟。我们当时还开玩笑，一旦离开田野，到了业余时间，大家打牌，栾老师也打，打够级。因为太枯燥太寂寞，电视什么的都没有。偶尔去赶集，骑着自行车去20千米远的周村洗澡。一起生活两三个月，"一个锅里搅勺子"，所以考古专业的老师跟同学关系特别密切。当时我带的1984级学生，比我小不了一两岁。有的男生跟我握手还会这边笑着，暗地里使劲地把你手捏的生疼。我们就是这样相处的。

许宏带1984级同学郊游

但是大家都知道，许宏老师在业务上丁是丁、卯是卯的。栾老师是我们的领队也是我的良师益友，我从他身上学到了很多东西。在学术风格上，我跟栾老师非常相像。当时方辉老师和我，算是栾老师的左膀右臂吧。

刚才讲到1988、1989年山大考古教研室派我参加国家文物局第四期考古领队培训班，接受了系统的训练。许多中国著名的考古学家来讲课，他们也是我们的考核委员。因此我从培训班学过来的东西是当时国内考古学界最尖端、最前沿的。到1989年第二次丁公实习，栾丰实老师就委托我在下雨干不了活的时候，给大家讲田野考古学。

记得一个有意思的细节是给大家检查图纸。发掘的时候，一个同学负责一个探方，作为这个探方的方长。一个方长一本探方日记，最后写探方记录，用复写纸誊写在底册上。然后一摞图一个档案袋，注明这个探方号和方长。我负责六七个探方，算是片长吧。栾老师总领队，是队长，施行三级管理。

因为田野考古是我讲的，所以我负责布置、检查图。你要知道田野考古领队培训班里讲的一整套东西越来越规范。现在你们学的比那时候还规范，这是中国考古学科整体在进步。当时也没有电脑，大量的具体要求导致我手写的教案有那么一摞纸。

我和他们约定，要是哪个同学的图，问题少于20处的话，我请客！去乡里改善生活。结果根本没有低于20处的。白天发掘，晚上、下雨天和工地结束后来整理。丁公早年的工作就是这么做的，说起来还是有很多值得回忆的。

1991年丁公考古队师生与国家文物局专家组组长黄景略先生一行合影
（前排左三至左五为许宏、栾丰实、黄景略）

**李铸镔：**从规矩方面，您说每位同学都没有低于20处问题的。这个真的非常严格。我们还有最后一个问题，您认为考古学家最需要什么精神，您对考古专业的后辈们有怎样的期待？

**许　宏：**当时有本苏联小说叫《钢铁是怎样炼成的》。到最后响当当的考古人，都必须是这样。“天将降大任于斯人也，必先苦其心志，劳其筋骨”，贪图安逸肯定不行。

我是得益于山东大学这样一个氛围的，我非常感激我的母校，塑造了现在的我。当然如今的许宏跟当年的许宏是不一样的，连我自己都不认识自己了。比如说学术网红、学术畅销书作家、意见领袖……那个时候还根本没显示出来这些潜质呢（笑）。那时就是一个踏踏实实、中规中矩的考古学后生，但本质上的学术精神没有变。

尽管我是读博士才到北京，比较晚。还有朋友说要是早来一点的话，你可能发展得更好。但我对在山东大学12年的生涯——4年本科8年教师，是无怨无悔的，深知我要感恩这一段的生活。无论从人生角度还是作为一个学者，是山东大学把我从懵懂的青年培养成现在这样一个合格的考古人。我的硕士导师是山东大学考古专业创始人刘敦愿先生，那是一个口碑极好的老先生，无论是学问还是为人都是有口皆碑的，我从恩师身上也学到了好多。现在看来我是一点弯路都没有走的。

刚才已谈到我对山东有一种乡土认同感。我认为山东大学的学风，就源于山东人的为人。一方水土养一方人，山大培养出的齐鲁大地的学子的风格应该就是敦厚、质朴和好学。你作为南方来的同学，不知道能不能感受到？我个人是从中受益匪浅的。

所以我还是想用我在接受中国考古网网站采访时说的话送给校友们、师弟师妹们。“老老实实做人，踏踏实实做学问”，这是我的座右铭，也愿意分享给大家。在仰望星空的同时，必须脚踏实地，你才能心想事成。我也想用这句话送给大家。

谢谢各位！

**李铸镔**：您辛苦了！我们的采访就到这里了，祝您身体健康，工作顺利。

# 考古传承担使命，学科融合促发展*

## 访方辉校友

校友简介：方辉，男，1964 年生，本科 1980 级校友。山东大学历史文化学院教授、博士生导师、教育部“长江学者”特聘教授，现任山东大学历史文化学院院长、文化遗产研究院院长、山东大学博物馆馆长，兼任中国殷商学会副会长等。获评中组部“万人计划”领军人才、教育部“新世纪优秀人才支持计划”、泰山学者特聘教授等称号。

主要研究方向为中国青铜时代考古、考古学理论与考古学史、文化遗产保护等。主持多项国家级和省部级项目，发表学术论文百余篇，出版《鲁东南沿海地区系统考古调查报告》（合著）、《拼合历史：考古资料的阐释》《海岱地区青铜时代考古》《聚落与环境考古学理论与实践》《明义士和他的藏品》等专著、译著。

采访时间：2022 年 5 月 25 日

采访方式：线下采访

**陈国鹏**：方老师，您好！我们都知道，山大考古在 20 世纪 90 年代率先提出了区域系统调查的方法，并逐步建立起了门类最全的科技考古实验室，请问我们是如何抓住转型时期来完成我校考古学专业的蜕变和发展的呢？

**方　辉**：我校早在 1995 年开始便与耶鲁大学开展鲁东南沿海地区区域系统调查，是国内最早开展区域系统调查的高校，我在《考古》2002 年第 5 期上的一篇文章（《对区域系统调查法的几点认识与思考》），是国内较早介绍和讨论这种方法的论文。当然，当时这种方法在国外已经非常普及，尤其是在考古工作开展比较好的美索不达米亚平原和中美洲地区。20 世纪 90 年代，随着改革开放的不断深化，国家文物局出台了考古涉外工作条例，为我们提供了与国外学者合作的机会。当时山大的合作伙伴是耶鲁大学的文德安（Anne P. Underhill）教授和威斯康星大学的加里·费曼（Gary M. Feinman）

* 本文系徐梦玲、梁瑞娟整理校对文稿，经方辉审阅修改而成。

教授，我们共同设计的课题是选择一个考古工作基础较好的地区开展区域系统调查。我们在野外调查的实践中不断摸索，经过几年的实践，形成了对区域系统调查方法的几点认识和思考。20 世纪 90 年代我国考古学在区系类型学说指导下，考古学文化序列和时空框架已经建构得比较完善，为开展区域系统调查奠定了基础。其中海岱地区在这方面就非常典型。在此背景下，我们率先采用这种调查方法并取得成功，在考古学界产生较大影响，可以说，聚落考古和环境考古已经成为我校考古学的特色，也可以说形成了聚落考古的山大学派。

区域系统调查法是聚落考古的一种研究方法，目前山大的调查区域从南部的鲁、苏交界到鲁北的青岛、潍坊，算起来已经超过 4500 平方千米。通过在鲁东南沿海地区展开的这种地毯式、拉网式全覆盖调查，我们发现并记录了 5000 多处遗址，其中大部分是新发现的，这有助于我们了解这一区域从新石器时代早期到秦汉帝国建立长达 5000 多年的文明演化史、聚落形态变迁史以及其背后文化和社会的演变。

考古学的转型，实际上是由年代学建构转向综合考古学研究，尤其是以聚落考古为基础的社会考古学研究最具影响力。转型之前，考古学研究主要围绕根据出土遗物进行考古学文化定性、器物分期断代、构建考古学文化序列或建立文化谱系等问题来进行。到九十年代，黄河上、中、下游地区已经基本完成了年代学和文化谱系的构建。

中国考古学发展到这一阶段，确实要面临转型。转型主要包括两方面，一是转向社会考古学研究，二是开展科技考古。社会考古研究的内容是多样的，包括研究古代的社会组织、社会经济、军事、认知、宗教信仰等方面，考古学家关注的问题不再局限于年代学的建构，而是开始触及古代社会的各个方面，聚落考古则是其中非常重要的一项研究。科技考古则是在田野工作的基础上，在实验室内对考古资料进行二次发掘，通过科技手段获取肉眼看不见的物质进行研究。比如过去仅仅是凭借经验从器物风格上判断来源地，现在利用技术检测就可分析青铜器、陶瓷器等人工制品的原料和产地来源，进而推动古代贸易的研究。再如，古人选址定居可能与地理位置、环境资源、特殊资源、宗教信仰的选择有关，地理信息系统（GIS）等手段可以辅助我们研究遗址周边的土壤、植被、水文、矿藏、交通等条件。

也就是说，随着考古学的发展，仅凭陶器断代已经远远不能满足考古学研究的需要，山大抓住了中国考古学转型期的机遇，与国外高水平大学、科研机构开展合作。在这二十多年的合作里，山大考古获益良多，率先建立了最完备的科技考古实验室，在引领考古学转型方面走在了全国前列，也得到了业内的广泛认可。

**陈国鹏**：从您的讲述中，我们确实体会到了咱们山大考古在引领学术前沿方面所做的成就，山大考古从创立到现在也经历了 50 年的风雨，一代又一代的山大人从前辈的手中接过历史的接力棒，铸就了山大考古如今的辉煌，请您谈一谈这 50 年来对您最有感触的人和事。

**方　辉**：我记得在庆祝考古专业创建 40 周年时，我们系统梳理了山大考古学科发展的历史。今年是 50 周年。追根溯源，山大考古学科的开拓者是吴金鼎先生。1928 年，还是齐鲁大学助教的吴金鼎先生发现了龙山镇城子崖遗址，而后以该遗址的发掘成果提出了龙山文化的命名。这是我国考古学史上一个标志性的事件，影响深远。吴金鼎先生可以说是山大考古学科的奠基人。遗憾的是，建国前夕，先生积劳成疾，英年早逝。

新中国成立后考古专业的创建与刘敦愿先生直接相关，他是考古专业的奠基人。老先生并不是考古科班出身，他在浙江美专读书时学的是油画，抗战期间被迫内迁至成都，先是跟随古史学家、古文字学家丁山先生听课，深受丁山先生欣赏，并被吸收为助教，抗战胜利后随先生一起来到在青岛的国立山东大学任教。当时，我国的考古学随着安阳殷墟考古的一系列重大发现，越来越多的古史学家认识到了考古学对于历史研究的重要意义。在此之前，王国维先生早在 20 世纪 20 年代就提出古来新学问大都源于新发现；傅斯年先生更是积极倡导锄头考古学，并在中研院历史语言研究所设立了考古组。30 年代山大的史学在文学系，当时就曾在傅斯年和王献唐两位先生谋划之下参加了史语所在山东滕县安上遗址的考古发掘，并一直在积极筹建考古专业。建国初期，北京大学率先成立起考古专业，后来西北大学、四川大学也成立了考古专业或实行考古学专门化。实际上，刘敦愿先生在建国初期就一直在筹划山大考古专业的创建，我们在《夏鼐日记》中可以看到他曾与夏鼐先生多次见面或通过书信往来计划此事。直到 20 世纪 70 年代中期，考古工作才陆续恢复，出于培养专业人才的需要，也是为了迎合当时的政治形势，考古专业才在高校里得以恢复和发展，1972 年前后，至少有十多所高校陆续创建了考古专业，包括吉林大学、南京大学、郑州大学、山西大学等，咱们山大考古专业也是 1972 年创建的。考古专业的创建，是以刘敦愿为代表的老一辈先生们的功劳，这些老先生还包括蔡凤书老师、李发林老师和马良民老师等，后来陆续调入了张知寒老师、徐基老师、宋百川老师、于海广老师等，他们都是我们读书时教课的老师。

考古学是教学和科研结合十分紧密的学科，而且实践性非常强，所以从专业建立之初，老先生们就秉持着一个理念：考古专业必须以田野考古为基础，学生毕业之后要能独立从事考古调查和发掘工作。刘敦愿先生经常用飞行员的训练时长来比喻田野经验对考古工作和学术研究的重要性，“在田野里待的时间越长，你的技能就越高，就像飞行员，飞行的时间越长技能就越高一样”。考古专业实践要求非常高，尽管学校后来办学经费面临诸多困难，但我们一直坚持开展田野实习教学。像我们读书时，考古专业的学生必须经历两次田野实习，后来因为本科通识教育课程和研究生数量的增加，我们把部分专业基础培养放在研究生阶段，本科阶段的教学培养强调通识教育和专业教育相结合，田野实习经历调整为一次，但必须保证其完整性，学生必须参与课堂学习、田野调查、考古发掘、资料整理的全过程，有些同学甚至还会参与到后期的科学研究中。虽然实习次数减少，但由于科技考古的介入，同学们学习的内容比原来丰富了很多。在专业建设和人才培养方面，我们一直在坚持刘敦愿先生倡导的以田野考古为基础的理念，这是我们的学科特色，某种意义上也是我们的优势。

**陈国鹏**：方老师，刚刚您提到了刘敦愿先生，能详细谈一谈您心中的刘敦愿先生吗?

**方　辉**：如果刘先生还健在的话，应该差不多是一百零四岁了吧。先生古文献基础非常好，这可能是一般学者所不具备的，尤其是先生对上古史的研究，比如《春秋》《左传》等早期文献，是非常熟悉的。再加上其美术基础，晚年便主攻美术史和美术考古，主要研究青铜器、玉器上动物造型、纹样的演变及其含义，并研究其演变所反映的古人审美、认知的变化等，其研究超越了一般美术史学家对古代艺术形式方面的解读。这样的研究是建立在对先秦神话传说深入了解的基础之上的，因此相关成果受到海内外学术界广泛关注，当然也对我校考古学科产生深远影响。虽然先生的研究方向是美术考古，但是他深知田野考古的重要性，要求他的学生一定要积累田野经验、夯实田野基础。他的教诲深深地影响了我们，直到现在我们也是这样要求自己的学生这样去做。

刘敦愿先生是一位非常开明的老先生。20世纪90年代，我们开展中美合作考古时，他非常鼓励。虽然当时先生年事已高，不可能到田野里面去开展工作，但他非常支持，先生认为考古学不应该是封闭的，而应该是全球性的、世界性的学科。

刘敦愿先生对我们考古专业的影响是多方面的，其中也包括博物馆建设方面。建国初期，他就同沈从文先生一道筹备历史系的文物陈列室，为此购藏了一批文物藏品。我们读书时，有时就在文史楼三楼的文物陈列室上课，里面摆放着一些刘先生亲自调查、发掘出土的器物，虽然空间很局限，但实物教学还是给我们留下深刻印象。而后几经搬迁，文物陈列室从文史楼搬到图书馆楼二楼，再搬到经管楼八楼，甚至一度搬到了趵突泉校区综合楼，空间面积由二百多平方米扩展到两千平方米。1995年1992级考古专业在长清仙人台遗址实习，出土了大量周代青铜器，加上以往尹家城、丁公等遗址出土文物的支撑，学校于当年成立了博物馆。这里面都包含着刘敦愿先生的心血。2011年知新楼启用，26楼、27楼两层被辟为博物馆，面积2000多平方米。2020年我校博物馆被评为国家一级博物馆，并于去年青岛校区博物馆建成对社会开放，建筑面积达4.08万平方米，是全国高校中面积最大的博物馆。除了展厅之外，我们的科技考古实验室、文物保护实验室、文化遗产研究院都安置在其中。这一路走来，我校考古学科和博物馆空间面积越来越大，从业人员越来越多，学科建设位列前茅。老一辈学者们的期望和规划都在一步步走向现实。如果看到今天的发展，刘敦愿先生一定会深感欣慰吧！

**陈国鹏**：老师，您认为独属于山大的考古精神是什么呢？

**方　辉**：独属于山大考古的精神，说实话，我还没有认真想过。

不过，第一点我认为山大考古精神肯定是和我们学校的追求密切相关的，就像学校的办学宗旨——为天下储人才，为国家图富强。我认为属于山大人的家国情怀同样也属于山大考古人。任何一门学科的发展都是与国家和民族的发展密切相关的，在中国从事考古学研究，研究人类起源和文明起源，都是在建构中华民族和国家的历史。从这个意义上来说，我们要满怀热忱地投入到考古工作中来。能为中华民族五千年文明史以及百万年人类起源史的研究添砖加瓦，是一件很幸福的事情。并不是人人都有机会做自己喜欢的事情并且为之付出毕生，由此我觉得家国情怀和我们的专业思想应该是密切相关的。作为山大考古人，我们要热爱自己的专业，全身心地投入到工作中，为文明史和人类起源史的研究不断增添自己的一分力量，尽量补充这些链条上的某些缺环。学术的发展就是如此，无数人为其奋斗，使得民族和国家发展的历史脉络越来越严密、科学。我认为考古人本身就应该有这样的家国情怀。

第二点我认为应该要有奉献精神。从老一辈学者开始，山大考古人一直在为考古学科和考古事业的发展默默奉献。撇家舍业是考古人的常态，当然是艰苦的。相较其他文科类的专业，考古确确实实需要奉献。考古人长年在野外工作，历经风吹日晒、严寒地冻，任务完不成，是不可能提前撤离的。每天工作八个小时甚至十几个小时，白天野外工作八小时，晚上还要整理白天调查和发掘的资料。而且由于野外工作的需要，老师和同学们根本没有节假日，可能只有下雨天、工地干不成活儿时，才可能在室内做一些整理工作。多年来，我们一直保持着这样的工作状态，苦不苦？当然苦。但是，要想掌握这一项本领，首先就要做好吃苦耐劳的准备，适应这份艰苦的工作。我觉得，多年来奉献精神一直在我们山大师生中代代传承。

第三点，可能还需要有创新精神。从20世纪70年代至今，考古学的发展程度可以用日新月异来形容。我们按时代划分有史前考古、商周考古、汉唐考古等，按专题划分有动物考古、植物考古、体质人类学、同位素研究、古DNA分析、文物保护等，自然科学方法的运用大大拓展了考古学的研究领域，很多肉眼看不见的物质可以被提取出来进行检测分析，将来肯定还会有更多新方法。20世纪70年代，英国学者戴维·克拉克（David L. Clarke）在其著写的论文中就发出过考古学“纯洁性”丧失的感慨，现在多学科合作、跨学科交叉融合已经是考古学发展的一大特点。在这样的大背景下，我们是否能够提出创新性的理论和方法推动考古学的进一步发展，就显得尤为重要。考古学本身是舶来品，是随着西学东渐才逐步发展起来的。欧美等发达国家一直走在前列，我们现在正努力缩小和他们的差距。但是除了田野考古发掘技术是我们自己根据中国古代土木建筑的特点摸索出来的一套科学的方法，我们的考古学理论、研究方法包括科技考古、环境考古、分析检测技术等都是吸收他人的理论方法，鲜有创新性成果。因此我一直期盼我们的老师们能够在这方面有所建树，形成我们自己的原创方法和技术，并将其推广到世界各地。新方法可能需要在多学科交叉的加持下才能产生，基于这样一个出发点，现在国家在大力布局开展科技考古、建设考古科学国家重点实验室，是很有必要的。在野外工作中，哪怕一块土壤都有其潜在价值，土壤里包含着环境、植被、微生物等多方面信息，就看我们能否通过方法和技术将其提取出来形成实证数据。现在从骨骼中提取同位素已经很时髦也很必备了，比如利用碳氮同位素研究古人的营养状况，利用锶同位素研究古人迁徙，将来可能还会有其他方法技术得以应用。所以我认为开拓创新应该也是山大考古的一种精神，尤其应该在方法创新方面走出属于我们山大人的一条道路。

每个人对于山大考古精神的理解可能不一样，我刚才讲的也可能不全面，但是从我个人的成长过程中以上三点体会还是比较重要的，在某种意义上也是我们的追求。

**陈国鹏**：在山东大学考古专业成立50年之际，您能谈谈山东大学考古学专业这50年来最大的变化吗?

**方　辉**：实际上，前面讲的一些内容已经有所涉及。20世纪70年代初，专业创建是山大考古发展的起点和基础。专业成立30年之际，即2002年成立东方考古研究中心，而后在2012年专业40年时又成立了实体的文化遗产研究院。我们的科研一步一个台阶。从机构的建立可以很明确地看出我们学科建设的发展。

专业成立时仅是考古教研室，有十来位老师，不可能有明确的研究方向，共同从事教学研究。这是当时全国的共同状态。记得1982年我们实习的地点在新泰，条件很简陋，测量绘图用的都是非常简单的小平板仪。考古实验室更不敢奢望。跟现在相比完全不可同日而语。专业的起步阶段，大致就是这种状况。但凭着大家对田野考古的重视和取得的成绩，我们还是逐渐在全国有了自己的地位、小有名气。

2002年东方考古研究中心的成立标志着我们在多学科交叉方面迈上了一个新台阶，可以说三十而立。此时国门已经打开，改革开放已经深化到了文物考古领域，通过与国外开展合作，我们迅速认识到自身与国外的差距。说实话，过去就只有一间教研室和教室，没有实验室。所以2002年东方考古研究中心的成立主要是致力于考古实验室的建设，为考古专业争取实验室空间。但当时的研究中心不是一个实体科研机构，发展举步维艰。尽管如此，我们的考古实验室的空间还是在逐步壮大，率先建立起植物考古实验室、动物考古实验室、体质人类学实验室。就教学而言，这三大实验室是考古专业最重要的方向，动植物考古实验室主要研究古人的饮食结构和生业经济，后来动物考古向外延展，探讨古人在祭祀等活动中对动物资源的利用。有了实验室之后，我们才知道在田野工作中科学收集动植物遗存、人体骨骼的重要性。以前的考古发掘中我们只采集大的动物骨骼，觉得碎小的动物骨骼没什么用，全都丢了，因为当时研究的问题主要是根据陶器的演变构建年代序列，不搞清楚年代问题，谈何考古呢？后来发现仅研究年代问题是远远不够的，所以2002年成立东方考古研究中心的时候，我们已经非常明确了要争取空间建设考古实验室。2002～2012年这十年是山大考古的快速发展时期，学校也认识到了考古多学科合作、交叉融合研究的重要性，给了一定的研究空间，满足了当时教学和科研的基本需要。

2012年，文化遗产研究院成立，这标志着山大考古从一个非实体的科研机构转变成了实体科研机构，实现了人、财、物的独立。学校可以直接给予研究院投入与支持，推动开展科研和教学工作。

从2012年到现在又过去了十年，这十年是在前十年的基础上实现了加速发展。目前，科技考古方面几乎涵盖了所有的研究领域，其门类在全国高校里是最齐全的。有了科研空间、师资力量的支撑，山大科技考古研究已经走在了全国的最前列。而且，我们还布局了文物保护学科，与有些兄弟高校相比，山大在文物保护方面起步比较晚，但发展迅速。目前本科课程中相关内容较少，到研究生阶段学生可以根据研究兴趣选择专业方向。文物保护研究涵盖的门类很多，包括有机质文物保护、无机质文物保护、青铜器研究、陶瓷器研究等，可供研究生选择的余地非常大。

从专业建立之初，我们的师资队伍有十来位老师，甚至最少的时候大概不足十人，发展到现在有近60位的专职科研人员，如果再加上博物馆专业技术岗的老师们，应该差不多有70多人了。这个师资规模在全国高校里边应该排在前三四位。目前，我更看重的是我们的布局，软硬件设备我们已具备，怎样充分发挥老师和实验室的价值是当务之急。目前，我们正在筹备强基计划和考古＋拔尖人才2.0项目，我们要把最好的师资力量投放到人才培养上。结合两地办学的优势，设想的培养方案是：本科阶段采取3+1或2+2模式，在中心校区学习三年或两年，第四年或第三年到青岛校区学习。只要纳入计划的学生真正热爱、喜欢，都可以继续研读，进入硕士、甚至博士阶段，实现本硕博贯通式培养。本科生课程是专业基础课和通识教育课相结合，田野实习完成之后的四年级，即硕士前的阶段，学生可以根据自己的兴趣加入不同的实验室参与科研。目前我们正在筹划相关方案，在吸收了北京大学和莱顿大学这两家高校课程设置优点的基础上，力争将课程设计得更加科学。我相信我们的考古＋拔尖人才培养计划预示着未来我们在人才培养方面应该会有大的提升。

**陈国鹏**：听了您的讲述，感觉在山大学考古是一件非常幸福的事情，最后想请您讲一下您对山东大学考古学专业的发展以及学子们的寄语。

**方　辉**：还是刚刚我们提到的山大三大考古精神吧：家国情怀、奉献精神、创新精神。根据人才培养的需求，我们老师会为同学们提供一流的教学和科研服务。现在我们的师资力量较强，而且我们也会开设专门课程为老教师和同学提供面对面交流的机会，比如我们的考古文博前沿课。

同时我也希望有更多的同学是抱着真正喜欢的态度、而非简单地出于就业的目的来选择考古。考古学是一门值得你终生为之付出的专业和学科，我希望我们的学生能够把考古作为自己终身的职业。另外，选择高校时我们当然希望山大是你们的第一选择，但是也不一定在一所学校从本硕到博士走到头，我们应该是多元化的，可以去其他高校或者海外的高校，等学成回来，无论是为山大服务还是为中国的考古事业服务，这都是很好的选择。

# 做好考古事业，讲好中国故事*

## 访林玉海校友

校友简介：林玉海，男，1963年生，本科1982级校友。本科毕业后分配到青岛市文物管理委员会办公室（市文物局）工作；2005年至今，任青岛市文物保护考古研究所所长、研究馆员。兼任中国古陶瓷学会会员、山东省考古学会副理事长等。获评“青岛市拔尖人才”称号。

先后主持近百项考古调查、勘探和发掘工作，与国内外著名高校和科研机构合作，组织开展多学科考古研究工作，将青岛人类文化史完善为旧（细）石器时代—北辛文化—大汶口文化—龙山文化—岳石文化，弥补了长期认知中的青岛文化发展史序列缺环。发表学术论文、书籍等20余（部）篇。

采访时间：2022年9月15日

采访方式：线上采访

**巨宏略**：老师好，首先感谢您接受我们的采访。第一个问题是您作为青岛市文物保护考古所所长，主持了很多的项目，比如探源青岛项目，也见证了青岛考古的发展。这其中也进行了很多的考古发掘工作。那请问您在山大考古求学的过程中都经历了哪些田野实习，这其中有哪些令您印象深刻的人或事呢？

**林玉海**：我入学的时间是1982年9月份，1983年我们就开始见习了，当时是北大的长岛实习，我们当时是任相宏老师带队去见习，看看人家是怎么考古的。当时因为风浪的原因，见习了大约一个月左右，那是第一次看考古工地。1984年的秋天，我们是在大辛庄实习，是一个学期的时间，当时一开学我们就几天的时间，然后就去了大辛庄了。1985年的时候，我们分三个队伍，有尹家城的，有丁公的，我是在泰安宁阳的瓷窑遗址，当时是宋百川老师和刘凤君老师在那里，也是一个学期的时间。我们那个阶段的实习，在工地的时间很长，所以我们那几届学生田野考古的基础很扎实。

---

* 本文系何语轩、王萌萌整理文稿，经林玉海审阅修改而成。

1985年林玉海在宁阳实习期间与刘凤君老师合影

印象深刻的事，一是到长岛实习，当时北大的带队老师是严文明先生，当时严先生还是中年，是考古的前辈，很有幸领略考古大师的风采。另外呢，大辛庄实习印象很深刻的，是徐基老师带队。徐老师要求很严格，在我们后期那个室内整理的阶段。当时已经下雪了，探方已经都被雪盖上了，但是有的同学的地层整理资料对不上了，徐老师要求学生又回去把雪扫干净，把地层刮出来，把他探方那个壁刮出来，重新画线。老师们对我们考古的学生要求很严格，正是因为有这种严格的要求和实践，山大考古专业的学生毕业出来，田野功夫都很过硬。这在全国的考古界都是赞同的，都点赞的。这些就是给我感受比较深的。实习的生活很艰苦，但是考古就是这样的。一路走下来，现在还是要感谢那段时间的教学和实习。

**巨宏略**：您刚才也提到山大考古对田野工作要求很严格，那这种山大考古的精神对您此后的工作又产生了怎样的影响呢？

**林玉海**：正因为我们在山大那四年的考古学习，系统的学习加上田野的实习，老师们都很严格，所以我们也必须跟着严格严肃起来。考古这个学科，综合来说横跨了社会科学、自然科学，用自然科学的手段来解释社会科学的。另外，考古这个学科是很严谨的，必须用事实说话，来不得半点虚假。这是我一生对考古的一些体会吧。

**巨宏略**：那您是为什么会选择来山大考古学习，是什么让您选择山大考古呢？

**林玉海**：如果讲为什么选择了山大考古呢？可以用一个词“误入歧途”。那个时候信息不像现在这么发达，我们的中学老师对考古也不是太了解，就说你历史很好，那就学历史了，山大的考古专业叫中国考古学，老师说你就选这个专业吧。报了这个专业以后，1983年去实习，我才知道考古原来是这样的，就是和田野打交道的。一开始入考古这个门的时候是误打误撞的，那段时间也有一点不太接受。但是考古有一个特点：一旦考古时间久了，会上瘾。就是考古这个职业吧，可以把它当成事业做。积累的考古的项目多了，然后融汇贯通，然后你的思路就打开了，海阔天空、天马行空的，感觉在这个世界里很快乐。我选择山大考古之初是因为信息不发达，但是目前来看，我的选择是正确的！

1985年林玉海在宁阳实习期间清理墓葬

**巨宏略**：近年来，考古得到了比较广泛的关注，请您谈谈，在宣传考古与博物馆学方面我们应该注意哪些问题呢？

**林玉海**：考古这个行业，是一个小众的，全国做考古的人数得过来。咱们山东做考古的，有领队证的几十个人，这个都数得过来。但是历史走到今天，经济发展、社会发展到今天，习总书记也很重视考古学，我们要建设中国特色、中国风格、中国气派的考古学。我们想用考古的手段，具体讲有类型学、地层学，来挖掘五千年的中华文明。我们中国是源源不断的五千年文明，它是和平发展的、延绵不断的，需要我们考古来解释的东西就比较多了。我们考古最终目的是干什么啊？就是复原某一阶段的历史社会形态，就说我们从哪里来，要回到哪里去，就是“以史为鉴”嘛。另外，我们经济发展到今天了，考古还有一个重要的目的，就是不断地满足人民群众日益增长的精神文化需求，因为他要了解一些东西。以前很多人不关心考古，哎呀考古是干什么的呢？但现在喜欢考古的人越来越多。我们说宣传考古与博物馆，博物馆主要是研究、展示、宣传中华文物。我们的考古是用考古的手段，把它挖掘出来。习总书记说就是要让文物活起来，让文物讲话。考古也好，博物馆也好，就是让文物活起来，讲中国故事。在山东我们前天刚开的全省文物工作会议，介绍山东故事，我们青岛讲青岛故事，用考古的手段。但是考古与博物馆是一家的，博物馆就是在室内来研究、展示、宣传文物还有我们的文化。

**巨宏略**：您的意思是在宣传文物和文化的时候，首先要找好他们的定位是吗？

**林玉海**：我刚才讲了，我们是从国家战略上，助力中华民族的伟大复兴，我们的话语权是哪来的？就是我们的丰富的东方文明，异彩纷呈的各地出土的那些精美的文物，这就是最好的中国文化的话语权。我们要有一定高度，考古也好，博物馆也好，目前这个阶段来讲，经常有人说考古的春天到了，现在慢慢就到夏天了，很热闹啊！社会发展到今天，经济发展到今天，我们需要好好做一下考古，好好研究一下我们的中华悠久的历史文化啊，要传承中国文化。西方文明才几百年吧，我们中华文明是几千年的。从国家的战略这个角度，理解认识考古学、博物馆学，理解我们的任务和历史使命。

**巨宏略**：您刚刚讲您认为考古学是一个非常严谨的学科，那您认为我们现在作为考古工作者，除了严谨扎实以外，还需要怎样的精神去进行考古工作？

1983 年林玉海（右二）等参观四门塔

**林玉海：**首先，我在单位跟年轻人经常讲的几句话，就是既然到青岛来了，要了解青岛认识青岛，才能热爱青岛，然后才能去解释青岛。对于正在学习考古的同学们来讲，首先就是要了解考古，认识考古，然后才能热爱考古这个行业，才能为考古做贡献。其次这一点实际上很简单，就是老老实实做人，踏踏实实做事。考古尤其是这样的，必须沉下来，要扎实、踏实一点。再次，我想还是要坚持一些东西，考古需要坚持，需要积累。我的师兄郑同修，他经常讲一句话，就是要坚持，考古需要积累，是经验、学识、知识、历史的积累，后期才能厚积薄发。当然有时候是运气的积累，运气也需要积累啊。作为考古人，要积累，要坚持，持之以恒。用一个词叫求真务实。最后一点，各个行业都是一样的，你要出成绩，除了坚持，还有一个肯定是要勤奋。勤奋怎么解释呢？就多做一下。年轻人多做事，累不坏人。多做的每件事，都会成为财富，都会成为人生的积累。后来回过神想，是那个经历给了我这个经验。果实不是凭空到桌上来的，不走到树底下，果实不会到身上来。

**巨宏略：**今年刚好是山大考古成立的 50 周年，想请您说一下对山大考古今后发展的一些祝福和期望。

**林玉海：**我是山大考古的学生。再回过头讲一讲这个历史，就是 2005 年成立了青岛考古所，那个时候是可以说从零开始，五个人，四个人是非专业人士。怎么干青岛考古呢？就想到一个问题。必须请老师。所以想到了栾老师。我有个口号“借智借力”，就是借助老师的力量、智慧。2005 年成立考古所，2006 年开始运转，我们就开始策划。2007 年后我们就开始和栾老师联合山大考古搞了北阡考古。2007、2009、2011 和 2013 年四年，北阡考古发掘，要再往前说一下，为什么要搞探源青岛？“探源青岛”实际上是一个系统工程，从 2007 年我就提出来了。因为以前讲起青岛的史前文化，一提就是胶州三里河遗址，就是大汶口文化晚期、龙山早期的东西。那往前是什么样的呢？所以我们都往前探，北迁遗址到了六七千年了，大汶口早期，现在有北辛晚期的东西了。我们从 2012 年开始，要再往前找，有没有旧石器时代的东西呢？我跟栾老师开玩笑讲，日照有，烟台有，青岛不会空中飞过去，肯定是有，只是我们还没有发现。然后，2012 年开始，我们从莱西，从大沽河开始工作，在莱西就找到了，当时找到了接近 100 件标本吧。当时请了好多大咖来，经过鉴定不低于三万年，我们很振奋。2013 年，我们在大珠山出土了 1400 多件标本，好多数据检测都不低于五万年。我们的考古工作，离不开母校山大考古的支持，借助山大考古的力量，借助老师的智慧。山大考古走到今天，这个壮大我们都看到了，那么多实验室。我们的考古发掘，几乎每一场重要的考古发掘，都有山大考古的身影。山大有这么多的实验室，我们必须要依靠母校的力量，来做我们的青岛考古。坚持始终如一的方针原则，这个不会变的。所以说第一个要感谢山大考古，感谢母校培养我们。第二个就是我们看到了山大考古一个比较大的布局，包括多学科合作、科技考古，等等，很多都站到前沿上。祝愿山大考古继续保持领先，不断取得新的成绩。看到山大考古发现什么新东西，我都感到很高兴，我们山大考古又取得了一些成绩。祝愿山大考古越来越好，越来越强大，排名越来越往前。

**巨宏略：**好，谢谢老师！

# 扎实认真，求真务实*

## 访王富强校友

校友简介：王富强，男，1963 年生，本科 1982 级校友。本科毕业后进入烟台市博物馆工作至今，研究馆员。2007～2022 年任烟台市博物馆副馆长，兼任中国海外交通史研究会常务理事、山东省考古学会副理事长等职。

先后主持参与海阳嘴子前墓群、龙口楼子庄遗址、蓬莱古船及莱州吕村遗址等几十项重要考古发掘项目，合作出版《海阳嘴子前》《胶东考古研究文集》《蓬莱古船》等著作，在《考古学报》《考古》等知名刊物发表论文 50 余篇。

采访时间：2022 年 10 月 8 日

采访方式：腾讯会议 线上采访

**赵怡然**：老师好，山大考古从创立到现在已经经历了将近 50 年的风雨，一代又一代的山大人从前辈的手里接过历史的接力棒，铸就了山大考古如今的辉煌。您能谈一谈在山大考古 50 年的历史中，您感触最深的人或者事吗？

**王富强**：我是 1982 年入校的，那个时候我们专业老一代的开创者都还健在，我们在他们的教育和培养下踏上了考古之路。我们这一届应该是很幸运，得到了刘先生、郑笑梅老师、蔡凤书老师、宋百川老师、马良民老师、徐基老师、于海广老师、栾丰实老师、王之厚老师、崔大庸老师和杨爱国老师等的指导。我们入学的时候，对考古这个概念是模糊的，而且对这个学科也没有太多的了解和认识，通过两次大的发掘，在老师们的悉心培养下，同学们对考古事业有了更深入的接触，更多地了解考古工作。因为我们中学阶段没有太多的接触到考古学科的知识，等于上了大学从头开始，也可以说我们的考古知识来自于山东大学各位老师的滋养。工作 36 年来，可以说山大是我考古知识的源泉。我们走向工作岗位，山东大学也是我们在这个行业积极进步的根本，是老师们的教诲，让我们在社会上能够站得住，立得稳。在这期间也有印象比较深的，

---

* 本文系徐佳琪、赵佳滢整理校对文稿，经王富强审阅修改而成。

比如大辛庄遗址的田野发掘，这应该是我们田野考古的一个启蒙阶段，曾经发生的故事至今历历在目。在泗水尹家城发掘期间就有了比较大的提升，特别是在栾老师和于老师手把手的指导下，我们受益良多。栾老师和我蹲在一个探方的时候就告诉我，我们干这行就得练蹲功。一直到毕业以后，我们一直还受益于山大的老师和同学们的帮助支持。我们烟台在栾老师的引领下，也做了一系列的工作，包括和日本九州大学的历次合作项目，也取得了良好的成果。所以每一位老师对我们的影响都是非常深刻的，他们言传身教，为人师表，是我们一辈子都感恩不忘的！

**赵怡然**：您说的这些老师现在也是在影响着我们这一代。能讲一下您第一次下田野时候的经历吗？您刚才也提到了，工作之后再下田野有什么新的感触？

**王富强**：说实在的，我们第一次下田野，不知道怎么挖，同学们都是对田野考古一片茫然。之前于老师给我们讲过一些田野考古的课，赵平文老师给我们讲过测绘，但是我们对这个东西还是没有把握。我们班有好几个同学在大辛庄做得都挺好，我们每天需要到黄台电厂吃饭，走一条乡间小路，大家累了一天，走在小路上，还是哼着歌曲打打闹闹的。那次也是第一次揭露那么大的面积，对大辛庄遗址有了一个更好的认识，这就是第一次下田野。第二次是在尹家城，我们去了以后感觉就好一点。1978级也就是栾老师他们那一级在这边发掘过一次，所以对遗址有一些认识，但是也是经常挖错。像我挖的坑就把其他同学的房子都给破坏掉了，那位同学还总调侃我，这也是一种学习。在不断纠正中的成长，不断提高我们自己的田野技术水平。有意思的是于老师是回民，跟我们在一个食堂吃饭，包饺子的时候，他要包素馅的、不吃肉。结果素馅包出来，他没吃几个，我们班女生却吃了不少。那个时代我们都非常单纯，老师也特别有长者风范，这给我们留下很深的印象，我们受益良多。当然现在从事这个工作的人不是很多，后来他们有的走到领导岗位，有的在其他行业创业，做得也很优秀。刘先生对我们这一届爱护很深，一开始大家都没接触过，同学们不了解，课听得一塌糊涂。有空老师就带着我们到城子崖，到孝堂山，到岱庙，到齐故城，包括到博物馆等地，加强我们对考古知识、不同文化、不同考古发现的了解。现在想起来都非常感动，我们班可能受到老师们的关心教导比较多。老一代的李发林老师、任相宏老师、李淮生老师等，都带着我们到省内的各个地方，刘凤君老师还带着我们沿着黄河一直到西安。我们班大部分同学都比较老实，在出行中有时候会被欺负，老师们教育我们如何勇敢面对社会的复杂环境。我记得在西安参观实习的时候从公共汽车前门下车的时候，有女生在前面，西安当地的几个小伙子在门口不让我们下车，最后我们硬冲下去了，好像李武同学还勇敢地跟他们干了一架，当时刘老师还有倪老师都鼓励我们：我们出来不能胆怯，要团结、更要勇敢。包括任老师领我们到长岛，在公交车上和当地人发生纠纷，老师都是抢在我们前面和他们争论！学校给我们的机会特别多，像两个半年的田野实习，可能是历届最多的了，而且发掘的都是比较好的遗址，比较幸运。我们能感受到学校和老师们对我们的这种培养和期盼，现在想起来30多年了，好像还在昨天一样。

**赵怡然**：我听您讲当时实践的事感觉太有意思了，很向往你们当时的实践体验，老师们育人的故事很让人感动。

**王富强**：为什么我们觉得感动，当时学校经费很少，但是能给我们提供这么多的机会，去学习，开眼界，长见识。当时可能感悟不深，但毕业我们走向工作岗位以后，这种感悟可能会非常深，所以我个人是对山大一直是满怀感恩之情。无论是老师还是同学们到烟台来，我没有时间也要安排其他山大的学子服务好，有什么要求和帮助我们就全力支持。山大的考古精神，是老师一代一代潜移默化地感染给我们的！

**赵怡然**：正好您提到山大的考古精神，您觉得山大这些年来传承下来，独属于咱们山大人的考古精神是什么样的？然后我们未来可能还会面临哪些挑战呢？

**王富强**：山大的考古精神，一个是工作认真扎实。总体上我们是走到哪一个岗位上都是认真扎实，吃苦耐劳，工作上也是不太斤斤计较，大部分表现非常优秀。再就是求真务实，我不知道别人，但是我接触的这些，包括省院和青岛的，通过他们的实践也能看到，隐性当中就带着山大独有的这种风貌，可能也影响到全国，因为这些年一代一代的山大考古人已经奔赴在全国各地的考古一线。比如浙江、四川、河南等，他们对我们山大的学生还是比较认可的。别的我都不知道，但我听他们说我们的同学很能干，技术也扎实，各方面做人也比较好！

**赵怡然**：扎实确实是每个老师都有提到，咱们山大考古精神最突出的是扎实，在行业内也是有口皆碑。

**王富强**：多年来，在栾老师、方老师他们的带领下，现在年轻一辈里优秀人才越来越多。不光是在山东，在其他省份，我们的学子们也都取得了很优秀的成绩，有时候我们听到了也感到骄傲自豪。山大这些年影响力在不断地提升，学科建设不断地完善，一些新的理论、方法、技术手段，都比我们那个年代拓展了很多。我想可能未来山大的考古，无论是教学还是科研都会越来越好！

**赵怡然**：好的老师，我们最后一个问题，您对山大考古专业的学科发展，还有我们山大的考古学子有什么寄语吗？

**王富强**：我们也是期盼着山大越来越辉煌，成绩越来越骄人，现在我们在学科的建设上非常完备了，各体系的各个分支，都有越来越多的人才在耕耘，成果傲人，也引起了学界的瞩目！学科的发展现在是全方位的。有些学科是传统的，是老一辈人打下来的江山，我们当然要守住，要有更好的发展。有一些学科是我们新兴的或者新开创的，它们朝气蓬勃，是一些新鲜的血液，会使山大的考古学科包括文化遗产保护体系等建设有一个很大的提升。我们也坚信山大的考古、科技考古和文化遗产保护等各个专业或各个学科的发展会再创辉煌！

# 讲台传师道，田野闻桂香*

## 访靳桂云校友

校友简介：靳桂云，女，1964年生，本科1982级校友。山东大学历史文化学院教授。曾任职于山东省文物考古研究所。

主要研究方向为植物考古、现代科学技术在考古学中应用。主持多项国家级和省部级项目，在国内外知名期刊发表学术论文数十篇，合著出版《考古学理论方法技术》《植物考古：种子果实研究》《考古学概论》《地学考古：方法与实践》等著作和教材。

采访时间：2022年5月25日

采访方式：线下采访

**孙聚平**：靳老师您好，山大考古从创立到现在已经经历了50年的历史，在学术方面创造了很多非常辉煌的成就。您从求学到工作都在山东大学，您能谈一谈这些年来您感触最深的人和事吗？您认为独属于山大考古人的精神是什么呢？

**靳桂云**：什么是独属于山大考古人的精神，这个实际上并不是特别好说。我觉得我们考古人有好多共同特点。我就说一些深入我骨髓的东西。第一个就是咱们考古系的创始人刘敦愿先生对我的影响。我们入学的时候他都到快退休的年纪了，已经是国内知名学者了。但我们第一次见面就觉得：大学的教授难道就是这样的嘛？刘先生特别和蔼可亲，就是一个老爷爷、长者那样的人，我们完全不觉得他是很严厉的大教授或者是很有架子的一个人，这是第一印象。后来慢慢接触多了，就觉得这个老先生特别可爱，他完全把我们当成一个平等的人来对待，他从骨子里不会觉得你们都是啥也不懂的小孩子，或者是你们啥都不懂还要入门考古，他从来没有那样的一种想法。跟我们聊天或者是跟我们讲课的时候也是这样。讲课的时候他喜欢抽烟，课间休息的时候就会自然地坐到我们桌子或者旁边椅子上跟我们聊天。特别是跟男生聊天的时候，

---

* 本文系宋涛、于洪丽、孟庆伟整理校对文稿，经靳桂云审阅修改而成。

我在旁边看着就感觉他们是兄弟那样。

刘先生就是这么平易近人，但是他又是特别有学问的，他讲课的时候，会尽最大努力把他自己知道的那些东西都特别通俗易懂地讲给我们听，我当时就觉得那跟我想象的大学老师讲课是不一样的。因为我刚从中学毕业到了大学，开始的时候实际上我还是有些害怕的，感觉大学学的东西都那么专业，听不懂我该怎么办啊。可我觉得就是刘先生给我们讲课就让我们一下感觉，原来考古学是这个样子的。

他给我们讲考古学史，考古学史上有很多重要的人物，他就给我们讲他们的经历和学术观点等，我印象最深的就是他给我们讲洛阳的蒋若是先生，讲蒋先生编的《洛阳烧沟汉墓》及其在考古学上的意义。我读硕士的时候，有幸继续选刘先生的先秦文献课，刘先生文献功底特别好，给我们讲课从来都是一讲就是两三个小时，我们学生坐着听，刘先生有时候会讲着讲着就站起来了。偶尔我们还会去刘先生家里听课，这个时候就是讨论会比较多。我的文献基础差，学习上的收获有限，但刘先生对待学生、对待学术的那种热情，一直感染着我。刘先生给我们讲的课，我们同学们印象都特别深。我们班同学聚会的时候，还经常有同学会重复刘先生讲过的某句话，也有人会学他叼烟儿的那个样子。刘敦愿先生真是特别的和蔼可亲的一个老先生，这对我影响特别大。我上学的时候就感觉，原来大学老师还会是这样的。大学毕业以后我在山东省文物考古研究所工作过一段时间，后来又回到学校，在我给学生上课的时候，经常就会想到先生给我们上课的时候是什么样子，就尽量把课讲得特别通俗易懂，然后同学们还能知道里面的那些个高深的地方在哪里。

刘先生是我永远敬仰和怀念的老师。刘先生虽然不是我的硕士研究生导师，但是却为我的就业操了不少的心；1989 年我硕士毕业后，半年都没有找到接收单位，刘先生知道我维持生活都有困难，就骑上自行车、驮着我去省文物局找他的学生，请他们帮我安排工作；实际上他们也安排不了，刘先生就到处找人帮忙。直到今天，想到这个事情，我还是内心非常激动，著名的大学教授，为了一个山里出来的、不那么懂得城市里的人情世故的年轻人能找到一个饭碗，到处求人，这是一种多么令人钦佩的人格啊！刘先生 1997 年去世的时候我正在北京读博士，我听到了消息之后直接从教室去火车站买票赶回济南，也只赶上了到殡仪馆和敬爱的刘先生作最后的道别。

总之，刘先生给我和我们这一代人的影响太大了。我们这些有幸听过他的课、作过他的学生的人，任何时候聚到一起聊天的时候，总是要提起刘先生；每次只要提起刘先生，都会觉得“春风化雨”这个词是最恰当的来形容刘先生的。刘先生是对我影响特别重要的一位先生，他更是我们山大考古的开创者，这不仅仅是因为他亲手创办了考古专业，更在于他树立了榜样，奠定了山大考古的风格基调。

还有几个人也深深影响了我的青年时代，让我慢慢理解考古学、理解考古人、理解知识人、理解普通人，他们就是我们考古实习时候的那些带队老师们，包括徐基老师、于海广老师、栾丰实老师、王之厚老师、邵明贵老师、崔大庸老师，还有当时在读研究生的学兄们。实习时候不论哪个带队老师，跟我们都是一样的吃住，毕竟实习的时候每天都是在工地上土里来土里去，我们也都是吃一样的东西，甚至有时候好一点的吃的老师还都不舍得吃，当时我就觉得这些老师都不是一般的人，不是一般的老师。后来工作之后也会跟其他学校的或者是其他专业的同学聊起，我们发现就是干考古的这些老师，特别是带我们实习的这些老师，他们本质上也是这样的。当我们在工地上实习的时候，因为每天都在一起工作，一起吃饭之类的，你会能看到他们人性中的那些点点滴滴的方面，就对我影响也特别大。他们给我的是那种朴素的、要特别努力、特别坚持地把自己的事情做好的信念。我觉得这就是我们的那些老师给我最深的印象。

所有的田野实习带队老师几乎都是这样，年纪大一点的会更理解我们和更知道照顾我们，年纪轻一点的也是什么事情都是为我们着想。所以田野考古实习的那段日子，我们同学们经常会说是最辛苦的也是最快乐的时候。想想能跟那些大学教授们一起，每天在一起，中间休息的时候还会开玩笑，有时候也会跟老师搞一些恶作剧之类的，这对我影响也特别大，在我的内心深处留下了大学老师，尤其是田野考古带队老师的高尚的人格。

现在我们大学同学每年至少是过完春节会聚会一次。有时候会请老师来，有时候老师没空来我们就自己聚会。但我们回忆的大多都是在田野实习的时候，讲起那些故事都笑得不行，全都是那个时候的事。我觉得作为考古专业的学生，田野实习也是特别塑造我们灵魂的一个过程，这也是给我的印象特别特别深的部分。比起我的同班同学，更幸运的一点是，我不仅参加了本科阶段的两次田野考古实习，还参加了硕士阶段的一次田野实习，全部算起来，就是一年半还多的时间和老师们朝夕相处，这是我终生都将十分珍视的宝贵的经历，也是这些珍贵的经历塑造了我作为考古人的一些基本品格。我能在山大考古学习并工作，真是三生有幸。

**孙聚平**：您认为我们山大在学术研究和人才培养方面是怎样体现考古学科的中国特色、中国风格还有中国气派的呢？

**靳桂云**：这个问题实际上比较复杂。最近这几年一直都在讨论中国气派、中国学派相关的问题，事实上每个人对中国气派或中国风格的考古学理解是不一样的。就我的理解，对于山东大学考古学科来讲最重要的有两点：一是田野考古，二是开放视野的多学科博采众长式发展。

田野考古一直是我们山大考古引以为骄傲的一个特色，事实上每个大学都有田野考古实习，但是山大的考古实习，在我上学的时候本科期间是实习两次，三年级上学期一次，四年级上学期一次。在那段时间我们山大的同学分到各个省考古所或者是博物馆，特别是到考古所工作的同学，无论本科还是硕士，在工作中都特别受欢迎，就是因为我们田野都特别过硬。在中国做考古，特别是先秦考古，如果没有很好的田野考古训练，也很难有质量地完成考古学的相关任务，更不用说高质量完成任务了，那是非常复杂的。我给研究生讲课时或平时交流时也会强调田野考古的重要性，古人的遗迹遗物都堆在几千年的土里，该怎么去处理它？该怎么去认识它？这都是特别复杂的。

我们山大的学生这些年来声誉特别好。一说要学生，要田野考古，那就要去山大找。我有两个学生，实际上他们没有在山大读本科，但是他们硕士是在山大读的，也跟着咱们山大的老师实习。他们一个男生一个女生，女生跟着王芬老师在焦家实习了一个学期，后来她还参与了一些其他的工作。我这两个学生都分到了湖南省考古所，湖南省考古所的同行对他们俩的工作都比较满意，因为他们的田野考古能力比较强，能够独立承担考古项目。我觉得我们山大如果未来想继续以比较好的势头发展的话，田野考古还是要一直重视。

另一个就是我们山大所具有的广阔眼界和胸怀。实际上当初我们创建考古学科的刘敦愿先生，他不是学考古出身的，他是学美术出身的。他就是把美术里面的一些思想带到了考古学里，实际上这一开始就是一种学科交叉。刘敦愿先生是我们国内美术考古比较早的倡导者，加上我们考古专业属于历史系的一部分，考古专业的老师也是与历史系老师们一起讨论问题、进行学术交流，所以我觉得山大考古一直有这种学科交叉的传统。

20 世纪 80 年代，我们发掘尹家城遗址的时候，生命科学院的老师就参与我们的工作，帮助我们鉴定人的和动物的骨骼。所以我觉得我们山大的这些老师都特别了不起，他们眼界特别开阔，特别是 90 年代中期以后我们有机会和美国耶鲁大学还有芝加哥自然历史博物馆合作，那也是一个飞跃性的发展。

从那以后我们一方面是在美国、德国、英国，都有这种长期的合作伙伴；另一方面除了长期的合作伙伴，我们也有很多访问的学者，咱们学校有一种叫流动岗教授的项目，就是学校拨发经费，我们可以请国外的优秀教授来学校两个星期，来给我们上课，我请过两次，好多老师都请过，我觉得这也是对学生开阔视野有极大作用的，包括我们作为老师也是受益匪浅。

还有一方面就是我们山大考古多学科的发展，特别是我们实验室的建设应用，尤其像我们植物考古、动物考古实验室，在国内的大学里面都是领先的，在整个中国考古界也是开风气之先的，现在我们的实验室算是比较全面的了。因为考古学它研究的是古代人类的整个社会，所以必须进行全方位的、各个层次的研究。山大考古的这方面无论是给我们年轻的老师，还是给一些年轻的学子，都是一个极好的平台，这一点，我觉得也可以算我们的一个特色吧。

**孙聚平**：老师，今年是山大考古系成立50周年，您能谈一谈对青年学子的一些期望，或者是给他们学习上的一些建议吗？

**靳桂云**：在教学与科研的过程中，我有幸能经常和本科、硕士、博士阶段的同学们交流与合作，经常会结合我自己的学习和成长过程，和同学们交换意见。我个人的经历比较简单，出生并成长在辽西的大山里，直到读高中的时候才离开大山来到县城的高中，并且知道世界上还有书店这个东西，在这里我们可以看到课本以外的很多书籍。但是，那个时候，一方面是迫于升学的压力没有时间去看课外书，另一方面，也是更重要的方面，也没有钱买书，读高中期间每个月伙食费3元钱家里都勉强能拿出来，有时候还要去借。所以，我是到了大学之后才慢慢地开始读书。但是我觉得现在的孩子们不是这样，昨天我给本科生上了一节课，发现他们知识面都特别宽，我问的好多问题他们都能回答上来。我昨天下了课回家以后就赶快在QQ群里表扬了他们一番，这是特别棒的一件事。但我还是想告诉同学们一定要珍惜时光，时光真是太难得了。我在跟我的研究生交流时也经常会说，不论是硕士还是博士阶段，你们目前的学习阶段太幸福了，你不需要担心太多别的事情，等工作了之后哪还有这么好的条件和大把的时间去学习呢？所以，同学们，请珍惜你们的学生时代，珍惜你们的青春时光，多读书！

我看到有的同学不够珍惜时光，我也能理解，因为我也是从学生时代一点一点过来的，慢慢就会理解读书的意义。我记得有个学生本科阶段前两年一直没有体会到读书的乐趣，后来有机会接触考古学的一些野外工作，就激发了他对考古学的兴趣，从此一发不可收拾，自己到处找相关的书来看，后来就开始看自己感兴趣的英文教材或文献。所以，同学们，如果你昨天还没有开始读书，从今天开始就不晚，从现在开始吧！开卷有益！

还有就是要开拓眼界。考古学不仅仅是研究出土陶器、石器等遗物，事实上我们是对整个人类社会进行研究，我最近几年也在自学像人类学、社会学类的知识，包括与自然科学相关的像地质学、埋藏学、沉积学类的书籍，只要是相关的我都会拿来看，同时也鼓励我的学生去看。我现在给本科生上课少了，但是只要有机会我就会给他们介绍一些我认为好玩的或者是有用的书。视野宽阔特别重要，不是说你什么都去看，成了万金油，但是你有考古学做基础，是一定要把视野打开的。

我也特别期待同学们能多接触社会。现在的学生们跟社会都接触不多。比如说在农村出生的，出来上学就是半年不回去、跟家里人联系都比较少，那跟社会联系就更少了。学校会创造一些机会，自己也可以去创造一些机会。至少要有这个意识，要关心这个社会。我们在社会中生活，将来社会需要我们这些年轻人去建设，去发展这个社会。

最后，我很希望同学们能够有意识地培养自己吃苦的精神。我觉得现在年轻人实际上也需要有一些这样的锻炼，你不知道在未来的社会中会遇到什么样的紧急情况。现在的孩子普遍条件比较好，物质极大丰富，有的甚至比较浪费。我今年开了一个讲饮食文化的通选课，开始我就跟学生们讲我为什么要开这门课，其中一个重要原因就是我想告诉同学们不要浪费食物。我经常在食堂吃饭，看到食堂有浪费食物的现象，我是有些接受不了的。我认为对待食物的态度体现着一个人的修养，也是一种世界观。

总之，现代的年轻人生活条件要比30年前的同龄人好了很多很多，特别是物质丰富了很多。在这样的情况下，我们该怎么做呢？怎么成长才能拥有更有意义的人生呢？我不是苦行僧，我也不提倡苦行僧那种生活方式；但是，我肯定反对浪费，甚至有时候我还会鼓励年轻人主动去挑战自己，不要太满足于物质上的欲望，更不要幻想什么都是一帆风顺的，要有意识地锻炼自己吃苦的能力，这样才能在未来复杂而多变的社会中站稳脚跟，更大程度地实现自己的人生理想。

# 考古实习的那些事

杜文赞

校友简介：杜文赞，男，1965年生，本科1982级校友。先后任职于济南市博物馆、山东三株实业有限公司、济南康佳保健品公司、山东康佳生物科技有限公司、内蒙古龙云科技园有限公司等。

1982年9月3日是我永远会记得的日子，17岁的我紧握着山东大学考古专业的录取通知书，走出了胶东故乡的村口，走到省城济南，走进了我的大学。这一年是山东大学考古专业成立的第十年，也是我与考古专业结缘的第一年。

考古专业是注重实践的，要想成为一名合格的考古工作者，仅有理论知识是远远不够的，还必须在大量的实践中积累提高。在山大求学的四年，我和同学们系统地学习了历史、考古和相关的技能知识，并经过见习发掘、田野考古、视野开阔等实践活动，初步掌握了文博专业的技能。白驹过隙，40年过去了，但在母校学习的情景还历历在目。

1983年9月的一天，王之厚老师把我们召集起来，郑重地宣布："学校决定组织1982级的同学们去长岛实习，见习北京大学的发掘，实地参与田野考古！"大家都非常兴奋，立即按照要求准备好了被褥和生活用品。

蓬莱阁素以"人间仙境"著称，其"八仙过海"的传说和"海市蜃楼"的奇观享誉海内外。到达蓬莱后，有个同学怯怯地问领队的任相宏老师："我们都只是听说过蓬莱阁，今天能不能一饱眼福啊！"任老师善解人意："应该去看看！""嗷！"同学们的欢呼声马上响成一片。

我们近观蓬莱阁、远眺渤海和黄海的分界线，登蓬莱水城，拜天后宫、龙王宫，在八仙渡海的传说地合影留念，丝毫不在意云低天暗，毛毛雨的飘落。尽管没有看到海市蜃楼，也好似做了一回神仙！

在长岛协助我们实习的是长岛县博物馆的宋承钧馆长，他非常热情，带领我们徒步进行文物遗迹的考察。在一处直立的断崖下，宋馆长考我们："看看这上面都有什么遗迹啊？"干硬黄土的颜色差别非常细微，我仰视黄土崖研究了好久，却一无所获。宋馆长不厌其烦地告诉我们这是墓葬，那是灰坑，并用土块的抛投告知位置。通过这次考察，我们也能初步分辨出遗迹的界限了。

在大黑山岛，北京大学考古系 1981 级的师生正在进行北庄遗址的第三次发掘。北庄遗址距今 6500 年左右，同西安半坡遗址的时间相近，被称为"东半坡"。经过五次发掘后，国家文物局、北京大学和烟台、长岛等文博单位合力建立了著名的遗址博物馆，这已经是后话了。

任老师把我们两人一组分到不同的探方见习考古发掘。半个月后我们对发掘遗址基点的确定、探方的划分有了初步的认识。第一次懂得了如何以土层的颜色和内容物来划分文化层，如何在平面和剖面上进行遗迹的区分，对发现的文物如何进行绘图、拍照、剥离和提取。由于时间较短，没有见习文物整理和发掘报告的编写。

离开长岛前，我们去了风景迷人的月亮湾。在海滩上最让人称奇的是形态各异的鹅卵石，经过数百万年的潮水冲刷，坚硬的石头已经磨去了棱角，变幻出扁平的舌头、圆圆的几何、酷似鹅蛋的椭圆……还有众多的彩石，如同缤纷的水彩画，让同学们爱不释手。我们把精心挑选的大自然杰作带回学校，放在玻璃器皿里注水观赏，一直到毕业。但是离校的时候，我那些奇石遗落在 10 号楼 540 房间了，至今还甚感遗憾！为保护环境，月亮湾在 20 世纪 90 年代后已不准捡鹅卵石了，我们夕阳下挑捡美石的画面，留下了人生美好的定格！

1984 年 9 月到 12 月份的大辛庄商代遗址发掘，是我们第一次参与的全过程田野实习。由徐基老师带队，赵平文、王之厚、倪志云、崔大庸等老师全程指导，山东省考古研究所和济南市博物馆的同志也参加了发掘。这次发掘实习的前几天，父亲早晨送我回学校，下午就突然心梗去世了，我久久不能从丧父的悲痛中走出来。实习中老师同学们给了我很大的宽慰，至今我还非常感激。

发掘是要揭示不可知的地下遗物和遗存，出土的器物多少，既需要科学的方法，也往往靠一点运气。我们当时发掘的部分，是在大辛庄蝎子沟的西部，都是文化层堆积，没有器物丰富的墓葬。当时正值秋收，一个老乡在蝎子沟的东部收地瓜时，刨出了一个完整的陶罐，连忙拿给老师鉴别。老师判断出是商代墓葬里的器物，紧急上报学校和主管单位，立即进行了抢救性的发掘。在这几个商代的墓葬中，出土了一批鼎、爵等精美的青铜器，轰动了当年的考古界。现在这批器物成为山东大学博物馆中的珍品，每次到母校博物馆参观时，我们都介绍这些青铜器的来历，自豪之情溢于言表。

大辛庄考古发掘是我们从位置选择、探方布位、遗迹区分、记录填写，到绘图、照相、遗物整理全过程的完整实习。大家兴奋中有些许的忙乱，认真里还不断地出错，却在劳累的汗水中收获着实践的喜悦。

1985年秋天的考古发掘是由于海广、栾丰实老师带队，方辉、崔大庸、杨爱国等老师全程参与指导进行的。实习的地点是济宁泗水县的尹家城遗址，以龙山文化和岳石文化为主。蔡凤书老师还把尹家城遗址的岳石文化层称为尹家城二期文化。

发掘中我所在的探方首先发现了编号为F110的房屋遗迹，是前后两间一室一厅的结构，这在四千年前的龙山文化时期是比较少见的，应该是当时比较高级的居所，它跨越了4个探方，清理的时间比较长，一直到发掘结束前打掉周围的隔梁，才呈现出它的全貌。

F110坐北朝南，四周一圈柱坑，其平面形状呈现出基本规则的圆角方形。在每个柱坑的底部有一块不规则的平面柱石，支撑着木头组成墙壁和屋架。房屋大门的两侧各有两个较大的柱坑，柱坑之间只有2、3厘米的生土间隔。在几十天的发掘中，风吹锹碰，隔断的生土日渐减少，到最后我为了图省事，就把这隔断剩下的少量生土用手铲三下五除二给做掉了。晚上我把柱坑的图绘好后，交给了栾丰实老师。

第二天上午栾老师指着图纸问我："这两个柱坑是连在一起的吗？中间有没有生土间隔？"我红着脸说没有。栾老师半信半疑地来到了我的探方，仔细观察柱洞之间的联系，并用手铲在坑壁上划出了不同土质的界限，然后问我："小杜，这有一个生土的隔断，虽然不宽，但是两个柱坑并不是连在一起的，是不是？"我只好承认了。"考古发掘是还原历史的真实面目，不可粗心大意，差之毫厘谬以千里，我们不能篡改历史遗迹啊！"我低头连连称是。这件事我一直记忆犹新，老师们客观严谨的科学态度深深感染了我。

发掘工作虽然枯燥，但我们也会自寻乐趣，踢足球、打排球、玩篮球，齐声吼唱"我是一匹来自北方的狼"。在尹家城除了发掘外，让我多年难忘的是实习中就餐的诸多趣事。有一天中午吃土豆炖排骨，一位男同学打好菜后，把碗放在凳子上，去拿馒头。另一个同学看到他碗里有一块排骨，脑筋一转计上心来，夹起那块排骨，把肉吃了后，又把骨头插进原来的碗里。拿馒头回来的同学看到土豆里的骨头，兴奋地说："还有排骨，我先解解馋！"他把骨头送到嘴里，脸色由晴转阴，几秒钟后吐了出来，无奈地说："被人吃过的！"同学们笑得前仰后合，都直不起腰来了。

还有一天中午包饺子，于老师是回族，我们给他单独包鸡蛋韭菜的饺子。有个女同学恶作剧，把一整个红红的小朝天辣椒全部包在一个饺子里。吃饭时我们不停地观察于老师的表情，当他吃到那个饺子时，脸辣得通红，一边吐舌头，一边讪讪地说不太辣。

在尹家城实习的同时，刘凤君老师带领几个同学发掘了泰安宁阳县的瓷窑遗址。有一天休息，我们几个尹家城的同学到宁阳看望他们，凑巧宋百川老师也到现场指导，十四五个人坐了满满一堂。刘老师很热情，精心准备了一大桌子菜，还炖好了奶白的鲫鱼汤犒劳大家。在饭桌上我们大快朵颐，边吃边聊。大家还回忆起李淮生老师帮我们准备了炉子、锅等炊具，带领我们到燕子山下野炊的情景。那天李老师亲自回家做了几个菜，我们准备了香肠、啤酒，一起在草坪上唱歌、跳舞、包饺子。我们包的饺子千奇百怪，扁的、圆的，大的、小的，但是吃到嘴里都是香的，心里想想都是美的。

1986 年 5 月份的参观实习是由刘凤君、倪志云老师带队，到洛阳、西安等地游学。在十三朝古都洛阳，我们参观游览了白马寺、龙门石窟等古迹；在伊河边，我们憧憬着有朝一日也能够鲤鱼跳龙门。

在西安我们游乾陵、观华清池、阅西安碑林，最让我难忘的是两件事：一是享受近距离观摩兵马俑的神韵：神采各异、栩栩如生的武士俑、立射俑、跪射俑、军吏俑、车兵俑等让我们赞叹不已。第二件事是到宝鸡凤翔县参观秦公一号大墓的发掘。秦公一号大墓是中国墓葬发掘时间最长（1976～1986 年）、也是已知的先秦时期最大的古墓。我们参观的时候，墓葬基本发掘结束。整个墓葬呈中字型结构、五千多平方米的巨大规模，让我们感到极大的震撼。

站在八层楼高的地面，俯视两个篮球场大的墓底，中国历史上最高等级的柏木椁具“黄肠题凑”，极具冲击力。三层的殉葬台上密密麻麻的棺椁，是 186 具殉人的最后归宿，这种悬殊的等级关系，在墓葬中反映得最为充分。

当时秦公一号大墓还没有对外开放，考古队长韩伟老师给我们介绍了发掘的过程，并特别带领我们参观了文物库房。大墓虽然经过 200 多次的盗掘，依然出土了石磬铭文、青铜器、玉器等 3500 多件精美的文物。如果没有被盗掘，又该有多少国宝重现于世啊！

在我们入学后的不久，王之厚老师就带我们到城子崖、平陵城遗址参观，大家第一次实地见习，并采集文物标本。1985 年上半年李发林老师带我们到临淄参观实习。在这一次次的实习中，师生情谊不断的加深了，通过这些实习也让我们明白了考古是一项系统的工程，除了要具备过硬的专业能力外，还要处理好诸多的问题。对外要获得审批，协调好各种关系；对内要制定和实施计划，分工明确，进行科学的管理，提高效率。要始终秉持系统思考、严谨务实、科学求真的态度，这对我走出校门后的工作都有很大的帮助，是我一生的财富。

山东大学培养出了大批合格的考古工作者，为中国的文博事业做出了重要的贡献，我也一直以自己是山东大学考古专业的学子而感到骄傲和自豪。

# 甘于寂寞，享受考古*

## 访徐龙国校友

校友简介：徐龙国，男，1964年生，本科1984级校友。现为中国社会科学院考古研究所研究员。曾任职于淄博市博物馆。

长期在汉长安城从事考古发掘工作，参与和主持汉长安城直城门、西安门、长乐宫六号遗址、未央宫南宫门、沧池、北宫、西安门外建筑遗址、直城门和安门大街、汉长安城东南郊汉墓和唐代粮仓等发掘工作。发表论文数十篇，合作出版《临淄商王墓地》等著作。

采访时间：2023年1月19日

采访方式：腾讯会议 线上采访

**何语轩**：您多年参与汉长安城的发掘，发掘过程中有什么印象深刻的事吗？您之前的采访中提到，永远不会忘记第一次考古实习时与老师同学一起发掘出的北朝时期盘口瓶，当时是怎样的心情？您工作后再面对出土的古物，相较于当时，您的心情又发生了怎样的变化？

**徐龙国**：首先，非常荣幸接受母校安排的采访。山东大学考古专业设立半个世纪以来，培养了一批又一批的优秀人才，也产生了一大批国内外知名的专家学者，在这些专家学者当中，我算是没有做出什么突出成绩的一位。承蒙于海广、栾丰实和方辉等老师不弃，让我忝居其中，实在诚惶诚恐。

我是山大考古1984级学生，毕业后一直从事考古发掘和研究工作，到现在已有35年的时间。特别是在进入中国社会科学院考古研究所以后，考古发掘和研究就成了我每天要面对的工作。你提到的盘口瓶是我在跟随宋百川、刘凤君老师实习期间，在枣庄中陈郝瓷窑遗址发掘出土的。盘口瓶非常完整，也非常漂亮，当时我非常激动，因为这是自己亲手发掘出的第一件完好器物，所以我们拿着它一起照相，那张相片至今还保留着。

* 本文系王萌萌、巨宏略整理出文稿，经徐龙国审阅修订而成。

山大求学期间的徐龙国

随着个人从事考古经验的积累，我对所发掘的器物也有了更加深入、全面的认识。考古过程中，在地层及遗迹中发现的每一片陶片、瓦片、瓷片都很重要，它们可以帮助我们确定地层或遗迹的时代，因此遗迹中发现一片时代明确的陶片、瓦片、瓷片，我们都会如获至宝。这种惊喜一点也不亚于刚刚从事考古发掘时发现一件完美的盘口瓶或贵重的金银玉器。相反，如果现在再发现盘口瓶和金银玉器，我的内心反倒是波澜不惊了，真正达到了视金玉为瓦砾、视瓦砾为金玉的境界。考古重大发现的评判标准，毕竟不是看挖了多少宝贝，而是看发掘的东西解决了什么重大的历史和学术问题。在考古发掘中，我们经常遇到的是砖瓦、陶片、瓷片等看似平常的遗物，但它们的时代明确，含有大量的历史信息，指示性很强，能够帮助我们解决很多重大问题，所以一定要珍视它们。

**何语轩：**您在山大考古求学的岁月里，对老师和同学有哪些回忆？有什么印象深刻的人或事？您认为这些人或事表现出了山大考古怎样的特点和精神？

**徐龙国：**山东大学考古师生关系最融洽也最密切。我们读书的时候，刘敦愿、蔡凤书、宋百川、于海广、徐基、李发林、马良民、栾丰实、任相宏、刘凤君、李淮生、张守林等老师都给我们上过课。当时，老师跟学生的数量差不多，老师对每个学生的性情和品格都非常熟悉。尤其是通过田野实习，师生吃住在一起，相互之间的交流更多，感情也更深厚。许宏、崔大庸、杨爱国都是1980级的学长，我们入校时，他们刚刚毕业并留校任教，跟我们的关系更加密切。许宏老师任我们的辅导员，他经常讲，他是看着我们长大的，并同我们一起长大的。方辉老师也是1980级的学长，1987年研究生毕业留校任教，他与栾丰实、许宏老师一起带领我们1984级的同学在丁公实习，与我们的关系也相当好。离开学校以后，参加学术会议，师生也经常见面，对学院发展以及个人的研究情况互相都有了解。师生之间友谊深厚，老师的激励对校外学子是一个很大的促进。我始终把取得的每一点进步和成绩，都看作是老师激励的结果，也是我对母校的回报。

1987年，我和郑岩、冷艳燕跟随宋百川、刘凤君老师在枣庄中陈郝瓷窑遗址发掘，我们住在煤矿宿舍。每天晚上，我们到煤矿食堂买上饭菜回到宿舍，师生围在一起喝酒行令，猜对者喊一声“过”，猜错者罚酒。郑岩不胜酒力，喝酒脸红。他是高段位的段子手，讲了不少经典笑话，至今记忆犹新。他的模仿能力超强，老师和同学都是他模仿的对象，可谓哪里有郑岩，哪里就有欢声笑语。郑岩深得刘敦愿先生的真传，在美术考古领域做得风生水起，已成为国内外知名学者。

我们 1984 级考古班开始有 20 名同学，包括 3 名女生，后来 4 人转入其他院系，只剩下 16 名同学。男生有 2 个相邻的宿舍，风气各有千秋。我们宿舍是 10 号楼 435 室，同学之间相处融洽，至今兄弟情深。李宗山是宿舍年龄最小的，但学习十分勤奋，在他的带动下，我们也都早出晚归，终日泡在图书馆和教室。在陈根远的带动下，宿舍里艺术气氛浓郁，有人跟着他学习篆刻和书法，现在他已是终南印社副社长，成为著名的篆刻家和碑刻研究专家。我们还在宿舍办墙报，有同学至今还保存了一份当时的墙报，十分珍贵。晚上熄灯之后，往往会有一段“卧谈会”。20 世纪 80 年代，正是思想解放的时期，加上青年人活跃的思维，同学们通过看书获得一些新的思想，迫切与大家交流分享，所以每天晚上讨论热烈，争论也十分激烈，有时会争论到很晚。我是宿舍老大，最后总得出面喊一句“Stop Here!”因为当时说的是费县话，所以到现在同学见面，他们还以这句话来调侃我。

山大考古特别重视田野发掘，上面提到的老师大部分曾经带领我们在工地发掘过，他们对学生要求特别严格，意在培养我们认真踏实的田野作风。1986 年 9 月至 1987 年 1 月，我们在山东薛国故城做第一次实习发掘，由徐基、任相宏、李淮生老师带队。同学们初次发掘这样复杂的遗址，遇到的“疑难杂症”很多，每当遇到难题，总是找老师帮忙解决，老师们爬上爬下，非常辛苦。我们白天发掘，晚上整理资料。白天在田野中风吹日晒，黄土一身；晚上住在民房里天寒地冻，鼾声一片。实习生活既紧张又充实，艰苦的条件也确实让我们切身体验了考古的滋味，知道了什么是考古，怎样才能做好考古。考古是一门严格的学问，需要在田野中寻找历史物证和“蛛丝马迹”，没有吃苦耐劳的精神和认真踏实的作风是无法做好考古的。

**何语轩**：从求学到治学，您在从事田野发掘工作、进行学术研究的过程中，在山大考古的求学经历、山大考古的特点、山大考古的精神对您有怎样的影响？

**徐龙国**：回过头来看大学期间的学习，既有无法适应的煎熬，也有歪打正着的幸运。学生刚从应试教育的窠臼中解放出来，往往不会自主学习，还专注于课本知识的学习。从被动学习到自主学习，经过了很长的一段时间，好在后来有所改观。我在适应大学生活过程中慢慢认识到，大学求学是打基础的时期，也是开阔眼界的时期，似乎开阔眼界更重要。如何开阔眼界，读书当为第一途径，多读非专业的经典书籍，不必早早陷入专业之中。求学更似求道，是探求人生的真谛，树立正确的人生观和价值观。除了读书，还要交流，与老师、同学、专家交流，从交流中借鉴他人的人生经验，增长自己的才智。

1986年枣庄中陈郝瓷窑发掘
（左起：冷艳燕、刘凤君、郑岩、郭景新、陈永刚、石敬东、徐龙国、徐加军）

就考古专业而言，需要对各个地区、各个阶段的古代文化有所了解，以便有一个大的时空框架。学校所学与以后从事的研究还存在很大的距离，关于这一点，我也是很晚才明白过来。当初以为自己所学就是将来要研究的专业，实际上，研究方向是在参加工作以后很长时间才确立的。记得大学快毕业时，与王仲荦先生的博士齐涛一起乘车，谈起分配去向，我们说，去向单位与自己的专业方向不对口，他说："你们学习四年就以为自己掌握专业了，不对口感觉可惜，而我从大学到博士，读了十年时间，即便出现不对口的情况也不感觉可惜。求学期间最重要的是培养自己的能力，如果能力够了，到哪里都能找回自己的专业，从事自己的研究。"当时不解，现在想来，他说的完全正确，求学与治学并非一回事。求学时所学专业，约等于以后从事的职业，而治学则是在所从事的职业基础上，再开辟一片新天地，不断耕耘，并有所收获。

山大的老师教学认真，工作勤恳，真正是老老实实做人、扎扎实实做事，他们把这些优秀品格融入到教学中。在田野实习中，要求我们实事求是，认真划分地层和分辨遗迹，做好各种记录。在研究中，要求广泛搜罗材料，有一分材料，讲一分话，不说过头话。在校学习期间，我曾经写过一篇作业呈刘敦愿先生批改，当时我写的东西已然忘却，但刘先生的批语却一直铭记在心，其中有一句就是"挂一漏万"。这对我之后的研究产生了深刻的影响，我时时刻刻提醒自己，研究不能"挂一漏万"，要把材料收集齐全、各种可能性考虑周到才去动笔写作。

山大考古非常重视田野发掘，提倡扎扎实实地做好田野考古工作，要求踏实、严谨、专业的考古作风。在工作和研究中，我也是努力践行老师的这些教导。参加工作35年来，我一直坚守田野一线，一些学术突破也是从田野中取得的。考古需要吃苦耐劳、扎实肯干的精神，也需要认真学习、善思多辨的勤奋，这些都贯穿在我的发掘与研究过程中，也算是对山大考古精神的坚守。

1986年枣庄中陈郝瓷窑发掘
（前排左起：李光雨、郭景新、宋百川、刘凤君、徐加军
后排左起：冷艳燕、石敬东、徐龙国、赵天文、陈永刚、郑岩）

**何语轩**：您在山东工作期间，参与了很多的发掘工作，其中包括史前时期、先秦、秦汉等不同时段，是什么让您最后选择了秦汉考古？您认为历史时期考古与史前时期相比有何不同？需要注意哪些问题？

**徐龙国**：1988年，我大学毕业后到山东淄博市博物馆工作，2001年离开淄博到中国社会科学院研究生院读博。在淄博工作13年，期间发掘了一些新石器时代、先秦、秦汉、隋唐、宋元辽金时期的遗址、墓葬。基层博物馆和考古机构如同救火队，哪里出现“火情”就到哪里去，这是职业要求。临淄是两周及汉代齐国故地，齐故城既是齐国都城，也是秦汉齐郡郡治，在其周围有大量的两周至秦汉时期的墓葬。在此工作，进行战国秦汉考古学研究具有地利之便。

另外，还有一个机缘巧合促成了我进入战国秦汉考古学研究这一领域。1992年，我参加临淄商王村战国秦汉墓地的发掘，发掘墓葬100多座，大量为小型墓葬，也有少数大型及中型墓葬。其中2座中型墓保存完好，出土金银器、玉器、铜器、铁器、漆器、陶器等500余件（套）。在整理报告的过程，我逐渐对其中的一些器物和现象产生了兴趣，因此试着写了几篇研究性的文章，如玉器装饰、铜汲酒器、陶熨具等，这些文章陆续刊发。我就这样慢慢地把研究兴趣转移到战国秦汉这一时段上来。当然，在缺乏老师指导的情况下，这种转变有一个非常漫长的过程，自己也付出了时间的代价，上述所谓的研究也仅仅是站在研究的大门之外向门里“偷窥”了几眼。在急需提升的时候，缺少老师的指导，缺乏提升的路径，这是当时面临的困境。

正当彷徨之时，郑岩打来电话督促我考博，算是为我指明了努力的途径。2001 年，在我 37 岁“高龄”之时，考入中国社会科学院研究生院，在导师刘庆柱先生的指导下继续深造。刘先生是国内秦汉考古的大家，在他的引导下做研究，算是跨入了秦汉考古学研究的大门。读博的成果也就是后来出版的《秦汉城邑考古学研究》一书。

在读书期间，也深得白云翔先生的教诲。白先生是山大 1975 级的大学长，当时在考古杂志社任社长，后来任考古所副所长，工作非常忙。每当我撰成一文，必呈白先生指正，无论工作多忙，白先生都会一字一句斟酌，提出中肯的修改意见。师从两位秦汉考古的大家是我的幸运，也是我学术取得一点成绩的前提。两位先生不但学问好，人品也好，他们和蔼可亲，让人产生自然的亲近感，我在他们面前没有一点拘束。每当我有一些不成熟的想法，必先征求两位先生的意见与看法，在交流和讨教过程中，不断完善补充所需要的材料，修正自己的观点。

现在，我在考古所工作了近 20 年，个人研究也是以兴趣为引导，跟着兴趣走，努力做到文章必有新意，没有创新不成文章。20 年来发表的学术论文也有几十篇，这些论文大部分集中在战国秦汉这一时段，涉及都城、墓葬、手工业、器物及秦汉社会生活等方面。今年，在中国社会科学院考古研究所的支持下，我选择了其中的 30 篇，将结集出版考古研究自选集，算是我在社科院考古所 20 年工作的一个小结。

历史时期考古与史前考古有很多相同的地方，二者所用理论、方法、目的都是一致的，都是用地层学、类型学、科技考古等手段来复原、探究古代历史。但二者也有很多不同，最大的不同在于，历史时期有文献及文字资料可资参考，而史前考古则没有。考古传入中国之初，因当时迫切需要建立中国史前文化的序列和文化谱系，所以有“古不下三代”之说。现在史前文化序列和谱系已经建立起来，历史时期也有很多需要研究的遗存和问题。就是目前最热门的文明探源工程，也需要从长时段的历史中来总结和认识历史规律。比如，城邑是中国古代文明的重要标志，城邑的产生、发展是连续的、不可分隔的过程，如果没有对历史时期城邑的认识，谈何去认识史前城邑？考古学研究的基本原则是，从已知到未知，由已知推未知。历史时期考古在解答自身学科课题的同时，也为史前考古提供坚实的探索基础。

历史时期考古面对大量的文字及文献资料，这些资料既是我们的帮手，又是我们的对手。所谓帮手，就是它们能引导我们正确地认识考古遗存，但并不是所有的文字及文献资料都是正确的，如果利用不好，会产生误导作用，这个时候就成为我们的对手，需要我们予以辨证和纠正。总的来说，历史时期考古是幸运的，多了一个帮手，就多了一条腿走路，也就少走弯路、歧路，少犯错误。但历史时期考古，既要注意文

山大求学期间徐龙国于济南趵突泉

献在传承过程中出现的错误，又要注意文献产生的时代。这些问题，历史时期考古是经常遇到的，在研究古代都城门道制度和西汉上林三官时，我就深感历史文献并非都是我们的帮手。

同时，史前考古也在不断摸索，利用更多的方法去认识和解释考古遗存，最重要的是，他们更多、更自觉地引进科技考古的方法。随着考古的发展，科技考古的方法也被大量应用于历史时期考古。在这方面，虽然历史时期考古与史前考古的差距越来越小，但是历史时期考古还需要更加自觉和努力。

**何语轩**：作为山大考古人，您在工作过程中在与山大考古学系、山大考古学子产生联系时，有什么特别的感受吗？

**徐龙国**：我是 1984 年 9 月进入美丽的山东大学校园的，这是我第一次从农村的小县城进入大城市，看到济南的一切都感觉新奇，当我看到学校门口悬挂的山东大学门牌时，十分激动，这是我向往已久并为之日夜苦读的奋斗目标啊！报考之前，我对山大有一些了解，比如以文史见长，而且那时候学校和学院（当时为历史系）仍然有“八马同槽”的学术余韵，这些都对我产生了强烈的吸引力。入校以后，静谧的校园、古朴而现代的建筑，给人以亲切感和厚重感。当时，我们在中心校区上课，也经常去洪家楼校区看电影、开运动会等，洪家楼校区的建筑青砖灰瓦，更具文化底蕴。山大的老师教学踏实认真，与学生相处和蔼可亲，对学生既严格要求，又疼爱有加。就考古专业的学生而言，更能感受到老师的这份厚爱。我对母校和老师充满了崇敬之情。

虽然人已离开学校 30 多年了，但我的心时刻与山大考古一起跳动。每当山大考古取得新的成就，或者山大老师取得新的研究成果，我都为之感到喜悦与自豪。每当见到山大的老师，如同游子见到父母；见到山大的学子，如同见到失散的手足。在工作中经常与山大考古发生联系，尤其是近几年，越来越多的山大毕业生进入社科院考古研究所工作，我均待之如兄弟，并不厌其烦地以自身教训和走过的弯路进行“说教”。山大考古在西安地区的考古发掘，我也经常到工地参观或检查验收，对他们的要求也格外严格。严格要求的目的，是为了培养同学们认真负责的态度，传承山大考古的优良传统，在技术上不落人后，在成果上敢为人先。这种认真严格的态度，可能是遗传了山大考古的基因。

**何语轩**：您认为从事考古工作需要具备怎样的精神？能请您谈一谈对山大考古学

子的寄语吗?

**徐龙国：**考古需要吃苦耐劳、扎实肯干的精神，也需要认真学习、善思多辨的勤奋。这些方面贯穿发掘与研究的全过程。

考古发掘需要吃苦耐劳、扎实肯干的精神，没有这一精神，就过不了田野这一关。在发掘中光会吃苦耐劳、扎实肯干也不行，还需要认真学习、善思多辨。田野中有很多东西需要我们多学习、多思考，发掘前要多看相关的报告，预判将要出现的遗迹现象，发掘是一个不可逆转的过程，稍有不慎就可能会造成无法挽回的损失。发掘过程也是一个不断发现问题、解决问题的过程，需要我们多思考，多想办法。现在回过头来分析，对初级的研究者而言，可能更多的研究思路是在发掘过程中产生的，其创新是建立在新材料、新发现的基础上的。而对于有一定研究基础的学者而言，其研究更多的是建立在已有材料的基础上，是对已有材料的梳理、总结和升华。研究如耕耘，像农民种地，时刻不能停息。农民种地还有农闲时间，而研究者没有清闲时刻。现在是学习时代，活到老，学到老。尤其是考古研究，新的考古发现层出不穷，我们已有的认识，时刻受到新发现的验证或纠正，新的考古发现也时刻促使我们去思考新的问题。新的技术和设备也不断被应用于田野发掘工作当中，这些也需要我们重新学习和正确应用。如果没有吃苦耐劳、扎实肯干的精神，没有认真学习、善思多辨的勤奋，我们是无法做好考古发掘和研究工作的。

我坚信一种品质——老老实实做人，扎扎实实做事，认认真真做学问，不虚度时光，不好高骛远，学术不欺，定会给耕耘者以回报。我非常幸运地选择了山大考古，选择了考古专业，加入了考古研究的行列，它让我感受了师生情深、天下考古为一家的真情，也让我享受了独立思考、不断创新的乐趣。新发现、新认知、新创见，永远吸引着我的好奇心，考古是我无怨无悔的选择，也是我实现人生价值的寄托!

如果对以上采访进行一下小结的话，我认为，大学时期要多读经典，开阔眼界，树立正确的人生观和价值观。学好专业知识，提高自己的专业能力。在工作中确立研究方向，研究要甘于寂寞，乐于探索，努力创新，有所成就，以更多的成果回报山大的培育之恩。以上是我的自勉之语，也权当给山大考古年轻学子的寄语吧!

**何语轩：**谢谢老师对我们的建议，也非常感谢老师今天接受我们的采访。祝您身体健康，工作顺利!

# 薪火相传，自强不息*

## 访陈根远校友

校友简介：陈根远，男，1965 年生，本科 1984 级校友。现为西安碑林博物馆研究员，陕西省收藏家协会古籍碑帖专业委员会副主任、陕西省书法家协会学术委员会副主任、终南印社副社长、西泠印社社员。

主要研究方向为玺印研究、碑帖研究和瓦当研究，发表《“昌平家丞”印考释》《虞世南〈孔子庙堂碑〉及其拓本》《〈尊古斋瓦当文字〉辨伪》等学术论文数十篇，出版《印章鉴藏》《中国碑帖真伪鉴别》《瓦当留真》等著作。

采访时间：2023 年 1 月

采访方式：腾讯会议 线上采访

**魏 莱**：陈老师您好，首先非常感谢您能接受这次采访，在这之前我们拜读了您的一些文章，从您对玺印、瓦当、碑帖的研究当中，能感受到非常丰沛的文人气息。请问您在山大求学时，是否有对您日后的研究与工作产生重大影响的人或事？

**陈根远**：我是 1984 年进入山东大学考古学专业学习的，一直到 1988 年离开母校。求学期间老师们的谆谆教导、耳提面命让我终身难忘，他们对事业的孜孜以求更是我后来从事文博工作的榜样，对于我后来的文博生涯以及人生观、价值观都产生了深远持久的影响。那个时候国家蒸蒸日上，同学们都很朴素，学习认真，对专业知识的求知欲强烈，学习氛围浓厚。除了专业学习以外，我从中学就开始喜欢刻印章，在山大时，我利用业余时间基本把图书馆的印学书籍看完了。后来我见到刘绍刚老师刻印章，第一次接触了专业篆刻家，这让我醍醐灌顶，觉得之前都白刻了。当时刘绍刚老师跟我说了一句让我一生铭记的话：“要玩，就玩别人玩不了的。”刘老师的教导展现了我们山大人、我们读书人对平庸的拒斥，要追求卓越、追求卓尔不群，这是我在学生时代印象非常深的事情。

* 本文系高妍、于俊辉、魏方仪整理出文稿，经陈根远审阅修订而成。

**魏　莱**：我们刚刚完成了田野实习，这对同学们的未来方向选择等方面影响非常深刻。能请您讲述一下您第一次下田野的经历吗？这次经历对您之后的学术道路有什么样的影响呢？

**陈根远**：我在母校的时候经历了两次实习，在大三和大四的时候分别进行了一个学期。我从小就有收藏的爱好，所以高中时毅然决然地报考了当时还极其冷门的考古专业。我认为一个人应该做自己爱做的事情，所以选择了这个方向，也很热爱这个方向。在我的印象中，大家在考古实习中都是抱着比较虔诚的态度来进行工作的。实习前这只是一种爱好，而开始实习就是参与正式的考古发掘工作了，很难不令人激动。当时的生活、实习条件非常艰苦，很多同学对选择这个专业有所动摇。我不敢说自己连一丝动摇都没有产生过，但是既然选择了这个专业，就要坚持，而我现在也庆幸于当初的热爱与坚持。我认为不是只要有了热爱，就能一路顺风顺水，任何一个专业，从你热爱它到真正从事它，都很不容易。所以，不要轻易修改自己的人生方向，选择了基本正确的方向后就要始终坚持，这一点很重要。正如《劝学》中“蚓无爪牙之利，筋骨之强，上食埃土，下饮黄泉，用心一也”。在热爱的专业这条道路上，要能做到专一、坚持。虽然会遇到困难，但这一坚持自己所爱，不断求索、求学问道的过程却是令人快乐的。

2022 年 12 月陈根远在陕西汉唐石刻博物馆读帖

**魏　莱**：您刚才提到，在您刚刚进入考古学专业时，它还非常冷门，但近年来，考古学已经得到了比较广泛的关注，能否请您谈一谈您对考古学与博物馆学在宣传方面的看法，以及在做这方面工作时，我们应该注意哪些问题呢？

**陈根远**：我觉得这是一个非常好的问题。在第一次考古实习中，曾有一个给我留下深刻印象的时刻：那时我坐在探方里，心中所思所想是一定要抢在工业文明的车轮滚滚而来，将这些古代遗迹碾压得寥无踪迹之前，把它们挖掘出来、研究出来。参加工作后，我觉得自己的专业虽然冷门，但我们的研究对象是全民族共同的文化记忆、文化遗产。所以，作为专业人员，我们应当把古代历史的真相、古代文明卓越的创造分享给大众，这是一个极为重要的事情，更是我们应该承担的责任。有一句很有名的

2022年11月陈根远在“正大气象——陕西书法名碑拓本特展”上为来宾讲解碑帖

话叫“知识就是力量”，我相信知识的力量不仅来源于其本身的正确和高深，还来源于它被普及的程度。我们作为专业的考古文博工作者，肩负着向大众传播考古学研究成果、阐释古代先民智慧的责任。换言之，我们当然要在这个岗位上认真、潜心研究大地之书，但同时，我们还必须分出一部分精力来，做一点宣传普及工作。我们不应该只在象牙塔里不断地累积着自己的论文、专著，然后由讲师成为副教授，再成为教授，一心求职称。除此之外，我们还应该有大的情怀。有一次咱们母校的副书记来西安，跟山东大学西安校友会的同志们交流，当时他的一句话给我留下了至深的印象。他说：“应该追求把有意义的事情做得有意思，把有意思的事情做得有意义。”考古学一定是非常有意义的，但是我们还应该把这个学科中好玩的事拿来跟更多的人分享，把有意义的事情做得有意思。我觉得这一点是极为重要的。

当然，我们也要把有意思的事情做得有意义。我觉得，同学们和稍微年长一点的同志们要选择一些有意义、有趣的事情来作为自己人生的主业和副业。换言之，在我们的人生中会遇着各种各样的事情，但有些事是做不到有意义的，比如打麻将、打扑克。我们偶尔娱乐一下没有任何问题，但如果要以这些娱乐方式来达到非常有意义的境界，恐怕是非常困难的。所以我在中学生时代也罢，在母校读书时也罢，后来一直做到研究员也罢，都把篆刻作为自己的业余爱好。通过篆刻的视角，我了解了文字在先民几千年的使用中不断演进的过程，以及在印面这个方寸天地中各种各样文字组合的奇思妙想。这样，业余爱好就能够变得非常有意义。孔子说“志于道，据于德，依于仁，游于艺”，我们考古专业的同学应当志于道，力争研究考古学、研究博物馆学，但同时我们的业余生活也非常重要。比如，我们可能会对某一种艺术产生兴趣，从而在其中感受到人生的丰富。所以，一定要选择一些能做到有意义的业余爱好。

**魏　莱**：在山东大学考古专业成立50周年之际，可以请您谈一谈在您看来山东大学考古学专业这50年来最大的发展或者变化吗？

**陈根远**：这是一个宏大的问题。我作为山大考古专业的学子，为母校考古学专业走过50年的光辉历程而感到骄傲；同时，对1972年专业成立以来点亮星星之火的前辈，以及此后每一届老师的不断努力表示敬意。江山代有才人出，像刘敦愿先生、蔡凤书先生等，当年他们创立考古学专业，值得我们致以深深的敬意。我们作为后来者，向前辈致敬的最好方式是什么呢？我相信就是薪火相传，就是我们把这个专业不断地做大做强。而我们山东大学考古专业的每一届学生、每一个学子，都应当在自己未来的工作中为这个目标而努力。首先，我希望同学们能尽量从事考古专业，做好自己的工作，给母校争光。同时，我也觉得我们的教育应该对同学们保有更多的宽容之心，使他们有机会凭着自己的兴趣，在不同的领域深入探索。比如说，有些学生会对古代城市非常感兴趣，而有些学生会在古代印玺的变迁方面很有研究。这样就能实现百花齐放，簇拥起整个专业的大厦。总而言之，我觉得每一个考古专业的学生首先要把自己的生活处理好。如果不能够从事自己的专业，退而求其次把改行后的工作、把安身立命的事情做好，也是可以的。当然，如果我们有幸能顺利地进入博物馆、考古所，那么在母校旗帜的指引下，在这些主战场上慢慢成为某一方面的人才，一定是母校特别期待的。

我们这些山大考古专业的“老学生”，不敢说能为母校增光，但是绝对不会给母校考古专业丢人。大概两年前，我再回到母校的时候，有幸跟于海广老师一起喝酒吃饭，我郑重其事地敬了于老师一杯，和他谈到这件事，于老师说：“你给母校考古专业增了光。”这是老师在鼓励我，但不给母校丢人，是我的底线。也就是说，我不光属于我自己，我更是母校的学生，母校不能因为我而蒙羞，如果因为我而让别人小瞧了山东大学考古专业，我是不愿意看到的。当然，我们班很多同学都是我学习的榜样，他们比我更努力、成就更大，但是经过多年的奋斗，我觉得还是没给母校丢人，也敢回母校、见老师。我一直抱着这样一种朴素的思想在努力工作。

**魏　莱**：正如您之前所说，薪火相传对于考古系十分重要。50年来，山大考古系发生了很多巨大的变化，但一定也有一些不变的精神。您认为在山东大学考古系50年的传承当中，我们山大人的考古精神是什么呢？以您的经验、您的经历来说，这种精神对您毕业后的研究与工作产生了怎样的影响？

**陈根远**：这个我还不敢说，因为我也只是咱们学校的一个学生。但在我读书的时候，曾深刻地感受到老师们筚路蓝缕、孜孜以求、脚踏实地的精神，我觉得这些就是我在母校所收获的精神财富。而在我后来的工作中，这种精神也是我所遵循的方向。从这个意义上来讲，也算是母校精神的一种薪火相传。只要我们能够脚踏实地、孜孜

2023年1月陈根远在河北磁县响堂山石窟

2023年1月陈根远在河北磁县水浴寺石窟

以求，即使后来没能够从事咱们的本科专业，但只要依然保有从母校学习到的这种禀赋或者精神，你做别的事情也能做得好。母校和我们考古专业的老师也不会因为你改了行，就对你另眼相看。

我认为，教育最重要的是育人，专业方向当然很重要，但继承母校脚踏实地、坚毅不拔、与时俱进的精神同样重要。这种孜孜以求的精神给我留下了很深的印象，后来工作的时候也始终秉持。因为我们从母校毕业后走向社会，这就比学校、比我们的学生时代要复杂得多，也会遇到轻慢、不公。在面对苟且的时候，要记住自己心中的诗和远方，默默地努力，总会达到豁然开朗的阶段。所以说坚持、脚踏实地，都特别重要！

**魏　莱**：您对山东大学考古学专业未来的发展、对考古学学子有什么寄语吗？

**陈根远**：我作为一个老学生，衷心地希望我们母校的考古专业能够不断地发展。我们读书的时候条件还比较艰苦，但后来我们的考古专业在科技考古、考古学研究的理念上都与时俱进，甚至能在某些理论和实践中、在某一个方向上开风气之先。所以我觉得山大人除了脚踏实地之外，也一定具有与时俱进、敢为人先的精神。我相信只要我们的学子能够秉持这种精神，考古专业就一定能越做越好。除了薪火相传，我们还具备自强不息的精神，新一代的山大人要努力把山大越举越高，不辜负前辈的筚路蓝缕，才能够告慰我们专业的创立者们。

我给同学们的寄语就是：追求卓越，可以平凡但绝对不可以平庸。我希望我自己以及在读的学弟学妹们都能做到自强不息。另外，如果有可能给母校增光，那就再好不过了；如果确实没有这个机缘、做不到这一点，也不要给母校抹黑，尽量把自己的工作做好，把自己的生活安排好，做一个堂堂正正的山大人，做一个合格的、甚至是比较优秀的社会分子。母校的形象，除了体现在学校本身庞大的规模、健全的体系和优秀的老师以外，在社会中更体现在毕业生的素质上，学生普遍优秀，学校的声誉就高。所以我认为每一个学生都对母校负有责任。

**魏　莱**：好的，谢谢陈老师的寄语，希望我们将来能像您说的一样，追求卓越、自强不息！再次感谢您接受我们的采访，您辛苦了，祝您春节愉快！

# 代代相传担使命，博学笃行释地书*

## 访郑岩校友

校友简介：郑岩，男，1966年生，本科1984级校友。现任北京大学艺术学院教授。曾任职山东博物馆、中央美术学院。

主要研究方向为美术考古，出版有《魏晋南北朝壁画墓研究》《从考古学到美术史：郑岩自选集》《逝者的面具：汉唐墓葬艺术研究》等专著，合著有《安丘董家庄汉画像石墓》《山东佛教史迹：神通寺、龙虎塔与小龙虎塔》《中国美术考古学概论》等。

采访时间：2022年9月10日

采访方式：腾讯会议 线上采访

**王萌萌**：感谢老师接受我们的采访。虽然严格意义上讲，今天是我们第一次有跟您这样面对面交谈的机会，但是因为之前也听过您的很多讲座，总感觉您是一位跟我们距离很近的老师。所以今天也非常激动有这样的机会来采访您。

记得之前有次听您的讲座，您开始就提到，虽然您现在比较少从事一线的田野考古工作，但也一直认为田野考古于美术考古研究而言是非常重要的。在山大考古系就读的过程中，您参与过哪些田野考古实习呢？其中又有什么您比较记忆深刻的人和事？

**郑　岩**：我们入学的时候，山大考古还在其初创阶段。上大学之前，我们也不太知道考古是怎么回事，社会环境和现在不一样。我们到学校以后才慢慢接触到专业知识，有的同学心理落差很大。记得1982级的师兄师姐从大辛庄发掘回来的时候，像一批人在战场上下来似的。我们自嘲说，我们每次下去发掘都是一次“宣传”，村子里的年轻人看到我们考上大学了，还像农民一样工作，谁还去考大学？像今天的博物馆热、考古热，当时是没法想象的。

---

* 本文系巨宏略、王萌萌整理文稿，经郑岩审阅修改而成。

许宏老师是我们的辅导员，他就说过，经过一次发掘以后，一个班就会分成两批人：一批人特别坚定地要学考古，另一批人就坚决不学了。我们到大二有一小部分同学可以转专业。我们班是 20 个人，到最后剩下 16 个人。那时的条件的确比较艰苦。我还记得 1985 年秋许老师带我们去泗水尹家城见习时，1982 级在尹家城发掘。我们住在泗水金庄的小旅馆里，那是一个大通铺，男同学们都睡在一起，刚到时还没有被子，后来他们拉来一车被子，被子看不清楚颜色，湿乎乎的。但第一次接触发掘，还是让我非常激动。在尹家城师兄的探方里，我留了一张照片，那是第一次拿手铲。那次留给我的印象非常深刻，挖一块陶片，说这个龙山的东西，4000 多年，放在手里，怦然心动。后来蔡凤书老师给我们上新石器时代考古，带我们去城子崖，看到龙山黑色光亮的陶片，感觉也是非常强烈的。

1985 年秋于尹家城见习

我现在在北大艺术学院工作，今年学院给我一个任务，让我兼任博士班的班主任。我给他们开班会，没什么好讲的，就拿一篇文章读给他们听。那是张光直先生 1993 年在《中国文物报》发表的短文《要是有个青年考古工作者来问道》。张先生在这篇文章一开头就说：我有时白日做梦，梦见天资好、人又天真又用功的中国青年，来问我这个老年考古学家对他有何建议。他说这虽然只是梦境，但是已经把答案准备好了，以防万一。张先生说，我首先要向他道喜，因为他选择了考古；选择考古就要做田野。他说我再也想象不出人世间比做田野更美好、更幸福的事情了。我能够理解张先生的感受，他研究商代考古，但在中国大陆没有做过像样的田野发掘，因为那个时候条件也不允许。那篇文章我看了以后感触极深。我是对田野充满兴趣的，但毕业以后进了博物馆工作，就没有机会做田野了。我当时看到张先生这段话，眼泪都快下来了。我做田野的机会实在太有限了。现在你们本科可能只有一次实习机会是吧？

**王萌萌**：对。

**郑　岩**：我们那时候是两个学期的发掘。第一次是 1986 年下半年，徐基老师带队去滕州薛故城。还有一位老师你们不熟了，李淮生老师，他后来调走去做行政了。还有任相宏老师。那时候任老师很年轻，30 岁左右。他们三位带我们实习，跟省考古所合作在薛故城的小城里边开了几个探方。我有机会负责一个探方。现在想那个遗址对我们第一次发掘来说太难了，从汉代到新石器的地层都有。我记得我那个 4 米 ×4 米的探方里面，就出了三十多个灰坑、两个小墓、一条水沟，把我搞晕了。几十年过去了，这次发掘还是记忆犹新。几年前，有位朋友在省考古院临淄的工作站参观，看到一件陶鬲中有我填写的标签，就拍了一张照片发给我。我看了一下，就是那次发掘我挖到的。那时候，我业余喜欢画画，同学们挖到的墓，画完墓葬的结构图后，剩下的骨架就让我去帮忙画，因为他们画得往往像一个猴子，而我画得就像一些。我每天除了写探方日记，还有速写日记。画各种同学的活动、村子里的风景，当然还有新出土的东西。薛国是战国四君子之一孟尝君的封地。《史记·孟尝君列传》讲“冯谖市义”中那个故事，冯谖整天呼喊：“长铗归来乎！食无鱼！”“长铗归来乎！出无车。”冯谖后来不就是跑到薛国去给孟尝君“市义”嘛。我们在那儿发掘的时候真的是有一种历史感，有一种古意。我记得我画了一张速写，自己题了一句话，叫作“仰天歌长铗，俯身读地书”，其实并不太对仗。但你看得出，我那时候是极兴奋的。

1986年在薛故城实习时画的速写

第一次发掘，我们也做一些初步的整理，一直干到下雪。我们住在老乡闲置的房子里。开始在皇殿岗，后来搬到尤楼村。我在尤楼同宿舍的同学，有现在西安碑林博物馆的陈根远，还有社科院考古所的徐龙国。那是农民刚盖的新房子，窗子还没有玻璃。我们就拿塑料布钉在窗子上，冷得不得了，早上起床的时候，脸盆里的水全都结冰。我们要自己去邻居家用压水井打水。我不太熟悉井的原理，那水往下慢慢走的时候，钢管柄突然抬起来，把我的下巴打伤了，直流血，现在还有一块疤，算是当年的发掘留念。总之，第一次参加发掘是非常兴奋的。

这样的经历，对我个人意义很大。后来我在中央美院工作，美院有一位在国际上非常有名的艺术家，叫徐冰，也做过副院长。徐老师当年在中央美院读大一的时候，用一个寒假画了一张石膏头像的素描，一整张纸，被认为是中央美院有史以来画的最好的一张素描，收藏在中央美院美术馆。但他后来做装置艺术，还用影像等各种手段做作品，在形式上，你几乎看不到他当年素描的影子。那么，他把那张素描画得那么深入，有什么意义呢？他自己说，他由此知道一个人可以精致到什么程度。我给他的解释是：这是一个自我发掘的过程，是对一个人素质的训练。像我这样，我们将来也会有很多同学不在考古一线，那么，田野工作对大家有什么意义呢？我就想到徐冰老师画素描。最近，《文艺研究》杂志要把我发表过的三篇文章结成一个小册子。我跟编辑商量了一下，书名就叫“美术史的手铲”。意思是借用美术史的方法，对考古学材料进行一次“再发掘”。我写了一个小序言，说到当年田野考古训练对我的影响，我觉得的确是终生挥之不去的。从技术层面讲，我研究唐代韩休墓乐舞图的绘制修改过程，分析清代艺术家六舟的《百岁图》，所采用的方法仍是受到地层学的启发。

第二次发掘我们班大部分同学在邹平丁公，还有一个小分队，只有三个同学，徐龙国、冷艳燕和我，我们随宋百川老师和刘凤君老师参加枣庄中陈郝瓷窑遗址的发掘。那次发掘了好几座古代瓷窑，出土了很多标本，印象也是很深刻的。我后来还经常梦到发掘。《妙法莲华经》讲，菩萨和宝塔“从地涌出”。我梦中常常是大量的陶器、瓷器“从地涌出”，好像它们自己有一种力量，不用我们去挖，真是所谓的“地不爱宝”，大地把它们推给了我们。

山大坚定不移地以田野发掘为中心来培养学生，我认为这种传统非常重要。考古学之所以是一个有尊严的、独立的学科，田野工作是其根本。我们从这个地方起步，将来不管走到哪里，都是有根基的。我常常横跨在美术史和考古学这两个学科上做些研究，文章看上去思路可能略开阔一点。但是，不管如何开脑洞，在论证的层面，都会注意防守，要把材料做得非常扎实。这是一种基本的素养，这种素养哪里来的？我觉得跟山大考古专业扎扎实实的教学是密切相关的。

**王萌萌：**您回忆的参与田野考古的这种兴奋感、成就感、神圣感以及对自己潜力的挖掘和责任感的培养，我们也非常感同身受。您刚刚也谈到许宏老师当时是1984级同学的辅导员。我看到许宏老师在这次采访中用了很大的篇幅谈跟你们这一级同学的一些事情。我印象很深的是，他说当时在公教楼101教室给你们开一个班会，让大家在纸条上写困惑，递给他，他给大家答疑解惑。他说虽然当时自己年纪也不大，就算是大家互相探讨人生指南。您当时有给许宏老师提什么问题吗？

**郑　岩：**这个事情我记得，但具体的内容我忘记了。许老师比我们大不了几岁，我们班最年长的一位同学和他同岁。他像我们一个大哥哥，亦师亦友。他本科留校，要先做一届辅导员。他是很认真的，甚至有些乐此不疲。我理解，他是把这种行政工作看作一种自我训练，而不是被动地应付。我和许老师到现在联系还很密切。北大历史系有一个古代东方文明研究所，我们俩都兼任这个研究所的研究员，算是同事了，但我在他面前，一直是执弟子礼的。

许老师是我遇到的第一个大学老师。那时候我们到大学读书，没有家长送，大都是自己带上铺盖卷坐火车来到济南，火车站有学校大巴车接站。记得在新校9号楼那个路口一下车，我就看见许老师在接待站坐着。他说看过我的档案，知道我喜欢画画。他鼓励我说，你要喜欢画画，以后可以跟刘敦愿先生多学习，刘先生早年就是国立艺专西画科毕业的。那是我第一次听到刘先生的名字。

那时我们有什么事都找许老师去谈。我记得我们班一个同学那时正跟他的高中同学谈恋爱，两人感情一度告急，他想回家跑一趟跟女孩当面沟通。那时候谈恋爱还有点敏感，他硬着头皮去找许老师请假。回来后很高兴，绘声绘色地转告我们许老师的原话。许老师说："好，你回去吧。我也正在研究同样的问题。"那时，我们才知道许老师跟1982级的学姐安也致在谈恋爱。我们叫安也致"安大姐"，对她特别不礼貌，老折腾她，拿她跟许老师开玩笑。

你说到许老师那时候在公教楼101给我们开班会，我觉得好玩的一点是，他那时有点口吃，也可能是紧张。他还那么年轻，要压住我们150人的整个年级的同学，的确是个考验。你看他现在口才极好，接受采访出口成章，真是完全不一样了。一出校门，他又是另一个样子。他带我们见习，跟我们一起吃地摊。1986年，许老师我们带去看武氏祠，在嘉祥纸坊镇下车以后，我们就在尘土飞扬的大街上一块吃包子。前些天我们班的陈根远还在微信群发了那张照片，很好玩。

1986年去武氏祠参观途中，在纸坊镇的地摊吃饭

许老师对我影响很大。他一心向学，他对专业的理解，对田野发掘的态度，都影响到我。当然还有栾丰实老师。栾老师不苟言笑，我们有点怕他。那时候栾老师在学校住筒子楼，他跟许老师是室友，住一个屋，生活非常简朴。许老师经常跟我说，他很推崇栾老师做人做事的方式，希望我们也向他学习。山大老师们真是言传身教，他们严谨勤勉的作风，富有感染力。我觉得这是山大最好的一面，几十年后，我们把他们课堂上讲的话全忘记了，但这种作风是忘不掉的。

有一年暑假，于海广老师给我写信，说他在济宁整理泗水尹家城的材料，让我去帮忙画图。我到济宁后，在铁塔寺的招待所里跟于老师住一个屋。吃完午饭以后，于老师说：你休息一下吧。我睡的时候，于老师在案前工作，等我醒来，于老师还坐在那里。我问：于老师你没睡吗？他说我已经睡了一会儿了。他睡得比我晚，起得比我早。每天早上我一醒来，于老师已经在那工作了，晚上我睡的时候他也还没有睡。这就是所谓的“身教”。那时候我接触比较多的几位老师，他们都没有多少说教，他们自己很自然地那么做，就直接影响到我们。

**王萌萌**：对于我们现在在山大就读的同学来说，也是通过一代代老师的言传身教，传承下来山大考古踏实好学的精神。您刚刚谈到您刚入学时，听说刘敦愿先生将来要给你们教书。之前我看过一个纪录片拍过您的书架，您把刘敦愿先生和杨泓先生的照片摆在上面，您说是刘先生将您带入了学术研究的领域。我们还是想听您再讲一讲，您和刘敦愿先生有哪些故事？

**郑　岩**：刘先生的影响对我来说太重要了。大学是一个人从孩子变成大人的时期，是一个人建立人生观、价值观特别重要的一个阶段。我跟刘先生学到的不仅是学问，还有如何做人。刘先生的学问是非常渊博的，需要我们不断去理解、认识。昨天我路上碰到李零老师，他说，我看到你刚在《读书》上发表的文章了。那是我给刘先生编的一个小册子的后记。我在里边也说到，刘先生除了考古学和美术史的研究，他关于古代草木鸟兽等博物学的一些研究，也值得今人充分予以重视。我们作为学生，从先生身上感受到的，还有人格的魅力。刘先生的宽厚、博爱，做人干干净净。我很少见这样纯粹的人。

我可以讲一个故事，这个故事以前不好讲。现在当事人都过世多年了，我觉得可以说了。我刚到山东博物馆的时候，博物馆有一位老先生，他很有学问，但是脾气特别不好，目中无人。我第一次见到他，他说起刘先生，就很有些不以为然。我就想，哪有当着面批评人家老师的？这个人我以后要敬而远之。过了些时日，我去看望刘先生。刘先生叮嘱我要向馆里的老同志多学习。他说起那位先生，就说：他学问好，只是架子大，不好接近，你要多尊重他，要虚心。他还说：我这里有朋友送我的两包沱茶，他喜欢喝茶，我一分为二，我留下一包，你带走一包送他，这就多了一个接触他的机会，你就可以顺便向他请教问题。刘先生就是这样的人，不管别人对他怎么样，他都与人为善。在他眼里，没有不好的人。

我在一篇短文中写过刘先生帮助一位民间老艺人销售他藏的画版而分文不取的故事。他就是这样一个高尚的人。我在书中读到张光直先生评论当年史语所初创阶段的那批学者，张先生用了八个字——“绝顶聪明，了无机心”。刘先生也是这样的人。刘先生非常聪明，他的文章之精妙，我们学也学不来。但他绝对没有任何蝇营狗苟，一生磊磊落落，70 多岁以后也天真得像一个孩童。

他病重住院，我去看他。我那时候完全想不到他会一病不起。他见了我，说自己还有三件事情牵挂在心里。这三件事情是什么呢？他说，第一件事情是海广的职称还没有解决；第二件事情是丰实的太太还没有调过来；第三件事是许宏要离开，要去北京。刘先生说的这三件事情，全是学生的事情，没有一件是他的私事。他的小儿子刘陶师兄跟我说：“我爸这人喜欢聊天，食堂的师傅、收废品的师傅……他都能聊上很长时间。”他没有架子，没有因为自己是大学教授就如何如何。这是一个人的素养。

说到考古专业的建设，刘先生最愿意用的形容是《左传》中所说的“筚路蓝缕，以启山林”。他说我们山大考古在全国是第三世界，刚刚起步。大家一起努力，慢慢地让它成长。学校在图书馆的楼上给了两间房子，可以隔出三分之二的空间把历年发掘的标本摆出来，这让刘先生极兴奋。他多次跟我说，他梦想将来山大能有一个博物馆，就像国外的大学那样。刘先生如果能看到山大今天各方面的物质条件，看到我们考古系的学术进步，那他不知道该有多么高兴。

**王萌萌**：您刚刚谈到刘先生的人品、品格，我们听了感觉很感动。刘先生对学生的关心，以及他为人处事的原则，也是我们山大考古系很多校友所怀念、敬仰的。就像我们现在跟刘善沂老师做一些绘图工作，他对学生在工作中悉心指导、要求严格，在生活上也非常关心我们。

**郑　岩**：善沂大哥这一点很像刘先生。我跟他也很熟啊，我们俩也一起共事过一段时间。

**王萌萌**：最后一个问题，也是我们非常期待的一个问题。您认为做研究，或者说作为考古学家最需要什么精神？您对考古专业的后辈们有什么样的建议？

**郑　岩**：我其实没有什么太新的话要说，刚才说到张光直先生的那篇文章，我建议你们也去读一读。当年，那篇文章让我眼界大开。我还想谈谈另外一个事情，刘先生写过一篇文章谈王献唐先生在抗战时期对保存山东文献和文物的贡献，我读后特别感动，我也希望大家了解这样的历史。王先生的一篇文章，叫《周虎段贼戈考记》。1937年，王先生见到一件战国青铜戈，上面有三个字——“虎段贼”。王先生认为，“虎”就是老虎，或者虎贲之士；“段”通金字边的“锻”，可以理解为击打；“贼”，就是贼寇。王先生说这可以理解为一个人名，也可以理解为有一员虎贲之士击打贼寇。他说，当此国难之时，这件东西面世，岂非天意。说实在的，我觉得王先生在解释上发挥太多。但是结合当时的时代背景，是可以理解的。文章有一个后记，讲他在写这篇文章的时候，日军在济南上空投弹，一天好几次。门窗为之大震，他几乎不能握笔，但还是勉力为之。那一代人真的是没有一张平静的书桌啊！刘先生在文章中也写到，日军打到济南以后，韩复榘带着部队逃跑，当时山东省立图书馆的图书文物就没有人管了。是王献唐先生、路大荒先生、屈万里先生，再加上王先生的车夫李义贵先生，就是他们几个人把这批东西辗转运到四川乐山，藏在一个岩洞里。他们一路上几次遇到敌军轰炸，险些送命。这批东西新中国成立以后又回到济南，是今天山东博物馆最早的家底。刘先生给我们讲这些故事，是讲一种责任感。刘先生这一代人经历过不同的时代。学问和学生，都是他生命的一部分。这不是“私爱”，而是“公义”。老先生们对事业、对文化、对民族的感情，是具体的而非抽象的。我觉得无论如何，责任感、使命感和神圣感，都不能缺席。

世上新人换旧人。我 37 岁的时候，才走上高校的讲台。我看见一个大班 150 个人都在盯着我，听我讲中国考古学，我突然意识到——轮到我们这一代人了。过不了多久，很快就是你们这批人。人不能太自私，不能只是为了个人的名望，纠结发几篇 C 刊，纠结有没有什么帽子。更高的追求应该是像王献唐先生、刘敦愿先生那样，有一种使命感和担当意识。如果没有这样的认识，做出来的东西可能炫人耳目，但终究是俗气的。这是我想说的第一个方面。

第二个方面是从技术的层面讲，又可以分为两点。第一点就是用功、踏实。这不用多说，我们山大有这个传统，扎扎实实打好基础，坐得了冷板凳，吃得了最大的苦。另一个方面就是眼光要放开，心胸要开阔，要试着去理解那些我们不习惯的东西，要看到其他学科的长处。现在山大考古的学科结构格局很大，与自然科学的结合很密切，这是令人高兴的。也许同学们还要同时注意其他人文科学的发展。

我现在主要研究古代美术史，算是在考古学的圈外了，也说点大家不一定爱听的话。考古学在中国走过一百年了，学科的主体部分还在傅斯年的延长线上，我们还没有超越傅先生在史语所集刊发刊词所说的学术理念。从学术史的角度看，那个阶段当然非常重要。但一百年过去了，世界已经产生了很大的变化。傅先生说过：“我们是中国的兰克学派。”但兰克已经是 19 世纪末的人物了。中国考古学在做出过巨大贡献的同时，也有它不足的地方，值得我们反思。我认为，当下一些过于热闹的现象，年轻人要清醒，要保持很大的警惕。

**王萌萌**：好的，谢谢老师对我们的建议，也非常感谢老师今天接受我们的采访。祝您教师节快乐，中秋节快乐，身体健康，工作顺利！

# 铭记初心，不断求索*

## 访刘延常校友

校友简介：刘延常，男，1966年生，本科1984级校友。现为山东省水下考古研究中心主任、三级研究馆员，兼任山东省涉水文化遗产保护研究学会理事长、中国考古学会两周专业指导委员会副主任、山东省文物鉴定委员会专家成员等。曾任职于山东省文物考古研究院。

长期从事田野考古和考古学研究工作，主要致力于商周考古、东夷文化、齐鲁文化和青铜器研究。主持化临路、日东路等高速公路与铁路沿线考古调查与百余处文物点的勘探工作，曲阜鲁故城等大遗址的重点勘探工作，章丘市西河后李文化遗址等20余处文物点的发掘工作，曲阜鲁国故城国家考古遗址公园考古工作。发表学术论文数十篇，出版《中国出土青铜器全集·山东卷》《青铜器与山东古国学术研讨会论文集》《保护与传承视野下的鲁文化学术研讨会论文集》《新泰周家庄东周墓地》等著作和考古报告。

刘延常近照

采访时间：2022年10月4日

采访方式：线下采访

**周　晴**：老师您好，首先，非常感谢您在百忙之中抽出时间接受我们的采访。刘老师，您长期致力于山东地区周代考古研究，主持过曲阜鲁国故城、新泰周家庄及滕州大韩墓地等著名遗址的发掘和报告编写工作。可以请您谈谈您在山东大学求学期间

* 本文系方佳蕾、耿一淏整理校对文稿，经刘延常审阅修改而成。

下田野的经历吗？对您后来在山东省文物考古研究院的工作奠定了怎样的基础？二者之间有什么区别呢？

**刘延常**：首先，我非常高兴接受咱们山大同学的采访。为了庆祝山东大学考古专业成立50周年，学校举办了这个纪念活动，让我们这些校友们都倍感欣喜。

我1984年进入山东大学考古专业学习，1988年毕业。毕业后就分配到山东省文物考古研究所工作，即现在的山东省文物考古研究院。我在山东省文物考古研究院工作了33年，于2020年6月调到山东省水下考古研究中心，一直在从事与考古和文物相关的工作。关于我在山东大学下田野实习的经历，在当时，我们的田野考古实习总共有两次。第一次是在1986年的秋季，当时山大考古专业和山东省文物考古研究所合作，山东大学的徐基老师、任相宏老师和李淮生老师带领我们班16位同学到枣庄滕县（今滕州市）薛国故城进行考古发掘。现在回忆起当时发掘的经历，有很多记忆比较深刻的地方。当年实习的时候，我对清理墓葬非常感兴趣，相邻探方的女同学由于是第一次发掘墓葬，清理人骨架时有些害怕，我就主动帮助清理。第一次下工地，难免会遇到困惑，我记得有一次在发掘墓葬暴露出的陶器随葬品时，先进行了覆盖，原本想下午上工后再来清理，等下午回来时候，发现有个陶罐的口沿不见了。口沿是类型学判定器物年代最重要的一个特征，如果正好缺失的是典型器的口沿，会对学术研究造成损失，我就一直在找。后来才知道，是我们探方工作的民工把覆盖在陶罐上面的土用铁锨铲掉了，陶器口沿同时被铲掉。36年前的事情，到现在还记忆犹新。

清理过墓葬、人骨和器物的考古实习，才是丰富多彩的、有深刻意义的。田野发掘这不仅让我学到了很多书本上没有的知识，也极大地提升了我对考古发掘的兴趣，可以说为此后许多年来坚定从事考古工作奠定了基础。回忆起大学期间考古实习的往事，主要有两点体会，一是咱们学习考古、文博要以躬行实践为先，知识是宝库，但开启这个宝库的钥匙是实践，在校期间要珍惜参加考古实习的机会；二是希望同学们在初进入工地的时候遇到困难不要气馁，所谓“奔月者不惧黑暗，寻芳者不畏荆棘”。

在实习期间，碰巧当时省文物考古研究所也在进行墓地发掘，趁“十一”放假期间我积极加入了发掘墓葬的队伍。在考古所技工的帮助下，发掘了一组五座有叠压和打破关系的墓葬，丰富了我的发掘经历。在我们发掘过程中，和当地的民工、考古技工、省考古所的专业干部和学校带队的老师们相处得都非常和谐，这对后来我选择田野考古有着积极的影响，特别是老师和老一辈考古人的热情、执着和奉献的精神打动着我。现在回忆起来，感觉很荣幸能够在第一次考古实习就发掘了遗存丰富的滕州薛国故城遗址。同时，在20世纪80年代与省级考古研究机构合作开展实习，这种做法在当时是比较先进的。单从发掘角度来看，我们不仅熟悉了田野考古工作流程，锻炼了考古能力，重要的是培养了专业兴趣和专业素养。

我在山东大学第二次田野考古实习是1987年秋季，参加发掘邹平丁公遗址，栾丰实老师、方辉老师和许宏老师带领我们实习。丁公遗址现在是全国重点文物保护单位，文化遗存十分丰富，是山东大学考古专业的实习基地，对山东大学许多届学生田野考古技能的训练发挥了重要作用。回忆起来印象比较深的地方：第一件事是因为发掘区文化堆积比较厚，层位关系比较复杂，同学们都争着抢着请老师到自己的探方解决问题，尽管我们感觉老师在发掘工地比较严厉，但日常生活中却让学生们倍感亲切，记得当时还和方老师一起踢足球；第二件事情是发掘期间安排学生进行了一次考古调查实习，我和吕风涛同学一组负责调查邹平县长山镇，不仅发现了多处龙山文化、商周时期遗址，也和文化站站长成了朋友，切实掌握了考古调查的基本要领，这次实习也是我在学生时期做得成功的事情之一；第三件印象深刻且受益较大的事情是，工地结束之后，栾丰实老师安排我和李培松同学去整理陶片，让我们能够触摸到大量商文化、岳石文化和龙山文化陶器和陶片，更觉得是老师对我们的信任和肯定，这大大激发了我们学习的自觉性和主动性，也提升了对考古类型学的兴趣。

综合以上这两次考古实习来看，主要培养了我对田野考古工作的兴趣，稳定了专业思想，让我对龙山文化、岳石文化、商周文化的陶器标本有了基本认识，和老师、同学们建立了深厚的情谊，为日后选择从事考古工作打下了很好的基础。我觉得作为山东大学的学生，在山东实习，毕业后又在山东地区从事考古研究工作是非常幸运的。田野考古实习的综合训练对我后续的工作帮助很大，比如说可以更好地与当地人、同事相处，能够更快地适应工作环境进入工作状态，在考古发掘中对文化堆积的判断也更顺利，认识陶片能力也很有帮助。

谈及大学期间的发掘实习和后来在考古研究院工作的区别，我觉得有以下几点：一是工作之后基本上都是自己独立自主地开展田野考古工作，需要承担许多综合管理工作，这和学生时期单纯发掘实习差别较大；二是在学生实习期间，是以锻炼自我和提升田野考古能力为目的，而工作以后就是以更好地完成工作任务、注重收集资料和研究为目的，二者在性质上有明显差别；三是明显感觉到在学校实习时学到的知识和技能在工作中远远不够用，必须不断主动地进行学习和思考，努力适应并认真完成工作任务；四是从事业务工作条件更加有利考古研究，比如工地之间经常相互参观学习、到地方文物管理所、博物馆中考察文物和标本、参加各种业务与学

1984年第一学期宿舍同学
（后排从左至右：卫文革、马跃峰、赵荣强、张云涛
前排从左至右：郑岩、李培松、刘延常、苑胜龙）

术活动。就这样从学校走向社会，从考古实习走向考古工作，这是一个常规道路，我想这是广大校友和同学们都经历过的一种转变。

1987年邹平丁公遗址发掘工作照
（从左至右：李培松、方辉、栾丰实、刘延常、许宏）

**周　晴：**山东大学考古田野见长，对于学生实践能力的培养以及未来考古工作都有很大的帮助，您长期以来一直倡导莒文化研究，与齐、鲁等常见于史籍的大国的研究不同，莒文化的探索主要依赖于考古学，可以请您谈谈在莒文化研究过程中的心路历程吗？其中又碰上了哪些挑战呢？

**刘延常：**莒文化是我的一个研究方向，我为此感到自豪。关于研究心路历程，我觉得第一点是在山大学习了四年考古并且参加了两次田野考古实习后，深受老师们影响，工作中坚持严谨扎实、不断求索的学风。工作中要带着问题寻找研究题目，填补区域考古学文化的空白，这与咱们20世纪80年代中国考古主要工作任务相关。比如1997～2009年，我先后负责了鲁东南地区4条高速和1条铁路配合工程建设的考古工作，我坚持带着问题工作，反复多次在鲁东南地区开展调查与发掘，发现了很多值得研究的问题，其中周代考古学文化的缺环自然就成了我比较关注的一个问题。第二点就是多参观博物馆、文物管理所藏的文物标本，多和地方文物干部交流，这样能够掌握大量信息，是探寻问题、解决问题的好方法。第三点就是要理论与实践相结合，当时在鲁东南地区已经看到了很多相关莒文化的出版物，也了解了一些学术动态，当时在史学界、地方文化界已经对莒文化有所研究，但对莒文化的考古学研究比较匮乏，所以我们感受到了一种责任，觉得应该主动担当起对莒文化的研究任务。于是我们反反复复地观察标本，不断进行比较，也参加相关学术活动，在2000年莒文化学术座谈会上我汇报了对莒文化的认识，第一次提出了莒文化的考古学内涵。之后我们整理思路，收集资料，也经常向老师们汇报请教，最终《莒文化探析》于2002年发表于《东南文化》，这是第一次莒文化的考古学研究，是我们研究莒文化的起点，为后续持续研究莒文化奠定了良好基础，同时奠定了我自己的学术研究基础。2017年发表《莒文化新发现与相关问题的思考与认识》，主要对十几年来的考古发现和搜集的青铜器资料进行深入分析。2017年为庆祝李伯谦先生80华诞，撰写发表《莒文化解读：一种文化发展模式的思考》一文，文章将莒文化全面深入解读，并上升至理论方法层面。莒文化是西周中晚期到战国早期分布于鲁东南地区的一支考古学文化，从空间分布来看，莒文化东临黄海，同时又处在齐文化、鲁文化、吴文化、越文化、楚文化等周边几个文化的交界区，具有边地文化、交界区文化的活跃性与融合性特点。从莒文化内涵特征分析，既遵循周礼又有更多创新的特征，吸收胶东半岛东夷文化、齐文化、鲁文化、淮河中下游诸文化因素，其交流融合的特点非常鲜明。通过研究莒文化我获得诸多启发，收获颇多，相关学术成果也得到学术界广泛认可，莒文化是齐鲁文化的重要组成部分，从此社会、政府层面也对莒文化都有了更深刻更全面的认同。

2012年曲阜鲁国故城发掘工作照
（国家文物局专家组验收鲁国故城周公庙建筑群基址发掘工地）

当然，我们在研究过程中也有挑战，存在许多困惑。第一，莒国城址问题，考古工作做得太少；第二，目前莒文化研究的对象以大中型墓葬为主，聚落考古研究不深入；第三，应该对莒文化开展区域专题调查；第四，整个莒文化分布范围较大，许多市县保存的莒文化标本资料没有得到深入研究，没有发表出来；第五，相关博物馆的建设，莒文化的宣传、普及利用不够。还有诸多学术问题尚待解决，对考古工作也提出了更多更高要求。

2012年曲阜鲁国故城发掘工作照
（李伯谦先生现场指导工作）

2019年滕州市大韩东周贵族墓葬发掘成果专家论证会

**周　晴：**刘老师，您作为山东大学考古专业的研究生合作导师，并作为郱国故城遗址的顾问，请问您觉得现在山大考古的学生与您上学的时候有什么异同呢？你对现在的学子有什么寄语呢？

**刘延常：**咱们共同进入了一个新时代、一个好时代，中国考古学真正地进入了黄金时代。包括考古学科的建设，包括党和国家政府的重视，还有社会需求越来越多，考古学的价值、作用和贡献不断彰显。习近平总书记发表了系列重要讲话，特别是在2020年9月28日、2022年5月27日两次中央政治局集体学习时的重要论述，充分肯定了中国考古学取得的突出成就，对考古工作提出更高更明确的要求，指出了工作和研究方向，为提升文化自信、阐述中国特色社会主义道路提供了文化支撑。

考古学科的变化还体现在很多方面，比如越来越多的高校在对文物考古专业积极扩招；社会需求更加广泛，比如说现在山东省就有600多家博物馆，考古研究机构也大幅度增加编制，专业学生就业前景广阔。20世纪八九十年代我们从事田野考古的条件比较艰苦，经济条件较差，没有电脑也没有通信设施，个别地方甚至没有电，这是你们当下无法想象的，但大家依然乐在其中。现在从事考古和研究的条件大大改善，经济收入和社会地位不断提升。师资力量愈发雄厚，学术水平不断提高。考古学、文物考古、博物事业呈现出一个欣欣向荣的大好局面，同学们都应当珍惜这大好时光，去努力学习，不断提升自我。学科、学术不断发展也使得就业需求更加广泛，对大家而言就提出了更高的要求，提升学习能力、科研能力，适应当前就业竞争和社会的高需求。对用人单位而言，不仅考察专业知识和科研水平，对学生的综合素质水平要求也更高，包括个人写作能力、表达能力等。

与我们那个年代相比，你们现在的田野考古实习机会总体偏少，我建议学校应当提倡社会实践，包括去博物馆或者纪念馆等，都会对你们的学习与综合锻炼很有帮助。通过多次实习，根据实习过程中的体验和感受，培养自己的兴趣，结合老师的推荐去选择自己未来的求职方向。多实习和交流，去认清社会的需求和自己的特长所在，从而选择自己的就业单位。现在的大学生和老师之间的接触不如之前密切，老师与同学们的交流是一个教学相长的过程，需要多多沟通来得到提升。同学们应该珍惜现在优越的学习环境，我们山东大学的办学条件和学科建设在全国高校里都是走在前列的，如学科交叉融合、实验室平台的搭建、国际学术交流等。同学们要尝试在学习过程中去了解社会对相关专业的需求，因为大家在学校学习的过程中，对于社会的认识和思考往往较少，建议大家要关注社会了解社会，明确自己的方向，了解自我。同时，同学们要练就学习能力，夯实科研能力，培养工作能力，

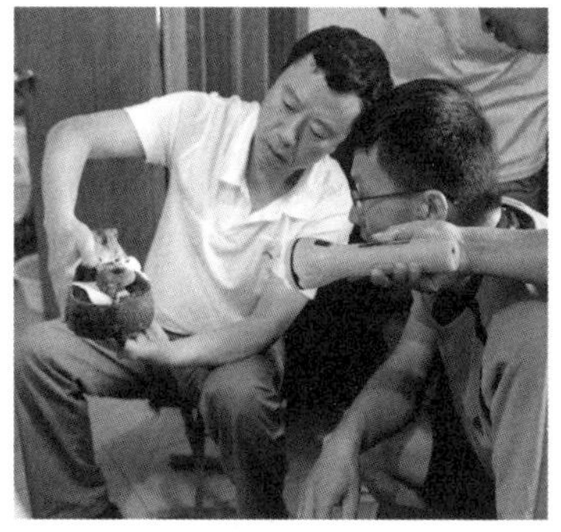
刘延常考察曲阜鲁故城出土青铜匜

锻炼综合能力，提高对自己的要求。要有明确的自我定位，避免参加工作遇到困惑而怀疑自己，压抑自我。并且一定要培养团队精神与合作能力，养成责任意识和风险意识，学校也有相应的思政课，要学会通过理论来武装自己的思想，更加清醒地认识社会发展规律，马克思主义中国化其中要与中华优秀传统文化相结合，同学们要去学习去挖掘优秀传统文化，要通过“学思践悟”来达到理论联系实际的目的。

**周　晴**：最后，我们想请您谈一个比较大的问题。山东大学考古专业这50年来取得了重要发展成果，您认为在下一个50周年之时，山大考古专业将以怎样的发展方向和目标前行呢?

**刘延常**：作为校友，我非常高兴和自豪地看到母校的发展，看到山东大学考古学科建设走在全国前列。我认为未来的发展，第一要认清考古学科发展的趋势，扬长补短。考古学术界非常认可山东大学扎实的田野考古水平，“扬长”就需要强化我们的田野考古水平，优势不能丢。第二要持续强化学科交叉融合，这是我们学校的第二个优势。第三要强化国际交流合作，咱们的国际实验室、博物馆、考古和文物保护这些年也取得了很大的进步，这些都是我们的优势所在。

对山东大学考古学科发展提点建议。第一，要加强文化遗产保护规划学科建设，要随着文物事业发展，越来越强调文物保护，社会需求必然增强。第二，要加强水下考古和海洋考古研究，水下考古的发展蒸蒸日上，海上强国战略、海上山东建设和人类命运共同体建设离不开海洋战略，所以说海洋考古研究不仅是一项文化事业，更是具有重要社会政治意义的工作。第三，加强古文字课程设置和文献导读课程，中国考古学重要的特征之一是学术研究要和历史文献结合，解决历史问题，这是具有中国特色的。第四，要适应时代形势，加强现代科技手段和数字化技术学习应用。我们应该努力地去建设双一流专业，保持前列不掉队，我觉得从学科角度来看，我们不能掉出前五名，目标是保五争三奔第一，这是山东省政府提出来的发展目标，用在我们山东大学考古学科建设上也非常贴切。第五，要不断优化师资队伍，强化管理，强调教学为本，加大对学生的培养力度。同时也建议打造不同学科学术研究小组，凝聚力量，活跃研究氛围，形成并保持好的学风作风，我们校友愿意为山东大学考古学科发展贡献自己的力量。

最后，祝福在校的同学们学业进步、学有所成、学以致用，感谢老师们的辛劳付出，愿校友们持续发展，祝愿母校考古学科前程似锦。

谢谢周晴、耿一淏两位同学的采访。

# 立足田野，宁静致远*

## 访王青校友

校友简介：王青，男，1967年生，本科1986级校友。山东大学历史文化学院教授，兼任山东省考古学会常务理事、山东青铜文化研究会副会长。曾任考古系主任、文化遗产研究院副院长。曾任职于吉林省文物考古研究所。先后获评“教育部新世纪优秀人才”、“山东大学杰出中青年学者”。

主要研究方向为先秦考古、盐业考古、神灵考古，主持多项国家级和省部级项目，发表论文数十篇，出版《海岱地区周代墓葬研究》《远方图物：早期中国神灵考古探索》《环境考古与盐业考古探索》《博爱西金城》等著作和考古报告。

采访时间：2022年5月26日

采访方式：线下采访

**付建丰**：王老师您好，山大考古专业从创立到现在已经历了50年的风雨，一代又一代山大人从前辈手中接过历史的接力棒，铸就了山大考古如今的辉煌。您在山大就读，毕业后又回到母校当老师，能谈一谈山大考古以往历史中对您最有感触的人和事吗？

**王　青**：时间过得飞快，我们山大考古专业已经走过50年了，这一路走过来，发展很快、变化很大，是很不容易的，各位前辈老师都做出了很大贡献。刘敦愿先生在1972年创办了这个考古专业，在前些年出版的《夏鼐日记》中，我们发现刘先生1972年之前至少两次找夏鼐先生商谈创办山大考古专业，他要争取国家主管部门和大家们的支持，专业刚办起来那几年还要广泛邀请校外的专家学者为学生开课，来来回回都是刘先生亲力亲为，这个过程我们现在想一想就会觉得特别不容易，可以说是筚路蓝缕，居功至伟，值得我们所有山大考古人永远铭记。

我是1986年入学、1990年毕业的，赶上了“80后”，现在回想起来，我个人感受

---

* 本文系徐梦玲、巨宏略、周晴整理校对文稿，经王青审阅修改而成。

最大、印象最深的人和事，就是刘敦愿先生对我的殷切关怀，可以说在我们班里，我和先生的联系最多，先生对我的教诲和帮助也是最多的。

1986年我们入学时刘先生已年近七十，记得他出席了新生欢迎会，讲了很多鼓励我们的话。新学期一开始我们就上了专业课程，通过各位老师的讲课，我们大致了解到刘先生等老教师的一些事迹和“轶闻”，也让我们对考古学有了基本了解和掌握。次年，刘先生在临近退休之前还给我们班上了考古学史这门课。当时我对考古的热情很高，就找一些机会去刘先生家当面请教。他就住在校门对面的南院教工宿舍，现在那个老屋子还在。进屋有一个朝南的书房兼会客室，地方不大也很旧，并且书架也很旧，上面有很多线装书，那个房间我至今印象深刻。老先生给我们上课也好，或者在他家谈话也好，都抽那种黑杆儿的雪茄烟，那个烟味道很重，这个印象也很深。

记得1986年冬天快放寒假的时候，我冒昧地去南院拜访先生。因为我家是威海的，我说想做威海的考古调查（也就是现在的威海市环翠区），老先生一听特别高兴，说你的想法挺好，威海还没有做过系统的考古调查，你的勇气挺大。然后他就很高兴地给于海广老师打电话，借给我一把手铲；并且他还给林仙庭老师写信，林老师1982年毕业后在烟台博物馆工作，刘先生给他写了介绍信，拜托他帮忙。当时威海还没有从烟台分离出来，1987年才分出了威海地级市，在此之前威海的文物考古工作都归烟台管。放假以后，我就拿着手铲和介绍信，一下火车就直接去找林老师，但是当时馆里正在开会，一屋子人，为了赶上回威海的汽车，我就没来得及见到林老师。回到威海后，我又约上高中同桌同学、已考上山师大历史系的李强，摸到威海文化馆文物组找了孙老先生（名字我忘了）和隋裕仁老师，两位老师给我们介绍了遗址情况，我们就把遗址都标在地图上，这样就比较顺利地做了这次调查。

记得那年威海的冬天风很大，雪也大，当时我们跑调查也没其他交通工具，就是分别骑着一辆自行车来回跑，其间克服了很多困难。我们赶在过年之前跑了10多个遗址，大致一天一个，有大汶口文化和龙山文化的，也有汉墓等。春节之后我又按照老师在课堂上讲的方法，完成了画图和文字描述。1987年1月开学之后，我就撰写了这次考古调查的报告，转送给刘先生审读。刘先生就把我叫到他家去，他对我的表现很高兴，说能写成这样一个东西很不容易，我凑上去一看，上面已经画了很多红笔道，先生又对修改之处逐一讲解，这使论文有了很大提高。后来我就以这篇报告参加了1987年学校组织的五四青年论文竞赛，记得还获了奖。这份调查报告应该还在学校存档，如果能找到的话，应该也是一份比较好的原始材料。当时这些遗址地表还是比较原始的状态，我们采集了不少陶片和石器等，在访查当地村民时，他们还给了不少完整石器，都是他们平时生产劳作时捡到的，记得有些是从花盆里拿出来的，是拿回来压花枝用的。这次调查给我的印象比较深，因为从那时开始我才对考古调查、田野考古有了初步印象和体会，这当然与刘先生给我的很大鼓励和肯定是分不开的。

还有一件事我印象非常深，就是大学毕业时刘先生对我的莫大帮助。1989 年临毕业时我在山东找了好几个单位，都不接收，后来我考虑各种情况，希望能去吉林省考古研究所工作。刘先生对我也比较关注，一听我的想法，就马上给吉林省考古学会会长王承礼先生写了一封推荐信。我当然特别高兴，因为当时国家对大学毕业生的政策是双轨制，鼓励自己找工作，如果找不到工作，就把本人档案寄回户籍所在地，由当地的文化局或者教育局分配工作。毕竟我不是吉林人，人生地不熟，何况我们班还有两位是吉林省的，若是我自己找工作哪有那么容易？所以，我还请栾丰实老师写了推荐信，两位老师都“狠狠”地把我表扬了一番。1989 年寒假我就拿着他俩的推荐信去了长春，一问才知道王承礼先生已经退休了，新所长是方起东先生，他见到推荐信非常重视，转年刚开学方先生就给我回信，说我们研究决定接收你了。就这样，在各位老师的热情帮助下，我的工作去处很顺利就解决了。从此之后，我就在吉林省所考古部工作了十年，期间参加了几次大规模考古发掘，还在职攻读了吉林大学考古系林沄先生的博士。

在 1997 年刘先生去世之前，我每年都给他写信，汇报工作情况和研究成果，他也给了我很多的肯定和指导，有很多回信。参加工作以来的 30 多年我多次搬家，他的来信我都一直用心保留着，但是一封最重要的信丢失了。那是一封很长的来信，写在宣纸信笺上，是刘先生用毛笔写的，字非常漂亮。前几年在他 100 周年诞辰的时候，我想写一篇纪念文章，就把这封信找出来，后来因为拖得时间比较长，就把信放在书架里，结果就弄丢了，到现在都没找到。这对我来说是个巨大损失，至今想起来还是感到非常遗憾，只能等以后再慢慢找了。

**付建丰**：您刚才谈到第一次田野考古和调查，在这一点上，山大考古可以说一直拥有完善的田野考古教学实习和一批田野发掘技能过硬的老师。在这里想请您给山大年轻的考古学子们讲讲您最初田野实习的经历。

**王　青**：我们那时的田野考古实习比现在要多，正式的实习有两次，还有一次田野见习。算起来应该是两次半，每一次实习都给我留下了深刻印象，为我工作以后的考古经历打下了重要基础。所以我就都讲一下吧。

1986 年秋季，我们班 15 人在班主任崔大庸老师的带领下，到鲁南滕县的薛故城遗址考古见习，那时徐基等老师正带着 1984 级的师兄师姐们在这个遗址做发掘实习，我们去见习了几天时间。当时我们就和你们现在第一次下工地一样，都很期待，摩拳擦掌，都想亲自上手试一试。等我们下到探方拿起手铲时，心情马上又变得紧张起来，又不敢做了，要慢慢地适应，用手铲逐渐学会刮面和注意区分堆积，等等。我记得自己亲手挖出第一件陶片时，心里确实比较激动，也很好奇，下面还有没有？是不是完整的陶器？当时的心情现在还记忆犹新。

1988年秋季，于海广、任相宏和崔大庸、方辉几位老师带着我们到昌乐做生产实习，在后于留遗址挖了一片汉代墓地，是配合修建济青高速公路的发掘项目。我们男生住的是一户村民刚盖的婚房，窗上还没安玻璃，后来听崔老师说，这已经是村里条件好的房子了，是他提前租下并临时钉上了塑料布。这是我们第一次正式实习，历经三个多月，在老师们的用心指导下，我们对考古发掘有了一个比较全面的掌握。记得我挖的一座墓中出土了一件王莽时期的铜镜，墓只是个小墓，一铲子下去这面铜镜就翘出来了，是挺大的铜镜，上面还有铭文，问老师才知道是王莽的年号。我个人挺高兴的，因为这是那次发掘出土的最像样的铜器，其他墓葬大多被盗了。

还有一件事记得很清楚，就是在发掘期间大概是中秋节放假，我们想去北边50多千米的莱州湾海边看看，因为我们班多数同学都是内地来的，还没见过大海。我们就向于老师请了假，就俩人一辆自行车出发了，结果到了寿光大家洼码头一看，全是灰蒙蒙的一片，哪有电影里看到的蔚蓝大海？那些内地的同学很是失望，我也大吃一惊，以为海水都是老家那样的，我那时也是上大学才第一次走出威海。这次去了整整一天，来回100多里地，回来路上我们都累得不行，两腿又肿又麻，简直不知道是谁的腿了。等我们晚上十点回到村头，就看见于老师还在路边等着我们。于老师的心情到我自己带学生实习时才真正体会到了，学生的安全问题始终是最重要的，老师要对实习学生的安全负责到底。所以这件事我印象特别深。

第三次实习是1989年的秋天，栾丰实、许宏和方辉、杨爱国几位老师带我们班在邹平丁公遗址毕业实习，这次发掘持续了四个月，1990年一月份才放假回家。那时我们住在刚建立的工作站小楼里，居住条件挺好，但是我们发掘的工作强度是比较大的，收获也是最大的，有两件事印象比较深。

一个是我们那年的发掘区选在村东一片玉米地里，布方那天到现场一看，村民砍倒玉米秆留下的根茬还很高很密，老师就让我们在这片茬子地里找到去年发掘打下的那个小木桩，于是大家都弓着腰去找，但是盯了老半天也没找到，最后还是栾老师眼尖，叫他找着了。在后来的发掘过程中，我们又亲眼见识了栾老师的田野功夫，和他一丝不苟的认真态度。记得在发掘后期一次照相时，栾老师因为劳累过度从很高的梯子上跌落下来，大家都很着急得围了过去，后来知道栾老师那时就有头晕症状，他是带病带我们班实习的。在发掘快结束时，我东临的探方挖到次生土时出了一堆蛋壳陶杯残片，显然应该有一座龙山文化墓葬，但是次生土和生土非常不好分，我跟同学刮了半天也划不出线，没办法只能找栾老师，栾老师来了也不说话，蹲下来就是刮面，一直刮，我们一看就赶紧跟着一起刮，最后还是栾老师把墓给划出来了，我们一清理，骨架和随葬品就都出来了。栾老师对田野考古的奉献之多和水平之高，真的是很令人敬佩。

另一个就是许宏老师对我们的魔鬼训练。为什么这么说呢？许老师当时刚从兖州培训班毕业回来，这是国家文物局主办的全国层面的田野考古培训班，请的是全国田野水平最高的老师，所以对学员的要求也特别严格，学员们都称这一年的经历是魔鬼训练。结果，许老师回来之后就打算给我们也来一次魔鬼训练，他和栾老师商议决定就拿我们班做试验，进行全套模仿，从发掘到记录到整理这一整套流程都严格要求，用的就是培训班表格，都要规范、系统地进行操作。这些都是后来许老师跟我们讲的，现在回想起来，丁公这次实习确实是魔鬼训练，我们的田野水平也确实得到了很大提升，直到后来我带学生实习的一些基本田野考古方法，还是继承了许老师的传统。

1989 年秋 1986 级考古班在丁公遗址发掘现场合影

**付建丰**：今年是山大考古学成立 50 周年，您觉得考古专业发生的最大变化是什么？

**王　青**：我是 1990 年毕业，到 2000 年又调回母校，一直工作到现在。从 80 年代到新世纪以来，我们考古专业实现了历史性的跨越和发展，在这个过程中我个人也实现了从学生到老师的身份转变，可以说体会是很多很深的。总结起来，我觉得主要有两个大的变化。

一是我们的办学条件有了一个翻天覆地的变化。20 世纪 80 年代的时候，我们文史楼的教室和陈列室、资料室都很破旧，面积也很小，师资条件很是不足，后来我陆续听各位前辈老师们讲到，他们是克服了种种困难给我们开课的。2000 年我调回来时已经成立了考古系，硕士点和博士点也都批下来了。到了 2002 年，在栾老师和方老师的努力下，我们又成立了东方考古研究中心，是学校直管的。紧接着，一系列考古实验室和办公室陆续建起来了，教学科研条件都有了一个大的提升。十年后，我们又成立了文化遗产研究院，办公室搬到了新建的知新楼里，文史楼的实验室面积也增加了很多，近年又在青岛校区开辟了新的教学科研场地，到这个时候不管本科生和研究生教学，还是研究领域都在不断拓展，可以说办学条件已发生了翻天覆地的变化。相信七八十年代的老校友们回学校再来看，肯定也会是同样的感觉。

二是我们的教学和研究重心发生了重大转变，就是栾老师讲的，实现了从考古学文化研究到古代社会综合研究的转变，实现了历史性的跨越。说到这里，还要再次提起刘敦愿先生，他在1972年创办考古专业的时候，就坚持让老师们都下田野，这就为我们山大考古定下了一个极为重要的发展方向。他本人也身体力行，多年来坚持带领同学在山东做考古调查，发现了很多有重要价值的大遗址，包括滕州岗上、日照两城镇、五莲丹土等遗址。他曾做过一个很形象的比喻，他说田野考古就像飞行员开飞机，你在天上的时间越长，你的驾驶技术就越熟练。考古也是这样，下田野的经历越多，田野考古的能力就越高，研究能力也就随之越强。所以那时候指导实习的力量很强，一次实习都有三四位老师参加，老师们都撇家舍业，克服了种种困难坚持下来，这才使得我们专业从20世纪80年代以来，就已在全国的高校和考古界打出了“山大考古以田野见长”的特色，这是很不容易的。栾老师近些年总结并且一直强调，田野考古是考古学的生命，这是很精辟的，我觉得我们也确实做到了。

到了20世纪90年代后期特别是新世纪以来，随着多个机构的设立和大规模扩招，我们的学科规划与建设也及时进行了调整和转型。在田野考古的基础上又发展了科技考古这一块，还有一些重要的中外合作项目来带动，形成了课堂—田野—实验室这套新的教学模式，聚落考古、环境考古、盐业考古等这些新的研究领域也就纷纷开展起来，并且做到了前沿水平，成了现在我校考古学科很有前景的发展方向，老师们的教学和科研也随之有了巨大拓展。可以这样说，我校考古学科的这一转变也是20世纪90年代后期以来整个中国考古学实现转型的重要组成部分，并且已成为一支重要的推动力量。所有这些变化都是老师和同学们共同努力的结果，所有的付出和收获都值得现在的同学们铭记。

**付建丰**：您觉得这些年传承下来的山大考古精神是什么？我们即将面临的挑战又是什么？您对今后的山大考古学子有哪些寄语呢？

**王　青**：其实从上面说的不难看出，咱们这50年所锻造出来的山大考古精神还是很有特色的，我个人愿意把它总结成两点：一是具备扎实过硬的田野考古技能。从刘先生开始打下的基础，经过这四五十年一届又一届的老师和同学们，不断锻炼出扎实过硬的田野考古技能，这一点也不是我们自夸，全国考古文博单位对我们山大毕业生踏实认真的田野作风都有普遍好评。二是具备不断创新的干事创业意识，这一点当然是以田野技能过硬为基础的。考古研究无疑是以田野考古为基础的，但是田野考古也不能等同于考古研究。记得于海广老师说过一句话：“我们的视野要先扎进探方，但是不能老是陷在方里，还要学会跳出探方，面向更广阔更深入的考古研究。”这些年来，我们的毕业生多数都能及时跟上考古学的发展新趋势，包括知识结构、研究理念和研究的新课题等，这些通过历年的毕业论文就能看出，很多都是结合考古学的新发展，选题和研究内容一直比较前沿，体现出我们山大考古人扎实认真、不断出新的专业素质，展现了很好的发展趋头。

最近几年可能大家都已经体会到，各级政府部门对考古文博事业都非常重视和支持，各个考古文博单位也都纷纷采取行动，包括扩大编制、建设新场馆、加大经费投入等等。大家普遍认为，现在的中国考古学应该是历史上最好的时期，可以说整个考古文博事业迎来了黄金时代，在我们这些老校友那时候真是想都不敢想。在这个学科真正进入多元化发展的大好背景下，同学们选择考古和文博专业，我觉得是非常幸运的，也是很有前途的。我希望同学们作为新一代的山大考古人，能够继承前辈们给我们打下的坚实基础，继续坚持我们的田野见长这一特色，还要充分利用事业发展的各种机遇，直面挑战、勇于开拓，把山大考古人的精神进一步发扬光大，力争发展出新的生长点，创造出新的辉煌。

为此，我想对现在和今后的同学们提出两点希望：踏实认真，勇于开拓。这八个字就算是对同学们的寄语吧。谢谢！

# 朝夕相处，苦乐同享*

## ——1986 级考古班田野实习考察追忆

赵新平

校友简介：赵新平，男，1967 年生，本科 1986 级校友。现任职于河南省文物考古研究院。主要从事田野考古发掘与研究工作，研究领域主要为新石器时代考古学、中国古代早期城址及聚落研究等。先后参加或主持了郑州西山遗址、鹿邑太清宫唐宋建筑基址、鹤壁刘庄遗址、淅川马岭遗址等十余项发掘工作。

我是 1986 年考进山东大学历史系考古专业的。我们班一共有 15 人，包括 3 名女同学，分别来自吉林、河北、河南、江苏、四川和山东六个省。开学之初我们上的第一门专业课是考古学通论，由蔡凤书和宋百川两位老师分别讲授。当时蔡老师是我们考古专业的主任，他主讲考古学概论和史前考古学部分，并且突出讲了考古学的重要价值和意义，主要是为了巩固我们这些新生的专业思想，防止有同学产生转专业的念头。因为在我们班 15 个同学里边，第一志愿报考古专业的只有 3 个人，我是其中之一。我在中学就一直对历史和地理比较感兴趣，并且成绩不错，到考大学报志愿的时候，我又了解了很多学科和专业，发现只有考古学既是历史学的组成部分，又能经常到各地出差，这便和人文地理有一定联系，所以就懵懵懂懂报了考古专业。当时选择考古学作为第一志愿的同学并不多，有些同学甚至是高分调剂过来的，像我的老乡、南阳籍李松林就是，他高考分数比我多了 15 分，第一志愿没能录取，就被调剂到考古专业了。

## 一、随堂野外考察

我们第一门专业课是考古学通论。宋百川老师在授课之余，还带我们班进行了第

---

* 本文由赵新平口述，王青、李慧竹协助整理完成。

一次野外考察和学习，到济南市南郊的四门塔参观。四门塔始建于隋大业七年，距今已经 1400 多年了，四面都由巨大的青石砌成，是我国现存年代最早、保存最完好的单层亭阁式佛塔，在中国佛教史、建筑史上都有重要研究价值。可惜，当时我们都是刚入学的懵懂学生，还听不懂宋老师讲的这些内容。第一学期还有一门专业课，就是栾丰实老师主讲的旧石器时代考古。栾老师为了讲人类骨架的构成和特点，专门带我们去校内生物系的标本室，在一具人骨架实物标本前详细讲解 206 块骨骼的名字、位置和上下连接的部分，还有如何区分男女性别和年龄这些基本知识，并鼓励我们每人都亲自去摸一摸，以便记牢这些骨骼。我们班三名女同学也表现很勇敢，没有一个害怕的。我到现在还记得大多数骨骼的组成。

大概是 1986 年 10 月初，我们班又进行了第二次野外考察，是班主任崔大庸老师带着我们去滕县（现在的滕州市）薛故城遗址发掘工地见习参观。当时还有见习这一说，是专指到发掘工地的短期体验学习。我们从济南坐火车南下，当晚就住在滕县火车站旁边的一个小旅馆，第二天上午参观了滕县博物馆。这个馆应该是当时山东县级博物馆中展品较为丰富的博物馆，印象比较深的是北辛遗址出土的大量陶器和北辛人复原头像，还有大批商周青铜器。午饭后崔老师从博物馆借了一辆有后斗的北京 212 吉普，崔老师和三位女同学坐在驾驶室，我们男生全都屈着腿挤在后斗里，到目的地时腿都麻了。目的地就是离县城 20 千米的薛故城遗址发掘现场，当时徐基、任相宏、李淮生老师带 1984 级考古班的同学们正在这里发掘实习。这是我们班第一次看到考古发掘究竟是什么样的，记得崔老师还给我们示范了洛阳铲的功能和使用方法，我们也都上手打了几铲。返回途中经过微山湖时，我们还在湖边逗留，只见全是湿地和芦苇荡，景色让人心旷神怡。我们和崔大庸老师在这里合了影，大家手里拿着高高的芦苇，就这样拍下了我们班第一张合影，我们都一直保存着。记得我们回程在滕县火车站候车时，还意外地见到了我们专业的两位大咖式人物：于海广老师和栾丰实老师。栾老师我们已经认识了，于老师是我们第一次见到，能在外地同时见到这两位老师大家都很高兴，后来我看到新出版的《泗水尹家城》报告才知道，他们当时应该是去济宁整理尹家城遗址发掘资料的。

1987 年秋天是于海广老师和方辉老师讲授的商周考古课，其中于老师带我们到山东省文物总店去参观，店里陈列着不少文物，类似一个小型博物馆，工作人员也有不少是山大毕业的，所以于老师去那里是轻车熟路，非常方便。方老师也安排了大半天时间带我们去山东博物馆参观，那里也有不少我校考古专业的毕业生，陈列的商周青铜器很多。所谓纸上得来终觉浅，在课堂上学习的只是一些课本内容，要看实物还是要到博物馆，这样才能结合课本知识有更大的提高，所以两位老师特意安排了这两次参观学习。

1988 年春天是李发林老师的战国秦汉考古课，30 多年过去了，至今我还记得李老师在黑板上用粉笔画出长治分水岭战国墓群分布图的情景，200多座墓还画得那么准，真是功夫了得。当时的上课条件很简单，不但文字内容是老师们在黑板上写出来的，器物图和地图也都是一笔一笔画出来的。记得是课程之中的四月份，李老师向学校申请了经费，带我们外出参观实习，这次实习去了秦汉遗存分布最多的嘉祥、曲阜、兖州和滕县（今滕州），为期一周。那时学校的经费是比较紧张的，应该是李老师和系里的坚持才批下经费，才有了我们这次难得的长途实习机会。李老师带我们到嘉祥县参观了著名的武氏祠汉代石刻，保存的画像石比较完好。李老师曾经写过一本山东汉画像石研究专著，在这方面有很深的造诣，通过他的实地讲解，我们亲身体会了画像石的艺术魅力和历史价值。在曲阜，李老师并没有带我们去参观著名的三孔景点，而是直奔南郊的九龙山汉墓，那是把石头山掏空的大型石室墓，是西汉鲁王的陵墓，与满城汉墓的结构相似，曾遭盗掘后又经过考古发掘，李老师领我们走进露天敞开的大墓，用现成的实物讲授了满城汉墓这类汉代石室墓的结构特点。回到学校后，我回忆整个参观过程，感到已经年近六旬的李老师之所以不辞辛苦带我们下去参观实习，其中包含着老师的良苦用心和丰富的教学经验，让我们真正领悟到作为一个考古工作者必须要读万卷书，行万里路，把书本与实际有机结合起来，才能真正做到知行合一。

1986年10月崔老师与1986级考古班在微山湖合影

这次参观还有一个细节记得比较深。出发之前，李老师已经对要去的地方做了详细规划，并在新校南门的售票点买好了去各县市的火车票，上课时又通知我和李东同学晚上去他家中拿车票，给同学们分发一下。那天大概是晚上七点多钟，天已经蒙蒙黑了，我跟李东去他家拿火车票，李老师还专门嘱咐说，这一路上你们两个一定要跟着我。我俩一开始还不明白老师的意思，参观回来后才明白了他的用意，我们两人个子较高，显得壮实一点儿，李老师随身带的小包里装着我们所有人的车票和吃饭住宿的经费，他让我们两个寸步不离地跟着他，是为了防止钱物丢失。从这一点就能看出李老师是多么谨慎小心和负责任。

大学四年最后一次出去参观学习是1990年春天上中国古代雕塑史这门课时，刘凤君老师带我们到青州参观考察了驼山石窟造像，石窟是北周隋唐时期的，一些重要造像都陈列在青州市博物馆里，这些佛像具有很高的艺术价值和历史价值，也说明了古代曾经发生过比较大的官府毁佛行为。在青州博物馆，我们还碰到了一位山东省文物考古界老前辈——夏名采馆长，夏馆长那时已经快60岁了，在我们在参观过程中，一直跟着我们跑前跑后，亲自为我们讲解，很令人感动。后来的1996年，就在青州博物馆附近的龙兴寺遗址，夏馆长又主持发掘了更多更精美的古代佛像，也是很多有残缺，应该也是官府毁佛造成的。

## 二、昌乐发掘实习

到了1988年秋季的田野考古实习课程，就是正式的野外考古发掘了，因为这门课程是考古专业每个学生必须要野外实际操作的一门关键课程，只有在野外实地完成了田野考古技能的学习，才能真正掌握如何进行考古调查和考古发掘，所以是一门非常重要的课程。我校的考古专业几十年来一直非常重视这门课，尤其注重它的野外实践教学效果，目的就是培养和训练学生的田野考古基本技能。因此，当时每届考古专业的学生在校期间都要经历两次田野考古实习，第一次是生产实习，第二次是毕业实习，这两次实习与其他课程一样，也是要打分的，是老师们根据每个学生对基础知识和田野技能的掌握程度，来打出具体成绩的。

担任我们班这次实习的指导老师，阵容可谓是相当强大，既有很有名的田野高手于海广和任相宏老师，还有崔大庸和方辉两位年轻的老师。那时候像蔡凤书、宋百川、李发林这些年龄比较大的老师，已经基本上不再带田野考古实习了，都是一些中青年老师带的。实习地点是山东昌乐县后于刘遗址，崔老师叫上我和李东提前去昌乐，负责为本次实习打前站，我和李东把我们班的全部行李搬到卡车上，并坐在车的后排负责押运行李，崔老师坐在驾驶室里负责带路。到昌乐以后，崔老师与当地的县文管所取得联系，我们又把全班的行李运到后于刘村，其他同学则是坐火车到昌乐，又坐公共汽车到的后于刘村，再安顿住下来。

考古发掘很快就开始了。我们15个同学每人负责一个探方，还配了一个山东省考古所派来的技工师傅，这样一个探方等于有两个人来负责发掘。这个遗址的发掘是为了配合济青高速公路建设，是由山东省所出面承担这个发掘项目，具体由我们山大负责完成的。省所的领导对我们于老师和任老师的田野能力早有耳闻，就另外招募了十几个临时工派到后于刘，目的是跟随两位老师学习发掘技术，为省所培养技工的。跟我一个探方的小伙子是小田，记得十多年后我还在文物报上看到一张省所发掘工地的集体照，当中就有他的身影，应该已经是资深技工了。

在清理了上面的耕土层之后，就到了要正式发掘的文化层和遗迹了。我清完一座汉墓之后，又在探方西北角发现了一个长方形的遗迹，崔老师告诉我，这种形状有可能是战国墓。我一听非常兴奋，就往下清理，到墓底时露出了人头骨，沿着头骨往下清理，在右手部位发现了一把铜剑，这就证实了崔老师的判断。这座墓要清完的那天上午，崔老师跟我说，你中午就不要休息了，加个班把骨架和铜剑全部清理干净，绘好图，我下午来拍照，你再把铜剑提取回去。午饭后我就叫上王剑平同学回到工地，他测量我绘图，画完后我叫他回去喊崔老师，我自己把铜剑边上那点浮土清完。剑平回去后，我一个人在墓里清理，这个墓空间狭小，我一个人下去脚都没地方放，没办法就脚蹬在墓的南头，双手撑着两边的墓壁，俯身悬空趴在人骨架上，一只手撑着，另一只手清理浮土，还要爬起来用铁锨把浮土清出去。说实话，当时感觉还不是很明显，但现在想起来还真有点后怕。那么大一个工地，就我一个人趴在一具人骨架上，真有点瘆人。一直等到崔老师回来，我才把悬着的心放到了肚里边。我的田野考古绘图就是那时候培养出来的，后来到单位工作之后，我绘图还是比较快、比较准确的。当然，我的人骨绘图技能还是得益于栾老师给我们讲的人骨基础知识，让我们对人骨架有了比较全面的了解，所以绘图的时候才轻车熟路。

那年的中秋节也是在后于刘度过的，记得于老师特意安排伙房买了月饼，给我们每人发了两块月饼搞会餐，还放了两天假。经过我们班集体商议，十五这天就骑车到昌乐县城洗了澡，买了日用品。第二天 8 月 16 日我们进行了郊游，就是远赴莱州湾去看渤海。这是燕生东、王青和朱复刚他们三个山东人提出的，因为王青和复刚都是胶东海边的人，但是莱州湾他们没有来过，就想趁着中秋放假去看一看。燕生东还提前做了功课，找来山东省地图好好研究了一番，发现昌乐向北要经过寿光才能到莱州湾海边，来回有 100 多千米。经过我和几个班干部的简单讨论，就决定十六这天全班集体行动，骑自行车去看海。走之前向于老师请了假，他叮嘱我们路上注意安全，早点回来。记得我们是分三批出发的，袁溢才和唐星良同学还不时折返回来看看，防止掉队。快到海边时道路越走越窄，最后是满眼的滩涂和芦苇，海水灰蒙蒙的一片，见过海的山东同学说这就是大海，我们这些没有见过大海的内地同学都很激动，呼吸着迎面吹来的空气，感觉好像有一股咸味。我们在寿光大家洼码头吃的午饭，回程傍晚时在寿光的一个镇上吃了水饺。那天晚上月亮非常圆，月光照在柏油路上一片银白，我们一个个身披月光返回了后于刘，时间大概是夜里 11 点了。第二天大家都觉得累得够呛，但发掘又开始了，又都重新进入了工作状态。

发掘结束后，我们又开展了考古调查实习。调查之前于老师给我们上了课，讲解如何进行考古调查，简单说，考古调查就是为了发现古代遗址而进行的活动，就是靠两条腿走路去发现遗址，去采集地面上的遗物并记录遗址的范围等信息。他还不忘告诉我们，向当地的老百姓询问遗址时要说，你们这个村哪里有“瓦碴子”？这样问，老百姓就会告诉你哪儿有。他们不知道啥是陶片，潍坊一带的老百姓都把陶片叫作“瓦碴子”。于老师把我们 15 人分成了三组，分别由三个班干部带队，各去一个乡镇调查。虽然那时经费很少，于老师还是给我们每个小组 300 块钱作调查经费。这些经费由组长支配，用来租自行车和坐公共汽车，以及在当地住宿的费用。班长吴晓晖带一个小组，成员有 440 宿舍的燕生东、李松林、王青，加上女生李慧竹，于老师把他们安排在了离县城最近、遗址密集的尧沟镇，方便能及时把采集的遗物送回县里。我是班里的团支部书记，带一个小组调查南边的北岩镇，组员有我们 533 宿舍的李东、姚立民、王剑平，再加上王睿一个女生。第三组是学委兼团委王奇志带队，组员有 440 宿舍的朱复刚、袁溢才、唐星良，以及王素珍这位女同学，记得是调查县城最南边的鄌郚乡，这里地处山区，交通和经济条件都比较差，但是他们组都会骑自行车，而且王素珍很泼辣很能吃苦，又是潍坊本地人，所以于老师就让这个小组去了鄌郚乡。每个组都是一个女生四个男生，于老师这样分组还是比较合理的，因为女生一般不会骑自行车，就需要男生带着她。而山东的自行车很奇怪，全是青岛产的金鹿牌 28 式载重自行车，我这组的王剑平来自四川山区，上学都靠徒步，基本不会骑车，再加上王睿也不会骑车，就得由我和李东、姚立民三个分别驮着他（她）们两人来回跑。

因为文物考古属于文化工作，我们到了北岩乡政府以后，首先就要和乡里文化站的站长联系，并出示了县里开的介绍信。我记得站长姓李，是一位复员军人，看着也就二十七八岁，身材也很瘦小，不过为了尊重我们都称他老李。他知道了我们的来意，就说他不放心，要跟着我们去调查。他安排我们住在乡政府招待所里，早晚在乡政府食堂就餐，还帮我们借了三辆自行车。他很热情，就住在乡政府单身宿舍，离我们住得很近，很快大家就混熟了。没想到他居然是一位下象棋的高手，说他曾经得过潍坊专区个人赛第六名，我们听了就不服气，就在周末晚上轮番和他下棋，结果都是大败而归，甚至我们四个一起上、最后他又和我们下盲棋，也都不是他的对手。这让我们不禁感叹，高手确实在民间啊。

住下之后，我们就开始调查了。主要是根据县文管所提供的遗址分布线索，我们骑着自行车逐个遗址去找。到了遗址所在的村上，先按照于老师讲的，问村民哪里有“瓦碴子”，再去实地找陶片，发现了陶片才能确定有遗址。我们根据村民指的方位，去到那个地头往往能发现很多陶片，有时还有完整的石器、陶器和骨器。我们就要把比较完整或者能复原的文物采集带走，并在这一带的耕地里仔细搜索陶片，还要看周边有没有断崖或者沟坎，上面是不是挂着陶片和灰层，如果能找到灰坑或者墓葬那是最好的。还要把这些信息都记录下来，才能确定一个遗址的地理位置、分布范围等基本情况。其中就有著名的邹家庄遗址，我们去的几年前，北大考古系刚在这里做过两次发掘。我们每天的调查就是这样一个程序，早饭和晚饭在乡政府食堂吃，午饭则是由各个村安排的，具体是老李站长带我们去找村干部，在村民家里吃一顿便饭，当地老百姓都很热情，每天都备有炒菜和主食，有时还有酒。这与20世纪六七十年代计划经济下的做法基本一样，赶到哪个村就在村民家吃饭，不用花钱。

调查结束后，我们就把采集的遗物标本都带回到后于刘发掘驻地，于老师要求我们对这些遗物进行整理，他指导我们对标本的年代进行了分析，按照大汶口文化、龙山文化、商代、周代、战国、汉代等不同时期的考古学文化做了详细划分，然后指导我们各组写出了调查报告。现在看来，我们的调查应该是全国第二次文物普查的一个组成部分，当时要求全国各省市县都要搞一次彻底的考古调查。这就是我们第一次正式的田野考古实习，发掘期间老师们一直跟我们同吃同住同劳动，很少回济南与家人团聚。记得方辉老师就是因为居住条件太差而在发掘后期感染了病毒，当地医院治不好，才返回济南了。当时是租用了村大队部的几间房子，临时搭建了灶台雇人做饭，我们跟在学校一样，每个人都发了饭票，凭饭票去厨房打饭。那时候的伙食跟现在的实习工地不能比，要简单得多，早上就是馒头咸菜汤，一般是不炒菜的，中午和晚上有炒菜，还有米饭和馒头。

## 三、丁公发掘实习

1989年的秋天，也就是大学四年级第一学期，我们进行了最后一次田野考古实习，地点在邹平丁公遗址，这个遗址比较好，遗存很丰富，适合已有一定经验的本科生进行毕业实习。这个遗址是1985年马良民老师带1982级的两名同学进行了第一次考古试掘，还发表了简报。之后的1987年秋季，栾老师带1984级同学们开始正式考古实习和大规模发掘，我们班还陪着刘敦愿先生去慰问他们了。我们之后的1988级发掘实习时，发现了龙山文化城址和一件刻有十多个文字的陶片，丁公遗址由此闻名中外，变得很重要了。

我们这次实习的带队老师很强大，是栾丰实、许宏和杨爱国三位老师。许老师当时刚刚从国家文物局主办的田野考古领队培训班结业，获得了考古领队证书，学的都是当时最先进的田野发掘理念和技术，包括一套更加科学规范的田野考古记录方法，栾老师就让他按照这套办法来指导我们这次实习，我们当时填的表格都是许老师从领队班带回来的，所以我们应该很幸运，有许老师来培训我们这个班的田野实习，说他是我的授业恩师，一点儿不为过。

发掘开始没几天，我记得许老师就高兴得手舞足蹈，唱着歌从南边沿着隔梁跑了过来，我在探方里抬头问许老师怎么了，他说是好事儿、喜事儿，晚上回去请你们喝酒。我顿时明白了，因为开始发掘时许老师曾经打赌说，你们班谁能挖到商代晚期的陶鬲或者陶簋，只要是能复原的，我就掏钱请你们全班喝啤酒。结果，这天王睿的探方里果然发现了一件陶鬲和一件陶簋，许老师得知后亲自下探方去刮面和清理，最后确定是出自一个灰坑里的。为什么许老师这么高兴呢？因为当时他正在跟刘敦愿先生读硕士研究生，马上就要写毕业论文了，题目就是鲁北地区商代晚期考古学文化方面的，当时鲁北的有关发掘资料还比较少，而这两件晚商陶器是发掘出土的，共存关系是完全可以确定的，这就能确定晚商文化在鲁北地区的存在，所以许老师非常高兴。当天晚上就兑现了诺言。

在这次实习中，栾老师对我有两次批评和两次表扬，深深地印在了我的脑海中，让我终生难忘，而且对我从事考古工作产生了巨大影响。

第一次批评是在我半路接手的T1208探方，技工学员已经清理完三层堆积了，我不能再接着挖了，得反复刮面画出遗迹了。我反复刮了两天，那个土质土色也没看出什么变化，只好把栾老师请来，栾老师站在探方边围着看了一圈，然后指着探方中间说，你怎么没看出来，中间那一块是不是有点问题？我顺着他指的部位仔细看了一下，好像是有一片很碎的小白点集中分布的范围，栾老师就说，你把这个范围好好刮一刮，看是个什么东西。我就仔细刮了一天，最后终于把范围画出来了，清理的结果证实是一座灰坑，又请教栾老师得知，这些小白点应该是土里自然形成的料礓石碎屑。清完后，许老师就给我发了一个灰坑号。结果第二天，栾老师看到我就问，你清理的那个圆形坑怎么样了，是多少号？我挠了挠后脑勺说记不清了，栾老师一听就突然有点不高兴了，他带着一种不屑的语气说，你这两个探方充其量也就三四十个灰坑，我这整整一个工地得有上千个灰坑，其中有特点的重要的坑，我都能记住编号，你连一两个坑都记不住，而且还是昨天刚刚给的号，这怎么行？将来如果你去领队发掘，你这个脑子不是一堆糨糊吗？这怎么能担任领队呢？我听了这话感到很不服气，心想这不是在批评我吗？后来到我工作以后主持工地时才明白，这些技能都是很有必要的，这是栾老师在激励我，是对我好。

第二次批评就有点严重了。到发掘中期有一天，我正在第二个探方T1208里忙活，这时候栾老师就把我叫到了第一个探方T1506边上，用手指着一个快到底的灰坑说，这是什么？我一看大吃一惊，露出了一个头骨，但是技工学员还没来得及跟我说。栾老师指着头骨说：怎么回事赵新平，这么重要的发现你怎么不管？我摸着后脑勺迷迷糊糊地说，发现了就把它清理出来不就行了吗？栾老师一听就不高兴了，严肃地说：那怎么行？这个东西到底是怎么回事儿，是孤零零的一个头骨，还是有其他的人骨？是这个灰坑里出的，还是另外有墓葬？你没有搞明白就要提取吗？你不知道考古发掘的层位关系非常重要吗？这个时候我突然就明白了，考古发掘特别讲究层位关系，这个头骨在没有搞清层位关系的情况下，是不能提取的。这两次批评让我记忆犹新，而且终生受用，让我时刻注意发掘中出现的细微问题，也让我特别佩服栾老师的记忆力，对关键遗迹都能了如指掌。后来过了二十来年，我跟王青同学又谈起这件事，王青也感慨得说，栾老师的脑子恐怕是五百年才出一个，简直就是电脑，他记东西就是特别准确，甚至包括几十年前的事都记得很清楚。

当然了，栾老师对我还有两次表扬，也让我终身受益。第一次是在发掘的后期，1988级的同学们来工地见习参观，其中有两个同学下到我的探方，看着我画灰坑线，然后有个同学突然问了一个问题：师兄，发掘都采集哪些东西，老师是怎么讲的，怎么要求的？我说其实这个问题很简单，就是栾老师要求的，除了不要土，土里边的其他所有遗物都要采集回来。结果这句话正好被路过探方的栾老师听到了，后来他就在实习总结会上不点名得提出了表扬，当然别人不知道是我，只有我自己明白栾老师是在表扬我。这是第一次对我的表扬。现在想来，不仅土里边的遗物要采集，而且各种土样都要采集，去做浮选和实验室检测分析，因为现在的考古学已经融入了很多先进的多学科分析手段，但我们那时是80年代末期，“不要土”这句话也没错，当时就是那个认识水平，而且能把所有遗物都采集也很不错了。

第二次表扬是在进行室内整理时，因为我负责两个探方的发掘，所以清理的遗迹和出土的遗物都很多，整理的进度就比较慢。当时我们住的是刚建成使用的一栋考古工作站小楼，共有三层，一层是供居住的房间，二层是库房和标本室，三层是一间大的会议室兼整理室，楼前还有一个大院子。我们主要是分两个地方进行资料整理，大部分人在楼前大院子的水泥场地上，摊开陶片拼对和统计，我跟燕生东、王青在三楼的大房间里整理，大概有二三百平方米。那时候已经到了12月初进入冬季了，天气很冷，没有办法我们就在边上生起了蜂窝煤取暖。白天还可以，能见到太阳，到晚上就不行了。而晚上我必须要加班，实在太冷了，没办法就站起来绕着房间跑一跑，或者跺跺脚，来提高身体的热量。结果让许老师听见了，他就上来看是怎么回事，回去就把这件事跟栾老师说了，栾老师在会上就表扬了我。这是第二次表扬我。到实习快结束时，我们考古专业的创始人刘敦愿和山大副校长乔幼梅、考古专业主任蔡凤书三位老师来慰问我们，临走前蔡老师给我们讲话，也专门就这件事表扬了我。所以说，这两次批评和表扬都让我终身受益，终生难忘。

还有一段后话要说一下，就在今年暑假里，考古系为了迎接我们考古专业成立50周年纪念大会，在收集老照片时，在刘敦愿先生的遗物中发现了一张不太清晰的照片，是刘先生与我们班部分同学的合影，但究竟是什么情况不记得了，王青、李慧竹就发到我们班群里让大家辨认，经过我们热烈讨论和回忆，最后确认就是刘先生那次来慰问我们的时候，与我们在楼前拍下的。我们都没有这张照片，能和刘先生合影是非常珍贵的回忆。

1989年冬刘敦愿先生在邹平丁公遗址与1986级考古班部分实习学生合影
（从左至右：王青、唐星良、王剑平、李松林、刘敦愿、姚利民、乔幼梅、袁溢才、王奇志）

还有一件趣事，我现在还记忆犹新。整理的时候有一天我下楼晒太阳，正好碰到杨爱国老师和许宏老师都在，我们三个人散步走到了唐星良同学整理的地方，仔细一看，他整理的陶片非常碎小，很多都跟大拇指甲盖大小。杨老师跟他都是江苏人，杨老师就关心地问：你的陶片太碎了，数都数不过来，这要统计到啥时候？我记得唐星良当时非常不满意，他操着常州口音的普通话说，都怪赵新平。我在旁边听见了，就说你的陶片碎怎么能怪我呢？他说，你不是跟1988级师弟们说，除了这个土不要，土里边的所有东西都要吗？栾老师不是还专门表扬你了吗？结果表扬你之后，我探方的两个民工就说这好办，咱们把所有陶片都拣出来，让栾老师看看到底是咱们认真还是赵新平认真，保证比赵新平采的东西还多。现在我也没有办法了，每一个灰坑的陶片都要统计数量，最后都要填这个统计表的，实在是太慢了。他操着蹩脚的常州普通话说了一通，我和杨老师、许老师听得捧腹大笑。老唐真是一个非常可爱的好同学。

## 四、面向今后的话

现在我们都毕业30多年了，记得在相当长一段时间，考古学在社会上一直是冷门学科，大学招生也是需要调剂才能完成招生名额，想转专业的也不少。然而，就在近些年，这门小众的、略显冷门的学科开始变成热门了。比方说，最近社会上最热的新闻之一，就是一件有关考古学的新闻。2020年7月高考成绩公布后，湖南文科第四名、来自耒阳市的文科状元钟芳蓉，以总分676的好成绩考上了北大考古文博学院，在社会和网络上迅速引起热议。小钟同学的分数可以任意选择北大清华的学院和专业，她选考古究竟是要前途还是要“钱途”呢？她的回答是：因为我喜欢。原来，小钟在上高中的时候就崇拜上了被誉为“敦煌女儿”的敦煌研究院名誉院长——女考古学家樊锦诗先生，了解到樊先生从北大考古专业毕业后扎根大漠六十年，为敦煌石窟考古和保护奉献了终生，使小钟特别崇拜樊先生，并由此暗暗喜欢上了考古学，高考时第一志愿就报了考古。樊先生知道这事后在第一时间签名送书，将自己的自传体专著《我心归处是敦煌》寄给小钟，并请出版社给小钟寄了一封亲笔信，鼓励小钟姑娘要保持初心，砥砺前行，去实现自己的梦想和理想。我的老师、后来到社科院考古所工作的“网红教授”许宏老师也鼓励她义无反顾，跟着自己的心灵走下去。

前几年曹操墓、海昏侯墓的考古发现，最近三星堆祭祀坑的大发现，以及小钟姑娘的这件事，都震惊了社会，也引起了各级政府和国家领导人的重视。2020 年 9 月 28 日，中共中央政治局第二十三次全体会议以近年来重要考古发现及其意义为题进行政治学习，中国社会科学院考古研究所所长、中华文明探源工程专家组、考古中国重大项目专家组专家陈星灿就这一问题进行了讲解介绍和建议。习近平总书记总结讲话指出，考古工作是一项重要的文化工作，也是一项具有重要政治意义的工作，并对历史研究考古工作提出了四点要求，最后提出要建设具有中国特色、中国风格、中国气派的考古学。2021 年 10 月 17 日，仰韶文化发现暨现代考古学诞生一百周年纪念大会在河南三门峡市举行，大会宣读了习近平总书记给大会的贺词，习近平总书记再次表达了对考古工作的特别重视。在总书记的鼓舞和要求下，从中央到地方纷纷加强机构建设以加强历史考古研究工作。

2022 年 5 月 27 日下午，中共中央政治局举行第三十九次集体学习深化中华文明探源工程，在学习过程中，习近平总书记发表了重要讲话和指示，指出：我们运用生物学、分子生物学、化学、地学、物理学等前沿学科的最新技术，分析古代遗存，为文明探源研究提供了坚实的科技分析依据，使我们拓宽了对中国 5000 年文明史的认知。文明起源形成的探究是一个既复杂又漫长的系统工程，需要考古探索和文献研究及自然科学有机地结合起来，坚持多学科、多角度、多层次、全方位，密切考古学和历史学、人文学科和自然科学的联合攻关，拓宽研究时空、时空、领域和覆盖范围，进一步回答好中华文明起源、形成、发展的基本图景、内在机制以及各个地区文明演进路径等重大问题，为人类文明新实践提供有力理论支撑。

可见，近些年来社会层面也逐渐对考古学关注起来，加上各级政府尤其是中央领导人数次发表重要讲话和指示，都特别重视考古工作。这些都使我这个干了三十多年的考古工作者感到心潮澎湃，激动难耐，使我不禁回想起大学四年学习考古的日日夜夜，特别是那些参观学习和田野实习的时光，使我们更加体会到考古学要“上穷碧落下黄泉，动手动脚找东西”这句话的含义。是于海广、栾丰实、许宏等授业恩师的言传身教，把我从懵懂的学子一步步带进了考古学的大门，使我逐渐坚定了从事考古事业的信心和决心。

# 本心体悟，漫步寻真*

## 访王睿校友

校友简介：王睿，女，1967 年生，本科 1986 级校友。现任故宫博物院研究馆员。曾任职于中国国家博物馆考古部。

学术研究主要是在考古田野工作基础上进行艺术史、思想史等领域的综合研究，代表作《连云港孔望山》《八主祭祀研究》等。

采访时间：2023 年 1 月

采访方式：腾讯会议 线上采访

**方佳蕾**：王睿老师您好，首先感谢您接受我们的采访。山大考古从创立到现在已经经历了 50 年的风雨，一代又一代山大人从前辈的手中接过历史的接力棒，铸就了山大考古如今的辉煌。您能谈一谈在山大求学、做田野过程中您最有感触的人和事吗?

**王　睿**：我 1986 年到 1990 年在山大接受本科考古学教育，我觉得感受最深的，是我们山大考古专业的田野实习。

这是特别好的一个教学设计，老师们的辛苦付出也让我们学生受益终身。当时我们的本科时期有两次田野实习，我们第二次的田野毕业实习是由栾丰实老师和许宏老师带队指导的，收获特别大。那次实习是在丁公遗址，地层很复杂，给实习带来了不少困难。但是这一段实习经历不仅对我们学生的职业生涯有好处，对我们的人生领悟也有很深的影响。因为我们看到了在田野那么艰苦的条件下，老师们是怎么做的。当时栾老师只有三四十岁的样子，还是个年轻人；许老师就更年轻，刚从国家文物局的田野考古领队训练班回来。他们完全按照最新的要求来让我们做实习。栾老师那个时候说过一句话，他说：“不管你们以后是不是还做考古，你们一定要重视这一次实习，能把丁公遗址这么复杂的地层搞清楚，你以后到全国的各个遗址做发掘都不会有困难。

* 本文系白静芳拟定采访提纲，徐灿整理出文稿，经王睿审阅修订而成。

你们在这个过程里面磨炼自己，知道怎么来应对环境出现的问题和职业出现的问题，对你的未来发展会有好处。”当时的这句话，应该说是都应验了吧。

1989年山东大学考古系1986级学生在丁公遗址实习

**陈嘉怡**：王老师，我们了解到您毕业后先进入国家博物馆考古部，后调任至故宫考古研究所，长期从事一线考古工作，期间与山大师生合作非常频繁。请问您与山大合作的初衷是什么呢？在合作期间发生了什么有趣的、令人印象深刻的事吗？

**王　睿**：是这样的。当时我选定的博士论文题目是八主，八主是齐地祭祀的对象，都在山东，分布在八个地点，覆盖了绝大部分的山东地区。如果要在这八个地点做工作，有两个困难，一个是人手的问题，另外一个是和地方合作的问题。我们题目这么大，和母校合作是最好的选择。所以我当时就发出邀约，问栾老师怎么样。栾老师一直和我保持着联系，我们和我在北大的博士生导师李零一块儿，就说先去实地考察一下，看看是不是能开展工作。我们先去了汶上县，那是蚩尤的兵主祠，后来又去了新泰，那是地主祠。情况特别不理想，因为就没找到这两个祠的位置。我们还去了淄博，去了天齐，去了天主祠，也是被采石给炸没了。所以我们特别着急。第二次考察我们去了东部沿海地区的月主祠，还有日主祠。那之后我们觉得还是可以再次开始工作，再次拟定工作的具体分工和项目设计的。

这次的合作我印象特别深刻，收获也很多。这个项目覆盖面太广，所以跟我们一起做的学生包括了好几届。我们是2008年开始立项，2020年才正式出书，好几届本科生、硕士生、博士生跟我们参加了这个项目的调查和发掘。我看到这些学生变成各个单位的领军人物，看到他们在自己的个人生活里，从青稚的青年变成为人母为人父的成熟的人，我觉得特别欣喜，也觉得很有趣。因为彼此之间的友谊我们一直保持着联系，能够看到他们由幼稚到成熟的过程，是一个非常好的感觉。

**陈嘉怡**：近年来公众考古方兴未艾，故宫博物院博物馆的属性与其下辖多个研究所研究的属性是如何互相给养的呢？您对目前考古文博行业，尤其是高校考古文博人才的培养，有何看法呢？

**王　睿**：首先，故宫考古有故宫的特点，我们职责范围内的事就是负责故宫的保护和相关的研究。故宫开辟成一个博物馆之后，需要安暖气、埋电线，就是一些需要动到基址的事情，我们最重要的工作是把这部分做好。另外就是研究故宫和故宫的建筑，比如了解明中都等。

考古这个行业它特别特殊，它需要有一个研究的地点，需要有一个区域属于你。我从国博过来，到故宫，面临的问题都是一样的，就是哪一块儿地区是属于你的？比如各个地方所，它属于每一个地方当地，是有界定好的活动和研究地域的。但是不管是国博还是故宫，活动的地域都特别受限。北京市有北京市的文研所，我们只能拿出设计好的项目去寻求合作。比如说八主祠，我就是设计好这个项目，根据我们要研究的对象去到地方寻求合作。其实故宫当时组建考古所的时候，我们的单院长就特别明确，他们已经意识到这个问题——控制地域会成为阻碍我们发展的地方。一个研究单位，包括我们研究者，如果要做出特点，设计上就得和别人不一样。所以故宫考古所最初在组建的时候，就明确了我们要把海外考古作为一个大的方向的理念。因为我们有一带一路的政策，所以做海外考古会更方便。我也跟着西北大学去过中亚、印度，在这些地方的考古工作极大地开阔了我的眼界，也修改了，或者说丰富了我自己以前的认知。我觉得特别受益。因为当一个人看到的学到的都是新的知识，就会知道以前的知识存在谬误，需要建立起新的认知。

对于现在高校的人才培养，我觉得从我自身发展来讲，高校考古最应该重视的就是田野实习。为什么呢？因为所有缺乏的知识都可以后天补，只有田野实习，没有人会耐心地给你补上这一课。如果你的这一节课缺失了，你想为了职业上的发展而再去补，就不知道能不能补上了。就算补得上，应该也需要付出数倍的精力吧。

其次就是不要局限于当下的教学设计。栾丰实老师当时给我们上旧石器的课，课上他有一句话我记得特别清楚。他说："你们现在都是本科生，一周以内至少拿出半天时间到我们的现刊阅读室里看看各个学科的情况，看看都发现了什么新材料，发生了什么新的事情，大家都在讨论什么。不用局限于考古，什么都可以翻，音乐啊，建筑啊，都可以翻。不要局限于你学什么，你需要有一个全面完善的知识背景，才能深入进行研究。"后来我们谈起栾老师这句话的时候，栾老师说他都不记得了。其实往往高明的老师的所作所为，对学生的影响，是深入和持久的。栾老师的教导真是让我终身受益。

**陈嘉怡**：作为为数不多的长期从事一线调查和发掘等田野工作的女性考古学者，

请问您如何看待目前考古学中女生数量远多于男生的现象？对将来立志继续从事考古学尤其是田野考古学的女性青年考古人，您有哪些建议呢？

1986年山东大学考古系1986级学生在滕州薛故城遗址参观实习

**王 睿**：其实考古领域的女性增多，是对比以前；而女性角色的增多与重要性的增加，不单单是在考古领域，这是后工业时代的一个人类学表现，是社会发展到一定阶段，不再以体力来论英雄时的普遍现象。我们这些年，各方各面都能看到女性力量在崛起，各个领域都在出现这种情况。

一个女性的考古学家，是能够客观认识到自己从事的这个职业的客观条件的限制的。作为一个过来人，我承认女性在力量上是处于劣势的。一个工地的发掘需要持续很多年，人的付出也是持续的。作为一个女性，更需要在事业与家庭上进行平衡，你再敬业也没办法摆脱孩子对妈妈的依赖。作为母亲的责任和在考古事业上的成就，不同的人有不同的认知，不同阶段也有不同的理解，孩子重要还是事业重要，就是仁者见仁的事了。

当然，这些东西都不是阻碍工作的限制，孩子有长大的一天，在不同的人生时期也可以从事不同方面的工作。如果体力上不如男性，就可以选择更适合自己的工作。我觉得每个人的成长与发展没有必要随大流。我们考古是一个研究类的人文领域，它需要你突破人类的边缘，摆脱主流认知的局限，这是我们的职责。我们没有必要去跟随别人的选择；我们完全可以根据自己的兴趣、爱好和客观条件，来选择更适合自己的路，并且根据自己的家庭因素来做调整。这不是固定的模式。所以现在有一大批的女性考古学家，他们都得到了很出色的成就，比如我们山大的王芬老师，就是特别突出的代表。我每次跟她谈话都觉得她牺牲太多，但是就她自己的价值观来看，这一切都是值得的。

不单是这些已经成家的女性考古工作者，我在和前仆后继的考古学学生聊天的时候，其实也感觉到后现代社会的社会环境变了，我们的生活条件变了，对女性社会价值的认知也变了。最主要的是这些女性的工作人员，她们对自身价值有着明确的定位——我不在乎工作条件差，我也不在乎我会牺牲很多对家庭的付出，在人生道路的选择上，我选择了用工作来体现自己的社会价值，这是我所喜欢的。我不受别人价值判断的约束，我也不为稻粱谋，我是为了自己的理想和兴趣去工作的。这个时候成家其实已经不重要了，她们在过程里得到的乐趣和体会是最重要的。这可能对你们来说也是这样的。

2001 年王睿（左一）在济南工地参观

**方佳蕾：**是的，女性在考古工作中确实面临着更大的挑战，所以我们更要努力坚持下去。回想考古学术历程，请问您当时为何选择考古学这条路？您对于山大考古系的学生有什么寄语吗？

**王　睿：**那个年代学考古的女生特别少，可以说是凤毛麟角。我们班十五个人只有三个是女生。我的选择是因为我的家庭里有这个人文环境，我爸爸喜欢古典诗词，对地理也很爱好，所以我受到了一些影响。我高中的时候其实是学理科的，我本来想去学习生化类专业，去做这一类的研究，或者当个医生。但是高三开始我身体变得特别不好，我们家有年纪轻轻高血压或者得心血管疾病的遗传。一部分因为身体因素，在没有进入高考冲刺阶段的时候，我经常看闲书。但是进入高考冲刺就必须全力以赴应对高考，很多的文学作品、杂书、都不能看，这对我来说是特别大的折磨。那时候我就想，这辈子如果我不再看这一类的书，我的人生一定非常无趣。

也是由于我身体不好，可能无法应付太大的工作压力，当时我爸爸就跟我谈，他说这个考古是不错的，一个是你喜欢历史、文学这些东西，再一个，从事考古可以晒太阳，需要从事一部分劳动，需要到田野里工作。其实我们看到的一些缺点，那时在我当医生的爸爸看来都是优点，不用特别定点地上下班，也不用每天必须跟别人打交道，更重要的是可以有一些运动。当然不可能像他想象的那么理想，我揭开地表以后对着那些文化层一筹莫展的时候，也会想，这就是父亲给自己选的职业生涯吗？但是我选择了就是选择了，选择了就得走下去。回首看看，我觉得还是不错的。这份工作有自己的特点。它不像别人想象的那么荒诞，比如说像《鬼吹灯》那些书里的情节；也不像外界想象的那么浪漫，它就是一份实际的、我所热爱的工作。

我们山大考古已经50年了，是真正的从无到有。我们的奠基人刘敦愿先生，你们应该没见过，我们入学的时候刘先生就已经退休了。但是从刘先生的学术作品中，你会发现山大考古有着特别让人骄傲的历史。刘先生并不跟随主流，不是现在流行文明起源他就跟着研究文明起源，也不是现在流行发掘他也跟着做。他也从事田野工作，你如果读刘先生的作品，你就会发现什么叫真正的学问。他用他丰富的知识和温润的情怀去投入研究，他的观点历久弥新。他的价值会越来越重要，只是以前缺少发现，因为大家都愿意去跟着大流跑。实际上刘先生在当时就给我们树立了一个标杆，他一直在强调“我做我自己的学问”的重要性。

包括后来的栾老师他们，也是立足于山东做自己的学问。我们山东地区现在是做区系类型、做文化序列做得最好、最精彩、最细致的。他们已经把一个区域的时空框架做到了最精致的地步，而再精致就会陷入没有必要的境地。因为我们在构拟一个古代时空框架的时候，追求的是一种相对精确，如果偏执地追求过于精确，那就会变成谬误。因为你不可能和古代的时空框架完全重合的，这是我们做人文科学必须有的一种冷静。所以我想，学术这个东西，就是要突破人类认知的边界的，所以很苦，没有努力和磨难是不会成功的；而努力和磨难只是成功的必要条件，在成功之前，还需要很多充分条件。我们得像我们的前辈们一样，要砥砺前行，明确地知道自己想做什么，知道如何给人类社会提供一个新的认知。就是这样。

**方佳蕾**：感谢王老师的寄语，我们本次的采访到这里就告一段落了，祝您身体健康，工作顺利！

# 访古探根，守望初心*

## 访燕生东校友

校友简介：燕生东，男，1968年生，本科1986级校友。山东师范大学历史文化学院副院长、教授。兼任北京大学中国考古研究中心兼职研究员、中国商业史学会常务理事、山东考古学会常务理事等。曾任山东省齐鲁文化研究院副院长。获评东岳学者计划领军人才称号。

主要从事文物考古、传统文化、古代史研究，主持多项国家级和省部级项目，发表学术论文上百篇，出版《商周时期渤海南岸地区的盐业》《海岱考古与早期文明》等著作，合作出版《枣庄建新：新石器时代遗址发掘报告》等考古报告。

采访时间：2022年9月23日

采访方式：线上采访

**林　璐**：谢谢老师能参加我们今天的采访。燕老师，您的研究方向曾是新石器时代，在山大期间的考古学习，对您的研究方向选择产生了什么影响呢？以及可以谈一下您印象比较深刻的老师吗？

**燕生东**：我的研究方向比较特殊，我的硕士、博士研究生阶段的方向是新石器时代考古，但这些年转向夏商周考古工作了，当然，其实我对汉代考古也比较感兴趣，换句话说，新石器、商周时期到汉代考古内容都是我比较感兴趣的。这主要是得益于在山大学习的时候。因为在田野考古实习的时候，1988年秋冬季节第一次田野发掘实习，是在潍坊昌乐县后于刘遗址，当时是于海广老师、方辉老师、崔大庸老师带队指导学生实习。当时是第一次参加田野考古发掘，很兴奋，那年发掘的是东周遗存和汉代墓葬，所以我就熟悉了一些东周、汉代的考古资料。其中，在发掘期间，老师还组织了我们学生，几人一组，沿着一条河流或围绕着一个乡镇、某个区域进行田野考古调查，在调查中我们学会了如何与当地文物干部和村民打交道，有了不同时期遗址面

* 本文系王开腾、付建丰整理文稿，经燕生东审阅修改而成。

貌和景观的直观认识，有些遗址在河流两岸，有些遗址分布在高台地上。当时，我们首次同乡镇文化站站长打交道，同村民打交道，那次工作收获比较大。

到了1989年，我们在邹平丁公遗址实习，指导教师是栾丰实老师、许宏老师、杨爱国老师、靳桂云老师，当时是我们第二次考古实习。邹平丁公遗址涉及龙山文化、岳石文化、晚商、西周时期遗存，文化堆积非常厚。对于学生田野考古实习来说，第一次实习的遗址堆积内涵还是比较简单的，第二次实习涉及时代比较长、文化堆积内容丰富，我觉得非常的好。学生考古实习，如果遗址太简单，学生对田野考古可能就没有直观的认识，如果说遗址堆积比较丰富，延续时间比较长，比如有房址、有墓葬、有灰坑、有窖穴，还有各种类型的地层等，这样学生对古代遗址就有个直观的认识。通过这次实习，同学们有更多元的选择，有的同学喜欢了新石器时代考古，有的同学爱上了夏商周考古。当然了，通过考古实习就很容易奠定自己未来的研究方向。就是不从事研究工作，最起码可以熟悉一套东西，能保证将来工作开展得更为顺利。

我1990年夏季毕业，因为各种情况，我就到枣庄市博物馆和枣庄市文物管理委员会办公室工作。虽然主要做的是管理工作，但也做些田野考古工作。枣庄地区汉代比较发达，汉代遗存非常丰富，山地和平原上到处是墓葬。我亲手就清理了几百座墓葬，所以当时对汉代考古比较感兴趣。这基于我在山东大学第一次考古发掘的经历和认识。

我印象中，当时山东大学考古在全国已经异军突起，已有很大的名气了，尤其在田野考古和考古学文化研究方面还是比较出名的。当然每位学生个人情况不太一样，我当时对田野、对考古学文化也有自己的想法。当时年轻，20岁出头的样子，在我工作期间非常荣幸参加了两次中国社会科学院考古研究所山东队在枣庄峄城二疏城遗址考古发掘，两次参加滕州前掌大商周墓葬的发掘。我认真学习了他们的田野考古发掘方法，也反复思考了一下，为什么跟咱们山东大学那个方法不太一样，山东大学田野考古方法，以培养学生作为首要目的，社科院考古研究所山东队以主动发掘、解决学术目的为主，主动发掘和学生实习还是不太一样的。当然了，由于二疏城遗址主要是龙山、商周、秦汉时期，前掌大遗址是商周的一个大型墓地，所以我在发掘工作中学了好多考古知识，不仅学到很多同在山东大学不一样的田野考古发掘方法，也对当地各个时代的物质文化面貌、重要遗迹的特点有所了解。我们每位年轻人学考古的时候，不仅要通过书本和老师讲述，也主要要通过实践来获得知识，并且实践所获得的东西更准确、更丰富、更有感觉一点。

后来我就参加山东省文物考古研究所田野考古工作了，跟着何德亮老师和现在的孙波院长在枣庄建新遗址进行发掘。建新是个大汶口时期聚落，还有龙山时期遗存，我们发掘了两次，也相当于在田野工作了一年。后来我同孙波一块又在滕州尤楼发掘了薛国故城早期宫殿，那里是一座西周春秋时期的城，还有龙山时期的一些堆积，一些周代的墓葬。在这两个遗址发掘工作中，因为何德亮老师也是我们山大老师兄，孙波是我山大 1988 级的师弟，所以我们当时工作起来就比较自由。比如说，能结合从大学里面学的考古知识，从中国社会科学院考古研究所学的田野考古方法，以及我们平时的反思开展工作。我原来是学生，还能跟别人学，真正让我们自己做田野，我们怎么做？当然，我们田野工作中也在逐渐摸索。在探索中，其实我也有些疑问，对什么是地层啊，什么是灰坑啊，什么是聚落考古，也感觉还是有问题值得怀疑的。有些问题比较复杂，不好解决，我经常怀疑田野考古中的某些堆积，我自己亲手清理的遗存也怀疑。我想，我们这代人对什么都是有怀疑的，不让我自己亲手感受一下、体会下，是不会让我信服的。

1997 年秋季，我到北京大学读新石器时代方向的研究生。1998 年秋季，我们在河南南部的邓州八里岗考古学习。当时是北京大学考古文博学院张弛老师、樊力老师带我们实习。在实习过程中，我发现北京大学的田野考古方法，同我们山东大学、社科院考古研究所、省文物考古研究所，还是不太一样的。我当时就仔细学习，感受一下他们的区别，包括优点和缺点。1998 年同学生一块实习，2000 年秋季又去带学生实习，后来 2002 年秋季又去带学生实习。通过这么三次田野考古，我学习到了北京大学新石器时代田野考古很多好方法，比如他们对堆积的看法，对地层、灰坑堆积、对房子院落的认识与清理，尤其对整个聚落的把握，我觉得同原来学习的不太一样，做得非常好。当然了，由于我年龄比较大，加上又参加了地方工作，也一直在野外第一线发掘，张弛老师就让我帮着辅导学生。在辅导学生实习过程中，学生提出一些问题，我可以根据我原来所学的一一回答，有些就回答不了。用老师和同学们的话说，因为我本人是山东大学毕业的，我的田野发掘能力，也就代表了山大田野考古的水平，所以当时我就以山东大学为傲。他们也认为我那种田野工作方式就是典型山东大学的田野做法。当然，他们说这个话有夸奖成分，也有其他内容，优点就是工作非常认真，工做得很细。我后来反思这句话也有一些贬义，比如说我们有时候把一些遗存人为地切割了，而没有从整个聚落的角度来考虑。

我印象中比较深的就是张弛老师对我说，本科生在遗存的清理过程中，最关心的是早晚关系，先清理哪个后清理哪个很重要，但是到了研究生，到了搞聚落的时候，更侧重于哪块遗迹需要保存下来，保留下来以后，可能对解决整个聚落结构或布局问题更有关键意义，这与谁早谁晚没关系。因为一块遗存保留下来，可能对解决各个遗存之间的关系更关键，这也是作为工地负责人要考虑的。还说，考古不能是挖宝，见到完整器物，不要动、不要取走，首先要看它的归属关系等。这些话让我思考了好多年。

我获得硕士学位后，在省文物考古研究所工作了五年。利用和发挥这些在田野工作中所学的知识与特长，在省考古所工作期间我又参与和主持发掘了多个遗址，时代包含了新石器、商周、两汉、魏晋，在田野发掘方法上也做了些新的探索，每处聚落、每个遗迹单位、每个灰坑都在反复思考。这一些认识和思考，得益于我在山东大学昌乐后于刘遗址的实习，尤其是我在丁公遗址的考古实习。如果没有那个基础的话，后来就没有这么多想法，所以我觉得在山东大学的实习，给我田野考古工作打下了坚实的基础。当然了，在北京大学读硕士期间参加考古发掘实习，后来又借调带学生田野实习，也让年轻学子和北大老师进一步了解了我们山东大学的田野发掘水平，这一点让我觉得还是非常自豪的。

刚才你问我对山东大学什么人印象比较深，我觉得所有的老师对我都非常好。我在山大读书期间，我十八九岁的时候性格可能不是那么合群，用现在的话说就是青春期，但是我们山东大学的老师对我都非常关心。像于海广老师、栾丰实老师、方辉老师、许宏老师，还有我们班主任是崔大庸老师，还有杨爱国老师、靳桂云老师，都能包容我们，理解我们、体谅我们。这些老师都在我探方帮助刮地面、分析遗迹现象呢。老师们到现在还关心我的成长，对我的学习帮助很大。我觉得老师能容纳不同性格、不同追求的人，这是成功的大学。后来到了山东师范大学自己当了老师以后，我对学生的看法，对学生学习的管理，我自己带研究生，还是来自山东大学老师们教给我的一些方法。当然也结合了在北京大学的学习，结合了我在地方的工作经验，也结合了我在社科院考古研究所山东队工作的经验，其实就是融合了好多单位的好方法。

在学术上如果说我有什么偏向，我喜欢新石器考古，也喜欢夏商周考古，我也喜欢汉代考古，实际上，我对文化人类学、民族学、社会学也很喜欢，对近现代史也比较喜欢。我觉得历史是不可分割的，可以用夏商周历史来看史前，也可以借用新石器的研究方法和视角来做夏商周考古，我们也可以用在近现代农村生活经验来看遗址和各类遗存是怎么形成的，用民俗学和文化人类学的东西，观察看史前和商周的一些历史现象。所以我觉得历史都是通的。通有通的好处，看东西就不那么片面。但是也有坏处，就不是很专。所以我觉得我做的东西就不是很专，对自己也不是很满意。

**林　璐**：好的，谢谢老师。燕老师您刚刚也有提到，在山大学习期间您有多次发掘经历，您在继续深造的期间，和山大的相关团队共同参与了山东胶州赵家庄遗址的相关研究，在与山大团队的合作过程中，您有哪些难忘的经历吗?

**燕生东**：在我心中，我一直没有离开山大。在省考古研究所工作期间，我就经常向山东大学老师汇报一些重要的发现，给栾老师、于老师、方老师汇报有哪些新发现，也请他们到工地做一些实地指导。当然，除了田野之外，平时见面的时候也经常汇报自己的工作，老师们也一直在关心我们，指导我们。在胶州赵家庄的发掘，那是我离开考古所去北大读博士学位之前最后一次田野发掘。实际上，我这几十年的学习里，我时常思考对一个史前遗址，或者对一个商周聚落在田野考古上如何整体认识、如何去发掘。山东省文物考古研究所主要是配合基本工程建设，基本工程建设可以说不太受发掘位置的影响，如公路、铁路路线从哪里经过，我们就在哪里发掘，也不太受发掘面积的影响，不像我们山东大学的主动发掘，因为要受发掘区域、清理面积的限制，而在基建中我们可以进行大规模的发掘。赵家庄遗址是一个大汶口文化、龙山文化、东周时期的聚落，还属于青岛市文物保护考古单位，为配合济青高速公路南线工程建设，需要进行发掘。这条公路穿过遗址的边缘，同时穿过山上的一批汉代封土墓。当时是兰玉富同志来主持汉代墓葬的发掘，我主持发掘的是聚落部分。当时所领导可能觉得只穿过遗址边缘，简单清理清理就可以了。刚才我已经说了，在北京大学实习和在省考古所做工作已经4年了，在田野发掘中，发现不好把握一个完整聚落，就是说不知道从哪里入手。就说在遗址边缘，大家知道遗址边缘往往为墓地，是不是？因为这个聚落中心多为房址、窖穴区的话，边缘区就要考虑有没有墓地，有没有壕沟，有没有栅栏。所以按照我的想法，需要大规模揭露。揭露过程中我也在思考，史前或商周时期一个村落，村落外面有什么东西，外面一般是农田是吧？这一点其实我们做田野考古的不太重视。其实古代人们在村里居住生活，在村外生产活动。在赵家庄遗址发掘过程中，位于遗址外东部有一些堆积，按我们传统的地层、灰坑、房子堆积划分法，那些堆积单位都划不进去，还有一些水池，类似于沟和一些水塘之类的。那个地方虽然是山区，但是离着水源比较近，所以考虑我们可以探讨一下，古代人种什么作物，怎么个种法。

你刚才谈到了，因为山东大学靳桂云老师做植硅体研究，植物考古做得很好，很扎实，早先我们还是在省考古研究所的同事。我们就邀请她来帮助我们解决这个问题，当时地里种什么东西，怎么种，再就是怎么辨认遗址的那类堆积。大家在实习的时候也可能发现遗址外的堆积，看不明白，因为我们传统的堆积划分法划不出来。而靳桂云老师工作经验就非常丰富了。她首先指导我们做植物浮选，看看当时有什么植物遗存。植物考古在2005年那时期还不是太流行，靳桂云老师是走在全国植物考古的前面的。当时的浮选，靳老师要求得很细。当然刚才我也讲了，我对已有的考古遗产认识还是都有所保留的、有所怀疑的，比如说每个灰坑堆积，浮选多少升、多少桶，当时我不同意，到现在我也不同意。因为我认为灰坑堆积的每一层是一次人类行为的结果，这个人类行为不一样，堆积内容就不一样，且坑与坑内堆积也不是一回事。所以浮选随便定个多少升多少桶是解决不了的，由于我对遗迹形成过程的认识和内涵同靳老师不太一样。她告诉我们方法很科学，我当时认为人类行为是没法用逻辑来推理的，地层、灰坑内堆积内容也是无法用科学逻辑来分析的。刚开始用所谓的科学方法浮选后，我就很失望，没出来什么东西。当然，她提得很好，她也认为我有疑问也是对的。在她的指导下我们重新对灰坑、地层堆积做了大量浮选、全浮选，就发现了好多碳化的稻米。我们当时很惊讶，在平原地区有稻米遗存，我们信，但在一个丘陵高地上有稻米遗存我觉得不太合理。但浮选出好多水稻遗存，加上我们在遗址外有水沟，有水塘，有类似土地的东西，我们就往水稻田上去想。靳桂云老师很聪明地结合了日本的田野考古办法，对所谓的稻田土样进行取样。我们布上很密的格子科学取样，看看土壤里有多少植硅体。靳桂云老师当时介绍，日本人研究稻田遗存，认为每克土壤有多少个水稻的植硅体，就会认为是稻田。结果我们采的土样中几乎百分之七八十都有几万个植硅体。这是我们就在北方地区第一次挖出史前时期水稻田，这也是和山东大学靳老师团队的合作结果。这是田野中先有一定认知，在发掘有了疑问后，再与植物考古相结合，有了很好的结果。

当然了，现在说龙山时期鲁东南地区有水稻田很正常。但是当时发掘的稻田遗址比较少，觉得当时稻米也可能是从外面贸易等方式过来的。在赵家庄遗址发现了龙山时期稻田，就说明是当地种植的，还是觉得很有意思。所以这次在省考古所同靳老师团队的合作，收获很大，到现在我有好多问题也是向靳老师学习。后来相关认识在《科学通报》刊发了，有位同学还以这个材料为主写了硕士论文，发表了一些细节成果。现在回想起来，我觉得我们的合作是很成功的。其实后来好多田野工地也按这个模式来做，有的经验是值得推广的。要重视遗址边缘考古工作，不仅要盯着当时住的地方，遗址边缘往往是人死后埋葬的地方，有田地，有壕沟，有可能有栅栏。当然了，我们在赵家庄发掘不止这一点，我们还全面揭露了龙山的一个墓地，了解了墓地同房子的关系。我认为大规模发掘、整个揭露遗址后，有些东西就看得更清楚一点。在赵家庄发掘中栾丰实老师也多次到我们工地指导我们的工作。

**林　璐**：好的，谢谢燕老师。您毕业之后，刚刚您提到您也加入过考古所工作，然后现在是在山东师范大学从教。那么在您看来，从学生到教师的这些年间山大考古有什么变化？山大考古与中国其他高校的考古学相比，有什么独特之处？与其他国家高校的考古学相比，我们存在哪些发展优势或者不足？

**燕生东**：山东大学考古其实在20世纪八九十年代开始就在全国有很大知名度，当然现在知名度也很高，我们山东大学考古水平一直是上升的。这些年我觉得我们山东大学有些田野工作，有些教学做法已在全国领先。早先我还没有感觉到，后来我帮中国社科院考古研究所一块发掘的时候，包括在北大待了8年的时间，感觉到他们对我们山大考古水平的评价还是非常高的，说明很早就对我们有很高的评价。当然了，大家也都说我们山东大学考古专业培养的学生特别能吃苦，工作比较踏实，让山东大学毕业的学生干活，会让人放心。这是我们山东人也是山东大学的特点，基础比较扎实，工作比较认真，交代的任务我们都能及时完成。

我从北大回来以后，几乎每年到山东大学考古工地上去看看，也代表考古学会检查一些工地，山东大学有一些好工地我也主动去学习。我觉得山东大学这种优势，一直没有发生变化。换句话说，山东大学一直走在全国的前列。从传统考古，到多学科考古，包括区域系统考古调查，我们走在全国的前列，有些在全国发挥着引领作用。当然这些引领作用我觉得还是基于咱们的基础研究比较扎实，比如说田野教学实习、考古学文化研究、聚落考古的探索，包括现在的文明探源工程，我认为山东大学走在了全国的前列，并有一定引领作用，从20世纪80年代以来到现在，没有弱过，在不断发展。现在各个高校的考古都在发展，山东能延续原来的发展势头，持续前进，我感觉到非常自豪。

到了山东师范大学工作以后，因为各种原因，我就不再从事田野考古一线，也不在田野一线辅导学生。但是山东各个考古工地，我自己跑了很多。山东大学田野考古发掘水平在全省也是遥遥领先的。我们的田野发掘水平，聚落田野考古，包括服务国家发展战略，在这一块我们就继续往前探索，这是山东的优势，这个优势我认为还是不能放弃。考古学怎么发展，我觉得还是依靠基础，例如田野考古，考古学的基本理论，山大在探索，每个地方在加强和提高。所以我建议我们考古专业的学生视野更开阔一点，专业方向不要分得这么细。比如说学商周的不了解新石器，学新石器就不了解商周考古。我觉得作为一个学生，在学习阶段就不要把自己的方向固定，每一阶段都要好好学习。我记得在读书期间有一句话，北大张弛老师有一次开玩笑说的一件事情，我印象也很深，到现在我也在考虑，感觉他说的是很对的。他说，我们的史前研究、夏商周研究，尤其是考古学文化研究，主要研究物质遗存，其中最主要的就是陶器，如果我们的史前和夏商周陶器研究能精确到像唐宋元明清时期的瓷器研究、瓷窑研究那样，能看出哪类陶器、瓷器出自哪个窑口，从哪里来，谁又影响谁，做到这个水平时，我们的史前和夏商周考古可能进入了另一种境界了。我提起这些话的目的，就是提醒大家搞前段考古的要留意后段，搞后段的也要关心前段，因为历史本来就是相通的。我们不要走极端，一走极端，学问就会出问题。所以同学们，不管是本科生、硕士研究生还是博士研究生，基础要打牢，这是我们山东大学的优势，当然别的大学也有自己的优势，我们的优势是应该更明显一点。

**林　璐**：好的，谢谢燕老师。燕老师您一直和山东大学联系很深，您能在山东大学考古专业成立50周年之际，谈谈山东大学考古学专业这50年来最大的发展或者变化吗?

**燕生东**：刚才我讲了，我们考古专业有些东西是没变的。如，我们做学问比较扎实，田野教学做得这么好，我们为国家发展需求服务，老师要求比较严格，同学们的基本功比较扎实，做工作比较务实认真。这几十年实际上从大的方面来看，并没有发生变化。换句话说，我们老师的优点，学生的优点，我们学科的优势，实际上几十年是不变的。我觉得也是不应该变，这本身就是我们的优势。当然了，这几十年考古发展得很快，尤其这几年在方院长的带领下，我们在全国，甚至在国外知名度越来越高，我觉得这一点在50年来成绩非常大。当然考古是个长期积累的工作。比如说我们鲁东南区域系统调查，做了十几年田野后，又经五六年整理才出成果。考古本身就是长期工作，大辛庄遗址考古发掘了这么多年，章丘焦家也挖了这么多年，好多成果是一个连续的过程。在连续过程中，我们山东大学紧跟考古发展的前沿，而且在好多领域起着引领作用。比如说我们在鲁东南的考古调查，不管有多大争议，这种探索、引领和示范的意义是存在的。我感觉山东大学老师太勤奋了，你看我们好多报告都出来了，你想想别的大学就没有出这么多报告。大家可以统计一下，我们出版这么多考古报告，这么多成果，同时老师这么勤奋，给我们学生做了很好的表率。持续多年的田野考古工作，连续出版了学术成果，这是山大考古高速发展很重要的标志。

再一个，我觉得山东大学考古学科专业设置比原来的学科更完整了些。比如说我读书时候，旧石器考古课程是栾老师兼任讲授，后段也没人做，佛教做的人也是比较少，就这么一两个老师，我们的动物考古，植物考古，包括汉唐宋元考古，几乎没有人，现在每一段考古的老师都比较多。科技考古、文物保护、水下考古都有了，我们老师的力量继续扩大。咱们考古每一段基本都完善了。动物考古有两位老师，植物考古有两位老师，旧石器考古也有人，汉唐及以后也有很多年轻老师，佛教考古也有老师了。同原来相比，队伍更完善了一些，更系统了一点，这样让学生有不同的选择。说件有趣的事情，我在山大时，同学们很少有做汉唐以后的，为什么？因为汉唐考古阶段的老师比较少，而我在北大读书时发现正好反了，怎么汉代隋唐宋元的老师那么多，也很吸引人，有一半的学生跑那儿学习去了，证明他们学科是完整的。所以，对每一段都非常重视，每一段都有老师在工作，这样才是非常完整的。考古学科的完整是咱们山东大学考古发展的一个标志。

**林　璐**：好的，谢谢老师。最后就是想请您谈一下对于山大考古学专业未来发展和对学子的寄语。

**燕生东**：也谈不上，因为我现在基本上不做田野了，山东师范大学也没有考古专业，我指导中国史方向的硕士研究生，古典文献学方向的博士研究生，研究方向彻底改了。好在我们山东的田野工作，我经常参加一点，学习一点，我个人也做一些考古研究项目。我现在做的是从史前转向东方地区商周考古，东周考古、西周考古研究我准备去做，我也会让学生写一写与考古有关系的东西。就换句话说，我是半脱离考古状态。对山东大学考古专业的寄语可能说得不是太到位，但我认为山东大学考古肯定会越办越好。

当前国家这么重视考古，山大考古发展可以说是前途无量。这些年在方院长的带领下，科技考古、文化遗产研究、文物保护、水下考古专业的设立和学科布局很及时、很到位，未来我们山东大学考古肯定会发展得更快、更好。

因为现在山大考古还建立了一个更完整的学科体系，有了良好的基础，未来的发展不可限量。早先，我们考古只局限在山东，而近年来已经面向了全国，现在已经走向了海外，这一点是一个很大的发展，将来这也是非常有前途的。山东大学就抓住了考古面向全国、面向世界大发展这一趋势。你看我们的田野考古实习分布在安徽、河南、陕西、甘肃、青海、四川、重庆现在又走向了海外。老师们肯定能把山东大学考古推向一个新的阶段，我非常看好这一点的。

至于让我给同学们些寄语，刚才我说的，我们山东大学考古专业的同学们，像吃苦、能长期野外战斗的献身精神这种山大一贯以来的优点，同学们应该继承下来。你们在山东大学学了 4 年，如果读了硕士研究生就是 7 年，再攻读博士学位的又是 4 年，在山东大学待了那么多年，如果优点没学会，那就白在山大读书了。所以，不管是本科生，不管是硕士和博士，希望把我们山东大学考古的长处要学到手，这是一点。第二点，我还希望同学们在一些理论方面，一些多学科结合方面，需要多思考、多探索、多去融会变通，不要把自己所学的东西局限于一隅。作为一个本科生、硕士生和博士生，应该对什么都感兴趣，对什么也有疑问，最基本的东西要亲手去体验思考。什么是地层，什么是灰坑，如何清理地层，如何清理灰坑，怎么把握一个聚落，都可以持续地探索，我们都可以反思原有的东西对不对。传统考古学研究存在着哪些优点和缺点，我认为就要从理论上把握。现在我在做一些考古与文献相结合问题，这实际上也涉及了好多理论方法，同学们其实也可以探索。比如，文献材料和考古材料的结合是求同还是求异？喜欢求同，不一样的地方看不见，当然，求异也要解释为什么出现这种差异。所以我觉得同学们如果到社会参加工作，就需要有责任和担当，接受的工作必须去认真完成，这是一个最基本的人品问题。第三，我们考古研究的视野要更开阔一点。现在考古发展这么快，就越需要反思。我举个例子，我们山东大学已经面向全国面向全世界，这是非常好的。但反过来，我们有可能把山东的考古给漏了，大家可以发现最近我们山东的很多好材料，不是山东大学，也不是省考古所老师们在研究，而是外面高校老师和学生在研究，（这些研究）也非常到位和深刻，尤其在夏商周这一块，几乎都是外人在做研究，我们山东本地的学者反而研究比较弱。这包含着两方面，一是老师、同学们不是太感兴趣，二还是利用一些老材料老观点。我觉得这一点是不合适的，因为全国的夏商周考古变化很多，山东的新材料也非常多。我们可以从中原、西部来看山东，也可以从山东看中原。新材料这么多，这几年我在研究中发现问题非常多，有好多学术问题都原地不动。好材料都让外面的人研究，反而我们放弃了，尤其是夏商周。比如说路国权老师，他的专著获得了省社科优秀成果特等奖，但是他在北大写的。换句话说我们山东夏商周考古这一块，还是很弱很弱的。所以这一点，我们青年学生，你们不要觉得山东考古没有问题可谈，实际上没有去看新材料，也没对老材料去辨析，或者是用一些老办法来研究，这肯定不是很好的。在这里给同学们提个醒。

我还要提一个问题，这个问题是我个人研究过程中发现的问题。考古跟别的学科不太一样，同学们可以用已发表的材料来研究，但是已发表的材料有好多缺陷。考古本来是一个不完整的东西，并且有百分之七八十的材料都不会发表，或者只有发表简报。有好多同学学位论文我都看过，有时候不满意，就是因为同学们做研究没有全部占有材料，熟悉材料。占有材料是最起码的研究基础，考古材料不占有的话，你的逻辑推理再缜密，观点再好，一个材料就可以推翻。所以好多新材料必须用，并且好多老材料可以用来辨析老材料的对错。对全面占有材料，我觉得这是一个基本的学术功底。只从网上搜是不可以的。因为做学问，占有材料这是核心问题，材料出现了问题，观点就出问题。所以我觉得同学们在这方面基础要打牢。当然，还要有理论方法还要创新。同学们做学术研究，写论文，就要质疑所有的材料，质疑所有的理论。但在质疑过程中，我们必须有自己深厚的田野基础。你质疑别人的观点不对，只有在资料非常丰富的情况下，只有在整合所有材料的基础下，才能认为别人说得对不对。我觉得这是基础性的资料收集工作，是必有的。不管学术怎么发展创新，我们基础性的资料收集工作必须有，有了这个东西我们做学问就能更扎实一点。总之，非常羡慕大家能在山东大学学习工作那么长时间，希望同学们把山东大学一直坚持下来的优势继承下来。还希望同学们做学问，要向全世界，要向兄弟高校学习。多分析各高校的差异，多反思我们的不足，这样才能进步。

最后，非常感谢两位同学花这么多时间让我来谈一些东西，这些东西也是我的个人感受，尤其是我有十几年不亲自做田野了，对考古发展趋势的把握不是那么准。虽然离开山大从1990年到现在有已经33年了，其实我心中一刻也没离开山大。几乎每周每月都能见到山大的老师，也能见到山大的同学们，感觉很亲切。学术上没离开过山大，我做学问的路数仍是有山东大学的基因，外面的人也认为我是典型山东大学的毕业生，这个也让我感到自豪。所以，祝贺我们创建考古专业50周年，也祝愿同学们将来事业有成，有更大的发展，考古专业有大的发展；也希望每一位同学热爱考古事业，热爱学术研究，这样才能把我们山东大学的考古推向另一个更好的发展阶段，让同学们早日能实现自己的梦想。谢谢两位同学。

**林　璐**：谢谢老师。非常感谢您接受我们的采访，我们也通过您的谈话受益匪浅，祝您身体健康，工作顺利。

# 求实创新，行稳致远*

## 访王奇志校友

校友简介：王奇志，男，1969年生，本科1986级校友。研究馆员，江苏省第三、四期“333高层次人才培养工程”第三层次培养对象，江苏省“紫金英才”。历任南京博物院考古研究所历史研究室主任、副所长，南京博物院办公室主任、院长助理、大遗址保护中心主任，现任副院长。兼任中国博物馆协会常务理事，区域博物馆专业委员会、推广和公共关系专业委员会副主任委员，江苏省吴文化学会第五届理事会理事长。

长期从事考古学和博物馆学研究，发表论文和考古报告三十余篇，主持的考古发掘项目获多个年度“全国十大考古新发现”和国家文物局田野考古奖。负责多项大遗址保护规划编制项目；参与或负责了多个博物馆展览的统筹和策划，其中多个展览获评年度全国博物馆十大陈列展览精品展。

采访时间：2023年1月

采访方式：腾讯会议 线上采访

**方佳蕾**：山大考古从创立到现在已经经历了50年的风雨，一代又一代的山大人从前辈的手中接过历史的接力棒，铸就了山大考古如今的辉煌。王老师，首先我们想请您谈一谈在山大考古系就读期间对您来说最有感触的人和事。

**王奇志**：我在学校上学的时候，我们学校考古专业在当时还是专业，没有学院，考古专业的老师数量也较少，可以说山大考古那个时候还处于一个创立的时期。当时跟现在山大考古的这种辉煌的状况是不能比的。同学们也都知道，我们山大考古专业的一直以来都崇尚实干，做实事，而非只是夸夸其谈。我觉得这种实实在在做事做学问的学风是我们山大考古专业50多年来形成的带有标识性的东西。要说对我最有感触的人或事，我认为是栾丰实老师和许宏老师。

---

* 本文系陈瑾整理出文稿，经王奇志审阅修订而成。

栾老师当时虽然已经结婚了，但是仍住在集体宿舍里，和许宏老师同宿。那个时候我帮他们誊写尹家城遗址的考古报告，就是一遍一遍地改稿子然后誊清并送到出版社印刷出来。当时没有电脑，都是手写，我和另外一个同学在栾老师和许宏老师的宿舍里，花了好几天誊写报告。说实在的，在老师宿舍里面写还是蛮紧张的，因为栾老师是一个不苟言笑、比较严肃的人，在我们誊写的时候，他们都是一句话不说，只是看书、写东西。其实年轻人都不太容易坐得住的，但是在他们那里经常一个半天都没有人说一句话，所有人都在闷着头专心做自己的事情。你们可能不太了解当时的社会环境，在20世纪80年代后半期，学校的氛围并不是很好。很多老师、做研究的人都有些坐不住了，人心浮动，不少人选择“下海经商”，但是栾老师和许宏老师他们却坚持每天看书写东西，两个人也不怎么交流，这个对我来说印象特别深刻，那时的经历就像刻在我的脑子里一样。他们不受外面世界的纷扰，不被浮躁的环境影响，只是一心一意、专心致志地做自己的事情，对我来说，这种品质不仅仅在考古这一领域，对我后来整个人的安身立命的影响也十分大。我感觉这个事情对我来说十分有感触。

我想栾老师和许宏老师这种精神，不仅仅影响了我们这些人，对于我们山大考古学求实的学风也产生了极大的影响，这是一个很可贵的东西。

**陈　瑾**：从山大到南博，王老师您始终在考古文博的前沿阵地学习和工作，在您看来考古文博这个行业最极致的魅力是什么呢？在山大考古专业的学习，对您后来的工作又产生了什么样的影响？

**王奇志**：文博考古这个东西，一方面是一个很趋向于保守的学问，它要关起门来自己做，好像跟外面没什么关系；但是另一方面它又是一个很新潮的东西，它时刻在变化，要不断往前追溯，往前探索。所以它需要你既沉得住，又要不断往前看，往最新的地方走。这是考古文博的内在的东西，也可以说是它的魅力所在。

我那个时候好玩，学习并不认真，回头想想有些后悔，有种“入宝山而空回”的感觉，没有把精力全部用在学习上面，也辜负了老师的悉心教导。在山大学习的时候，专业知识的学习是我后来从事考古工作的一个基础支持。虽然更多实际的知识是在工作的过程学的，受工作环境与经历的影响有了自己的经验，可能许多老师教的东西就忘掉了。有些用不到的知识可能会遗忘，但是像刚才提到的，学校的学风、老师的品质对于我从事文博考古工作以及做人做事的影响是无法磨灭的。我还有一个长处，就是我十分爱去图书馆看书，不只是看专业的书籍，其他各个领域、各种类型的书我都会去看。那几年我在图书馆待的时间很长，有时候逃课也是为了去图书馆看书。当然逃课去看书的经历不值得表扬，但是我觉得到了大学，尤其到了山东大学这样一个综合的院校，不仅要学习上课老师教给你的东西，更重要的是在学校收获的精神财富。在山大考古学习的影响，我觉得不仅仅是专业上面的，也是促进我成长、影响我的“三观”的一个重要阶段。

**陈　瑾**：众所周知，田野考古是考古文博行业不可缺少的重要环节，您在多年的工作过程中也多次获得田野考古相关的奖项，那么您能跟我们谈一谈您印象最深刻的田野发掘经历吗？

**王奇志**：要说考古发掘，实际上我毕业之后大概干了18年的野外考古，后来才转到博物馆。在从事考古工作期间，我印象深刻的就是2005年我们发现的江南土墩墓群。当时我是领队，这项发掘后来获评了全国十大考古发现。除此之外，这次发掘从最初发掘方法的设计，到田野上记录的方法，到整个编写及其他过程和原来相比都有了较大的突破。这是建立在我们在对原有方法和成果充分考虑的基础上提出的一系列新的方法，在方法上有了一些探索，而不是一直因循以往土墩墓的研究方法。可能许多同学不太了解，土墩墓是江南地区商周时期的一种特殊的墓葬形式，在以往的二三十年里，常常简单地描述为“平地起封，不挖建墓坑，随葬一组夹砂炊器、印文硬陶和原始瓷盛器”，对于“一墩一墓”还是“一墩多墓”也有不同看法。我们在发掘时是带着问题，带着比较明确的目的的，发掘前有预先设计的发掘、记录和遗迹命名的方法。简单说来，就是把土墩墓当着遗址来挖，而不仅仅是封土。发掘的成果就是，我们发现了墓坑、棺椁、器物群、墓上的人字形建筑、大封土下的小封土、土台、墓葬的向心结构等以往没有发现或不能确认的遗迹现象。从我们这次发掘开始，应该说包括安徽地区，还有我们整个这次发掘之后的土墩墓发掘，大家都有了一种新思考，就是如何把土墩墓堆积的过程还原过来。我们在这个过程中尝试了新的方法，它对于后来的发掘也产生了很多影响，取得了比较好的成果，得到了一些奖项以及学界的认可。这个是我自己觉得我做得比较有意义的一个事情。

**陈　瑾**：好的。《东南文化》是国内考古文博界十分重要的一个学术刊物，能请您谈一谈在目前的新形势下，如何做好学术刊物的定位和可持续发展，更好地繁荣学术研究吗？

**王奇志**：对于一个杂志来说，定位非常重要，不仅仅是学术期刊，对任何机构都是一样的，一定要有一个清晰的定位。我们《东南文化》这几年的发展还是很不错的，虽然不能跟《考古》《考古学报》《文物》这种全国性的期刊相比，但是在省级的刊物里这几年来一直还是保持一个比较领先的位置的。我觉得这个跟我们的定位是有很大关系的，因为我们从地域上来说，东南，东部南部实际上就是包括江苏和周边的部分，再往南一点一直到广东面向海洋的这一面。那么为什么要有一个明确的定位呢？实际上当形成了一个品牌之后，其实是为这个地区的学术研究提供了一个平台。我们为大家构建了这样一个发表的平台，也得到了学界的信任，这样便形成了一个良性的互动。如果定位不清楚的话，可能也无法得到学界的认可，这就是一个双向的问题。

从内容上来说，我们也曾有过不同的意见，当时也曾经尝试过其他的内容，这些尝试有的证明是对的，也有的证明是不对的。比如在21世纪之初，鉴赏版和学术版并行，当时并没有取得令人满意的成绩，证明这个路子不对，后来就不做了。一个杂志要办好也挺不容易的，要保持在学界的影响力。我们《东南文化》有个特点，它在考古文博行业算是一个十分综合的刊物，涉及博物馆、考古、地域文明及遗产保护等方面，和以考古报告为主的《考古》很不一样，这和南京博物院的业务相关。南京博物院是一个比较综合的博物馆，它里边有考古所，有博物馆的陈列展览，还涉及遗产保护、非遗文化等，所以说《东南文化》这个刊物从内容上来说实际上是跟南京博物院的这种特点有关的。

目前我分管杂志编辑部这个部门，我觉得现在学术期刊一方面要引领学科的发展，要追求前沿的东西，但是另外一方面，我们并不能一味追求赶时髦，还要有经得起时间考验的东西。在选定一个方向之后，要通过不断地积累才能形成一种代表性的面貌和品牌。必须要沉得住气，坚持自己的内涵，大家才会持续地关注下去。所以要办个杂志并非易事，既要往前看，也要有定力，要坚持自己。

**方佳蕾**：确实刊物和学术的发展离不开积累，咱们也离不开沉淀，向前看的同时我们也需要定力。我们最后一个问题就是时值山大考古专业50周年，请问您对山大考古的学子们有何寄语和期待呢？

**王奇志**：山大经过了这50年的发展，在全国也形成了自己的风格，起码我们在有些方面是很有特点的，在一些方面是比别人要强的，就像我刚才所说的这种踏实严谨的学风，这是我们一定要保存并且发扬光大的东西。所以山大的考古学子一定要坚持这种风格，这就是我们学校的标志。另一方面，山东大学考古学科这几年在方辉老师的带领下，在考古学的多学科的融合方面可以说走在了全国高校的前列。这是跟我上学的时候不一样的，所以同学们要有更宽的眼界，同时不断学习国内外先进的理论方法。山大考古已经发展了50年，一句话叫“青衿之志，履践致远”，希望大家能坚持自己的初心，走得更加踏实、稳健，走得更远。

**方佳蕾**：谢谢老师，我们的采访就到这里了，祝您身体健康，工作顺利。

# 勤于思考，勇于实践*

## 访岳洪彬校友

校友简介：岳洪彬，男，1968 年生，本科 1988 级校友。现为中国社会科学院考古研究所研究员。

长期从事田野考古工作，先后参加主持邹平丁公遗址、偃师二里头遗址、偃师商城遗址、安阳洹北商城、安阳殷墟和宋国故城等遗址的发掘、整理工作。代表作有《殷墟青铜礼器研究》《殷墟青铜器纹饰方向性研究》《殷墟青铜容器分期研究》等。2021 年至今，主持商丘宋国故城遗址的勘探与发掘工作。

采访时间：2023 年 1 月

采访方式：腾讯会议 线上采访

**王开腾**：岳老师好，非常感谢您今天接受我们的采访！山大以完善的田野考古实习系统和一大批拥有良好田野发掘经验的老师闻名，您也长期扎根于田野考古第一线，可以请您谈一谈您在山大期间的田野考古发掘经历吗？其中有哪些您印象深刻的人和事呢？对您后来的学习和工作产生了什么样的影响呢？

**岳洪彬**：我是 1988 年入学，1992 年毕业，当年山东大学还不是考古系，是历史系考古专业。的确山东大学考古专业的老师们都很重视田野发掘，也非常重视对在校学生的田野考古技能培养。入校第一年，专业老师就组织学生前往山东省文物考古研究所发掘工地考察，记得当时是配合高速公路基本建设发掘，中午在发掘工地吃饭，一人一碗菜几个馒头，坐在发掘工地的路边吃，老师、技工师傅们和学生都一样，第一次感受到了考古人大家庭式的温暖。考察完省所的发掘工地，还去了城子崖遗址，同学们从遗址地面捡拾陶片，还发现有蛋壳陶残片和鬼脸鼎足。这样的考察有多次。我还记得去临淄齐故城发掘工地考察，也是山东省所的发掘工地，好像正在发掘一处东周时期的墓地，参观了标本室，大量的人骨标本整齐地摆放在标本架上，对我产生极

---

* 本文系王开腾、李铸镔整理文稿，经岳洪彬审阅修订而成。

大的震撼。通过这些考察，使我对考古有了直观的认知，也培养了大家的专业兴趣。

记得山东大学考古系的在校学生是要参加两次田野考古发掘实习的。第一次是在大学第二学年上学期，实习时间较短，只有一周时间，通常是去上一届学生正在实习的发掘工地现场。那应该是 1989 年下半年，当时 1986 级师兄师姐们在邹平县苑城乡丁公遗址实习，我们 1988 级学生去工地考察，也算是 1988 级学生去发掘工地热身，一个 1986 级师兄或师姐的探方配一名 1988 级学生，记得我当时是在王青师兄探方。第一次热身式的实习虽然时间很短，但为第二次正式实习打下很好的基础，如果没有第一次热身实习，我第二次实习不可能很快进入状态。我们 1988 级第二次实习，也是在第四学年的上半学期，应该是 1991 年下半年，开始布方时玉米还没成熟，实习地点也是在丁公遗址。当时由栾丰实老师带队，方辉老师和许宏老师一起，几乎每天都在工地，三位老师带我们 15 名学生实习，可以看出学校对田野实习的重视程度。记得三位老师和学生一样，穿着上届学生穿过的已被水洗得褪了色的宽松的蓝色上衣，一人一顶蓝色帆布帽是新的，与旧蓝色上衣很不搭，反倒成了苑城镇的一大特色，当时一看到这样的混搭，就知道是山大考古师生们。

1991 年岳洪彬在丁公遗址发掘

我当时发掘的探方位于整个发掘区的东北角，地层堆积较厚，遗存丰富，时代跨度较大，最上面有汉代的遗存，往下有商末周初的灰坑，出土较多的粗绳纹陶鬲，有岳石文化的灰坑，出土黑皮陶的陶豆和凸弦纹陶尊，再往下就是大量的山东龙山文化遗存，有灰坑和墓葬。记得快到底的时候，大概距地表 2 米的时候，发现一座龙山墓葬，墓坑很浅，也非常狭小，人骨保存状况较好，但墓主人的上半身约三分之二暴露在探方中，另外三分之一即脚部延伸到南隔梁中，当时觉得墓室较小，也空无一物，没有随葬品，就把探方暴露部分绘图照相，把人骨标本采集后，继续往下清理，但在最后打隔梁时发现在这座墓葬的墓主人的脚部随葬了数件完整的陶器，具体器类已不记得。当时对我触动很大，在后来的田野发掘中，我就非常注意遗迹现象的完整性，在遇到较重要的遗迹现象（如墓葬、房基等）时，我会在尽可能完整采集信息的前提下打掉隔梁，尽可能保持遗迹现象的完整。

印象比较深刻的是，栾老师、方老师和许老师三位带队老师，对学生实习要求非常严格，从布方到地层划线、清理，再到遗迹现象的找边、遗物的提取、绘图和写标签等，都严格按照操作规程进行，即使最上层的现代老百姓挖的山药沟，都要按层位关系进行清理。三位老师几乎每天和同学们在一起下工地，手把手教我们认地层、找现象，而且三位老师只要在工地，总是最后离开探方的人。这也对我影响很大，多年来在我主持发掘工地时，也经常保持着最后离开探方的习惯。

**王开腾**：殷墟作为中国考古学的圣地，您长期主持、参与殷墟的发掘和整理工作，可以请您谈一谈在殷墟工作过程中碰上的一些“疑难杂症”和经验吗？

**岳洪彬**：我最早接触殷墟考古是 1999 年秋冬季。当年是跟随恩师刘一曼先生读博士，中国社会科学院研究生院考古系安排田野实习，发掘洹北花园庄遗址（早年称为“三家庄遗址”，洹北商城也是该年冬季勘探发现的）。2001 年博士毕业后正式进入安阳队，直至 2021 年调往商丘负责宋国故城发掘为止，参与和主持殷墟考古发掘和研究整整 20 年，也算是殷墟考古领域的一名老兵啦。殷墟考古 20 年，的确遇到过不少的难题，也有不小的收获，既有成功的喜悦，也有失败的教训，从中获得了诸多人生体验。

在殷墟做考古，第一感觉就是挑战不断。

第一，就是常常会有超出想象的新发现考验和更新着我们的知识结构。

比如 2001 年秋季，我一到安阳队就开始协助唐际根队长发掘洹北商城一号基址。该基址整体为一座四合院建筑，东西长 173 米，南北宽 90 余米，总面积近 1.6 万平方米，且保存状况良好，夯土台基还保留 50 厘米高，北殿、东西侧殿、南廊、门塾、台阶和柱网结构都近乎完整保留。这一庞然大物不仅在殷墟首见，乃至全国三代时期的遗址中都没见过如此规模宏大的单体夯土建筑。当时在庭院中叠压夯土的堆积中出土有战国豆柄，我们曾一度心灰意冷，以为发掘了一座战国建筑，但清理到院子地面和台阶时，发现在院子地面上散落着部分洹北花园庄时期的遗存，且在台阶两侧各放置着一件宫殿建筑使用时期的陶盆，至此才敢确认一号基址的性质，同时也在更新着我们对商文化的认识。

第二，大规模的基建发掘挑战着我们。殷墟遗址位于安阳市西北的城乡接合处，遗址东侧和南侧边缘不断被豫北纱厂和市区的扩展所挤压，西侧被安阳钢铁公司不断扩张的厂区占压，所以上万乃至数万平方米的基建发掘在殷墟发生过数次。如 20 世纪六七十年代的西区墓地发掘、2002～2003 年的孝民屯铸铜遗址发掘、2008～2012 年的刘家庄北地发掘，以及 2020～2022 年殷墟遗址博物馆的基建发掘，揭露面积都在上万平方米，规模最大的一次发掘是孝民屯铸铜遗址发掘，发掘面积达 4 万余平方米。大规模的基建发掘无疑需要复杂的组织管理，对参与发掘的人员和出土的文物标本进行科学有效的管理，对组织者都是个综合能力的考验。好在殷墟考古人都经历过多次这样的历练，也获得了较丰富的经验，发掘都取得可喜的成绩。正是这些大规模的基建发掘，使得殷墟都邑布局研究向前推进了一大步，但也加速了殷墟遗址的“空壳化”。

第三，在殷墟考古过程中，经常被学术圈内外的朋友们问起，殷墟遗址到底有多大规模，到底有没有城墙。这些问题实际上都是殷墟都邑布局的问题。殷墟已经过 90

余年的考古勘探和发掘，已基本可以确定没有发现夯土城墙和护城环濠的迹象，而且殷墟作为晚商的都城也并非是一个点的单线发展模式，而是由多点的发展，由点到面的动态的都邑发展模式。尤其是近十余年间，在传统意义的“殷墟”周边半径10千米范围内发现多处晚商时期的重要遗址，如在殷墟南区的任家庄发现规模较大的晚商铸铜遗址，西南区老六庄发掘规模较大的晚商四合院建筑和铜器墓葬群，在东区华强城附近也发现晚商聚落和铸铜遗存，在殷墟遗址东北方向约10千米处发现百万平方米的辛店铸铜遗址，在洹北商城北部3千米处还发现洹北商城时期的环濠聚落和铜器墓葬群，在安钢以西还发现有晚商时期的大型墓葬，在其附近应有晚商时期的大型聚落遗址。这些重要发现，都在悄悄地告诉学界，殷墟都邑的规模远超出了我们原来的认识，殷墟“大邑商”的都邑布局图也越来越清晰。

第四，关于殷墟遗址的商文化谱系问题，也还有很大的讨论空间。大家提起殷墟考古的文化谱系问题，无疑会想到殷墟文化一至四期（或称为大司空一至四期），也是学术界普遍认可的分期标尺。当然这里也存在一些分歧，主要集中在殷墟一期上，杨锡璋先生称之为“三家庄阶段”。1999年发现洹北商城以后，学术界豁然开朗，原来的殷墟一期早段或者说三家庄阶段分布的集中区应该是洹北商城所在区域。洹北商城中的商文化大致可分为早、晚两阶段，但年代跨度并不大，我称其为“洹北花园庄期”。洹北商城其实是盘庚迁殷之后的商代都城所在地，也就是殷墟的一部分，只是作为商代都城于不同时期都城中心从洹河北岸转移到洹河南岸而已；从考古学文化上来说，洹北花园庄期与殷墟一期前后相接无缺环。若此则可把殷墟商文化分期确定为五期，洹北花园庄期为殷墟文化第一期，原来的殷墟文化一至四期顺延为殷墟文化二至五期，各期还可分为早、晚不同的阶段。除此之外，殷墟遗址上还分布有二里岗文化上层一期遗存和呈点状分布的诸多先商文化遗存，其中先商文化遗存分布范围要比二里岗期遗存大得多。

第五，殷墟考古还有很多待解之谜，等待年轻一代考古人去探索和解读。比如以前学界普遍重视殷墟对周边同时期商文化的影响，周边同时期的考古学文化对殷墟的影响则考虑较少，应加强这方面的研究力度；从宏观的角度看，殷墟也只是作为晚商大都邑——“大邑商”的一个最重要的点而存在，在晚商王朝存续的二百多年间，殷墟都邑的中心应经过多次转移，其中转移的过程和内在机制探索尚存在巨大的研究空间；殷墟作为晚商的都城，是晚商王朝的管理中枢，其与外界的联系肯定少不了像“秦

2015年岳洪彬在殷墟考察商代铜器

直道”这样的大型道路网络，在探研殷墟都邑内部结构的同时，还应该加强殷墟遗址的外围大型道路网络的勘探，必要时可利用现代科技手段。此外，还应加强除铸造工艺研究之外的殷墟科技史研究，以及对殷墟出土遗物的功能的探索，如考古报告中的“陶版形器”“箕形器”“爪形器”“犁形器”“多孔形器”“管状器”等，都是对其性质和使用方式不明，这些都严重影响了对商代社会生活的研究和展示。

总的来说，殷墟经过90余年的勘探、发掘和研究探索，已经取得了丰硕的科研成果，但仍有很多的“疑难杂症”，存在很多的学术探讨空间，希望有更多年轻学子能致力于殷墟考古研究中去。

**王开腾**：谢谢老师！您的讲述让我实在对殷墟的工作心向往之，希望未来我能有这样的机会。除殷墟之外，我们了解到您近年来在主持宋国故城遗址的发掘工作，山大近年也在同属黄泛区的菏泽青邱堌堆遗址进行发掘。可以请您谈谈在黄泛区开展工作的一些困难以及您的经验吗？”

**岳洪彬**：是的，我自2021年开始主持河南商丘宋国故城发掘。20世纪90年代以张光直和张长寿为核心的中美联合考古队，为寻找先商和早商文化在商丘开展考古调查，虽然没有找到先商和早商时期的城址，却在豫东广袤的黄泛区洪积层下发现了两周时期的宋国都城，因其位于商丘老南关村附近，故当时称之为“老南关古城”。由于洪积层厚达10米有余，故城被深埋在洪积层之下，发掘难度极大，虽然当年发现了此城，也仅在西城墙和南城墙上做了数条解剖沟，最终因为地下水位较高和塌方等原因，没能发掘到底而草草收工，对宋国故城的始建年代也只是推测可能会早到西周，但是否能早到商代就不得而知了。

2020年在河南省委宣传部和商丘市政府以及各考古机构的高度重视下，重启“商丘寻商”考古计划，目的与20世纪90年代相似，也是在豫东地区寻找“殷商之源”。发掘工作启动于2021年5月，地点仍选在老南关村附近，即宋国故城南城墙与睢阳古城的西城墙交接处；目前我正在主持发掘宋国故城的东南门，也即睢阳古城的正南门，取得了可喜的成果。经过2021和2022两个年度的田野发掘，深知在豫东黄泛区做考古工作的不易。

2017年岳洪彬在宋国故城勘探现场

首先是地下水位太高，降水难度较大。在发掘区附近，地下2米甚至1.8米就见地下水，因此在1500平方米的发掘区周围要打26眼降水井，每天24小时不停地抽水，尽管如此在发掘到宋国故城古地面（即地下

10 米深处）时，仍是水分极大，对古地面上的东周古井和灰坑、窖穴进行清理时，仍要穿着雨鞋才能完成清理工作。

其次，文化层埋藏太深，去除洪积淤土的工作量极大，且塌方频繁。

最后，在黄泛区发掘，经费需求远大于其他地区。

尽管有上述种种不易和挑战，但也深感机遇与挑战共存。豫东考古发掘为在黄泛区进行考古工作积累了丰富的经验。

首先，在黄泛区做考古工作，必须突破深层埋藏考古勘探技术这一关。其实早在1990 年代中美联合考古队在商丘寻商时，就曾汇集了考古学家、地质学家和地球物理学家等多学科的专家，使用传统洛阳铲勘探的同时，还运用透地雷达、磁力仪、电阻仪等科技手段，为在黄泛区做考古工作所需探测工具方面积累了经验。随着科技手段的不断进步，探测仪器精度的不断提高，希望能在豫东或鲁西南建立“深层埋藏考古勘探试验基地”，利用先进的科技手段，进行大范围的普遍勘探，绘制豫东和鲁西南地区黄泛区全新世时期的原始地形地貌图，突破黄泛区考古局限于堌堆遗址的瓶颈。

其次，在豫东考古发掘过程中，常出土一些木质文物标本，因长期被地下水浸泡和深厚的胶泥层封护，保存状况之良好超出了我们的想象；在商丘睢县还曾出土过大批明代服饰等有机质的文物标本。这应该不是豫东考古独有的现象，应是黄泛区考古的共性。因此说在黄泛区做考古工作，要做好充分的预案，希望在豫东或鲁西南地区建立“木质类文物标本保护和研究中心”和“服饰考古保护和研究中心”，为将来黄泛区开展考古工作做好预案。

**王开腾：**谢谢老师，在采访的最后我们想请问您，您当时是如何走上考古这条道路的？对于现在的学子您有什么寄语吗？

**岳洪彬：**我读高中时，学校离打虎亭汉墓不远，当时汉墓不对外开放，我偶尔会从汉墓门口经过，只知道这里有个规模较大的汉墓，并没有把汉墓与考古联系起来，对考古也没有什么概念。1988 年高考完了之后，有填报志愿的环节，按要求每个学校下面要填三个专业，且不能空着，必须填满，开始我并不知道这个要求，我填报了山东大学中文系和法律系，还空着一格。记得当年我的同桌叫白永力，一个活泼的男孩子，拿着我填的志愿看了看，说不能空格，他说有个考古专业也在河南招生，我说那你帮我写上吧。就是这样一个极其偶然的机缘，使我走上了考古这条路。

记得刚入学的时候，栾丰实老师教我们旧石器考古，尽管栾老师课讲得很精彩，但我和刘家峰都不愿意学考古，常去找到栾老师住室，闹着要转系。当时转系几乎是不可能的事情，再加上期末作业我写了个《原始共产主义社会并不美好》，就是说在石器时代虽然人人平等，但生产力水平不高，征服自然的能力低下，古人们的生活并不美好。虽然写得很肤浅，但栾老师觉得我有思考，给我打了个高分，从此对考古有了些感觉，逐步开始产生兴趣。非常感谢山东大学历史系考古专业的老师们对我的耐心引导和培养，不仅授予我专业知识，而且端正了我的专业思想，使我在30余年的考古生涯中能够稳步前行。

在30多年的考古生涯中，我先后参与过山东丁公遗址、日照尧王城遗址、北京房山琉璃河遗址、河南二里头遗址、偃师商城、洹北商城、殷墟、辉县路固和商丘宋国故城等遗址的发掘，既有成功的喜悦，也有失败的教训，成功是收获，失败也是收获。

2019年岳洪彬、杜金鹏、牛世山、岳占伟在殷墟观察出土青铜器

最后我想以我的人生经历对山大年轻的考古学子们说几句话，希望你们能做到“三多”：第一要多读书，读好书，只有不断地给自己增加学养，未来的考古路才能走得稳，走得远，走得自信；第二要多思考，只有善于思考，勤于思考，才会有敏锐的学术眼光，才会有创新，才会成为脱颖而出的你；第三要多动手，考古学是一门实证性科学，“上穷碧落下黄泉，动手动脚找东西”，是对我们考古人最朴素的要求，只有走进广阔的田野，你们才会有足够大的胸怀去体会和感知古代社会。

与古人打交道的感觉真好！

**王开腾**：感谢岳老师今天接受我们的采访！提前祝您新年快乐，身体健康，工作顺利！

# 扎根田野，慎终追远，未有穷期*

## 访孙波校友

校友简介：孙波，男，1969年生，本科1988级校友。现任山东省文物考古研究院院长，三级研究馆员，兼任中国考古学会理事、山东省考古学会秘书长。

主持或参与济南王府、济宁玉皇顶、临淄桐林、滕州薛故城、沂源扁扁洞、济南彭家、章丘城子崖、泰安大汶口等几十处重要遗址或墓地的考古发掘，京福高速、京沪高速等配合基建项目沿线文物点的调查勘探工作。主持多项国家级课题，发表学术论文数十篇，合作出版《枣庄建新：新石器时代遗址发掘报告》等考古报告，主编考古学辑刊《海岱考古》。

采访时间：2020年7月29日

采访方式：线上采访

**郑晨雨**：孙老师，您好，非常感谢您能接受我们的采访。首先想请问一下，您是因何选择了考古专业并一直坚持到了现在呢?

**孙　波**：我选择考古的原因很简单，因为在上大学之前对考古有一个非常美好的幻想，觉得能到处跑跑，能游山玩水，一定非常有意思。这可能是大部分人都有的一个想法，但我们班15个人中报考古专业很少，很多都是被调剂过来的，而我第一专业志愿就报的考古。

实际上，因为好多课程还是有些枯燥，上了大学之后是有些失望的。可能大家都有类似感受，因为刚开始进入专业领域并接受考古和历史的专业知识时，没有相应的知识储备，无法融会贯通，我们会觉得这些课程比较无味。所以当时我对考古专业的兴趣是下降了。

我真正在心中决定今后要一生从事考古，还是因为丁公的实习。经历过田野实习之后，我才真正爱上考古。真正地体会到了这个专业的实质，不是外人想象的那

---

* 本文系郑晨雨整理文稿，经孙波审阅修改而成。

样——仅仅有发现精美文物带来的意外惊喜。我觉得田野发掘中不断暴露的各种现象非常有趣，对这些遗迹现象的处理、对地层关系的处理和把握都太深奥而迷人了。当时觉得这就跟破解谜题一样——你不知道能碰到什么样的现象，即使你刚开始对这种现象有一定预估，但还是会有意想不到的细节呈现出来。这些东西深深地吸引了我，让我觉得田野考古非常有意思，今后如果能从事这样的工作，肯定会有很多未知的快乐。实际上，我也不是在一开始就体会了在学术方面的快乐，也是工作了若干年之后，经过了一定的积累，真正地有了一些成果之后，才体会到做学术的这种快乐。

**郑晨雨**：您还记得第一次考古实习的经历吗？刚刚您也有提到大学时期是在丁公遗址进行实习。

**孙　波**：我一共实习了两次，第一次实习是在 1991 年年底，第二次实习是在第二年年初。第二次其他同学都没去，只有我自己去了，栾丰实老师让我负责解剖一段丁公城墙。这段经历对我考古人生的影响非常重要，让我进入了比较专业的地层学知识的学习应用之中，较早地就能对疑难地层现象进行处理了。

丁公是个非常复杂的遗址，我实习的那个探方 3 米多深，一共清理了 63 个遗迹现象，从汉代到龙山，各个时期的遗存都有，非常丰富。后来解剖的丁公城墙是一个非常重要的遗迹现象。这些遗迹现象都非常有意思，让人想去剥离笼罩于其上的一层层外衣，使它真实的面目展现出来，这个过程是非常有趣的。我很早就体会到了这种感觉，这对我个人非常有利，在客观上给我打下了比较坚实的田野基础，在主观上引起了我对这门学科的兴趣。

1991 年丁公遗址田野实习部分同学合影

（左一为孙波）

**郑晨雨**：对，考古实习听起来就很有意思，也有学长学姐跟我说过，考古实习是一道分水岭，经过考古实习，就能判断自己是不是真正喜欢考古。

**孙　波**：有些人不一定喜欢田野考古，但也可以做考古研究。然而从基本方面来讲，田野考古是考古学的基础，有好多我们称之为考古学家的，比如郭沫若，都不能算作严格意义上的考古学家。像很多老师说过的那样，我们还是要坚持考古学的本位和基础——田野考古。

**郑晨雨**：在山大求学期间，有没有对您今后影响非常深刻的老师或者事情？

**孙　波**：我刚刚有提过栾老师，是他带我进入考古学之门的。我还算坚实的考古学基础，特别是田野考古学基础，是栾老师给我打下的。包括栾老师在内的一众老师都教过我，也对我有一定的影响，其中对我影响最大的还是栾老师。

**郑晨雨**：那当时栾老师主要给你们上什么课呢？

**孙　波**：记不太清楚了，有新旧石器考古，也上过山东考古和考古发现与古史传说。好多具体细节我其实忘了，但这些看似模糊的内容已经沉淀在我的脑海里了，它们自然而然地成了我知识体系的基础。当有了一个这样的基础和框架之后，在今后的学习和工作中，我们就能不断地消化接纳新知识。

**郑晨雨**：您把这些已经内化成自己的东西了。我们也经常会听到老师提到栾老师，但没听过栾老师的课，因为他现在只给研究生上课了。看着栾老师感觉他挺和蔼的，但听说栾老师以前上课很严肃？

**孙　波**：很严肃吗？原来好像是有点严肃，现在栾老师年纪大了，看起来更和蔼了。我们当时有些同学确实害怕他，觉得他很严厉，但和他接触后，你能发现他一直都很和蔼，不严厉。

**郑晨雨**：可能栾老师是对待学术特别严谨认真，有时被误认为严厉。

**孙　波**：栾老师特别扎实，无论是在为学上，还是在为人上，都是非常扎实的，都是堪称表率的。

**郑晨雨**：我感觉我们院的老师，都是很扎实的，感觉我们院的同学也有这种特征，可能大家在这个氛围中受到了影响。

**孙　波**：对，扎实的学风是山大考古的特色，也是山大的特色。尤其表现在田野考古方面，虽然现在在科技考古、文物保护等方面，山大都办得很不错，各位老师出了不少成果，在学术界也有较大影响，它们也成了山大考古的特色之一，但田野考古一直是我们坚持的基础。我们虽然从其它学科借鉴了很多方法，但所有的现代考古学的理论和方法都基于田野考古学，这是我们解释考古现象和相关社会现象的基础。

1991 年丁公考古队师生与国家文物局专家组组长黄景略先生一行合影
（后排右四为孙波，前排左四为栾丰实）

**郑晨雨**：对，我也觉得。咱们学院文博专业分出来后也和考古专业一起进行田野实习，同学们也疑惑为什么不去博物馆实习，老师们给的解释之一也是如此。我在检索您的相关资料时，发现您曾带队发掘了城子崖遗址，就您个人而言，期间有什么记忆犹新的事情吗？

**孙　波**：此次发掘是中华文明探源工程进入三四期阶段的工作之一，在这个阶段，城子崖遗址是探源工程中六个比较重要的遗址之一。在 2010 年，我们对城子崖进行了一次系统调查，2013～2018 年进行了正式发掘。这次工作将城子崖遗址岳石文化的聚落状况作为了解重点，而我们在龙山、岳石文化阶段都有很重要的收获。

印象最深刻的就是我们对城子崖遗址在龙山和岳石两个阶段所呈现的聚落形态和社会形态有了新认识，对相关的考古学史也有了新认识。城子崖遗址在中国考古学史上非常重要，20 世纪 30 年代城子崖的考古发掘是一次计划周详、规模庞大很有气魄的科学工作，不仅发现了龙山文化，还发现了当时的城墙，这是中国学者第一次在田野工作中发现史前时期的城址，具有重大的学术价值。城子崖的发掘也是中国考古学史上的重要时刻。

到了 90 年代，我们的老所长张学海先生对城子崖遗址进行了第二次大规模的考古工作。这次工作是在聚落考古理念下进行的，力争从功能分区上理解城子崖龙山城址。在复掘西南角的一条探沟时，他们发现 30 年代在此处的发掘只接触到了岳石文化，并未接触到龙山城，所以 90 年代达成了一个共识：30 年代并未发现他们所说的龙山时期的城址。

我领队的这次工作算是对城子崖的第三次了。发掘时因为时间较紧且遗址文化堆积很厚，很难对它进行大面积的揭露，所以我们将 30 年代探沟的复掘作为了解遗址文化堆积的主要手段。因为 30 年代的试掘非常全面，基本覆盖了整个遗址，而那时处于中国考古学早期阶段，地层学尚不成熟，学者们对地层和遗迹现象的处理有其时代的局限，很多认识存在偏差，甚至是错误的。

通过复掘，我们认识到城子崖遗址在龙山文化早期阶段是环壕聚落，其西北角凸出部分就是早期的环壕，规模较小。到龙山文化中期阶段时，规模扩大，修筑了城墙。城墙不高，但在其上发现了上百米的基槽，这提示我们当时城墙顶上可能有一周寨墙，这样既能增加高度，也能减少工程量，类似现象在丹土也有发现。2018～2019 年，我们发掘滕州西孟庄时，发现了龙山时期一个完整的小型聚落，聚落外也有一周寨墙，两相参考，我们认识到龙山时期存在这种用于军事防御的建筑技术。

这次工作，我们还获得了对岳石文化阶段聚落更多的认识。发现了规模很大、建筑规格很高的南北城门。南门基本上被破坏，但在它的内侧，存在上千平方米的夯土基址，其上有大型祭祀坑，存在人牲现象。在北门发现了一门三道的建筑形式，跨度上百米，规模非常大。城子崖遗址岳石文化城门一门三道的建筑形式也是目前已知最早的，这使我们对岳石文化的发展水平有了新的了解。同时，这次发掘证实了岳石文化的城墙建筑技术分为两个阶段：第一阶段，城墙的夯筑技术进步，但仍延续了龙山时期的建筑方式，城壕相连；第二阶段，相当于早商时期，城壕分开，相城墙筑的高大巍峨隔十余米，这是我国商周之后通行的城墙建筑形式。在技术方面的进步实际上也反映了社会形势的变化：二里头阶段，海岱地区还可以保持夷夏东西的平衡状态，到了早商阶段，城子崖所代表的海岱地区可能面临着更大更强的压力。这些现象既使我们对岳石文化的社会形态有了新的估计，又使我们对当时黄河流域所呈现的东西政治格局有了更深的认识。

这次发掘还对学术史有了新的修正。在复掘城子崖北面的老探沟时，我们发现：30 年代的部分探沟已经触及到了龙山城墙，当时也认识到这是城墙，但没有把龙山文化和岳石文化的城墙分开，对城墙的描述也主要是岳石文化城墙的特点。所以 90 年代认为 30 年代没有发现龙山城墙，是不恰当的。

我们围绕城子崖遗址进行的系统调查使我们对城子崖核心区的区域聚落结构有了新的认识。张学海先生曾提出城子崖“空壳化”的观点，因为城子崖周围龙山聚落都在一定距离之外。此认识是有一定意义的——城子崖确实占据了更大的土地面积，它可能不是通过所谓的二级聚落利用周围的土地，而是直接利用这些土地。但在此次调查中，我们在这个空壳区中新发现了若干小遗址，看来这个观点要有所修正。

**郑晨雨**：老师，通过和您的聊天，感觉您在聚落考古这方面研究的蛮多的，那您为何会选择聚落考古这样的一个研究方向呢？

**孙　波**：关注聚落考古的原因是多方面的。在大学时期，我读了很多考古学以外的书籍，所以喜欢透过考古现象看它反映的人的思想和行为，想看到它背后的社会，这些对我有一种天然的吸引。栾老师也给我的研究打下了很好的基础：海岱地区的区系类型被以栾老师为首的一众学者做得很细致，很全面，所以我不用花很多精力再去重复这些基础的工作。

我的学术生涯开始时恰逢中国考古学进入第二阶段——从物质文化史研究阶段进入社会文化史研究阶段，学术界的研究大方向都产生了转变，我也是随着整个学术趋势而转变的。当然，仍有很多工作继续关注类型学等研究内容，近年来这方面的研究及内容也有很多深刻的变化，我也很关注这些方面，因为这些是基础，是必须了解的。

学术兴趣和学术环境让我很自然地把精力放在了聚落考古上，此外，还有一些辅助学科对我也有很大影响，比如历史学、人类学、社会学、地理学等。一些社会地理著作揭示，近现代北方地区农村聚落的空间形态和龙山时期具有很强的相似性，这对我启发很大。这不像一些聚落考古理论提示的那样——仅依靠面积规模或重要发现进行分级。只分级而不注重空间形态的研究是将考古材料格式化了，这破坏了不同地区材料所具有的特殊性。在鲁东南发现的聚落规律适用于冀南吗？不一定，聚落形态具有一定特殊性，能反映于当地的地理环境中，也能反映出它和周围地区的互动。

同时，我刚到考古所工作时受到了张学海先生的极大影响，他的聚落考古研究是中国考古学者面对本土考古材料的一种自觉，在实践中摸索聚落考古的路径方法。他提出的“文化小区”的概念是对聚落考古中“区域”的认识，这在中国学者中是很早的；他还提出了“都邑聚”的聚落等级理论，从区域聚落群这一角度认识聚落，认识社会发展程度。这都是一些开创性的工作，是我进一步研究的基础。

学术给人一种常见常新的感觉，在某一阶段，我们可能把所有的材料都穷尽了，感觉研究很难再深入了，但新材料和新认识还会不断出现，对老材料的新视角观察也会不经意间产生。在这其中，我们也许觉得越来越接近历史真相，但实际上往往很多时候还差得很远，对真相的追索是一个不断前进发展的过程。

**郑晨雨**：老师，那您觉得考古学家需要什么样的精神呢？

**孙　波**：考古学家需要的精神我想和其他学科本质上是一样的。我在山大上学期间最重要的收获就是独立思考的能力与不轻易随波逐流的价值判断。这也可以作为这个问题的答案：考古学家要有独立思考的能力，不要人云亦云，要有自己的想法和独立认识。

**郑晨雨**：老师，您对我们这些考古文博专业的后辈还有什么话想说吗？

**孙　波**：考古学是门非常有趣的学问，你真正进入这个专业之后，会发现它不是特别难。如果你选择了这门学问，只要坚定信念，是可以推门而入的，也会发现一个广阔的能让你的思想驰骋的天地，你可以获得思想上的自由，这就是乐趣所在。这种乐趣能吸引大家去学习，去研究。还有一点：田野考古学是基础，虽然田野工作比较苦，比较累，出成果也比较慢，但这种积累是必要的，特别像我们社会人文学科，十数年甚至几十年的积累都是必要的，要坐得起冷板凳，坚持你自己独立的思考，最后学问上自然会水到渠成的。

**郑晨雨**：谢谢老师接受我们的采访，我们会不断努力学习的，也祝您身体健康，工作顺利。

# 五湖四海山大人，一脉相承考古魂*

## 访陈淑卿校友

校友简介：陈淑卿，女，1972年生，本科1990级校友。山东大学历史文化学院副教授，兼任山东省考古学会理事，《东方考古》编委会秘书。

主要研究方向为先秦考古和文物与博物馆学，主持和参与多项国家级课题，代表作《山东地区商文化编年与类型研究》《史前时期的崇鸟习俗及其历史背景》《国家一级博物馆商标注册情况初步分析》等。

采访时间：2022年1月17日

采访方式：腾讯会议 线上采访

**王瑞文**：老师您好，我们了解到您的求学和工作经历都与山东大学密切相关。您可以聊聊您在山大学习考古以及后来正式成为考古工作人员这一过程中，有哪些印象深刻的人或者是事吗？

**陈淑卿**：印象深刻的人和事很多，从我最初来山大说起吧。我是1990级的，当年在来山东的火车上，居然和崔大庸老师座位相邻。当时火车三个座位在一起，我居然就和崔大庸老师挨着，应该说我碰巧成了老师第一个领过来上学的吧。

1990级人很少，只有九个人。但刚入学就让我们感受到了山大考古人之间强烈的感召力和凝聚力。首先是刚入学，栾老师亲自给我们主持师生见面会。当时师资力量比较齐全。后来有些老师退休了，或者调走了，你们可能没听说过，我可以在这介绍一下。见面会的时候来了十几位，比学生还多。

栾老师首先介绍了刘先生，还有当时已经退休的宋百川老师和李发林老师，这三位老师没给我们上过课，应该是为了和我们见面，专门到学校参加见面会的。再就是蔡凤书老师，给我们讲授过世界考古课程；接下来是徐基老师，讲授新石器时代考古、博物馆学概论和古钱币学这三门课程；还有马良民老师，主要负责资料室工作，同时

* 本文系孟庆伟、王瑞文整理校对文稿，经陈淑卿审阅修改而成。

讲授考古文献检索，马老师退休后就是我接班了。后面几位老师你们应该都见过或听说过了，于海广老师主要是负责商周考古，许宏老师讲授战国秦汉考古，魏晋南北朝考古和隋唐考古是刘凤君老师和崔大庸老师先后讲授，方辉老师当时讲授的是考古学史和古文字，崔老师还负责考古绘图和古代建筑，杨爱国老师主讲考古测量，张守林老师负责文物标本室，这个文物标本室后来扩展成了我们的博物馆。再回到刚才提到的师生见面会，基本上把当时在济南的老师们都请过来了，刚入学就给我们组织了一个这么大规模高规格的师生见面会，让人非常有归宿感。尤其是栾老师，博闻强识，还特别在意引发同学们的共鸣，当每个同学介绍完自己是从哪来的，栾老师他就会稍微说说对这个地方的认知和体验，比如说我是山西应县人，栾老师就说，你们应县木塔很著名啊，东边有恒山悬空寺，北边有大同云冈石窟，随后把附近的名胜古迹或者知名遗址逐一地介绍出来，而且强调哪年哪月他曾经去过哪那个地方看到过哪些景物，感受如何，这样一聊就拉近了师生间的距离。

另外就是学长们的亲切问候。当时考古专业两年招生一次，在校的本科生除了我们大一新生，还有大三的1988级，他们班级人也是不算多，只有15人，但师兄师姐对我们非常关心。刚入学时，我和考古专业另一位女生住在四号楼401，当天就有两位学长于秋伟、唐贤文专门跑去看我们。学长们给我们介绍了各个老师是怎样的严谨和温和、考古专业又是如何的神奇和浪漫、考古类书籍放置在图书馆的哪个位置，等等。1988级的三位师姐苗霞、房文华和王麦群住在同一座楼的三层，凡是我们有什么需要，她们都尽可能地提供帮助。不管是老师还是师兄师姐都给我们一种家的感觉，就感觉找到组织了，融到考古大家庭了。

看到你们的提纲里有个问题是“山大精神”，而且已经有好几位老师谈起过“山大精神”了。就我个人体会来说，就是一种归属感和传承吧。当年刚入学的我们被师长们的接纳所感动，工作之后接触每届新生，也是尽量朝着这个方向努力，上课前通过自我介绍和大家互动，激发共鸣，把这份归宿感传递给后来的同学们。

**王瑞文**：谢谢老师对于这个问题的详细介绍！因为我上个学期在资料室给张昀老师帮忙，对资料室也有很多的感受，了解到老师也负责了很长时间的资料室的工作，所以想采访一下老师，您对我们资料室的建设和发展有什么体会和想法吗？

**陈淑卿**：考古资料室的建设历程比较曲折。不知道你在资料室有没有看到一些不同的资料，有些是很古老的，还都有不同的来源。其实资料室最初由郭宝钧先生捐赠的图书创建的，所以一些书上面有“子衡”字样的藏书章，郭先生的字是子衡，因此他的藏书上有些会有印章，你们有没有注意到这一项？

2016 年陈淑卿与 2014 级学生参观南京明孝陵

**王瑞文**：我具体的没有看到，但是我知道一部分确实是我们一些老前辈老先生捐献到我们资料室的。

**陈淑卿**：对，咱们资料室最开始是由郭宝钧先生的藏书所构成的，后来又有一些其他的捐赠渠道。不过郭宝钧先生的赠书数量不同文献记载有些分歧。在“刘敦愿百年诞辰纪念特展”的介绍文字中，提到“郭宝钧先生遗嘱将家中 5000 多册藏书尽数捐献于山东大学考古资料室”。但山大图书馆官网介绍则是“郭宝钧先生家属捐赠 800 多册”。即便是有众多的捐赠藏书，咱们的资料室一直到我 2002 年离开的时候也不算很充裕。当时我做了个 access 数据库进行统计，全部图书加起来也不到 5000 册，考古类的有 2000 多册，历史类的 1000 多册，古文字 300 多册，环境类的可能是 130 多册，还有工具书，其他方面的很少。所以我觉得郭宝钧先生捐了 5000 册书的数量可能有些出入，倒是山大图书馆提到的 800 多册藏书可能性更大一些。

再后来一次规模比较大的捐赠是明义士藏书。明义士是一个民国期间的加拿大传教士，后来成了汉学家，专门研究甲骨文，方老师的专著《明义士和他的藏品》（山东大学出版社版）有详细介绍。他的藏书后来有一部分捐赠给了咱们资料室。近两年资料室频繁搬迁，我也好久没去过了，不知道明义士的赠书还有没有采取专柜或者专栏的方式展示出来。再往后还有波士顿大学的慕容杰捐了一部分图书。还有就是日本国立历史民俗博物馆、韩国忠清文化财研究院会定期给我们邮寄他们的出版物。

国内的捐赠，主要是来自离退休教师和校友们。好几位老师退休以后都会进行图书捐赠，比如刘先生、蔡老师和李发林老师。咱们好多毕业的校友也会把他们自己的研究成果、或者他们单位出版的著作陆续寄来。在山大 120 周年校庆期间，西安那边的校友王自力、陈根远、徐龙国三位各自捐了一部分图书。还有这次咱们考古系庆 50

周年之际，1980级的万欣老师也把他的一部分藏书捐了过来。这是校友捐赠的部分。此外还有些校友所在单位和我们资料室建立一种类似图书交换的模式。像1992级的校友张文平，曾任内蒙古文物考古研究所副所长，去年调任到内蒙古博物院工作。他在考古所的时候就把所里出的书源源不断地给我们寄过来，我们这边出版的书也会给他们回赠过去。和我们建立交换联系的还有好多高校和科研院所，像北大、吉大、西大、川大、山东考古院等都和我们有图书的往来。

再一个渠道就是买书，但资料室起步时期经费应该是相当紧张的，在80年代中期，大约是1985年到1988年，我们连基本的订阅杂志的钱都没有，更别说买书了。我做截止到2002年的数据库的时候，1985～1988年期间的《考古》和《文物》倒是配齐了，其中有一些是其他老师捐赠的。可是《考古学报》1985～1988年的就没有，特别遗憾。当时我们需要查看的话只能去学校大图书馆过刊部寻找。不知道后来有没有再补齐，由此足以显示我们当时的经费是多么紧缺了。

我是1998年硕士毕业的，当时刚赶上马良民老师退休了，栾老师让我留下来负责资料室的工作。那个时候经费还是严重不足，学院的财务制度也是没有预付款一说。马老师工作多年，都是自己先垫付上，等杂志和发票到了之后再向院里申请报销。可是我刚工作的时候工资不高，这个钱垫付不起来，所以尽管马老师退休了，他还是继续垫钱把相关杂志给订上了。资料室经费充足有两个契机，第一个契机就是三峡库区蓄水前，全国很多开设考古专业的高校以及科研院所去那边进行抢救性发掘。咱们学校也接手了一些项目，栾老师是项目负责人，带队在2000、2001年先后发掘了万州大周溪和开县余家坝。相当于栾老师把自己的科研项目经费拿出来去给咱们资料室买书。除了三大杂志外，以前一些没订阅的杂志我们也进行了补订，并且还能再去采购新书。第二个契机是2002年东方考古研究中心成立，学校每年会拨付专项建设经费。

经费虽然有保障了，但买书还是比较困难。考古其实是很小众的学科，咱们在济南买相关书籍很难。当时在济南实体书店主要是泉城路上的新华书店和中山公园附近的几个古旧书店，还有就是英雄山文化市场有些旧书。可是这几个地方与考古文博相关的书籍也不算丰富。我们要买到更多专业书籍的话，就必须跑到北京采购。当时在王府井大街27号社科院考古所门口有个考古书店，一般来说全国各地出的考古类书，都会及时地汇集过去。在考古书店附近，就是王府井大街周边汇集了很多出版社和书店。考古所再往西边一点黄城根北街，是科学出版社门市部，再往西北是国家文物局，五四大街29号，曾经的北大红楼，同时也是文物出版社的所在地。往东边有三联书店的总部，再沿着王府井大街往南，过了首都剧场再往南有商务印书馆和中华书局，这几个地方也是我们常去的。总之为了买书，我们每年基本都会去一趟北京。有一年是和王芬老师一起去的，买了书还得邮寄回来，我们俩女生搬不了这么多，还得再请校友帮忙。当时唐仲明老师正在北大读博士，我俩就叫他来帮忙把书运到邮局再寄走，总之很费周折。近些年还有类似图书展销的模式，疫情之前在济南的工业南路那边的国际会展中心，有时会把各个出版社聚集起来进行展销，我们也会过去看看有什么新书，毕竟刚才说的那几个出版社也不可能涵盖咱们专业的全部，像上海古籍出版社、江苏凤凰集团，还有河南的大象出版社、中州古籍出版社等。在那种大型的图书展会上，可以看到好多我们其他相关学科的或者我们没有涉及的信息和书籍。

现在是网络时代，我们订阅各种图书材料的途径很是方便，一方面，我们和好多出版社有合作，另一方面，好多书店也主动联系我们，一般流程是他们网上发书单过来，我们挑好了把钱汇过去，然后书就邮寄过来了。不过线上采购虽然便捷，但好多图书具体的信息内涵有些欠缺。我们光看书名是很难把握实际内容、装帧情况、图片质量等等的，只有实实在在地去翻纸本书，它的内容、图表、注释、纸质质量、版面清晰度，才都能一目了然。就好像我们现在打造的一系列虚拟博物馆和网络虚拟展览，都取代不了实地去一趟博物馆，买书也是一样的。

**孟庆伟**：谢谢老师，我想问下老师，山大考古已经成立50周年，从创建到现在，山大考古的校友可以说是遍布五湖四海，50周年系庆是也是需要和广大校友尽可能取得联系的。我们了解到老师也是负责了一部分联系校友的工作，那么老师在与校友联系的过程之中，有哪些感受呢?

**陈淑卿**：首先，我们的校友都是特别的热心，对我们的工作非常认可。联系到的校友都会积极主动地配合和支持我们的各项工作。为庆祝考古专业成立50周年，我们计划在青岛校区博物馆举办一个学科发展历程的展览，需要向各级校友征集在校期间与学习和生活相关的物品，获得了校友们的大力支持，比如李占扬老师提供了他当年的读书笔记和手铲，许宏老师寄来读研期间的成绩单和考古领队资格证书，郑岩老师发来上学期间的各种手抄报和绘画图片，万欣老师和张翠敏老师把当时上课的课本、聚会纪念册等寄了过来，特别让人感动。还有就是我们山大考古人的凝聚力特别强，校友之间关爱互助，资源共享，没有隔阂。再拿研学来说，所到之处，但凡有校友的地方，必然帮着安排得妥妥当当。一般是文博方向的去参观博物馆，考古方向的参观各处工地。可是不管是去工地还是去博物馆，只要走出去，就能感受到校友资源的优势，体会到我们山大人之间的凝聚力。2016年的冬天，我和张昀老师带着2014级的文博班以及相关方向的研究生一起去了趟南京。之所以选择南京，一方面是南京的文博资源非常丰富，其次就是我们的校友人数众多。据最近统计，咱们在江苏的校友有40多个，其中一半在南京。校友中最年长的是车广锦老师，他是栾老师的同班同学，在南京航空航天大学工作。但凡山大考古的师生过去，车老师就会组织大家聚聚，他做东，并帮着安排好一切行程。南京博物院王奇志副院长是1986级的校友，南京市考古研究院龚巨平是1998级校友，《东南文化》编辑部黄苑是2004级校友。平时我们和黄苑联络比较多。研学之前，我们先把行程规划发给黄苑，她又转给王、龚二位，请他们依据实际可操作性做局部调整，比如去掉侵华日军南京大屠杀遇难同胞纪念馆，增加了大报恩寺遗址公园，等等。那次我们时间比较紧凑，第一站先去了南博，南博刚好当时有一个“法老·王——古埃及文明和中国汉代文明的故事”展览，就是把古埃及文物和汉代南京江陵王王陵遗物放在一块对比性地展出。王奇志副院长请策展人带领我们参观，参观完后还进行了一个小型的座谈会，介绍策展思路、观众调查方法等。随后几天的行程是龚巨平帮忙联系安排的，依次是六朝博物馆、江宁织造博物馆、南京市博物馆、太平天国博物馆，最后一天参观了南京明孝陵博物馆和大报恩寺国家遗址公园。正好借这个机会，我想感谢一下南京的校友们。除了上边提到的几位，还要特别感谢明孝陵博物馆的王广勇馆长，他其实是历史文化学院古代史1995届的硕士，现在应该调任中山陵园管理局文物处了。王馆长亲自带着我们参观了整个孝陵景区，并详细讲解。以后研学，可以继续考虑南京，校友们给我们提供了非常多的资源，周到细致，尽心尽力。所以我们很感慨，到了南京就像回家一样。

2016年于南京

**孟庆伟**：非常感慨，咱们校友之间的凝聚力真的很强。想问老师最后一个问题。山大考古走过50周年，您对山大考古有哪些期待和展望呢？对我们这些新生代的考古学子又有什么寄语呢？

**陈淑卿**：期待我们山大考古更加发展壮大吧。在第三轮学科评估的时候，我们曾经位居第三，第五轮我们重新上了A类，这对于上一次来说是一个进步。不过就条件设施以及经费来说，咱们其实还不是很充分。2016年我曾和靳老师、郎老师去北京联合大学参观访问，他们学校规模不大，但文博系有独立的一座楼作为实验室，玉石器、书画、陶瓷等方向是直接与故宫进行合作的，科研经费高达2000万，而当时我们考古专业的年度拨款只有几十万，简直不是一个层级的。再则，我们的学生招生人数也很不占优势。一般高校本科生数量都比我们多，以2020年本科生毕业人数来说，北大38人，吉大60人，西北大学83人，北京联合大学99人，我们山大只有27人。我想这也是我们第四轮学科评估不够理想的原因之一吧。你想你们2020级总共就30个人，考研的时候又有好多同学去了更好的高校，能留到我们学校的很少。实事求是地说，报考山大的研究生中，本科超越山大的高校很少，也可能是受地缘因素影响吧。希望将来我们能各方面都有所提升，不管是条件设施、科研经费还是人才培养，随着学科建设还能更上一层楼。

新生代的考古学子，赶上了考古学科发展最好的时候。希望你们视野开阔一些，因为考古学科和任何一个领域都可以建立联系，将来你们工作或者研究当中，尽可能的打开思路去接触不同的方向，不同的领域，不同的人员，然后从广度和深度来拓宽我们的研究范围。另一方面，这个时代，变化已经是常态。什么时候改变都是有可能性的。现在不像以前，毕业后分派到某一个地方就从一而终，基本就固定在某个地方或某个方向了。现在看来完全可以不局限于这个样子。我在联系咱们校友时也注意到，首先人是流动的，前几年在北京，后几年可能就在广州了；其次，研究领域也是可以转化的，早些年在研究石器时代考古，后来可能就转去文化遗产或博物馆展示了。改变，随时都是有可能的。不要局限于一时一地。随时做好准备，拓展新领域，开辟新方向，发现新可能。借用许宏老师当时经常给我们说的一句话就是，机会是给有准备的人的。趁着在校期间的大好时光，充分进行知识储备，在合适的时候做出正确的选择。总之，拓展新思路，把握新动向，做好应对变化的各项准备，随着山大考古一起蒸蒸日上。

# 行思慎远，踏实笃行*

## 访雷建红校友

校友简介：雷建红，男，1971年生，本科1992级校友。研究馆员，现任河北省文物考古研究院宋元明清考古部主任。

先后主持和负责数十项考古调查、勘探和发掘项目，其中郛堤城瓮棺葬考古发掘入选“2016年中国重要考古发现”。主编《古城印迹：战国秦汉古城文明》专著1部，在各类期刊上发表论文或发掘报告数十篇。

采访时间：2023年2月10日

采访方式：腾讯会议 线上采访

**林　璐**：雷老师您好，20世纪90年代是一个充满机遇的年代，可以请您分享一下您进入山大考古专业学习的契机吗？

**雷建红**：我当时报考考古专业，是没有明确目标的。我们上学的时候是靠估分填报志愿，当时我给自己估分估得太低，所以报志愿的时候我都没有填报第一批志愿。交志愿的时候班主任问我为什么不填第一批志愿？我说因为可能考不上，当时我的目标是考上渭南师专，以后当一名老师，所以我觉得填报第二第三志愿比较重要。但是班主任说必须得填上，我就填了。因为家在农村从小没出过门，当时目标很明确，四年大学我要走出去，不能在本省。考虑到家庭经济情况、路途遥远等各方面情况，我选了生活各方面条件与陕西差不多的山东和兰州，报了兰州大学和山东大学。

但是选专业的时候还是比较迷茫，不像现在的学生对未来有规划。最后是我的一个同学，她对象学的是中专，毕业比较早，他建议我报博物馆专业，因为博物馆专业当时是个冷门专业，以后好就业。但是当年山东大学博物馆专业没有招生，只有考古，那时对考古没什么概念，也不是很了解。他说考古专业可能跟博物馆专业是一样的，所以我第一批的第一志愿就报了山东大学的考古专业，第二志愿好像报的是兰州大学

* 本文系林璐、于洪丽整理出文稿，经雷建红审阅修订而成。

的历史专业，结果成绩出来以后，超过重点线大概六七十分，上山东大学考古专业是没问题的，当时报考山大考古专业就是这么来的。

上学以后，我们班 11 个人，基本都是主动报的考古专业，所以老师们对我们 1992 级抱有很大的期望，觉得我们都是主动报的考古专业，一定对考古有兴趣。现在我想，可能其他同学和我的情况差不多，因为都是农村出来的，可能对考古专业也不是很了解。另外家长也是农村的，对我们未来从事的行业也没有规划，所以我估计同学们跟我出发点都差不多。

当时报考古专业，还有另外一个原因，是根据我的性格，我觉得我适合跟社会来往接触相对少一点的行业，当时也是基于这个出发点报了考古专业，现在看来我当时报考古专业还是比较幸运的，学习四年后，我基本上明确了自己的方向，尤其是在实习以后，我还是愿意毕业以后从事考古行业的。

我从开始不是特别懂考古专业，到后边开始喜欢，其实也是慢慢地学习，慢慢地实习与实践的过程，让我逐渐觉得考古确实是适合我去从事的行业。

**林　璐**：谢谢老师，我们对考古也都是有一个从不了解到逐渐了解的过程。

**雷建红**：对的，幸好你们现在能够接触的信息多，对以后的职业可能有提前的规划。我那时确实是一点规划也没有，都是从农村过来的，没有以后想干什么的概念，报志愿也很随意，别人介绍我去报考古我就报了，但我这人有一个好处，就是干一行爱一行。我觉得我虽然没做出什么特别的成绩来，但是我在单位上，在工作中，各方面的表现还是没给学校丢脸的。

**林　璐**：谢谢老师，您太谦虚了。田野考古实习是每位考古人的必经之路。您能和我们分享一下您当年在长清仙人台发掘的情况吗?

**雷建红**：我们出去实习的时候是 1995 年的春天，应该是 3 月 5 号。一般情况下，大一大二的大部分时间都是在课堂里面，没出去过。第一次实习我们也是满怀憧憬，非常高兴，对我们来说也是挺有意思的。由任相宏、方辉和崔大庸三位老师带队指导，除我们考古班 11 名同学外，日本留学生铃木卓也、香港留学生颜孔昭、济南市历城区博物馆的刘继文老师和贾桂法老师、准备考研的段洪亮也参与了本次实习，共 16 人。因为过去学校文物库房里面大多数都是陶器，我们从侧面了解到老师想发掘出来一些青铜器，所以我们 1992 级本科班实习就在商周时期的墓葬遗址进行了。

长清仙人台叫遗址也罢，叫墓地也行，它是一个很不起眼的地方，和半岛一样，坐落于钓鱼台水库边缘，三面环水，仅东边有一个小土道，跟公路连接，面积很小，大概 1000 平方米。三位带队老师之所以选择对仙人台进行发掘，与老师的前期功课有很大关系。一方面，老师查阅以往的调查资料了解到，20 世纪 70 年代在靠近水库北侧断崖边的地方坍塌，出土过铜鼎等重要青铜器；另一方面，老师也可能亲自去过现场实地勘查，现在我们在断崖上也还能看见人骨，说明此处分布有墓葬。所以当时老师选这个地方，也是慧眼如炬，下了一番功夫的。

就我们实习来说，我觉得挺有意思的。我们基本两个人一组，骑自行车骑行十多里地，到遗址捡陶片练习调查。调查完后就开始打探铲，做勘探，我有一个好处是从农村出来的，会干农活，也喜欢琢磨事，实习期间勘探的基本要领我都掌握了。老师也教，我自己也琢磨基本的勘探要点，包括分辨土样，可能比一般同学掌握的快一些、多一些。

仙人台遗址的西部为遗址区，分布有文化层和遗迹，中东部为墓葬区。我们先发掘西边的遗址区，毕竟是学生实习，不可能只挖墓葬，挖墓葬对学生实习来说不是最好的选择。地层较为简单，先后发现了岳石文化、西周、东周及汉代的灰坑、房址等遗存。在西南方向断崖边上，我们的同学肖贵田，就是现在山大博物馆副馆长肖贵田老师，他发掘的文化层堆积相对厚一些。现在回想起来当时工作有点欠缺，发掘的时候只挖墓葬了，没真正达到练习和实践的目的，毕竟遗迹现象丰富且复杂的遗址对学生实习来说是真正适合练手的。但是没办法，因为它确实没有什么文化层，但好歹还有岳石文化的遗存，有灰坑、墓葬，也达到了一定的目的。我印象中好像发掘了两个探方后开始挖墓葬，老师说你先清理七几年出过青铜器的那个墓葬，它在断崖边上，是地表上洼陷的地方。现在我可能一看大概能知道这是墓葬，但当时我们不知道。老师说那是个墓葬，“你清吧。”我说：“行，就清吧。”不管是不是好的墓葬就先清理了，清理后的结果比我想象得要好。墓葬是带左右两个边箱的，头西脚东。它的左侧是个礼器边箱，七几年也出过青铜器，它右边的边箱主要出的是箭镞，都是成捆的，我们判断可能是一个男性的墓葬。人骨上有朱砂以及铜、玛瑙之类的项链。当时是老师第一次教清理墓葬边界，作为练手当时用手铲处理得还挺干净利落，慢慢也就掌握了。

随后是挖第二个墓葬，当时刚露出两个环耳的时候，崔老师就说：“嗯，这是鼎！”刚发现后就出了一个状况，当时乡里面几个干部，中午吃完饭喝了酒，不知道从哪里得来的消息听说我们发现了青铜器，他们就来了。当时方老师和任老师正好周末回家，工地只留崔老师一个人带我们实习。乡镇干部向崔老师要我们的发掘执照和身份证，当时发掘证照还未批下来，崔老师也没带身份证，他们就认为我们在盗墓，让我们停工。没办法我们就留几个人在工地值班，其他人回到驻地。当时我们住了三个小院子，三位老师、研究生和留学生住在一起，派出所来了六七个警察，把院子围住了，不让老师出去。他们当时想把文物拿走，崔老师说：“你可以拿走，但我给你先讲清楚，你们拿走可能会把文物拿坏了，你们可要负责任。”他们也心里没底，因为他们不懂文物，怕担责任，也就没敢把文物拿走。我们马上给任老师打电话，任老师随即联系学校，学校连夜安排了学校公安处的处长到长清县公安局对接了，把情况说清楚了。当天晚上折腾到 11 点多，他们知道弄错了就来道歉了。

最后因为老百姓都知道这出了好多东西，围观的人太多，正常发掘没法进行，老师让我们改成晚上发掘墓葬，一般晚上吃完饭就开始清理了。白天我们不上工，就在每个墓坑上面用竹棍撑着帆布盖住。那时候我们刚刚实习没见过那么好的东西，也没见过青铜器，积极性很高。我们每个同学晚上都不愿意在家里待着，都愿意去现场发掘。最后老师规定每次清理一座墓葬，最多能下去两三个人，人多了，到时候踩得很乱，我们就排班每天去两三个人。晚上我们在墓底下睡觉，那时候不会怕，都愿意去。

仙人台遗址实习对我的影响挺大的，实习对每一个学考古的人来说都可能是一个转折点，有一部分同学，通过实习他觉得太苦了，毕业后可能就转行了。我们班大部分同学，尤其是男生，实习后都愿意做考古。现在看我们 1992 级除两三个人外基本上都在各省考古所和博物馆任职，就业各方面还是相当理想的。

当时在仙人台发掘的时候，县领导们经常来看。他们来的目的，主要是关心文物的归属。所以他们一直问我，我说我们也不懂，我们只知道文物出来后整理资料，整理资料之后通过省文物局和国家文物局再给分配，可能我们学校留一部分，给地方一部分。

我们发掘结束离开的时候，文物太多，学校还专门定制了木箱子，拉了两拖挂，总共四车厢。文物是很沉的，都是我们学生自己抬。发掘的时候，我们也是这样，挖土都是我们自己干，现在回想都觉得挺有意思。

任老师、方老师、崔老师都说我们太幸运了，他们工作了大半辈子，还没见过一次性出这么多东西。清理的等级最高的一座墓葬，大约 1.5 米就到底了，一般都是左右边箱，另外还有被拆解了的车。虽然墓葬很浅，但出土的东西太多了。一个墓葬，铜鼎最大直径大概是一米左右，最小的有拳头那么大，15 厘米。另外还有方壶、圆壶，青铜器的纹饰也非常的精美，还有石磬、编钟之类的。我们也是开眼了，从来没见过这么好的东西。我们经常开玩笑有可能是因为第一次就把我的运气用完了，所以我现在毕业后，工作将近 30 年了，再也没见过这么好的东西，青铜器也很少见。

我觉得做考古虽然条件艰苦，但是精神上的生活是很有意思的，所以实习以后我就基本定下了我以后还是要做考古。

**方佳蕾**：谢谢雷老师的分享。我们常说考古专业的师生联系更为密切，所以我们可以请您谈谈在学校学习期间您感触最深的事吗？

**雷建红**：我们上学的时候，山大考古专业招生都是偶数年招生，1992 级是最后一届双数年招生。当时学校老师也少，在文史楼二楼上有个教研室，另外有个文物仓库，总共就 10 个老师，我们学生也少，总共就 11 个学生，每个老师都给我们上课，而且都上好几种课，所以我们非常的熟悉。

我对栾丰实老师印象最深，因为上一届的师兄师姐说栾老师要求特别严格。山大考古专业的田野实践能力是公认的很强，这应该跟栾老师和其他所有老师当时的严格要求是有关系的。我跟老师接触多了，我觉得栾老师虽然平时很少笑，但是挺平易近人的，也不像想象中那么严厉，其实挺慈祥的。我毕业的时候找工作中间出了点差错，当时家里人想让我回西安，我自己也想去陕西考古所，但他们态度不明确。结果因为没有通信工具，也没主动跟其他考古单位联系，所以就耽误了。我回来以后，在西安待了一个月，一直没找到工作。

在学校的时候，除了改行的，其他大部分同学都基本定好工作了，大概是在青海、山东、辽宁，以及内蒙古的考古所或博物馆工作。栾老师就问我的情况，我跟栾老师说家里人说是找得差不多了，结果最后也没找好。回西安后一直没找到工作，后来实在没办法就给栾老师打电话，他说："你也别着急，我帮你联系一下别的单位。"后来联系了四五家，包括社科院二里头工作队，还有几个博物馆，他最后建议我去河北省考古所看看。因为河北在我们学校没有毕业生的时候，想从山大招聘，结果没招到毕业生，栾老师认为河北是需要人的，让我先考虑省级考古所。我说行，正好我的高中同学也在石家庄，我让他帮忙找找看有没有考古所，最后是找到了只挂了古建所没挂考古所牌子的两个单位共同办公的办公楼。我同学就去问了问，正好碰到当时的河北省文物研究所所长，现已退休的河北省文物局谢飞副局长。当时所长他一听是山东大学的男生，而且我在学校各方面成绩还是挺优秀的，还拿过韩连琪奖学金，而且他们也确实要人，所以就叫我去了。去了以后他问我的老师是谁，然后问我有没有老师电话，我说有，他就拿他的座机给栾老师打了电话，他问栾老师："你是不是有一个学生雷建红，他怎么样？"栾老师回答了他，最后所长就说，"那行，栾老师你说了我就相信了，我就要你的学生了"。当时找工作走了弯路，我比平常同学们毕业找工作可能晚了两个多月，10月份才去上班的，所以我印象很深。

栾老师平时教学，对我们要求很严格，同时生活中也很关心我们。我来河北，主要是栾老师促成的，当时他也介绍了别的单位，但他还是建议我去河北，毕竟省级单位对以后的考古事业发展来说更有利。所以我来了河北考古院，以前叫河北省文物研究所，现在叫河北省文物考古研究院。

**方佳蕾**：好的，谢谢老师。山大考古已经走过50个春秋，我们很高兴能够站在这一历史的节点总结过去，展望未来，所以可以请您谈谈对山大考古未来发展的展望吗？

**雷建红**：对学校的展望我不敢过多的谈，毕竟我觉得我现在还达不到谈学校以后发展的水平，但是我觉得山大考古专业有个特点，田野实践能力非常的强。

现在很多学校都有考古专业，毕业生也很多，但到单位还是要以前的老牌子，北大吉大就不用说了，山大发掘水平明显比一般的好，包括南京大学的发掘水平都稍微差些，因为田野考古不是它们的强项，山大考古专业在实践上就是一个强项。

另外当时我们在学校的时候还只是一个教研室，经过这么多年发展，现在是考古系，还有东方考古研究中心，还有文化遗产研究院，从门类来说确实比以前丰富了，但是我们也必须认识到虽然目前山大在全国开设考古专业的院校中相对靠前，但是和北大、吉大比还是有一定的差距的，所以在这方面还得多努力。这几年改变也挺大的，目前山大有实验室、博物馆，而且是仅有的一两个在大学里面设立博物馆且获评一级博物馆的学校，这都是我们的优势，但是我们也有劣势，可能我们的科研水平还有待提升。

**方佳蕾**：好的老师，最后一个问题，您作为山大考古的前辈，能对现在在读的同学们提几点建议吗?

**雷建红**：第一，我希望同学们能明白，山东大学是一个培养人才的摇篮，你们以后可能从事文博行业不同领域的工作，比如说发掘、文物修复、应用科技做检测分析等等，这些都是附着在同学们身上的职业标签，也是同学们未来事业的重要部分，今天能够认识到这一点，能直接影响你未来几年的学习生活和选择。敬畏知识，学习知识，将会提高你的格局，明确学习的目标。

第二，在身旁的同学都在努力学习、刻苦读书的时候，不要把大量的时间和精力放在别的地方，比如说思考怎么赚钱，或者是整天打游戏，因为未来可做这些事情的时间很多。但在全国顶级的学术殿堂学习的机会只有一次，在什么样的年纪做什么样的事情，同学们必须明白。四年的时间非常的短，一定要在大学期间充实知识的储备，练好基本功，掌握专业的技能，这些都是以后安身立命的资本和底气。所以我愿同学们在自己热爱的领域和事业上充分发挥自己的才华和学识，不负努力，不负汗水，不负青春。

第三，不论什么时候，都不要把自己当回事，而要把自己所做的事情当回事。能进入山大学习，大家的能力自然是毋庸置疑的，但是能力有了还需要行思慎远，踏实笃行，态度必须端正。因为无论我们做任何事情，取得任何成绩，态度和能力都是不可或缺的，而且态度的重要性，有时甚至在能力之上。可能我先天没别人聪明，但是我们通过后天努力也能取得成绩，所以切不可抱佛系的心态，得过且过，在大学混日子，那是不行的。如果有一天你们取得大家认可的成绩，而且在荣誉和称赞的包围下，依旧能够初心不改，那么在你从事的领域，就可以算得上是一个翘楚了，我对同学们的建议和期望也就谈这么多。

**方佳蕾**：好的，谢谢老师您的建议。最后祝您身体健康、工作顺利。

# 严谨求实，扎根北疆*

## 访张文平校友

校友简介：张文平，男，1973 年生，本科 1992 级校友。现任内蒙古博物院副院长、研究馆员。曾担任内蒙古自治区文物考古研究所副所长、内蒙古自治区文物考古研究院院长。

长期从事田野考古工作，参与或主持了 30 余处遗址的发掘工作，主持了内蒙古自治区的第三次全国文物普查、长城资源调查两个国家级的文化遗产调查项目。主要研究方向为北疆史地考古，发表考古报告和论文 50 余篇，主编了内蒙古自治区长城资源调查系列报告，出版《辉腾锡勒草原访古》《内蒙古长城·战国秦汉篇》等学术专著。

采访时间：2023 年 1 月 31 日

采访方式：腾讯会议 线上采访

**陈　瑾**：张老师，您作为考古发掘项目负责人，长期从事田野考古工作，先后参与或主持了 30 余处遗址的发掘工作，您还记得本科实习的经历吗？工作后再下田野有什么变化呢？

**张文平**：我对本科实习的经历，印象是特别深刻的。我们 1992 级学生下考古工地实习之前，山东大学考古专业本科生的田野考古实习基地设在邹平丁公遗址。当时山大考古本科招生是隔年招，我们前一届的本科生是 1990 级的。1990 级在丁公遗址做田野考古实习的时候，我们 1992 级专门去参观过一次，在丁公遗址的基地住了一个晚上，当时带队的是栾丰实老师。1990 级的师兄师姐和我们讲，栾老师对他们的要求是非常严格的，尤其是田野考古工作结束，写考古实习报告的时候，晚上经常要加班到 12 点。我记得晚饭后我们和 1990 级的师兄师姐们在工作站小院内聊天，栾老师还在自己的房间里面搞研究，写论文。当时 1990 级师兄师姐从事田野考古实习的一丝不苟和

* 本文系于洪丽整理出文稿，经张文平老师审阅修订而成。

栾老师这种敬业的科研精神，给我留下了特别深刻的印象。

我们1992级的田野考古实习是在济南长清的仙人台遗址，当时带队的是任相宏老师，还有方辉老师、崔大庸老师辅助。对仙人台遗址的考古发掘，发现了西周晚期至春秋时期的邿国贵族墓地。当时在发掘过程中，我们是特别兴奋的，几座大墓里面出土了大量青铜器，其他精品文物也是特别多的。现在山东大学博物馆陈列的许多珍贵文物，就是出自仙人台遗址。当然，仙人台遗址除发现了6座邿国贵族墓外，还有其他时期的遗存。这一次田野实习，对我们是非常好的锻炼，三位老师对我们的要求也都很严格。

当时我有一个想法，就是大学毕业以后回到家乡内蒙古工作。崔大庸老师和我说的一句话，我的印象是很深刻的。崔老师说："通过仙人台遗址的考古发掘，你锻炼出来的水平回内蒙古工作应该是没有问题了。"为什么崔老师会说这样的话呢？山东地区的文物遗址，往往有丰富的文化层堆积，在山东地区考古工地锻炼出来的学生，放到全国其他地区再做考古工作都没有问题。尤其是内蒙古地区的文物遗址，往往时代较为单一，文化层堆积也不厚。崔老师说的这句话，对我来说是非常好的鼓励。崔老师还和我们讲，仙人台遗址出土这么多精品文物，对我们的实习是一个好事儿，但也有可能是双刃剑，不要因此以后在考古发掘工作中看不起普通遗址。

大学期间，老师们经常给我们讲著名考古学家夏鼐先生说过的一句话："考古工作者的水平和成绩如何，不能只看他发掘出什么东西，而是要看他用什么方法发掘出这些东西。"意思是不看你挖到的是不是精品，主要是看你考古发掘方法是否科学规范。从山东大学毕业出来的考古专业学生，田野考古发掘的水平都普遍比较过硬，一个是和山东地区丰厚的文化层堆积有关，另一个也是和老师们的严格要求密不可分。参加工作后，我们时刻铭记老师们的教诲，注重田野考古发掘的科学性。

老师们的言传身教，对我到内蒙古地区从事田野考古工作是终身受益的。在山东大学4年的学习时间，是我人生中非常宝贵的经历，奠定了从事考古专业的基础，也塑造了我的治学作风。

**方佳蕾**：我们了解到您主持了内蒙古自治区的第三次全国文物普查和长城资源调查两个国家级的文化遗产调查项目，并且主编了系列内蒙古自治区长城资源调查报告。同时，山东大学在20世纪90年代率先提出了区域系统调查，鲁东南地区的区域系统调查项目是考古系50年发展中非常浓墨重彩的一笔，想请您谈一谈对山大考古调查工作方面的认识。

**张文平**：栾丰实老师在给我们授课时，曾经讲到聚落考古的重要性。区域系统调查，就是聚落考古的重要组成部分。山东大学和国外高校合作开展区域系统调查工作，走在了全国的前列。从20世纪90年代开始，除了山东大学联合国外高校做区域系统调查之外，内蒙古自治区文物考古研究所也和美国匹兹堡大学在内蒙古东部的赤峰地区和中南部的岱海地区做过区域系统调查工作。内蒙古这两个地区的区域系统调查，我都有参加。西方的区域系统调查理论，的确更新了我们田野考古调查的一些思路和方法；它的最大优点，是能够反映一个地区内不同时代、不同类型文化遗存的空间分布规律。

山东大学对考古专业学生的培养，不仅注重田野发掘，也非常注重田野调查。在仙人台遗址实习期间，到工地后，老师将我们分成两到三人一组，每组调查一个乡镇。我们骑着自行车在野外跑了10多天，发现了很多新遗址，回到考古工地后，大家都争先恐后地向老师们展示调查成果，希望得到肯定。

我在主持内蒙古自治区的第三次全国文物普查、长城资源调查这两个文化遗产调查项目时，与美国匹兹堡大学合作开展的区域系统调查的经验对我有所帮助，但它们之间的差异也很大。第三次全国文物普查是大规模的文物普查工作，很难做到全覆盖，调查者的经验起着关键作用，到了田野往往还要依靠群众提供线索；长城资源调查要细致一些，对长城墙体及沿线遗存做全面的登记。区域系统调查与长城调查有着一定程度的相似性，但前者比长城调查还要精细，尤其强调全面覆盖性。举个例子，在岱海地区做区域系统调查时，我们从常识上判断，古代的湖区比现代湖区要大很多，在现代已经干涸的古代湖区部分，一般认为不会有古人类遗址分布；但是，美国的考古学者坚持还要在这些区域全覆盖地走一遍，通过实地调查证明这些区域没有遗址分布。当然，这是一个较为极端的例子。

**陈　瑾**：您能谈一谈，在山大读书时对您最有感触的人和事吗？

**张文平**：在我们上大学的那个时期，老师们有时会和我们提到考古学刚从西方传入中国时，考古学界有“古不考三代以下”的说法。当时的观念认为，三代以下，历史记载已经很明确了，没有必要再做考古了。这是当时考古工作者的一种想法。后来，随着中国考古学在理论与方法上的不断进步，发现历史时期也有许多需要考古学去填充与扩展的研究空白，历史时期考古学日渐丰富多彩，历史时期考古在整个考古学学科体系中的重要性也越来越提高了。但是，在我们上学那个时期，“古不考三代以下”的学术影响力还是很大的，绝大部分同学对新石器时代考古、商周考古感兴趣。

我写本科毕业论文时，选的就是新石器时代考古方向，题目为《试论海生不浪文化》。海生不浪文化属于内蒙古中南部地区的仰韶晚期遗存，由于这一时期仰韶文化的地方特点日益显著，于是有的学者建议把它命名为一种独立的考古学文化。内蒙古中南部地区经过正式考古发掘的这一时期的一个重要遗址，叫海生不浪遗址，于是考古学文化命名为海生不浪文化。实际上，当时考古学界对内蒙古中南部地区仰韶晚期遗存的性质争议还是比较大的，也有不同意独立文化命名的观点，建议视作仰韶文化的一个地方类型。我是初学者，懵懵懂懂地选择了这么一个写作方向。指导我写作论文的，是徐基老师。最初，我东拼西凑地写出一个东西，请徐基老师过目。徐老师用红笔给我批改，基本上把论文三分之二的内容都改了。看徐老师改得这么细致，我不敢马虎了，结合徐老师的修改，把论文认认真真地重新写了一遍。写好以后给徐老师拿过去，徐老师又给改了一次，这次基本把论文三分之一的内容改了。最后，我再结合徐老师的修改，又认认真真地写了一遍。前前后后徐老师帮我把本科毕业论文修改了两次，我誊抄了两次，当时都是手写，最后徐老师才认为这个论文基本能过关了。

通过徐老师的指导，我的论文荣获1996年度山东大学优秀本科生毕业论文。当时历史文化学院设有三个专业，分别是历史专业、考古专业和档案专业，这三个专业要推荐一篇优秀本科生毕业论文，很荣幸我的论文被选中。现在来看，那篇论文无论从观点还是文笔来看，都显得很稚嫩。但徐老师下了那么大工夫帮我不断修改完善，现在想来依然十分感动。

**陈　瑾**：您在山大本科毕业，具有了一定的经验、掌握了一定知识以后选择前往祖国北疆从事考古工作，那是什么影响您选择北疆考古作为研究方向的呢？本科期间的学习生活在中间发挥了什么作用呢？

**张文平**：山东大学的考古专业是1972年建立起来的，在我们上大学的时候，虽然已经发展了20年，但和全国其他高校相比，专业招生的数量是偏少的，这主要与老师们注重培养质量的思路有关。但从另一个方面看，你招生的数量少，那么对全国考古学界的影响就要小。为了不断扩大影响力，老师们都非常希望培养出来的学生能够回到祖国的各个省、自治区、直辖市工作。我能够在本科毕业之后回到家乡内蒙古，栾丰实老师和当时担任学院党总支书记的于海广老师都帮着做了推荐。

历史上，内蒙古地区一直是中原农耕文化与北方游牧文化交融交汇的一个重要区域。在内蒙古做考古工作，如果只是懂得考古的方法和技术，但是对内蒙古地区的本土历史不了解的话，开展研究是很难的。后来在工作期间，我到内蒙古大学蒙古学学院攻读了专门史专业北方民族史方向的硕士和博士学位。读这个方向，目的是想把在山东大学学到的考古专业知识和内蒙古地区的历史研究、尤其是北方游牧民族的历史研究结合起来。

从2007年开始，我主持了内蒙古自治区的长城资源调查项目，通过这个项目，我开始把目光投向中原王朝对北部边疆的治理上。为了更好地消化、吸收长城资源调查成果，我在2012至2013年期间赴北京大学师从著名历史地理学家唐晓峰先生，学习了一年的历史地理知识。

通过这么多年不断的学习与实践，近年来，我将自己的考古研究领域定位为北疆史地考古，研究方法是将考古学与历史学、历史地理学充分结合起来，在对北疆大地之上的历史文化遗产予以充分阐释的同时，将承载着丰富文化遗产的北疆大地赋予历史文化内涵。取得的一些研究成果，我自认为还是经得起检验的。譬如，考证战国秦汉时期的高阙为今天阴山山脉之中的乌拉山，秦王朝视乌拉山为帝国北阙，命名为高阙；考证拓跋鲜卑迁徙至漠南地区之后，史籍记载不明的一个与拓跋鲜卑早期活动相关的重要地名参合陂，指的是今天乌兰察布市境内的黄旗海，黄旗海本身为历史时期一个重要的农牧分界线；通过实地调查，结合史料记载，对北魏六镇的镇城及地望作了考辨，认为北魏六镇存在着一个由六镇到八镇的演变过程；通过考古发掘，考证位于今天巴彦淖尔市乌拉特中旗境内的新忽热古城为唐代横塞军军城；对元代阴山以北汪古部投下城之中的砂井总管府、按打堡子旧址作了新的考订；等等。自 2019 年以来，主持发掘了位于呼和浩特市武川县的坝顶北魏祭祀建筑遗址，如果说位于农牧交错带之上的阴山山脉是整个东亚地区的中心所在，那么用于太和十八年（494 年）孝文帝拓跋宏北巡祭天的这座位于阴山之巅的中原式祭坛，就是农牧文化交融最为典型的代表。

北方游牧民族的历史，是中国历史中非常华丽的篇章，可惜传统史料记载得少，且道听途说成分居多，与北方游牧民族的历史不能完全相符。但是，北方游牧民族在整个中国历史进程中又发挥了非常重要的作用，所以我就想要从考古学的角度重新构建北方游牧民族的历史，让北方游牧民族真正展现出在中华文明发展过程中所发挥的重大历史作用。

**陈　瑾**：好的，您从祖国的东部跨越到祖国的北部继续深造，从您的视角来看，山大考古有什么独特之处呢，我们存在哪些优势或者不足呢？

**张文平**：从山大考古的独特之处或者优势这方面来讲，由于山东省本身处于黄河下游一带，从新石器时代开始一直是人类活动非常密集的一个地区，从中华文明的起源来讲，它也是一个非常重要的地区。我们山东大学做新石器时代考古、商周考古的很多老师的研究方向，也是以山东的地域文化为主。在这个研究过程当中，鉴于它的文化堆积这么丰富，要把这些文化搞清楚，一定要有非常好的田野考古发掘水平。

上学期间，方辉老师给我们讲课的时候，经常提到傅斯年先生关于考古学的两句话："上穷碧落下黄泉，动手动脚找东西。"在这种注重田野考古发掘的环境之下，孕育出山大考古本身、还有山大考古培养出来的学生，在田野考古发掘的水准方面一直处于全国同行的前列。这是山大考古的一个独特之处，也是明显的优势。近年来，山大考古又注重发展科技考古，这为田野考古增添了更多科技含量。

**方佳蕾**：谢谢您的分享。最后一个问题，您觉得多年来传承下来的独属于山大人的考古精神是什么呢？在您看来，山大考古专业又将以怎样的发展方向与目标前进呢？

**张文平**：山东大学考古专业从 1972 年成立，经过这么多年的发展，山大考古人应该已经形成一个很明确的考古精神。大学毕业参加工作之后，再回首在山大的 4 年岁月，感觉是人生之中一生都享用不尽的宝贵财富。这个宝贵财富的核心是什么？应该是山大考古人的精神一直在给予我激励。

山东大学位于齐鲁大地，所以山东大学本身的文化性格与齐鲁文化以及山东人的性格紧密相关。山大考古的精神，我觉得应该是“严谨求实、开拓创新”。不论从做具体的考古工作还是做科研来讲，严谨求实、开拓创新的特点是很明显的。考古学是一门严谨的学科，但又具有很大的包容性，可以吸纳很多其他学科的研究成果与方法，为我所用。我觉得，加强多学科之间的联合，是我们今后需要不断强化的方向。

**方佳蕾**：我们的采访就到这里，非常感谢您能百忙之中抽空参与我们的采访，祝您新年快乐，工作顺利。

**张文平**：也祝两位同学新年快乐，在 2023 年学业进步。

# 俯瞰大地，仰望星空*

## 访王建华校友

校友简介：王建华，男，1976年生，本科1995级校友。现为四川省考古学会常务理事，西南民族大学人事处处长、旅游与历史文化学院教授。“教育部新世纪优秀人才支持计划”、国家万人计划哲学社会科学领军人才等称号获得者。

主要研究方向为史前人口考古、新石器考古等。主持多项国家级和省部级课题，在《考古学报》《考古》《文物》等国内外核心期刊发表学术论文60余篇，出版《黄河中下游地区史前人口研究》等著作。

采访时间：2023年1月15日

采访方式：腾讯会议 线上采访

**李婧瑶**：老师，您好，首先感谢您接受我们的采访。听说您当年是在大学去三峡附近进行实地考古发掘实习的时候与考古学“情定终身”的，那么能请您讲讲，当年考古实习时，是什么让您对考古学产生了浓厚的兴趣，并将其作为一生的浪漫与追求吗？在后面这么多年的考古发掘中，又有什么令您印象深刻的事情吗？对接下来要去进行考古发掘实习的学生，可以谈谈您的指导吗？

**王建华**：田野考古实习对于我们专业的发展来说是个分水岭。为什么这么说呢？一种情况是有同学可能最初的时候选择了考古学，但通过一次实习，他对考古学的认识就发生了变化；另一种情况就是原来对考古学没有太大兴趣的一批同学，经过田野实习后，才对考古学产生了非常大的兴趣，而我就属于后者。

我们是在大三的时候去三峡实习的，当时实习的地点在湖北省巴东县黎家沱遗址。当时是配合三峡工程，由栾老师、崔老师带队进行考古发掘，也结合了学生的实习，我们1995级这一批的本科生就参与了那次的发掘活动。从我们这次实习来说，每位同学对发掘过程的感受是不同的，刚才我提到我是属于后者这种情况。我认为田野实习

---

* 本文系朗朗珍嘎、邹丽萍整理出文稿，经王建华审阅修订而成。

对个人能力的锻炼，特别是综合能力的锻炼来说，作用很大。比如我们第一次实习，我们每人负责一个探方，在发掘的过程中，它对于我们的逻辑思维能力，综合判断能力都有很好的考量，因为它会促进我们去思考一些问题。虽然有时在发掘中我们没有发现像社会公众认识的很重要、很珍贵的一些遗物，但整个过程对我们专业的训练有益。所以我是属于参加第一次实习后，慢慢地对考古学产生了很浓厚的兴趣。这种兴趣不单纯是像社会公众理解的体验这种发现带来的快乐，更多地是在田野工作中，我们能够在思考发现了什么和发现以后这些遗迹和遗物对于我们后期的学习和研究的意义的过程中获得乐趣。另外，在实习的过程中，它不单纯是对专业能力的锻炼，还是对人际交往能力和综合协调能力的锻炼，比如我们要和这个探方当中工作的民工、当地政府打交道。如果大家不是从这个角度去思考问题的话，很多人可能觉得发掘的过程是比较枯燥的，甚至是比较痛苦和辛苦的，因为我们当年的野外实习，条件肯定是不如现在好。以上是第一次实习给我的感受，所以后来我也是坚定了从事这个专业学习和后续研究的信念，当然，这个过程和老师的指导和训练是分不开的。

要说考古发掘过程中印象比较深刻的，其实从学生这个身份来说，我们更多体会到的是老师的敬业和对学生的指导与关怀。相信每一个参加过田野实习的同学都有这样的一些印象，第一个方面就是在实习的过程中，我们会和很多人去打交道，在打交道的过程中，我们从老师的身上学到的不仅是专业的素养和专业的情怀，还有一方面就是我们可以学到怎么去处理一些问题，包括综合协调的一些案例。那么印象深刻的，比如在三峡实习结束的时候，和当地的这个住户，尤其是我们的房东，产生了分歧，他从他个人利益的角度，提出一些无理的要求，而在处理这些事情的过程中，老师的一些处理方式对于我现在来说印象还是比较深刻的。

对将要实习的学生，指导谈不上，只能谈谈个人的一些感受。因为我们也参加过考古实习，包括在指导学生实习的过程中，都会有一些体会。第一个方面就是得脚踏实地，要接地气。因为在田野发掘的过程中，首先是对你专业素养的一种锻炼，所以我们应该打开我们的思维，去把自己负责的单个探方、单个遗迹的现象思考清楚，再有一个对整个工地和相应现象处理上的宏观层面的认识，去支撑我们后续的学习和研究。第二个方面，田野实习不单纯是对我们专业技能的一种锻炼，还是对我们将来的工作和生活，整个综合能力的一种锻炼。所以我们原来半开玩笑地说，如果你把田野考古做好，其实对于我们从事很多工作，都是很有帮助的，甚至是我们原来的一些师长都提到过。

**李婧瑶**：我们有了解到您的主要研究方向是“黄河流域史前人口”，可以请您谈谈这个领域目前的研究现状吗？您当时为什么会选择这个研究方向，尤其是“静止人口模型”这一片“无人之地”呢？在您研究方向的选择上，山大考古对您产生了什么样的影响呢？

**王建华**：在方向的选择上，和我当时毕业论文的写作有一定的关系。你们现在也是处于本科阶段，或者说刚刚经过本科阶段的学习，我们在写本科毕业论文的过程中，就我个人的理解，主要是模仿老师们从事研究的一些方法，以及他们写论文的一些框架。我写本科毕业论文的时候，看到了严文明先生写的《横阵墓地试析》这篇文章，后来我就从严先生这篇文章得到了一些启发，写作了我的本科毕业论文，但现在看来，它是很不成熟，很不完善的。在写作的过程中，就涉及人口方面的信息，当时指导老师是栾丰实先生，也肯定了进行初步探讨的一些想法。所以，在读硕士和博士以后，栾先生继续指导我从事史前考古的研究方向。当时压力还是比较大，因为国内很多研究成果都没有涉及这方面的一些内容，甚至有很多东西需要重新去梳理，去开发这样一个研究方向，所以在当时我是查阅了大量的中外文献，也结合人口学，社会学相应的一些研究方法，初步总结出了史前人口研究的一些方法。硕士期间，在本科一些基本想法的基础上，又进行了系统化，当时主要是研究山东龙山文化的人口规模以及社会复杂化进程的一些问题。博士期间，又在硕士论文的基础上，把这个范围和时段进行了拓展，这个题目就是黄河中下游地区史前人口研究。

所以这方面的研究，个人的理解就是在老师的指导下，一步步走到了今天。在这个过程中，得益于老师的细心指导。在方向的选择上，和栾丰实先生的指导是直接相关的，如果没有栾先生的指导，我也不可能选择这样一个没有更多人研究，甚至是这样一个空白的研究领域。正因为有老师的坚持，最后才有我的这样一个研究方向。所以要说山大考古对我的影响，首先是山东大学的老师，尤其是我的导师对我的影响。此外，也得益于其他室友的一些帮助。

2022年王建华在西南民族大学民族博物馆讲解民族文物

史前考古发展到今天，虽然做这个研究方向的人不多，但很多学者对这个研究也给予了肯定。就我个人的理解，这个研究给中国的文明起源研究或是史前社会的复杂化进程研究提供了一个新的视角。

从山大考古对我的研究方向上的影响来说，目前而言，山东地区在新石器时代，是文化谱系最为清楚的一个区域，所以选择山东地区做硕士论文，做山东龙山文化的研究，也得益于山东考古以前的考古学者一代一代的努力，他们的研究对我产生了很大的影响。

**李婧瑶**：您是1995年进入山东大学考古系进行学习的，可以请您谈谈在您在校的这十年间对您有所感触的人和事吗？您认为现在的山大考古和当年您在校时相比，有着怎样的变化与发展？

**王建华**：我是 1995 年进入山东大学考古系学习的，从学习期间到今天，已将近 27 年多了。从山大对于我的培养来说，我感触比较深的是老师们敬业的情怀。对于考古专业的这种情怀，是值得我们去继承和发展的，正因为有老师们这样的一个情怀，孜孜不倦地对一代代学子的培养，才有了山大考古今天这样的一个成就，所以在这个过程中，首先如果说有感触的人，那就是我们一代一代的山大的老师们，包括一些已经逝世的先辈们，尤其是刘敦愿先生对于山大考古专业的开创，后来一代一代的学者走出一条薪火相传的路，形成了我们今天山大考古的精神。再从经历上来说，这样的事例就更多了。相信每一代不同的学者有不同的感受，概括来说，首先是体现在我们课堂的学习上，你们现在入校以后，接触到的很多是新一代的考古学的一些老师，也包括一些前一辈的考古专业的老师，在这个过程中，无论是我们最初入校的课堂学习，还是刚才我们谈到的田野实习，也包括像我们这样步入社会，进入工作岗位以后，我们的老师还是一直在给予我们指导。尤其是工作以后，体会更深，我们每一个人身上都不可避免地有着山大考古的烙印，有着山大精神的传承，这是我感触比较多的。

从变化和发展上来说，我们可以概括为“静”和“动”两个方面。“静”是我刚才提到的，是我们精神的一种传承。“动”的方面，就是我们所说的变化。你们今天在校的时候，所具备的专业基础，和我们在校的时候以及比我更早的前辈在校的时候，都发生了非常大的变化。无论从硬件还是软件上来说，还是从现在学科专业的支撑来说，都发生了翻天覆地的变化。以前的时候，不要说更早，就在我们在校期间，我们连一个专业的机房都没有，那更不用提我们专业的一些实验室，但现在来说，我们山东大学的考古专业实验室的配备，包括师资的配备，图书资料的配备，都是相对完善的。这样的变化也体现在我们山东大学考古专业的人才培养的整个体系和效益的全过程上。

**李婧瑶**：山大考古创立至今已经历了 50 年的历史积淀，您可以谈谈在这 50 年间山大考古的哪些发展与成就最值得我们铭记于心吗？在这 50 年沉淀的基础上，山大考古又应当怎样进一步前行与发展？

2022 年王建华考察旧石器遗址出土文物

**王建华**：正如你刚才提到的，山大考古发展到今天已经有 50 多年了。在这 50 多年期间，我个人体会比较深的是，老师们秉承的和我们一代一代学生传承的，概括来说，就是带着情怀，俯瞰大地，仰望星空。为什么说俯瞰大地呢？我个人认为我们山大考古的立学之本是田野考古，山大的田野考古一直是比较扎实的，无论是老一辈的考古工作者还是我们现在年轻的一些专业教师，都非常重视田野实习，这也是考古工作的一个安身立命之所。所以从俯瞰大地这个角度来说，我们是先有工作，阅读地书，这是我们的一个基础。在这个基础上，我们还仰望星空，那么仰望星空指的是什么呢？山大的一代一代的学者，不单纯是局限于我们田野考古工作，更多的是站在学术前沿，去为新的学术增长点提供支撑。比如在史前考古、在文明起源、在社会复杂化进程研究当中，都有一批在全国知名的学者，同样在夏商周考古以及其他历史时期考古，包括科技考古、专门考古等当中，也有一批批重要的学者。

在这50年沉淀的基础上，山大考古要怎样进一步前行和发展，从这个方面来说，我们应该坚守我们山大考古的精神、情怀。在这个基础上，我们形成了山大考古的自身的一些研究。从方法上来说，要继续坚持多学科交叉发展之路。山大考古一直在提倡多学科的交叉研究，从全国有影响力的一些田野工作来看，包括日照两城镇的区域系统调查，也包括在尹家城，丁公一些重要的遗址发掘过程中，都体现了多学科交叉合作研究的理念。在全国高校中，在这方面，我们可以说是走在前面，这也支撑着山大考古专业一代一代地走下去。就发展前景而言，在前面一代一代的山大考古人的努力下具备了今天的基础，那么也相信我们山大考古的未来会更美好。

**李婧瑶：**一代一代的山大人铸就了山大考古如今的辉煌，作为一名优秀的山大人，您对当今的山大学子有什么期望和寄语吗？

**王建华：**这个期望和寄语我不敢说，我也不能说我是一名优秀的山大人，我只能说我没有给母校增加负面的影响。从个人的经历来说，从本科阶段到现在步入工作岗位，现在也是作为一名高校的老师，我经常跟我们的学生们讲，我们考古人应该践行两个字，那就是“学人”。那么“学”指的是我们是学者，而“人”就更多的是成为一个优秀的人应该具有的一些品质。首先是立德成人，在此基础上才是立志成才。立德成人首先要三观正确，对于专业的认识要有一个清晰的深刻的认识，在这个基础上，才是我们所说的立志成才，也就是先生们经常教育我们要先做人再做事，那么先成人再立志，这是我感触比较深的，相信在今后你们的身上也会体现这样一点。对于未来的发展，从做人的这个角度来说，有了一个稳固的厚实的基础，我们的学问和学习的空间才会越来越大。以上也是我个人的一些体会。

**李婧瑶：**好的，谢谢老师，我们的采访就到这里了，老师您辛苦了。祝您身体健康，万事如意，新春快乐！

# 严谨求实，开放多元*

## 访赵海涛校友

校友简介：赵海涛，男，1976 年生，本科 1995 级校友。中国社会科学院考古研究所副研究员、二里头工作队队长。

主持或参与二里头遗址多项重要发现。主持国家社科基金重点项目等多项课题，发表 30 余篇学术论文或简报，代表作有《二里头：1999～2006》《二里头都邑聚落形态新识》《二里头遗址二里头文化四期晚段遗存探析》。

采访时间：2023 年 1 月 30 日

采访方式：腾讯会议 线上采访

**王萌萌**：老师好！非常感谢您今天接受我们的采访。您在二里头工作的二十年，一直在和田野打交道。那在山大考古系就读的过程中，您参与过哪些田野考古实习呢，其中有什么您记忆深刻的人和事？这段经历为您后来参与考古工作打下了怎样的基础呢？

**赵海涛**：我跟你们的王芬老师、高继习老师都是同学。我在山大读本科期间，参加过系里组织的两次实习。第一次是 1997 年在湖北省巴东县黎家沱遗址实习，那一年正好赶上三峡大坝大江截流。遗址在长江岸边，每天能看到长江。因为三峡边上的遗址大部分都不是原生的堆积，很可能都是次生的堆积，所以从专业的角度来说，实习的效果不太理想。这次实习是栾丰实老师和崔大庸老师带队，我们班总共 8 个人，还有几个技师；老师们带头，整天跟我们一块吃住，辅导我们实习的各种事务。特别是在长江边上每天看到各种船，船来船往，大家还感觉挺新鲜。虽然说遗址的堆积情况不理想，但老师们还是严格按照考古工作规程，全方位、全流程对我们进行了辅导，我们初步了解了考古发掘所遵循的一整套流程。因为第一次实习情况不理想，所以 1999 年春天我们又到济南平阴县的周河遗址进行了发掘。第二次是于海广老师和崔大

---

* 本文系巨宏略、何语轩整理文稿，经赵海涛审阅修订而成。

庸老师带队，我们是1995级的，这次是跟1996级一起实习。这次实习我们主要发掘了一些大汶口文化墓葬，也发掘了一些文化堆积。我负责的探方也出了玉器、陶器的一些墓葬。大家也发掘出比较好的遗迹和遗物，有不小的收获。

经过这两次实习，我想我有几个方面的认识。第一，我们直观地感受到，考古工作可以为国家建设做贡献。第一次实习正逢投资巨大的国家级大工程——三峡工程建设，可以感觉到考古工作可以为国家的工程建设做出一定的贡献。当时大家都还挺高兴的。第二，考古工作必须严格按照考古规程来进行。因为老师们都比较严谨认真，水平很高。大家第一次接触到考古工作规程这一整套流程，老师们跟我们在一起生活，一起吃住，生活中有时候可以稍微放松点，但是到田野工作的时候都是非常严格、非常严谨的。第三，我们必须沉下心练好田野发掘功夫。我们刚接触田野考古发掘，工地上的老师们和一些技师们水平很高，相比之下我们的水平差得太远了。田野发掘毕竟是最基础的。第四，工地是一个大工地，每个人只能负责一部分工作，只能做一点贡献，就要求团队必须有协作意识和团队精神。第五，考古工作是实实在在接触到农民，与农民直接打交道，要跟地方官员等方方面面处理好关系，工作才能够顺利地开展下去。

**王萌萌**：当您在二里头的工作与山大考古发生交汇时，您有什么难忘的经历和感悟吗？

**赵海涛**：我简单说一下，有时候我们人手不足，特别是这几年工作量比较大，工作任务比较繁重，单靠我们的研究人员和我们的技师忙不过来。有时候就需要一些学生来参与。有时发出招聘启事后，效果不是特别好。这时候向山大的老师们求助，或者是向山大的学生们求助，往往能够得到比较得力的支持。

**王萌萌**：上个月很多同学在转发您的一篇文章《当二里头考古的进度条走到2%》，在里面您提到“考古学是个与时俱进的学科”。在您看来，山大考古这些年来有什么与时俱进的发展和变化呢？对于山大考古的传承与创新，您有怎样的理解？

**赵海涛**：山大考古的传统，我认为有几个方面，一是特别严谨，特别踏实，我们自己有切身的体验，咱们很多老师讲过，也看到一些采访说起过。二是特别重视田野的基础。好多老师也讲过，就说考古专业的创办人刘敦愿先生，他不是学专业的田野考古出身的，他是做美术考古的，或者说原来是学美术的，但是他能够深刻理解田野考古的基础作用，所以他身体力行地去重视田野考古的教学和实践。

我觉得传承方面，一直都比较重视田野的基础作用，也继续有严谨踏实的作风。创新方面，我觉得这几年山大考古的变化还是挺大的。第一个较大的变化是比较开放和包容。这体现在两个方面，一方面是比较早地就跟国内外很多机构合作，特别是跟国外考古机构合作在山东地区进行田野调查，有芝加哥大学，还有一些博物馆等，从1995年就开始了，这应该是国内较早开展的中外合作的少数的几个项目之一，而且一直坚持了这么多年还在进行。后来跟国外合作的项目更多，也取得了重要的成果，包括学校的老师们的学术研究的理念思路等都有很大的发展变化。另一方面就是引进的老师来自于多个学校，比如说吉林大学、北京大学和国外的大学，等等。从多个高校中引进人才，因为不同的学校它有不同的风格，有不同的特点，这样肯定更加有利于学校的学科建设，对学校的发展大有好处。第二个比较大的变化是学科的种类门类也齐全，特别强调多学科和加强科技考古。最近一些年引进的师资力量，科技考古的实验室和仪器设备，无论质量和数量，在国内应该是大家都公认的。我听到不少同行对咱们山大科技考古近几年发展的看法，一个是种类比较多，另外实力比较强，在实验设备等各方面都有很高的评价。第三个比较大的变化是比较重视文化遗产保护和实验室考古，在国内考古机构中比较早地开展了实验室考古，而且取得了较好的成绩。

**王萌萌**：从您刚参与考古工作接触到的前辈同事，到您现在作为二里头考古工作队队长，带领刚进入考古行业的年轻人，您觉得一代代的考古人有什么变化？您觉得参与考古工作最需要具备什么精神？您对年轻的考古学子们又有什么建议？

**赵海涛**：我觉得多数变化是时代的大发展带来的，或者说是跟整个时代的发展进步有比较密切的关系。比如说考古的设备技术手段更加先进，更加丰富，然后考古工作便捷程度、效率和质量都有很大的提高，同时考古工作理念也更加科学、客观、全面。学术研究的内容跟以往相比，更加注重社会考古学，不再是像以往主要关注文化谱系等物质文化史的考古学，研究的目的和内容是全面地获取资料信息，全面地去了解当时的社会面貌。再一个是跟以往相比，更加强调课题意识。还有就是学术思想、学术观念更加开放和多元，能够充分认识到考古研究和历史研究的复杂性、不确定性。和现代社会类似，古代社会的真实面貌也是非常复杂的。我们考古和历史研究所面对、依据的资料，只是古代社会遗留下来的部分信息，是残缺不全的，是不能够全面反映古代社会的真实面貌的。因此，我们进行研究具有不确定性，得出的结论只是复原古代社会真实面貌的一种方案，只是其中的一种可能，并不是最终结论。研究的过程可能是不断接近历史真实的过程。

我觉得除了要强调有比较大的变化之外，还有很多是不变的，像一代代考古学家形成的学术规范、敬业精神，严谨求实的精神，对田野考古的基础作用的重视，包括合作的精神，这都是不变的。

下面讲的也说不上什么建议，也是我需要继续提高的。第一是需要接受比较规范的学术训练，因为要在接受了严格的规范的学术训练之后，才能真正地做好学问。第二就是多看书多思考，毕竟咱们的知识、眼界、意识主要是来自于读书和老师的讲授。

第三是大家要多实践，要把田野考古发掘、整理这一整套的实践的本领都学好学扎实，因为只有过了田野的发掘关、整理关，你才能够真正地理解考古学，才能够真正地做好科学研究。第四就是思想要尽可能的开放、多元，因为现在是一个科技发展、学科发展非常迅速的一个时代，用许宏老师的话说，“只懂考古已经干不好考古了”。仅仅具备传统的考古素质素养，已经没法适应当前日新月异的社会，因为考古学应用的学科和知识背景越来越多，有很多学科我们虽然不能够很精通，不能够掌握得很深入，但是都要知道一些，然后再进行学术研究或者考虑问题的时候，就会想得更加全面、客观，这样学术的质量会更高。遇到一些现象，每进行一步的时候，你都会想到有哪些学科或者技术可以参与我们的考古发掘，我们的研究，它们如何参与我们的发掘和研究，它们又能够解决哪些学术问题等等，就是这些方面。第五方面是要多动笔写作。多动笔写作，对问题的认识能更全面、深入，思想能更丰富、完善，思路能更清晰、可行，结论更可靠、深刻。

**王萌萌**：谢谢老师接受我们的采访，祝您工作顺利，生活愉快！

# 扎根田野，立德树人*

## 访王芬校友

校友简介：王芬，女，1976年生，本科1995级校友。山东大学历史文化学院副院长，教授，博士生导师。先后获评泰山学者青年专家，教育部长江学者青年专家称号。

主要研究方向为新石器时代考古、聚落考古、陶器考古、田野考古。主持发掘的章丘焦家遗址获评2017年度全国十大考古新发现。主持多项国家级和省部级项目，发表学术论文数十篇，合著出版《两城镇：1998～2001年发掘报告》《考古学概论》等考古报告和教材。

**刘索焓**：您是因何选择考古，并一直留在山大求学育人的呢？能讲讲您投身考古的原因和在山大的求学经历吗？

**王　芬**：其实在报考考古专业之前，我对考古专业不是特别的了解，我本科所在的年级是1995级，距离现在已经有27年的时间了。我们大学一年级入学的时候叫历史系，整个历史系只有50多个人，当时有历史专业，考古学专业是隔一年招一次，除了这两个专业之外，还有档案学专业和旅游管理专业。我们是上了一个学期经过考试以后，在第二个学期分出考古班的。一般在第一个学期结束的前一个月左右就开始统计有没有同学想学考古。其实你如果翻一下考古系大事记或者一些历史方面的记录的话，你们就会觉得很奇怪，因为我们考古学是隔年招生的。

不管是考古学还是其他的文科专业，在20世纪80年代末期到90年代初都面临发展困难的问题。所以1994年这一级专业分流就没有成功，报考古班的人很少，不能成班。因为1994年没有招起来，1995年就肯定要招生，因为你要是三年招不起生来是很危险的，所以学校就花了很大的力气给我们做专业宣传。比如说带我们参观山东大学的博物馆，当时的博物馆还是在经管楼的楼顶，就是现在的明德楼B座；也屡次请专

* 本文系魏舒童、于洪丽、刘索焓整理校对文稿，经王芬审阅修改而成。

业的老师给我们做宣传，时间有点远了，我现在都想不起是哪个老师给我们做的专业宣传。但是经过很大阵仗的过程之后，结果依然不是特别理想，主动报考古专业的就 3 个同学，又经过几轮之后才扩展到 5 个同学，数量还是太少了。

在学期结束考完试之后，我们也很关心自己报考古专业能不能顺利成班呢？经过我们私下打听，人数是不够的。等到春节之后，系里有一个决定，不管你是不是自愿，考古班是一定要开的。所以当时就强行划了 16 个左右的学生到考古专业，但是遭到了非自愿同学的很强烈的抵制，经过几个回合之后，我们班最终以 8 个同学成班，被称为史上最小规模的一个考古班。

其实我在报名考古班的时候，对考古真是一知半解。只是入学的时候有对考古学模模糊糊的一点印象，觉得它涉及的面非常的广，和我们在课堂上接触到的历史学有很大的区别，它比较重视一些实践操作，研究的问题会比较实，这一方面我比较喜欢。另外年轻的时候对艺术方面的一些题材比较感兴趣，想做艺术史方面的一些研究，但是历史学课程跟自己原来的理想和爱好有一些远。所以在对考古不太了解的情况下，就报了考古专业。家里也接受，没有遇到很大的阻力。

第二学期就开始进入授课阶段了，我们是从旧石器时代考古开始学起的，一开始上课，就觉得对这门课程挺感兴趣的。我们班一共才 8 个人，那时候考古系的老师应该是 10 个人左右，也就是说老师比学生还要多一些。我们在文史楼上课，整个班坐在教室第一排还能空着几个位置，所有老师上课的时候都对我们特别上心，本科的时候我们基本上享受的就是研究生的待遇了。而且那个时候的考古资料室就在我们教室的对面，下课后我们就可以去资料室查资料；因为学生很少，所以资料室也不存在拥挤的状况。从整个培养流程和内容的设置上来说，我们的授课是非常系统的，也算是小班化的培养。

而且正因为我们班的同学少，所以我们同学之间接触的机会也比较多，我们经常会在周末或者假期组织一些活动。我们在上学期间，在城子崖遗址博物馆、大辛庄遗址等都做过调研，所以很快就能够融入角色。进入到考古学这个小集体当中，我觉得这个过程其实也挺平淡的，但是你能很快地融入进去，能对这个专业产生认同，特别是在实践性比较强的课程当中能感觉到老师们非常扎实认真地在做事情，所以在这个集体当中，能产生一种认同感和归属感，这个过程很重要的。所以别看我们班只有 8 个人，我们班的专业从业率是很高的，现在真正改行的其实就一个同学。我们 8 个人当中，7 个人都在考古学的行当中，而且在考古学一线的占比也蛮高的。

现在已经过去了 27 年的时间。回过头来想这件事的时候，我觉得当初的选择是对的。我也不能说我最初有多么热爱，当时其实我不是第一拨报考古专业的人，只是带着寻求改变的态度，选择了这个专业。27 年之后，再回过头去看，我很庆幸找到了一个自己喜欢的专业和职业。

后来，我经历了从学生到教师的身份转化。我是2006年博士毕业之后留校的，也就是说从求学到工作，地点没有换过，一直在山东大学，所以有时候和我的朋友、周围的同事老师聊天，我也总说我的求学成长到后来工作培养学生的阶段，过程线条太单一，接触的人相对也比较固定，我很担心我这种相对单纯的成长履历，对学生的影响不是特别的多元化，所以我也很希望自己能规避这一点。

心境的转变难以言表，人总是在成长的，但是我觉得不是随着时间的推移，认识的就一定越来越多，越来越深刻，我反而有和常规认识不太一样的认识。在我刚工作的几年当中，因为我在田野的时间比较多，我一直认为我和同学们之间的共同语言是很多的，我也很愿意解决同学们在成长和学习过程中的很多问题。本身我比较喜欢聊天，我也很愿意和同学们交流。但是前几年的时候，我突然意识到我和同学们甚至是年轻的老师之间代沟都有点明显。我记得有一个同学跟我说，一些问题都不知道该不该跟你讲，感觉有点紧张害怕。听到这个的时候我突然回想起我年轻的时候，那时候我想我将来做老师的话，我肯定不会是一个特别严格的老师，肯定是一个与同学们能够聊到一块的老师。所以当时听到同学跟我说的话，我心里一紧，我想我是不是真老了？如果我和年轻老师都有代沟的话，是不是意味着我和学生们都产生两代的代沟了呢。

现在我和我的研究生接触还很多，因为我们在一个办公室里工作。但说实话，我现在和本科生接触的机会越来越少了。不能在田野里和他们一块工作，给他们上的课也越来越少了，以前上课和同学们在各方面话题上都有很多的交流，现在这种机会不是特别多了，再加上本身工作越来越忙，在这方面一直是在做减法，教学过程比以前体验的少了，这是我的遗憾之处。但后来一想，这肯定是正常的，这就是传承，现在年轻的老师跟学生接触更多，他们有更多的共同语言，我在自己的学术成果方面、在教学和科研的心得方面能够和同学们产生纸面上的交流就挺好的，这就是我身份的一个转变。

考古这个专业的教学和科研，我觉得和其他人文学科相比较，它自己本身的一些特点是非常突出的。我们经常说考古学是文科当中的理科，因为考古学最大的特点就是实践性很强，还有考古学自带多学科的属性。我想谈一谈我入学和入职考古学以来感触比较深的一些人和事。

我先从实践性很强这个特点来说。我们在学校里求学的时候，我们宿舍有7个人，只有我自己是考古专业的，所以我在上学的时候就深切地体会到考古学跟别的专业不一样。在实习之前的两个学期，我们考古学的课是特别多的。我们宿舍7个人都有午休的习惯，每次下午要上课的时候，只有我自己一个人从床上爬起来去上课，别的专业的同学都还在睡午觉。有时候很困，我记得有一次起晚了，醒了发现宿舍很安静，就没敢去上课，等课间的时候溜进教室去，结果被老师发现了，因为班里只有8个人，谁缺课那肯定一眼就看出来了，所以想逃课都很难。而且我们要上很多像测绘课、绘图课这样的课程，比如绘图课，我们必须要做描图，晚上要趴在桌子上描图，明显我们的作业比别人多，我们的学业比别的专业学生要累一点，也可能我比较笨，我总感觉历史和档案专业的同学用的时间比我们要少，他们主要是阅读，我们又要画，又要写，还要到地里跑测量，等等。

有一次我们交一个绘图的作业，要画很多图，那个时候硫酸纸也不太多，老师发给我们每个人几页硫酸纸，让我们描图。那个时候我想描好，专门跑到学校附近的大成商场想买一支绘图笔，转了半天没买到，后来又坐公共汽车去泉城路的某个地方，好不容易买到了，就想把图画好一点，费了很大的劲，也画得很好。在临近交作业的时候，觉得有些地方还需要改进一下，就在中午，拿刀片把线条的边界修了一下，修完后就站起来去做事了。等回来的时候，发现窗户是开的，风把硫酸纸吹到脸盆里去了，脸盆里有水把作业给泡了。当时看着脸盆，真的好伤心，觉得自己费了这么长的时间，为了求一支笔都跑那么远，第二天要交作业了，最后作业给飞了，也交不上了，觉得心里很难过。后来怎么补救的，我也记不太清楚了，只记得好像是用了那种质量很不好的很透的演草纸，从上面撕了某一页，用凑作业的方式给交上了。前期用了一个月的时间，但最后交上去的是一晚上糊弄出来的“成果”，这个事给我印象挺深刻的。从此之后，涉及硫酸纸的时候，我都把它装在一个盒里或者夹在本子里，再也不敢随便放在外面了。别看这是一个小事儿，它也告诉我们任何一个环节都要做到仔细。

我这两年常常回忆起上学时候的事情。前两天跟我同学又提起来，我们第一次考古实习，去了湖北恩施自治州的巴东县，是一个配合三峡的项目，那个时候交通也不太方便，好多天才能到。我们发掘的地方是在长江支流沿岸的西侧台地上，能看见河流里的大轮船等，去镇上或者去县城都是需要坐船的，生活的环境跟我们在北方生活的环境是完全不一样的。虽然遗址本身并不复杂，但是那种生活经历，现在想想真是历历在目。经过这一套教学的流程下来之后，我们班的专业思想都特别的稳固，几乎没怎么考虑过将来要改行。

当老师之后，我的生活比较规律。另外我自认为我不是很有学术理想的那种人，也没有想过将来我一定要怎么样，我就把目前的事情做好，有时候追求点小极致，也不是很善于规划的那种人。工作之后，我们这一茬和我同代的老师并不是特别的多，刚开始几年咱们系的田野实习压力很大。那时候我也有很多其他的选择，比如说出国进修几年或者是偏重于做一点室内工作等，但当时也没想很多，就觉得有教学任务在这里，正好有相符合的时间段等，就承担了比较多的田野工作。所以，刚开始工作的几年，田野做得比较多，学术论文等各方面都受到一些影响，整个成长的速度并不是特别快，后来慢慢地积累一段时间之后就好多了。

带田野实习方面感触还是比较深的。比如说北阡遗址、焦家遗址，本身考古工作的工作量比较大，面对的现象也比较复杂，或者是说带学生实习本身的任务量或者工作压力也比较大，所以在这几个考古项目的实施过程当中有几件事情还是给我印象挺深刻的，其中有很多让我感动的人或者事情。当然给我印象最深刻的还是咱们的学生，我们山大考古拥有一批很好的学生。我带过实习的这几届学生，我跟他们都很熟悉，所以我还是能从学生的身上，从我们整个集体身上看到一种风格，甚至上升到一种精神。

**刘索焓：**一代代山大考古人从前辈的手中接过历史的接力棒，铸就了山大考古如今的辉煌。您觉得这些年来传承下来的独属于山大人的考古精神是什么呢?

**王　芬：**如果要定义一个山大精神的话，因为也没有经过系统的总结，我只能是比较口语化的表达出来。因为我们是一门基础学科，是特别需要历史的沉淀和积累的。我们俗称根深才能叶茂，我觉得首先还是得从传承这个角度来说。我们梳理山大考古学科发展历史的话，学科的起点应该是吴金鼎发现城子崖遗址确定龙山文化；但是从教育角度来说，真正开始人才培养还是1972年正式建立专业，到今年正好是50年。50年不是一个很短的时间。专业建立初期，师资不是特别的充实，是咱们的短板。但是在比较艰难的情况之下，经过50年的发展，现在山大考古也能做出自己的特色，做出一系列的工作成绩，其实是很不容易的，这里面包含了好几代人长期不懈的努力和心血付出。

谈到精神，我想引用一下2022年初《文史哲》发表的我和唐老师主笔的一篇山大考古学科简介里的一句话：尚美尚朴、求实笃行。第一个词尚美尚朴，就是追求美，追求朴素；第二个词求实笃行，我觉得也体现了山大考古的特点，是建立考古学专业这50年以来我们一直提倡和体现出的一种精神。

方辉老师给我们上古文字课，他给我们布置了一个作业，让我们描一本甲骨文的书。我一看这本书挺喜欢的，就跑到大成商场去买打印纸，回来把打印纸对折，用针弄了个线装本。每天晚上描上一页，高兴的时候多描一些，正好一个学期把那本书描完了。当时我还从家里翻出来包装很精致的硬壳很用心的给它做了个封皮儿，又找了一个挺淡雅的封面糊在上面，然后用透明胶一条一条把它给粘起来的。前两年我们办了一个展，我把那个本给找着了，还做了展品。后来展览完了之后还到我办公室了，但是现在我找不着了。那个本子对我而言很珍贵的，我觉得描出来的效果比翻书的效果要好。现在想想其实这个过程是挺好的，你慢慢地去做一件事情，你在做事当中不仅学到了知识，还能从中体会到很多的快乐，不单单是完成一个作业，你积累多了积累长了，你对这个专业就产生感情了，慢慢地就融入了。

我们班很有意思，我一直都说我们1995级以前上学的时候话都很少，我们班长，现在在济南市文旅局工作的蓝秋霞同学，她比较活泼一些，我们班的所有的事务都是她在辛辛苦苦地张罗，她招呼我们做很多事情，但是其他大部分同学的性格都偏内向，都是默默无言埋头苦干的类型，现在在西南民族大学的王建华同学，二里头的领队赵海涛同学，等等，他们上学的时候话就很少，可能这也是我们班的一种风格吧。

**刘索焓**：我们知道一代代的山大考古人，包括刘敦愿老师等，从这些前辈身上我们也学习到了很多东西，那么老师您从刘老师的身上学到的最重要的东西是什么？

**王　芬**：刘敦愿先生，我没有接触过，因为我们入校的时候刘先生已经不授课了。后来做刘先生文集，看他的文章，等等。写访谈录的时候与刘老师的家人——刘善沂老师接触，了解到刘先生的一些事情。新中国成立初期，刘敦愿教授开设考古课程，率领师生在日照、临沂、滕州等地展开考古调查，带领着创建了山大考古专业，当时山大是全国最早建立考古专业的高校之一，专业早期的发展是最重要也是最不容易的一个阶段，每每想起第一辈的老先生为学科做的贡献，就感到非常非常敬佩。

**刘索焓**：考古事业的发展与成熟的田野考古发掘机制息息相关，我们山大考古也一直以完善的田野考古实习系统和一大批拥有良好田野发掘经验的老师而闻名。那么由此而言，在您的田野考古经历中，您参与过哪些让您印象深刻的发掘？

**王　芬**：印象最深刻的肯定是第一次发掘了。第一次去的遗址很简单，但这是我第一次了解田野的工作流程，有种豁然开朗的感觉。我们班级专业从业率很高，除了跟我们班集体规模比较小有关系，还与我们的田野实习密切相关。因为我们第一次实习的遗址不太复杂，我们就是在这个体验当中更多的收获到了学习的快乐。没有很大的压力，我们就很顺利的接上茬、进入这个行当了。后来我们做的几个遗址质量都很高，给我们很大的挑战。很幸运在学习阶段我们有一个由易到难的过程，对田野考古学的理解是循序渐进的，没有一上场就懵了。我本科经过两次实习，第一次是刚才我说的湖北的这一次，我们在一边玩耍旅游一边学习的状态中完成了这次实习。第二次实习就很匆忙了，当时已经是1999年，我们面临毕业，我们第一次实习内容不是很丰富，系里就让我们进行了第二次实习，在平邑周河做了一个大汶口文化晚期的遗址，但当时因为临近毕业的春季学期，要回来办很多手续，所以我们本身心都不太安定，导致匆忙地就过去了。

对我影响最大的实习，是日照两城镇的实习。两城镇遗址1998年试掘，正式大规模的发掘是在1999年秋季，我当时刚从本科毕业，按理说不能再参加了，两城镇这个珍贵的机会可能要与我擦肩而过了。但当时因为个人原因，我没有在1999年当年考研，当时找了个和考古相关度不太高的工作，后来犹豫一番后，还是打算走考研这条路，工作单位也没怎么去。老师问我想不想去两城镇发掘一段时间，我想距离考研时间也充足，正好可以去工地上帮帮忙。机缘巧合，我最终就去两城镇遗址参与发掘了。

两城镇的发掘，直接促成我坚定地选择考古的道路。1999 年发掘之后，我上研究生的实习也是在两城镇，从此之后的好几年内，我很多的时间都用在了两城镇整理发掘资料、器物绘图等一些工作上。我认为两城镇的发掘对于我们参与者而言，是一个很新的经历，其中创新性的东西特别多。因为这是一个中美联合发掘的遗址，队伍从队员构成上来说非常多元，有我们的学生、美国的学生以及其他国籍的学生，更有来自全世界各国各大学的、从事不同方面研究的一些学者，我作为个人而言，正好撞在这个时间点上并能参与其中，现在回想起来真是一个特别难得的机会。

最初我们的发掘理念跟外国同仁的理念有些许出入，在采标本的地层划分、对仪器的确定、记录方法、筛选标本等方面都很不一样，有时候会因为这些做法上的不一致而产生一些小的冲突。但是正因其多元碰撞，成就了这次创新的、多方法的发掘。比如说从布方开始就产生了分歧，包括对隔梁的处理，我们是阶段性的打隔梁，整个按照一个层面一个层面来做。龙山文化时期的遗迹非常的复杂，加上我们做的又是居住区，所以很多的房子按照传统方法处理，如果底下打破的话，那你在你的探方的范围内往下做，只要找找关系就好了；但真正按照聚落考古的发掘思路来做，这么复杂的房子，需要揭出一层面来，在田野阶段就要判断这个房子跟那个房子是不是同时的，这个房子建造的垫土堆积和其他房子的废弃堆积是什么关系，这些问题对学生而言，在田野阶段，会非常有挑战性。

其实发掘的过程是挺痛苦的，发掘过程中取的样品，以我当时对考古学的认知来说，并不清楚意味着什么。比如做浮选要选土，土之后怎么处理，我们也是一知半解的，所以每天都觉得特别劳累。虽然发掘的面积很小，但记录的内容很多，比如一个房子，单论原始的记录就 90 多页，还不加图纸。当时每天都很忙，经常熬夜熬到两三点，工地上我们的队员也觉得做的工作很多。我后来在想，为什么我们会觉得两城镇工地工作任务量特别重，应该是发掘方式和思路的变化对当时的我们来说不太适应。呈现在报告里，同时期的房址看得很清楚，但是在实际操作的过程当中，不是大家都做到这个层面，我们一起清理完再做下一层，而是有的探方先做了，有的探方正在刮的过程中，还没有露出来，所以有判断、推翻、再判断的一个过程。当时第一个比较完整的房子，刮出来了一个范围，为了判断这个遗迹是基槽还是墙，费了半天劲，老师、还有工地的这些经验非常丰富的技工老师等等一起讨论，我们在旁边看着，最后判断它是一个基槽，但后来证明它不是基槽，它是一个墙。它两边堆积分层非常接近，会让你觉得它是一个基槽，打破了两边的堆积能接起来。后来证明了它是墙体，可能它在室内铺垫和室外铺垫的时候，有一些同步性导致了室内外堆积分层接近这种情况，所以你看我们就会有一些失误在里面。

其实按照这种比较新的思路做的时候，会面临很多很多的挑战。在发现问题、分析问题、解决问题的过程当中，并不都是顺畅的。对于新的发掘思路，各探方之间还要保持协调和充分的沟通。本身这个遗址的堆积状况就很复杂，加上新的发掘流程和要求，又附加了很多新任务，所以这个遗址的发掘特别具有挑战性，它可能适合有一定的发掘基础、有考古学理解的人去做，在理论层面上要先有一定的把握，才能在这样的发掘过程当中跟上节奏。正因如此，两城镇发掘锻炼了我们的能力。经历完这个发掘之后，我就非常坚定地开始走考古这条路了。

**刘索焓**：我们看到《两城镇》报告再次更新了考古报告的编写范例，两城镇遗址是您的实习地，您对它的感情也是独特的，能讲讲您整理和出版报告的这个过程吗?

**王　芬**：我参加完发掘之后，接着就参加了区域系统调查。后续报告整理以及后续的多学科合作研究的任务量是巨大的。尤其是报告的整理，因为两城镇的报告是全面发表资料。以前编报告，一般先给器物分好类型，选择一部分典型的器物来发表，两城镇则是全发，全发就意味着基础资料整理的工作量非常大。

从典型标本挑选的角度来说，我们要全部绘图；画完图之后，还需要做相应的文字描述。我从一开始就参加了这个工作，在决定读研的那个暑假，就开始画两城镇的图，我现在也总是鼓励学生去参加一些这样的工作，效果也许不是立竿见影的，但做考古，我觉得必须要经过这样一个打磨自己的阶段，你不经过这个阶段，你就不能去了解考古。刚开始在画图的时候，我也是照猫画虎，运用我们考古绘图的基础知识做绘图，画完之后就拿出一些报告来比照参考一下，想要把信息表现得更立体，就要去翻很多相关的报告，这就是一个很好的积累和锻炼的过程。

当然你一定不能把它当成个任务，不能把它画完就算了，也不管画得好不好、像不像、准不准确。这其中当然得有工作态度在里面。画完之后尺寸写完了，要回量一下这口径对不对？如果不是每个数据都量，那起码把口径和高再重新量一遍，避免出现23厘米变成2.3厘米的错误，经常有报告当中有这种错误，这就是第一步的时候工作没做好。画完之后还要做器物描述，不能感性地描述，这也是有规则、有套路的，要学习一些习惯性的表达手法和描述方式，描述的过程也是观察器物的一个过程。第一手的系统信息，必须在最初全面收集材料的阶段完整地记录下来，后续在第一步的信息基础上再进行筛选。第一步不记录，再往前走的时候，有很多信息就遗漏了，除非是在后期再做一些特殊的有针对性的研究，再回来找也许找得到，但如果不再做这种针对性研究，有很多信息就永远沉淀在库房里了。所以第一步特别关键，在绘图做描述、做测量等环节，要尽可能地多记录信息。

到2003年的暑假，刘善沂老师、崔英杰同学和我，我们三个人常驻绘图岗位。后来工作量有点大，三个人做不完，后来又找了王炳和老师，我们四个人在日照博物馆，用了三个多月的时间，完成了差不多90%的工作量，把修复起来的器物几乎全部画了一遍。当时画铅笔的草图，没有画墨线图，时间来不及，只能画基本的图、描述基本数据，然后做图纸的检查。这三四个月的时间几乎不分昼夜，我们效率也很高。经常凌晨两三点我们从博物馆出来之后，到博物馆的西面去政府食堂吃饭，我早上一般是七点半起床，所以每天晚上的休息时间也就是四五个小时。博物馆当时工作环境还不太好，上楼没有扶梯和护栏，晚上天黑灯不好，一不当心就从楼上摔下去了。我们就在那个楼里面，晚上也不能出去，所以没有别的安排，那就只有工作。楼里面蚊子很多，有时候晚上睡得迟，又睡得很沉，早上起来发现胳膊靠着蚊帐的边就全是蚊子咬的红包了，密密麻麻的，那个时候不太有安全意识，也没有去过医院，就等时间长了自己慢慢恢复。在这样的工作强度下，我们用了三个多月的时间，完成了几千件器物的第一遍资料梳理，梳理完毕之后，我们后来在校内又进行了很多深度的加工、核实，包括对图的电子化处理等后续都是在济南完成的。

这就是我参与的从发掘到资料整理的全过程了。后来是报告编写，再加上多学科合作的研究，两城镇遗址的工作延续的时间特别长。我觉得这个遗址包括鲁东南区域系统调查，整个放在一起考虑，我们可以称之为以两城镇为中心的鲁东南地区的考古工作。20多年过去了，我们在回望两城镇工作的时候，应该从学科发展史的角度，给予其充分的评价和学术方面的品鉴，这个意义是很重大的。

**刘索焓**：那么在您看来，两城镇遗址的发掘和鲁东南地区的考古工作是否促进了山大考古学科的转型?

**王　芬**：我们说考古学在20世纪90年代末期的时候面临一个转型，就是由文化史的构建转向一个对早期社会的全面研究，这是以聚落考古学的方法，对社会的一种全面考察。而两城镇遗址就是在这个转型过程当中做的一次非常深入的、全方位的实践和创新，在发掘方法、发掘理念上做到了革新。我们站在今天的立场上来看中国考古学，特别从田野的角度、从技术研究的角度来说，现在很多大遗址都有很重要的一些考古发现，包括在理论方法层面的一些创新。

其实两城镇整个发掘的面积并不是特别的大。有一些学者在交流的时候也说，两城镇四大本报告的体量很大，但是真正从平面上从聚落格局上看，它其实并不是想象中很大规模的一个发掘，它最大的价值和意义还是从考古工作的理论和方法层面上来说的。它有一个转折性的意义，就是我们第一次在田野操作过程这个环节去探索考古学怎么转型创新，去思考以人为中心的人地关系、人与社会关系、区域之间的关系，去实践在田野考古发现当中如何高效地进行信息采集等问题。

当时两城镇的发掘记录表，跟后来国家文物局出的田野考古工作新规程里的表，基本没有出入。当然我们借鉴了西方欧美的一些成型的发掘记录表格。从信息采集分析角度来看，我认为两城镇的发掘起到了一个标杆性的作用。对我们特别是年轻的一代来说，收获非常多，这也直接影响到我后来从事学术研究的道路。我毕业之后做的很多工作，都没有脱离两城镇工作的影子。两城镇做完之后，我们在青岛即墨北阡遗址做了多个年度的发掘，北阡遗址发掘的设计框架几乎完全是按照两城镇的标准来规划的，我们沿袭两城镇的思路来做，包括取样方式、课题设置等方面。

两城镇给我们后期的工作形成了很多的指导和经验。要评价两城镇意义的话，我觉得肯定已经超出了一个遗址工作本身了，它对整个山大考古都产生了很重要的影响。我们知道现在山东大学考古学科几大特点，第一个特点是我们有非常扎实的以田野考古学为代表的、基础考古学研究的历史积淀及研究实力，一提起山大考古，就知道以田野考古见长，我们培养出来的学生基础知识非常扎实。第二个特点是我们在高校当中比较早提倡并且实现、落实聚落考古学理念和方法，鲁东南两城镇考古就是这个特点的一个表现。第三个特点是考古实验室的建设，科技考古这两年发展非常突出。现在山大考古青岛、济南两地发展，有14个实验室，在高校当中，我们是规模最大、结构最完整的一个考古实验室群体。我觉得这三个方面可以作为山大目前所形成的三个主要特点，而这三个特点的形成跟20世纪90年代中后期到21世纪初的学科转型息息相关，我觉得跟这个话题的讨论是结合在一起的，也就是说我们当时是走在了学术的前沿，在学科转型当中抓住了时机，并迅速融入了转型。所以在后期的一些工作当中，我们能够在相关的学术话题讨论中走在前列。

其实真正从体量来说，我们的考古并不占优势，培养学生的规模、师资的规模，很长一段时间里我们都是属于体量偏小的类型。但能发展到现在，我觉得与我们转型过程中坚持采取创新思路的做法是密不可分的。你看发展到现在，山大考古近几年引进了很多的高层次人才，也引入了很多的青年学者。我们能到五六十人的规模，发展非常迅速。我们如果回过头来看这个发展路径的话，这次转型对我们来说当然很关键，但与接续二十年的努力、前辈老师们的努力等也是密不可分的。现在山大考古的体量、结构、规模是比较全面的，从基础考古学的研究，到多学科考古学的支撑，再到文化遗产和文物保护都有很大发展；从时段上来说，原来我们新石器和商周比较强，现在从旧石器一直到宋元考古，整个从时间段上来说也是很齐整的，以前我们总是说汉唐考古比较弱，但现在看我们汉唐的老师的体量也逐渐增强了。

我们看到山大考古近几十年取得了从量到质的全方位进步，追溯历史纵向的链条，是因其发展抓住了转型时期关键的时间节点，并在后期二十年的发展过程中一直保持求实创新理念的指导，所以整体来说山大考古发展的势头是很强劲的。

**刘索焓**：最后想问您的问题是，放眼我们山大考古学科的发展，您对我们考古学专业学子有什么寄语吗?

**王　芬**：我想基于高远理想、脚踏实地这八个字来谈吧。第一个是高远理想。考古学作为一个基础学科，目前普遍受到很大的关注。这是由本学科的特点决定的，在考古学当中可以成就学问，这是一个很有理想的专业和学科，我觉得这不是一句空话。青年学者身处其中，在这里可以实现你很多的理想和抱负。年轻人得知道，考古不是一个简单的行当，它解决的是一些宏观性的大问题，考古学很擅长从长时间段考虑社会发展问题、甚至考虑整个人类所面临的问题。考古学的魅力在于它连接了过去与未来，通过考古，可以知道我们从哪里来，可以更好认识人类文明。从我的经验来说，从事这个职业，从中体会到的可能会有些辛苦，也会体会到很多的快乐，在快乐或辛苦的基础之上，它能让一个集体甚至上升到家国民族层面上，能够在精神层面有所成就。所以只要坚持下去，坚守高远的理想，每个人都会体会到实现理想的快乐。

第二个就是脚踏实地，这个专业不是一个空谈的专业，不是一个靠你说就能做出好成就的专业，必须要脚踏实地。去年山东大学考古学系教师团队获评第二批“山东省高校黄大年式教师团队”，黄大年基本的理念就是把论文写在祖国大地上。这个理念与我们考古学特别符合，我们实际的脚就踩在祖国大地上，我们的发掘是在祖国的田野里进行的，我们从真实的文化土壤当中提取信息，一步一个脚印地研究古代的历史文化，然后用我们科学的知识分析、判断和阐释古代社会，我们是切实的把论文写在了祖国大地上。这个职业的特点要求你必须要脚踏实地，不要空谈，在做的过程中勤于思考，敢于创新，不墨守成规。我们有很棒的学科本身的行业支撑，靠自己的单打独斗确实不行，沙发研究当然也可以有，但是要想做一个比较大的题目，就不能闭门造车，而必须依靠团队的作业。这个学科只要是在团队很好的支撑之下，自己脚踏实地的进行积累、思考和创新，就会有非常广阔的发展天地，年轻学者对此应该保持一个充分的信心。当然有时候也会面临一些挑战，有的同学选择专业的时候，对田野发掘望而却步，一听田野就觉得要吃点苦头，家长也觉得不行，还是会想他的孩子将来做一个相对舒适点的专业会比较好一点，但是我感觉这些都是表象，属于很浅层次的认识，这些问题在个人生活当中都是可以克服的。

总而言之，把理想高远、脚踏实地这八个字送给同学们。

# 在齐鲁大地上感受山大考古的温度*

## 访郭俊峰校友

校友简介：郭俊峰，男，1976年生，本科1996级校友。济南市考古研究院支部书记、考古研究院负责人、副研究馆员。

主持济南大中型考古调查勘探50余项，主持发掘项目40余项。参与举办多个展览，合作拍摄17集考古专题片并在央视播出，多渠道宣传中华文明之济南文明。发表论文百余篇，编写了《章丘女郎山》《济南考古图记》等图书11部（含合著）。

采访时间：2022年10月1日

采访方式：线下

**孟庆伟**：老师您好，感谢您能在百忙之中参加我们的采访！简单的几个问题，老师谈谈自己的想法就好！第一个问题是习近平总书记说要建设中国特色，中国风格，中国气派的考古学。山东大学考古专业作为全国高校中的佼佼者，您认为我们在考古发掘，学术研究和人才培养等方面，是如何体现习近平总书记所说的中国特色、中国风格和中国气派的呢？您认为山东大学考古学应该如何继续推动专业的进一步发展呢？

**郭俊峰**：去年习近平总书记在中国现代考古学诞生一百周年的贺信，值得我们反复学习，仔细领会。总书记提出了对我们考古工作的一个希望，就是要增强历史使命感和责任感。而历史使命感和责任感，又需要再联系今年中央政治局集体学习时总书记提出的考古学要深入研究阐释中华民族讲仁爱、重民本、守诚信、崇正义、尚和合、求大同的这种精神特质和发展形态，阐明中国道路的深厚文化底蕴。我们的中国考古学百年，展示了中华文明起源和发展的脉络，展示了中华文明的灿烂成就，展示了中华文明对世界文明的重大贡献。我们作为考古人，既觉得使命光荣，又深感责任重大。我们必须接过前辈的接力棒，在现有的基础上继续深化研究，把考古学更好地与中华

---

* 本文系王瑞文、孟紫阳、孟庆伟整理校对文稿，经郭俊峰审阅修改而成。

文明的特质相结合，将考古学研究推向深入。

我们大学也是要结合实际，结合总书记对考古工作的重要论述，努力做到多学科参与，这是我们大学教育的一个巨大优势。大学本身就是多学科综合的学校，我们要继续围绕考古学，加大与前沿最新学科技术的运用，加大与其他专业合作的力度。我上学的时候考古学科相对来说还是很单一的，那时甚至测年对我们来说都很稀奇，虽然也能测，但应用范围和频率都达不到现在的水平。现在考古工作的一个普遍的现象就是科技手段的参与，加大了对考古工作的支持力度，这也是考古学发展的重要方法之一。没有科技手段，我们现在就难以还原完整的古代社会的详细面貌。只靠器物的分型分式，只靠类型学，已经难以满足考古工作需要了。

时代在发展，尤其这20年，考古学发展特别快。我想，不管哪个行业也好，哪个人也好，都离不开时代的背景。时代给了我们这样的环境，给我们这样的机遇，然后我们才能有奋斗的舞台，才能做出更大的成绩。相信我们的考古专业一定能够抓住机遇，顺势而为。

中央政治局三年之内两次集体学习考古工作，用风餐露宿、青灯黄卷来形容我们考古人，用坚定的学术志向、深厚的爱国情怀、顽强的工作作风来赞扬我们考古人，用发扬严谨求实、敬业奉献、艰苦奋斗的精神来勉励我们考古人。这对我们一个小众的行业来说，确是莫大的鼓舞，山东考古一定要把握时代脉搏，找准自身定位，为建设中国特色、中国风格、中国气派的考古学而努力培养人才。

山东大学考古专业作为全国的优势学科，最近这20年取得的成绩有目共睹，20年前，我们专业才只有不到10个老师，现在听说已经超过40名老师，而且都是来自各个领域的佼佼者。还引进了很多国内大咖级别的学术人物，无论是科研力量、学术能力、师资结构已经上到了一个大的层次。我想在我们学校考古专业传统的优良浓厚的学风影响下，考古专业一定能够从辉煌走向更加辉煌。

**孟庆伟**：山大考古从创立到现在已经经历了50年的风雨，一代又一代山大人，从前辈手中接过了历史的接力棒，铸造了山大考古如今的辉煌。您能谈一谈山大考古50年的历史，其中对您感触最深的人或者事吗?

**郭俊峰**：我们考古有一个其他学科没法比的优势。就是师生之间、同学之间、同行之间的关系特别融洽。这融洽是建立在大家共同的热忱和田野经历基础上的，比如说我们的田野实习。我实习经历比较多，最初的实习指导老师，是崔大庸老师和于海广老师，他们带我们转战平阴的两个地方，后来栾丰实老师、方辉老师带着我们去了日照，之后我又跟着栾老师去过一次三峡。由于工地上长时间和老师、同学生活在一起，大家在一个房子里住，在一个锅里吃饭，这种感情就融化成了一家人的感觉，这是任何其他学科难以比拟的，这就是考古学科的一个特殊性，锻造了我们考古人之间淳朴的情怀，包括良好的学风和纯净的圈子。

实习的时候，我记忆犹新的一件事是，1999年刚过完春节，春寒料峭，于海广和崔大庸老师带我们班去平阴东阿镇西山村实习，去的时候有位同学准备不足，带的被子太薄了，又遇到寒流，晚上冻得睡不着，于老师就把他晚上盖在被子上的军大衣让给了那位同学。有些城里的同学，刚来到农村难以忍受艰苦的生活，于老师和崔老师就千方百计给同学们改善生活，他们经常拿出自己的工资来给大家改善生活。记得有几次，我们几个同学去平阴的一条河里，捞了很多的那种“螺”，有时候也能抓几条鱼，崔老师亲自下厨，做给我们吃。到了周末，我们就“劫掠”老师，给我们改善生活。当时条件很简单，就一个床板搭一个桌子当饭桌，弄几个简单的菜，大家围在一起喝个啤酒、打个牌。同学的笑声时常荡漾在田野、饭桌、宿舍。生活非常简单，却非常快乐。田野实习的经历这一辈子都忘难以忘记。老师们的慈祥深深影响着我。

2022年郭俊峰为东营市文旅局一行讲解济南考古馆

当然老师又是很认真的，记得实习刚开始画墓葬图，根本弄不懂，老师总是一遍又一遍，不厌其烦耐心指导，绝不放低业务要求，但却从来没有不耐烦的时候。这种师生情谊和中学时候老师总是批评很不一样，弄得我还不适应了一阵子。我们这样与老师们建立起来的感情，肯定是其他学科没有办法比拟的。我了解的是有的学科，到毕业的时候，甚至老师都认不全班里的同学。

我走出校门二十多年了，虽然也生活在济南，但期间见老师的机会并不多。栾老师每次见到我，都能清晰地说出我们班每个同学的名字，是哪一级的。要知道老师们每年都有学生要带，这是很了不起的一个事。我感觉换个学科，老师们是难以记得这么清楚的。这种互动、这样的一种感情是很让人感动的，所以说我也很庆幸能够遇到这么多好的老师，能够遇到我们的专业。

再补充说明下我们班10名同学的名字：贺秀祥、付兴盛、刘剑、王川、李钢、李春华、曹艳芳、禚柏红、陈丹丹，后面四位女同学可以用一句“山丹丹花开红艳艳”概括。

**孟庆伟：**听得出来老师很怀念当时的田野时光，您能回忆下您第一次下田野时的经历吗？现在下田野的时候有什么变化呢？

**郭俊峰：**说实话，第一次田野实习的时候还是玩的心情多一点。感受就是有点好玩儿。因为我本身是农村的，对农村我是很熟悉的，小的时候为了摆脱农村经历了很多事，中学假期的时候去经常去打工，建筑工地、杀鸡厂、收麦子、干农活，等等。那时候农村确实很苦，所以当时想的就是要走出农村。但毕业后又回到了农村，当时觉得很没“面子”。不过，确实也感觉没有当时在农村那么苦了，觉得这个工作比以前干的农活轻松多了，而且我们是有团体的，已经是进步了。白天出去工作，晚上回来整理资料后一块打牌，过上了神仙般悠闲的日子。有些城市的同学，一开始还不太适应农村工作的生活。有的同学一两天不洗澡就难以忍受，但那时候都住村里，用水不方便，根本没有条件经常洗澡，这让他们叫苦不迭。说心里话，但同样场景下，考古工作者还是比较辛苦的，这是这个行业性质决定的。我们基本不可能在空调屋里工作，想要得到新材料，想要有新发现，只能在田野去接受太阳的暴晒，去迎接冬天的寒冷。甚至我们现在考古调查也经常遇到毒蛇、蜱虫等危及生命健康的情况。这是很苦的，这是第一个苦。

第二个更苦，但当你还是一个人吃饱全家不饿的时候，还不能觉得到；当你有了家庭之后，承担了家庭角色，当你上有老下有小需要陪伴照顾的时候，才能体会得到。当你的家庭需要你付出时间的时候，时常有进退两难的感觉，更多的是对家人的愧疚。不过目前的条件也在逐渐变好，我相信将来随着考古从业人员的增加，田野工作时间会变成一年中的几个月，而不是现在的全年全部时间，这就有可能让考古工作者有较多的时间能陪伴一下家人，多扮演一下家庭的角色。

2021年郭俊峰清理郭店元代郭氏家族墓地壁画墓

**孟庆伟：**老师您也在田野中取得了自己的成就，您今年获得了“全国文物系统先进工作者”这一种荣誉称号，那么在济南市考古研究院的工作过程中，有没有和山大考古联系非常紧密的事情呢？这其中给您的印象最深的一件事情是什么呢？

**郭俊峰**：首先得郑重声明，我感觉人生是有不可捉摸的运气和机遇，比如说我今年获得的全国文物系统先进工作者，就是人生的一个机遇。授予这个称号，实际上是对以我为代表的考古工作者和我们单位的这么多年付出的一个肯定，并不是我个人做了多大的事，这是我们这个集体的功劳。只不过幸运地落到我头上。25 年前，我们单位刚成立的时候只有八个人，2012 年拿到团体发掘资质。今年又扩编到 47 个人。作为第八个进单位的“老同志”，我亲眼见证了单位的发展壮大，也见证了众多考古工作者的付出与收获。我们单位比我资格老的，要么退休了，要么能力太强调到更加高平台去工作，只有我既距离退休还早，又没有能力调动，只能踏踏实实地干着自己的事，而幸运却意外落到我头上了。

山大考古和我们一直有着密切的联系。从我工作以后，因为和咱们很多校友比较熟悉，关系比较密切，现在也是长时间的合作，包括现在很多毕业的同学，也都在我们这边的工地实习过。我们也是随时和山大保持交流。交流的好处，一是让咱们的同学通过实习，能提前进入考古工作者的角色，同时也是给大家提供一个勤工俭学的机会；二是学校毕竟处于学术前沿，我们通过这些过来实习交流的同学，进一步了解学科发展的新技术、新理念、新方向。同时我们还有一些同志去到山大深造，考山大的研究生，这都是互相交流的。

毕业后同山大接触时间最长的就是 2003 年春天，山大 2000 级的本科生实习，就是现在的郎剑锋老师那一级。作为地方配合单位，我参加了长清月庄那一组，好像突然又回到了田野实习的时光，找回了在学校的感觉，和同学们在一块儿度过了 4 个多月，感觉真好。清晰地记得当时月庄组的同学有：刘能、张东菊、李亮亮、张克思、李红娟等。和同学们在一起度过了愉快、辛苦而难忘的四个月。这种与学校交流始终是在进行的，我相信将来也会更加频繁。现在我们就和赵永生老师、宋艳波老师、郎剑锋老师、王芬老师、王华老师、唐仲明老师、陈雪香老师等开展着多方面的业务合作。通过这个合作也避免了我们在这个考古大家庭中掉队。

**孟庆伟**：老师和山大考古之间也没有中断联系，今年是我们山大考古成立 50 周年，您能简单谈一谈您对青年学子的期望，或者是给他们学习上一些建议吗？

**郭俊峰**：这个话题有点大，说来惭愧，和前辈和优秀的校友比起来，我算不学无术，也确实无所建树。经验没有，教训不少。但我还是希望大家做到几件事。最基础的是在学校里面踏踏实实地把专业做好，特别是现在考古可选择的方向比较多，要结合自己的兴趣，扩展自己的专业。回过头来看，肯努力的同学成绩一定不菲。比如说我们的优秀校友张东菊，当时她在月庄实习的时候，就感觉她是非常努力的一个同学。她一方面比较认真，能钻研，另一方面她也找到了自己的兴趣，最后果然做出了重大成绩，成了著名女科学家。

至于建议和期望，我只能以自身教训来感性认识了。我认为，工作要出成绩一是要踏实肯干，二是还要找好自己的专业方向，这是很重要的。当然了，将来可能还会有一些同学来我们单位工作，进单位的时候大家都是懵懂少年，但努力的程度不一样，将来必定会有一些差异。

前面我谈到了我的机遇，当然我们每个人都会有机遇。但更重要的是，好的机遇来了，如果抓不住，那也是镜花水月。我觉得你们遇到了最好的时候，现在工作环境比之前，提升了不是一点半点。现在我们可以租楼房，住宾馆，工地上也有临时的办公设施，夏天热的难以忍受的时候、冬天冷得受不了的时候都可以进去避一会酷暑严寒，有个歇脚的地方；回家有汽车……条件明显的比以前好了。但是，之前的先生们工作条件差，却做出了辉煌的成绩，那我们工作条件好了，是不是工作应该做得更好？能不能做得更好？这是个不敢深思的问题，所以工作条件生活条件未必与学问的大小成正比。

其实不管什么学科，包括我们考古学，都是一个金字塔形的结构。每个人都想走到塔尖，谁都想到最高点，谁都想到顶峰，但事实是大部分人走不到塔尖。对我个人来说，我认为我们不管走到哪个位置，都要做好自己的事，这是最重要的。塔尖很高光，塔基也很重要，没有塔基也就不存在塔尖。要踏踏实实的工作，如果你有研究方向，如果有感兴趣的东西，就努力去钻研。要多读一些书。我工作后真正感受到书到用时方恨少，和很多人都有共同感慨——“早知道多读点书”或“当时怎么不多读点书呢”。一些书给你知识，一些书给你智慧，让你懂得人情世故，助你加上腾飞的翅膀。我刚工作的时候，什么人情世故也不懂，当然现在可能也不大懂（笑）。只能说经过社会生活的拷打，比之前明白点了。

工作 22 年，我总结干考古有三个好处。第一个是永远都想不到的惊喜！我在济南干了 22 年了，每次发掘你都会发现有以前认识不到的东西，都有惊喜。这惊喜就可能伴随你一生的过程。大多数人随着时间的流逝，惊喜程度会降低，为什么说很多人年龄越来越大，而好奇心越来越少呢，因为很多工作只是一个机械性的循环，天天重复，时间长了就感到乏味，而考古不会。

我们发现新的东西，心里就觉得特别兴奋，刘家庄遗址发掘的时候我挖出商代的青铜器，冒着严寒，我们在 121 号墓里面，干到凌晨三点竟然没觉得有一点累，那种感觉，就是亲手发掘出土重要文物的感觉特别的好。一生中不停地有惊喜，就时刻能感到生活的乐趣和工作的意义。

2019 年郭俊峰在单位清理出土的青铜器

济南地下历史文化遗产遗迹非常丰富。考古十大新发现，济南就获评八次，包括方辉老师、王芬老师、任相宏老师、崔大庸老师均在济南有担任领队的十大考古发现的经历，也是成名之战。我也很庆幸能够在济南从事考古工作，不断有重要发现，不断有惊喜。

第二个好处，就是收获深深的自豪感。你发掘的每一件器物。感觉就和自己孩子一样，而且它的生命是无限延长的，当你在博物馆里看到它们，一眼就能看出是自己亲自发掘出土的，觉得自己好像很了不起。这个文物是可以延续的，它既能生动诉说过去，也会深刻影响着将来。我们一般人的生命，只在百年之内。普通人最多在两百年以后，就没有人知道你来过这个世界上。但是文物呢，五百年、七百年甚至几千年都能延续下来，这就是文脉的传承。而我们就是传承中的一环，这是一个很自豪的事儿。

第三个好处，就是我们考古人的圈子相对比较纯净，对社会的接触相对来说少一点。整体上有一个积极向上的环境和氛围，我感觉这是我们这个行业的一个优点。

说这些，还是希望大家能够坚持初心，承担起山大考古人的使命和责任，让山大考古的旗帜在山东大地上、在中国大地上都能高高飘扬。

# 怀热忱投身教育，干考古乐在其中*

## 访唐仲明校友

校友简介：唐仲明，男，1974年生，硕士1997级校友。山东大学历史文化学院教授，考古学系系主任。曾任职于明天出版社和山东省文化城办公室。

主要研究方向为佛教考古、汉唐考古、文化遗产保护、数字考古。主持多项国家级和省部级项目，发表论文十数篇，出版专著《东魏北齐石窟造像研究》、译著《世界文明珍宝：大英博物馆之250年藏品》《克里姆特》《游牧考古学》等。

采访时间：2022年9月18日

采访方式：线上采访

**王萌萌**：老师好，感谢您接受我们的采访。那第一个问题是您在山大学习期间，对于山大考古系的老师和同学们有什么印象深刻的事情呢？

**唐仲明**：印象深刻的事情，我觉得还是在实习中所经历的。我们那时候跟现在不能比，经费比较紧张，现在一个探方里至少一个民工，当时不一定能保证。而且当年男生多女生少，除了正常的刮面判断遗迹和清理遗迹之外，男生还承担了相当部分的出土、推车、运土这些工作。在实习后半段，探方发掘完毕以后要回填，现在都普遍用机械，那时还是人工回填。当时带我们实习的是于海广老师和崔大庸老师，因为工地条件一般，伙食也一般，两位老师就跟大家商量，省下请民工的钱，由我们自己回填，然后我们都说好好好，省下的钱还能聚个餐。探方回填，工作量比较大，开头肯定很带劲，但是干着干着就累了。因为面积大，后来就是分两级往回填：先把土从土堆上铲到探方边，再从探方边铲进探方里。上面往下铲的同学可能就多一点，中间往下铲土的同学就少一点，大家轮流来。我记得有一段是我一个人站在下面往探方里铲，好多人在上面往下面铲。我一个人铲的频率肯定不如他们四五个人，一会儿我脚底下的土就堆起来了，有点要“土埋半截”的意思。现在是社科院考古所二里头队队长的

---

* 本文系何语轩、巨宏略整理出文稿，经唐仲明审阅修改而成。

赵海涛同学一看，赶紧跳下来帮忙，我当时特别感动，现在回想起来也很有意思。我在做专业分流宣讲的时候说过，将来有些同学可能因缘际会，没有从事考古工作，但是同学们聚会的时候，回忆自己人生中最美好的时段，最美好的经历，肯定包括田野实习。随着年龄的增长，将来回忆起来，还是这个阶段最有意思。它对你的影响是潜移默化的、全方位的。

还有一件事，现在都是专人洗陶片，当年没有，所以我们都得自己把自己探方的陶片拉到河边去洗，然后再拉回来，再晾晒，不像现在工地上都有水，很方便。高继习老师以前有过农村生活的经历，当时用的那种两轮推车，不是现在工地上看到的独轮推车，用土话叫"地排车"，车厢比较宽大，能放很多袋陶片。洗完了往回走，高老师就自告奋勇来拉这个车，我们其他同学在后面跟着。在路上，我就故意逗他，趁他不注意，一下就跳到车上去了。当时一起实习的王芬老师，现在济南市考古院的郭俊峰院长，山东省文化和旅游厅行政许可处的禚柏红处长，济南市文化和旅游局文保处的贺秀祥处长、博物馆处的蓝秋霞处长等，都在后面看着，立刻哈哈大笑。高老师扭头看到我，他肯定觉得车变沉了嘛。他技术非常好，可以一颠一颠地继续往前拉。我记得那是个下坡，像溜车一样，颠了几下我就坐不住了，从车上摔了下来，后面的同学们笑得更开心了，有的同学笑得腰都直不起来。现在回想起来，虽然实习很辛苦，但换个角度想，当时年轻的我们，那种积极向上、团结友爱的氛围让人难忘。大家不觉得是在吃苦，很乐观，也很享受这种实习的生活。所以我现在想起来同学之间难忘的事情，基本上都是在实习中留下来的，不是说平时上课什么的不好、不重要，但是印象更加深刻的，大都是实习的经历。

要说对老师印象特别深刻的事情，我记得是上崔大庸老师的古代建筑。后来崔老师先调到济南市考古研究所，又调到济南市文化和旅游局担任领导职务，现在已经退休了。当年上课的时候，他就拿出一张纸，在黑板上开始板书。现在上课都是PPT，当年都没有，现在我们这代老师的板书就差了很多。他就用大概二十分钟时间，把佛光寺大殿的整个立体透视线图全画出来了。那我们怎么办呢？在下面跟着画呀。一个是老师自己上课的功力非常扎实，再一个就是当时条件所限，没有投影仪，更没有PPT。后来到了北大上课的时候，北大老师就投上一张幻灯片，我们就在下面画。当年我们也不知道为什么有这么多时间，一节课、一节课地画图。后来徐基老师给我们上古代钱币课，也是这样。古代钱币要讲钱文嘛，虽然都是圆形方孔钱，但不同时期铸造的钱币文字以及字体都有细微的差别，比如开元通宝、康熙通宝。他也是在黑板上一个一个地写，现在看我当年笔记上画的全是钱。刘凤君老师讲授的陶瓷考古同样如此，瓷器上面的各种装饰，他能够在黑板上信手画出。在这种艰苦条件下，老师们扎实的基本功、对研究对象的熟悉，让我印象深刻。

**王萌萌**：您刚才谈到您在山大当学生的时候虽然在工地条件比较艰苦，但是大家都乐在其中，在课堂上看到老师们兢兢业业教学的扎实的基本功，肯定也受到了很大的影响。那您在山大毕业之后，又回到山大任教，从这样一个学生到老师身份视角的转变，您在这方面有什么感想？同时，这期间，在您看来山大考古又有什么发展与变化呢？

**唐仲明**：感想的话，首先是非常感谢。我是山大培养出来，后来又到北大去，见识到不同高校在教学上和其他资源上的区别。毕业后兜兜转转，先后在出版社、省委宣传部等单位工作过，能有机会回到山大，首先是感谢母校的关爱，给了我机会，能把原来学到的一些专业知识分享给同学们。其次，我应该是 1997 到 2000 年在山大读的研究生，时隔十多年，在 2011 年回来以后，发现有很多的变化。

首先是整个教学的思想上，在对科技考古、考古学前沿的一些认识和实践上的变化。到了 2011 年，我们“课堂、田野、实验室”三位一体的教学体系已经差不多成形了。当年我离开山大的时候，我们刚刚和耶鲁大学开始在两城镇合作发掘。当时是 2000 年初，王芬老师他们就跟着去了，本来我也想去，但是因为我的研究方向偏佛教，我就把时间用于收集毕业论文的资料，做调查去了，很遗憾错过了那次机会。大家都知道，考古没有一手材料，很难做出像样的成果。当时我选定的题目是关于山东地区的隋代佛教造像。已经发表的资料都是简单的介绍，很少研究文章，更没有调查报告。我只好自己去做测绘，自己去拍照，自己去搜集材料。现在看来，当年的工作非常粗糙，技术手段也很落后。所以我就没有机会去两城镇直接体验当时国外先进的考古学理论、方法、技术。但是那时候栾老师、方老师、于海广老师，再老一代的蔡凤书老师，年轻一代的，像王芬老师，都到两城镇参加合作发掘。通过碰撞和学习，通过持续不断的交流，意识到了科技考古和田野的深度结合是考古学发展的趋势之一。

其次是教学体系的变化。我 2011 年回来的时候，像靳老师、宋老师、陈雪香老师、王强老师都已经在职了，整个实验室基本成体系了，各种动物考古、植物考古等相关课程也开起来了。我们当年没有开科技考古的课程，还是传统的各段考古和一些玉器、古文字、古建筑、陶瓷、古代钱币……就这还觉得很多课都选不过来了。所以我后来到了北大，选修吴小红老师的科技考古，觉得很新鲜。甚至我们当时还上了很多现在取消了的课，比如历史文选等。除了上课，在实验室分析和田野遗迹遗物样品采集等方面，也很规范和标准了。现在咱们山大的考古工地有一个绰号——“寸土不留”，当然这有点儿夸张，但从一个侧面反映我们取样的广泛性。我们当年发掘的时候，连人骨都只是挑选典型的收集，当时就是认识水平没有跟上来。到 2011 年回来，咱们自己的工地也开始用全站仪了，还有了第一套 RTK。跟当年我们老一套布设探方的方式：罗盘，插筷子，拉基线，完全都不一样了，这是第二个。

再次，随着我们国家经济的发展，综合国力的提高，国家对考古，对教育更加重视，投资更多，进一步促进了整个学术的发展。我印象最深的就是资料室。大家都知道20世纪90年代后期，改革开放20年左右，当时社会上很浮躁，一切向钱看。还流传着“搞导弹的不如卖茶叶蛋的，拿手术刀的不如摸剃头刀的”等一些老段子。人们不觉得受高等教育、学习是一个很重要的事，觉得出去挣钱最重要。那时候，国家经费给得少，考古资料室订杂志和购买图书都不能保证。当然，主要的杂志，像三大杂志什么的，还能保证。但一些偏一点的、小一点的杂志，比如说《内蒙古考古文物》《新疆文物》之类的，就没钱订。当年还没有知网，老师学生都只能老老实实蹲在资料室或者学校过刊阅览室看杂志，了解学术前沿和动态。我当时基本上就蹲在资料室，天天翻，手指头都是黑的，因为旧杂志上净是灰。但是看旧杂志行，看新杂志就缺，包括相关图书也是，纯学术的图书出版也少，出了新书也没钱买。考古资料室当时就在二楼，里外两小间，书比较少。到2011年回来以后，感觉大不一样。虽然文化遗产研究院没成立，但是东方考古中心成立了，整个国家开始逐步加大对考古的重视和投入。新杂志也订全了；原来好多老杂志没钱买的，由陈淑卿老师负责，栾老师大力支持，拿出专项经费，去补充，想办法去淘。从那以后到现在这十年，我们考古专业跟整个国家同步，都是突飞猛进。现在我们可以很有底气地说，每年出版的考古类图书，基本可以保证购入。现在不仅能买全国内的杂志期刊，国外主流的杂志期刊我们都可以获得。

**王萌萌**：好的老师。第三个问题，您刚刚也提到，您学生时代印象深刻的经历都是发生在田野发掘期间，那自您执教山大以来，您都负责了哪些田野发掘？其中又有哪些印象深刻的故事？

**唐仲明**：实际上我真正带的田野并不算多，我的主要研究方向是佛教考古，以调查、测绘为主。真正在工地上待的时间久的大概是2017年的焦家遗址和2022年的焦家遗址——我作为领队在工地上蹲着的就这两届。但是我还做些数字考古、测绘工作，这是每个工地都离不开的。所以自2015年以后，咱们山大的每个工地我都会或多或少的参与，不是一直在那儿，而是一个工地待个一周到十天左右，多的可能有半个月，然后转到下一个工地，轮流来。跟上课不一样，在工地上特别容易跟同学们熟悉起来。上课就是互动交流，下课以后有问题就讨论问题，没问题就老师、同学就各忙各的；在工地上一天八个小时，甚至吃完饭，到晚上整理，都在一起，在一个相对固定的空间里生活，接触特别多。所以无论是长期还是短期，我和同学们的感情都非常容易融洽起来，熟悉起来，特别容易打成一片。

印象深的事，一个是2017年我带2014级的同学一起准备文化遗产日主场活动，活动规格比较高，由山东省文物局组织。我们也请了国内一些一流专家出席，可以说在山大的历次实习中没有过这样的经历。以前都是自己专业的老师和考古所的专家们来参观，省级领导没有来过，最多有校领导来慰问一下同学。这样当地政府很重视，我们也是，工地上肯定是要弄好，同学们也是非常积极地投入准备工作。探方怎么打扫？遗迹遗物怎么展示？前前后后为这件事忙了大约两个周，肯定也影响了我们发掘工作的正常进行，停在一个最好看的面上不能继续往下挖。当然 2017 年我们挖出了很多大墓，像 M152、M184 等。现在看当时的工作记录，大约四月中旬我们就发现了大墓，刮出来墓葬的开口长大约四米多、宽三米多。当时也不知道是重椁一棺，但是这墓肯定小不了，就赶紧上报文物局。所以文物局为什么组织这个主场活动？因为知道焦家有看点，当时还没确切发现有城墙，只是有大墓。白天大家在工地上忙，晚上就布置会场、在驻地上准备展示标本、做 PPT、准备展板，等等。当时工地不如现在条件好，不是每个房间都有空调，天气已经很热了，但是同学们都积极投入，觉得能把自己亲手挖出来的遗迹遗物展示出去，引起领导重视，再加上新闻媒体的宣传，对我们的工作是一个肯定和促进。当时大家为了共同的目标，一起努力工作，特别投入的劲头，让我印象深刻，也很让我感动。

再一个事 2017 年夏天有一回，我好像是中暑了，头晕，浑身无力，起不了床。人吃五谷杂粮，在工地上难免有不舒服的时候。他们劝我去打吊针，我也不想去。我想，没啥其他症状，就去打消炎药，我有点儿抵触，就想着躺着歇歇，再坚持一下。就这样昏昏沉沉躺了大半天，饭肯定也不想吃。2014 级有个女同学，叫申亚凡，现在日本东京大学读博士。她自己弄了一口小的电锅，平时在宿舍里偶尔加个餐什么的。她和同宿舍的几个女同学给我熬粥，连续两顿都给我送饭。她说："唐老师，知道你身体不舒服，可能也不想吃东西，我们就熬了点粥，希望你吃了以后赶紧好起来。"我听了很是感动，同学们在家里都是独生子女，妈妈疼爸爸爱的，到了工地上也是刚刚 20 岁出头的小朋友，心这么细，还想着照顾别人，所以特别感动。

**王萌萌**：您刚刚提到跟学生们的交流互动还有互相的关心，师生情，下一个问题就是您带着一代一代的学生实习，随着时代的发展，这一代一代人的观念也有所不同，那在您看来，这一代一代的学生身上有什么不同？有什么变化呢？

**唐仲明**：确实是。我 2011 年回到山大，2013 年才转到咱们考古专业，一开始学院把我分到文管专业去了。因为我曾经在出版社工作过一段时间，学院领导可能是考虑到我有相关经历，就给分到文管专业去了。2013 年春天就有实习，但那时候我只是去参观。2014 年，我就开始带一些横向的、配合基建的发掘工地。2014 年我带着几个同学去清理聊城的周店闸，大运河上一处元、明时期的水闸，前后历时一个多月。2015 年以后，基本上每个工地我都开始参与，等于说我一直都在田野上，跟本科生、研究生接触比较多，确实是感到了很大的不同。

首先，现在的同学们跟我们当年就不一样，90 后跟我们 70 后已经差了很多了。一个是特别的聪明，接受能力特别强；再就是感觉大家用电脑的思路特别快、方法很灵活。比如我们清理的周店闸就要用CAD绘图，因为那个闸非常大，面积上万平米，中间还隔着好几道水道，指望拉尺子放线的传统方法根本不可能。我们当初上学的时候就没接触过全站仪，北大来的宋老师她学过。2000年我到北大去，看到北大开始用全站仪，当年是全站仪刚刚开始引入考古发掘现场；在日照两城镇工地，耶鲁大学就带了全站仪来，现在那台全站仪还在日照博物馆存着呢。北大与国外的联系一直很密切，所以2000年他们迅速地从国外采购全站仪，引入到考古测量中。但那时候北大也没有像现在山大这样每个工地都配有全站仪和RTK，只有一两台，印象很深的是只有秦岭老师会使用。当时我们工地上没有，秦老师带了一台来，帮助我们做了工地的基础测绘，还帮助做了周围的整个地形测绘。除了工地发掘区的几百平方米之外，从山上到遗址，再到山下的长江边，整个做了全套的测绘。秦老师在山上架站，我们就扛着棱镜，漫山遍野地跑。那时候我就负责跑杆，知道基本原理，但是不会操作。2014年的聊城周店闸，拿着设备去了，我知道原理，但是不会具体操作，都是同学们一起摸索使用。后来拿着RTK到安徽的明中都遗址进行测绘，也是这样。大家根据说明书和宋老师课上讲的，逐步摸索使用方法。你们马上就要上测绘课，宋老师给你们讲全站仪、RTK等的使用，可能我要给大家上一两节数字化相关的课程。我为什么会接触数字化呢？就是因为从2014、2015年开始，这些横向课题需要数字化成果的支撑，我和同学们一起摸索全站仪怎么用，打的点怎么导到CAD里，如何绘图。大型遗址如城址、水闸等面积超过几万平方米的如何测绘，小的发掘区怎样测绘……2014年我们买了最早的、八轴的无人机。但当时大家还不太懂航拍是怎么回事，就是飞上去拍一张全景照片。后来我们跟计算机学院的老师交流，开始摸索如何定制靶标，怎么利用不同的软件生成三维模型，再转成等高线图等测绘的一整套流程。后来我们还专门成立了一个群——数字考古组，这个群现在还存在，代代传承，送旧迎新。今年我还很伤感，当年最早跟着我做工作的两个硕士研究生，他们在山大读完硕士，读完博士，现在都毕业离开山大了。从那时候到现在过去七八年了，他们从研一，经过博士五年，毕业。我很感慨，一个时代结束了。我们现在看国内搞数字考古的先驱——社科院考古所刘建国老师的研究和技术路线，跟我们基本上是殊途同归。在看到他的研究之前，我们基本上把路子也摸透了：怎么用设备满足我们考古调查、考古发掘的基本测绘要求，当然还有三维、扫描仪等的使用，这一系列的工作都是在同学们的帮助下完成的。同学们的求知欲，对电脑的熟悉程度，加上自发、主动钻研问题、解决问题的能力比我们要好得多。

我们当时就是老师安排什么做什么，很被动，缺乏主动求真，主动解决问题的想法。现在的同学跟我们那时候不一样，特别有远见，有规划。在同样的年龄段，比我们当年要成熟。一入学，就知道要努力学习，要考虑在班级内保持学习名次，保研去哪个学校，目标是什么，定得非常早。虽然我读书时也知道要读研究生提升自己，在研究生学习期间发现考古也是一个很有意思的学科，但是在我硕士毕业之前没有想过以后要读博士，要从事考古相关的工作。研三的时候，导师跟我讨论毕业去向的时候，问我，"想不想去北大读博士？"当时我的第一反应是，我还能去北大读博士？当时在他家里讨论这个问题的。那时候学生少，我们都是去老师家里上课，那时候考古系1997级研究生只有我一个人，各种课我都是去老师家里上，老师和学生的关系更像是师徒。那时候去徐基老师家里上课，印象中他们家就两小间，老师坐在沙发上，旁边放个小马扎，我坐小马扎上，掏出笔记来，也没有教材，就他讲我记，讨论问题。刘老师家好一点，刘老师的书房其实是安排在门厅里，靠东墙是顶天立地一排书架，满满的全是书。然后还能放下一张写字台，他坐在里面，我搬个凳子坐在外面。师母要是想经过门厅去南面的房间，我还得赶紧起来让个道，不然过不去。刘老师说不行啊，你没考虑不行呀。你这个方向（指佛教考古）应该到北大去深造。因为他是北大毕业，与我的博士生导师马世长老师非常熟悉。说完，他马上拿起电话来给马老师打电话，马老师在电话里也很客气，说"欢迎报考啊"。这样，我懵懵懂懂地就准备了几个月，在2000年的春天去考北大，秋天去北大上学了。现在回想起这些来，跟做梦似的，我就这样实现了我的"北大梦"，其实原来也没敢做这个梦。现在同学们能接触到的信息比较多，我们当时能够获取的信息也少，互联网也不发达。我是到了北大以后才知道BBS，知道E-mail发邮件，我博二的时候才开始用知网，那时候还叫期刊网，可以下载论文的电子版看了。以前就是去图书馆看，想看别人的论文只能到北图去看，现在叫国图了。因为北图有版本图书馆——所有的书北图都有，所有的论文北图也都有。可以办个借书证去北图看，骑着自行车，到北图，递索书单，中午带着面包或出门买点吃的，一待一整天。那时候还没有手机，数码相机也是刚刚开始有，北图复印也特别贵，一块钱一张，还不一定允许复印，所以只能抄书。这几条变化特别明显，大家目标很明确，也都向着目标去努力，跟我们当时不太一样。

**王萌萌**：那最后一个问题：您觉得参与考古工作最需要具备什么精神？或者说您觉得山大考古人一代一代传承的精神可以怎样概括？您对我们这些山大考古学子又有怎样的建议与期盼呢？

**唐仲明**：我们考古，或者说做学问都要坚持一个求真务实的精神，尤其是我们考古，要愿意或者主动地想通过研究，揭示人类遗留下来的遗迹和遗物等现象，我们的目标是复原古代社会嘛。再一个就是要有渴望，渴望去找新东西，我们考古的魅力就是在这，面对的永远是未知的遗迹。再一个要务实。这些年在用人单位当中，我们山大考古的口碑是很好的。虽然我们山大考古系的同学们不都是山东人，但是我们生活在山东这个地方，可能都受到了山东人朴实、能吃苦、肯干的优良精神的影响，身上普遍都带有这样一些特质，这些特点恰恰是我们做好考古工作所必需的。这种口碑是山大考古分到各个单位的历届毕业生努力留下的好的口碑，所以我也希望同学们一定要扎实肯干，把这个精神一代代传下去，发扬光大。

除了保持求知欲、求真务实，踏实肯干之外，我还希望同学们能够尽量地多读书，开拓自己的视野，尤其是在本科阶段。我读书比较杂，从事工作的经历也比较复杂，我觉得是有益处的。我前面讲了，同学们很早就立下志向，要考研，确定一个方向，围绕一个目标去努力，这非常好。但同时要广博，因为考古学是一门交叉学科。现在讲新文科，讲交叉创新，我们考古是最契合交叉创新的学科：跟理科、医科、工科交叉，跟历史的关系密不可分，实际上现在也借鉴很多社会科学的方法，比如社会学、人类学、民族学，通过这些方法丰富对发掘出来的遗迹遗物的认识。怎么运用这些方法，前提就是要了解。所以要多读书，多读不同方向的书，不光是考古的书，还要读历史的、哲学的、社会学的、人类学的、艺术史等其他相关领域的书。

同学们现在还年轻，多经历，多学习，多锻炼，考古学是一门非常综合的学科，不仅在学问上，甚至在接触和了解社会方面也是如此。我希望同学们能够通过在考古专业的学习，得到全方位的、综合的成长。

**王萌萌**：好的，我们今天的采访就到这里了，谢谢老师！

# 扎根田野传承考古精神，用心用情做好服务工作*

## 访王强校友

校友简介：王强，男，1980 年生，本科 1998 级校友。山东大学历史文化学院副教授、考古教工党支部书记。兼任中国文物学会玉研部理事、山东省钱币学会理事等。

主要研究方向为史前考古、古代玉石器研究。主持并参与多个国家级项目，出版专著《海岱地区史前时期磨盘、磨棒研究》，在《考古》等国内外知名刊物发表学术论文数十篇。

采访时间：2022 年 5 月 24 日

采访方式：线下采访

**陈国鹏**：王老师您好，请问作为栾丰实老师的学生，您从栾老师身上学到的最重要的东西是什么？您觉得他身上体现着怎样的山大考古精神？

**王　强**：大家都知道栾丰实老师是我们山东大学历史文化学院著名教授，栾老师是我们考古系的一面旗帜。栾老师的这些精神，我们都是非常有感触的。因为我是硕士和博士都是跟着栾老师读的，六年的时间和先生朝夕相处，在先生的指导下，做了硕士论文，又做了博士论文。后来有幸来到学校工作，又可以有机会长期地跟着老师学习，所以对于栾老师身上的这种治学精神，我还是深有感触的。我觉得要说印象最深刻的，应该还是老师对学术的这种执着精神。考古学本身也是比较艰苦的一门学科，很多时候条件都比较艰苦，但是栾老师几十年如一日一直在考古学的一线和前沿做了这么多工作。栾老师是我们山大 1978 级的本科生，1982 年他本科毕业就留校工作了，当然后来又读了研究生。所以说如果要从老师 1978 年开始进入学术领域来算的话，到

* 本文系徐梦玲、吕淑娴、赵怡然整理校对文稿，经王强审阅修改而成。

现在已经将近50年的时间了。可以说山东境内的很重要的史前遗址，都留下了栾老师的足迹，他亲力亲为到一线做了大量的考古发掘，如今栾老师70多岁高龄依然活跃在学术的一线，仍然对学术还非常执着，非常热情。直到现在，栾老师都是早晨七点多就来到学校，中午在餐厅里简单吃饭，下午一直工作到六七点，有时候七八点才回家，在学校里一待就是一天，醉心于学术研究。经过了四五十年的时间，栾老师依然保持对学术的这种执着的精神，我觉得一直不曾褪色，这种精神我觉得让后辈们印象深刻，也是非常值得我们学习的一点。我们说可能正是由于老师这种对学术的执着吧，所以才造就了他现在这种学术地位。

当然在栾老师身上我们还学到了另外重要的一点，就是踏实质朴的这种精神。这是以栾老师为代表的山大考古人非常典型的精神，也非常为业界所认可。谈到我们山大考古系，大家印象比较深刻的一点，就是山大考古系的学生非常踏实肯干，非常质朴。再要加上一点的话，就是田野功夫非常扎实，这是外界对我们山大考古的一贯认识。这些优良的品质，在栾老师身上都体现得淋漓尽致。所以说这是先生身上给后辈们非常有启发意义的山大考古精神，非常值得我们去传承和学习。

**陈国鹏：**谢谢老师。我们看到在考古研究中，通常就是条件比较艰苦，研究难度也比较大，请问老师在这么多年是如何一直保持学术热情，又坚守在考古学研究工作岗位上的呢？对于那些初入行的同学们，又该如何调动他们的积极性？

**王　强：**这个问题是很重要的一个问题，其实不只我，我们山大考古系的很多老师都是如此。考古学的基础就是田野考古学，可以说你考古学要想做好，首先一步就是你要把田野做好。田野考古是我们考古的一个非常核心的部分。在考古业界内部，包括我们山大考古老师都有这个基本的认识。就像很多先生经常说的，做书斋考古学、做咖啡考古学，恐怕是成不了大家的，只充分研究理论是不行的，必须要到一线去，我们先从田野里找到一手资料，然后再以这个为基础做科学研究，再做教学，才能把教学科研做好。因此说田野工作意义非常重要。

当然也就像你刚才说的，田野工作有时候条件非常艰苦，尤其我们要深入到一线，有时候甚至到一些偏远地区，条件确实是比较艰苦一些，大多时候要租当地老乡的房子住。在更艰苦的条件下，有时候还要搭帐篷、住睡袋，这些我们也都遇到过。但是这么多年一直坚持下来，我觉得很重要的一点就是有这种传承的精神在里面感召着我们。更早的刘敦愿先生，然后像于海广老师、栾丰实老师、方辉老师、王青老师，他们的精神在前面鼓励、感召着我们，所以我们身上就有这种传承的理念或信念，我们觉得对考古学的这种热爱精神，一定不能从我们这断了，我们要把它传承下去，这种传承的信念，也可以说是一种责任感吧，就是靠着这样的想法我们考古系的老师，当然也包括我，一直在努力地做田野工作。虽然艰苦，但是我们一定要把我们的田野做好。这也是这么多年来，我们山大田野考古为什么屡屡取得重大成果的重要原因。现在我们大概统计了一下，我们考古系已经获过八次全国十大考古发现，就是我们经常说的考古界的“奥斯卡”。我们一个大学能获得八次，这在全国高校里是名列前茅的，就是因为大家身上都有这种责任心，这种传承的意识，所以我们田野考古才能取得这样的成果。

再下来就是你谈到的，这个过程中怎么引导我们的学生去坚持做田野考古。我是2010年回到学校任教的，因为我博士毕业以后，接着又去中科院做两年博士后，博士后出站以后，我又回到母校继续从事考古学的工作。工作也十多年了，旧石器考古、新石器考古、田野考古、玉器考古、古代钱币等这样的课我都给大家讲过。在课上的时候，包括指导研究生的时候，我经常给大家讲这些先生们的故事，首先就拿这些先生们的精神来影响他们，因为这些传承的精神对我们这一代就产生了重要影响，所以我也很想把先生们身上的这些闪光点传承下去，希望借此调动大家专业学习的积极性。当然除了讲传承的精神，我们也会灵活的采用其他的方式。比如我们现在的考古学，其实除了比较艰苦的田野工作以外，也有很多有趣的方面，比如我们现在大量的引入实验考古的理念，做田野艰苦的时候，我就会跟他们说，你们再坚持一下，把这个田野考古的材料取得以后，下一步到实验室就比较好玩了。因为在实验室对这些野外材料进行分析的时候，我们借助的是大量的科技手段。比如我们的植物考古、动物考古、残留物分析、DNA 分析、稳定同位素分析等。本科生、研究生一块儿在实验室里参与我们后期工作，他们感觉就非常有意思。通过这个实验室环节，他们就觉得考古越来越好玩儿了，原来每个文物它自己是会讲故事的，通过我们的实验手段能让每个文物“开口说话”。所以学生觉得很好玩，慢慢地就会逐渐喜欢考古，将来很可能很多学生就走上了考古学这个道路。这样一代一代的，我们的考古精神就这样传承下去。

2021 年王强老师于垓下遗址带领学生发掘

**陈国鹏**：谢谢老师。考古事业的发展与成熟的田野考古发掘机制息息相关，山大考古也一直以完善的田野考古实习系统和一大批拥有良好田野发掘经验的老师闻名。您执教山大以来，您参加了哪些田野考古发掘呢？然后又对哪一次田野考古发掘的印象最为深刻呢？

**王　强**：2010 年 9 月份我来山大报到，2011 年的时候就参加了两项考古发掘，一个就是 2011 年 3～7 月带本科生实习，当时去的是青岛的北阡遗址，在工地上待了四个月。然后 7 月份本科实习刚刚结束，我又带了一批研究生，去东北地区发掘大连王家村遗址，持续了两个月。然后到了 2013 年，我带了本科生和研究生，到了上海松江区的广富林遗址，我们在广富林遗址做了三个季度的发掘。一起带队发掘的老师还有栾老师和王芬老师，收获也比较大。2018 年 3～7 月，我们带的本科生和研究生去了日照两城镇遗址。然后就是 2021 年我又带学生到了安徽蚌埠的固镇县的垓下遗址，就是著名的秦末汉初的垓下之战的这个地方。这基本就是我从入校来当老师十多年间，大概做的一些田野工作。

2011 年北阡遗址发掘现场

如果说参加过的这些田野发掘，印象最深刻的一次，应该是广富林遗址。为什么印象很深刻呢？一是因为我们连续三个季度对它进行发掘，做工作时间长了，印象当然也比较深。二是广富林遗址发掘是在开全国的一个先例，全国有十多所高校和科研机构的考古队伍都在上海进行发掘，我们的考古工地都挨着，连成一片，差不多每个工地都是两三千平方米，大家在一块儿工作，共同为了我们中国的考古文物事业奋斗，所以这个场面就非常宏大。再者谈到野外发掘本身，做了三个年度的广富林的工作收获还是非常大的，因为广富林遗址本身包含的时代很丰富，既有史前的也有历史时期的遗存。最早能早到距今 6000 年前后的崧泽文化，然后再下来距今 5000 多年良渚文化地层以及广富林文化的遗存都有发现。再就是除了史前以外，我们在广富林遗址还发现了属于东周时期的遗存，具体来说属于春秋阶段，很可能是和吴越相关的文化遗存。我清楚地记得当时一个灰坑里面发现一个很完整的铜尊，铜尊上面还有族徽符号，这个就非常有意义，所以我感觉在上海这三年的田野工作，从工作形式和学术收获方面印象都非常深刻。

2013年广富林遗址发掘现场

**陈国鹏**：谢谢老师。我们了解到您是考古教工党支部的书记，考古教工支部近几年成果斐然，您认为党支部在其中发挥了什么作用？

**王　强**：党支部是我们最基层的党组织，是战斗堡垒，对促进和推进学系工作起到非常关键的作用。我们经常说，上面千根线，下面一根针，就是形容党支部的这个重要性。我觉得大概可以从三个角度来谈。

首先当然是服务方面。党支部做的工作，不能说我们纯粹就仅仅学习理论，重点要解决实际问题，党支部的定位就是服务型的，我们要服务于学系工作，这一点永远是不能改变的，永远要把这个服务性放到第一位。

再就是组织作用。我觉得我们要有意识地去组织一些活动，来解决学系工作中遇到的一些问题。我们要发挥党支部的力量，把我们系里的党员、群众带动起来，把我们所有老师都组织起来。从我们考古系的党支部来看，我们有自己的一些特点。现在考古系是16名老师，其中党员就占到了70%以上，我们党员的比例是非常高的。党员具有模范带头作用，所以我们党支部组织的各种活动就非常好开展。比如课程体系，现在这几年从学校到学院的层面都在推思政课程，我们党支部把专业老师都组织起来，让一些思政课程案例做得比较好的老师给大家做宣讲，接着大家一块儿探讨这些老师为什么他们课程思政元素设计得这么好，学生这么爱听。通过这样的形式，就能把我们课程思政落到实处，切实地提高我们课程思政水平。在做科研的层面也是如此，做田野发掘的时候，我们很多一线带队的老师就是党员，我们支委会的成员也都身先士卒到现场去带实习、去做发掘。就像我们刚才说的，考古的发掘工作，就是你做科研工作的第一步，发掘工作做好了，你科研才能做好，在支委会以及党员的带领及组织下，我们田野工作做得很好。我们考古系，无论是教学也好，还是科研也好，这几年确实也取得了一些成果，获得了一些团队性的荣誉，比如去年我们考古系获得了“山东省高校黄大年式教师团队”的荣誉，今年我们刚刚又获评了“山东青年创新突击团队”。当然说具体的科研产出就更多了，我们考古系多个老师承担很多项国家社科重大项目，产出的科研文章都非常多。在这个过程中，都充分体现了党支部在里面起到的这种组织作用。

再一点就是保障，具体来说，老师们遇到困难了，党支部你要首先去解决老师们遇到的问题。举个简单例子吧，我们考古系，前年面临搬迁实验室的工作，因为文史楼为了校庆要改造提升，而考古系的实验室就在文史楼，为了配合学校的工作，我们要在短短一个月之内，把所有的考古实验室内的各种实验器材、各种教学标本全部转移到洪家楼校区，时间紧，任务重。当时我们考古党支部就站了出来，用支部的力量，以我们三个支委会的成员为主，承担了大量的实验室搬迁工作。我们几个老师带着学生，自己身体力行，搬设备搬标本，从楼上搬到楼下——装到车上——运到洪楼校区——卸下来——安装好。这次实验室搬迁的按期完成确保了我们下个学期的教学科研工作的顺利开展。我觉得这也是充分体现我们党支部的保障作用，充分体现了我们对于学系工作的保障。

总的来说，就是要解决好党支部和学系工作两张皮的问题。在这个过程中，我觉得党支部要想发挥好作用，就是做好这三方面工作——服务、组织、保障。这三方面作用发挥好了，党组织的作用就发挥好了，所谓的两张皮的问题也就解决了。

**陈国鹏**：作为教师党支部双带头人书记工作室负责人，您在支部建设方面有什么工作方法可以分享一下？

**王　强**：我们考古党支部，比较有特点，就是和一些大的院系专业比起来，我们人数其实不算多，十几位老师，但是我们里面党员比例比较高，老中青三代都有。我在支委会的具体工作最早是从2016年开始的，因为做了这么多年服务工作，确实也有一些自己的体会。我觉得个人要想在这个党支部里面发挥好作用，可以概括为三个词吧，一个是用情，一个是用心，再就是用力。我觉得可以从这三个方面来谈谈我个人的一些感受。

首先是我们说的这个用心。要肯吃苦不怕累，遇到困难，作为支部书记，要第一个冲上去，跑到第一线去，用心去做。再者就是要用心去琢磨，开展工作之前就要考虑哪种方法更好，更有利于工作的开展。同一件事情，你用不同的方法去做的话，可能得出来的结果会差异很大。在做支部工作时，要多用心，用心去思考，这样的话，我们的工作才能开展好。

然后我们谈用情。我们支部的一项重要工作就是和大家开展谈心谈话，要经常去和老师们交流，尤其是刚入校的年轻老师。在这个过程中呢，我们一定要去用情去感化别人。你不能说工作下来就是命令似的，这个工作就派给你了，你必须去干这个工作。如果是以这种方式的话，可能很多老师都不愿意干，很可能会有抵触情绪。但如果你换一种方式，以很有亲和力的交流方式进行沟通，老师们就很愿意去干。尤其是在面对年轻老师的时候，我们平时更要多关心他们，去用情感化他们，尽量去了解他们遇到的各种困难，除了教学科研，还有生活方面等，能够解决的尽量帮助解决。对年龄年长的老师呢，那我们肯定非常尊敬，平时我们在工作和生活中，能帮助这些老先生们去解决的问题，我们也尽量去解决。所以从党支部角度而言，比如有一项工作需要开展，无论找到哪位老师的话，各个老师都非常愿意去配合，这与平时开展工作时用心用情有很大关系，同事们关系和谐融洽了，工作自然就好开展了。

最后说这个用力吧。说得最通俗一点，你要吃苦耐劳。作为支部书记，重活累活你都要跑到第一线去。比如刚才谈到的实验室搬迁，我们支委会就都冲到了第一线，这样各个老师都会看在眼里。

所以从作为这个支部书记这几年的心得来说，我觉得重点就这三方面吧，用情、用心、用力。我觉得这三方面做好的话支部工作就会开展的非常顺利。同时，我们的学系工作方面，也会取得一个比较理想的结果。

# 扎根田野，行稳致远*

## 访梁法伟校友

校友简介：梁法伟，男，1980年生，本科1999级校友。现为河南省文物考古研究院副研究员、副院长。

长期从事田野考古工作，先后参与主持有荥阳小胡村墓地、淅川龙山岗遗址、荥阳东柏朵遗址、禹州瓦店遗址等考古发掘工作。发表、出版多篇考古发掘简报和报告。

采访时间：2023年1月

采访方式：腾讯会议 线上采访

**王开腾**：非常感谢梁老师接受我们今天的采访！我们想了解一下，您当初是因为什么选择的考古学，又是什么原因促使您回到学校继续深造的呢？您觉得学习考古学的必备技能有什么呢？

**梁法伟**：其实我与考古学结缘于高考。最初在高中时并不知道考古学是干什么的，因为我们在中学时学习的历史里边运用的考古研究成果还不像现在这么多，所以对考古学的概念不是太清晰。我高考的第一志愿也并不是考古学，但机缘巧合走上了考古学的道路。进入大学之后，经过老师们的讲授，就开始慢慢去了解这个专业，并学习相应的知识。我入校的时候考古学还是个冷门学科，有考古学专业的高校比较少，毕业生也少，就业是很好的。所以从找工作的角度是一个很好的职业。但从事业的角度来说，就要看自己的爱好和兴趣了。我从最初对考古学的不了解，到有所了解，又通过田野实习，知道了考古学是干什么的，慢慢培养出了对这个行业的兴趣。我本科毕业后接着考了咱们山东大学的硕士研究生。就这样一路走下来，毕业后前往河南省考古研究院工作，去年我又回母校攻读博士学位。我是2006年硕士毕业的，这么多年以来一直从事田野考古，总觉得自己工作的过程中，在研究方面还需要再上一个层次，

* 本文系于洪丽、王开腾整理文稿，经梁法伟审阅修订而成。

因此选择回到学校深造，补足研究能力的短板。

**王开腾**：梁老师，您觉得在考古学的学习和工作中一些必备的能力和品质是什么？

**梁法伟**：我感觉这个问题有些宽泛。对于一个将要步入大学校门学习考古的学生来说，我认为应该喜欢中国的传统文化和历史，还应该具备一些基本的能力和素质，例如科学严谨、求真务实等，这些和别的学科所要求的是一样的。这样才能对考古学研究产生兴趣并且钻研下去。若是将来要从事考古这个行当，首先要对考古学心存敬意，能够理解这个学科的定义和功能。我们当时学习的考古学定义是：考古学是一门通过研究古代人类的各种活动所遗留下来遗迹、遗物，来研究古代人类社会的学科，你们现在在学校学的还是这样定义的吧？

**王开腾**：是的，我们现在学的还是一样的。

**梁法伟**：从考古学的定义出发，我们可以知道，证经补史是考古学的首要功能，这和中国历史学传统是有关系的。司马迁说“究天人之际，通古今之变”，我国自古就有往前追溯的传统。回顾整个中国考古的百年历程，中国近代考古学诞生在疑古思潮的影响之下，建立中国考古学的先驱们试图通过科学的方法来重建中国的上古史。所以中国考古学最初就有重建历史的职能。2020 年习近平总书记的讲话说得很好，中国考古学延伸了历史轴线、增强了历史信度、丰富了历史内涵、活化了历史场景。在我的理解中，这和证经补史具有相似的概念。所以，要从事考古学这个行当，首先在大学学习阶段要掌握考古学的基本理论方法，另外，要锻炼好田野考古的能力。考古学研究古代遗物的方法决定了田野考古的基础性地位，虽然现在考古学的细分学科非常细致，包括植物考古、动物考古、体质人类学等，但最基本的还是田野考古。首先需要田野发掘才能得到材料，从事科技考古也应该了解田野考古的方法和技能。只有了解了材料的出土背景，才能使对材料的分析更加可靠。其次，还应该具备查阅历史文献的能力，包括传统文献和出土文献。现在我们说要建设中国特色、中国风格、中国气派的考古学，其实就是需要以考古学和文献学相结合的方法来研究古代历史。最后，还要掌握一些国外最新的考古学理论，山大这方面一直做的都比较好。这个东西不应该是拿来主义，而是要把这些理论与中国的社会特点相结合。

**王开腾**：像您刚才谈到的田野考古是非常重要的，您这十几年来一直坚守在田野的第一线，那我想请您谈一下您第一次下田野的经历，以及参加田野考古工作这么多年来的一些收获和经验。

**梁法伟**：我的田野经历应该分为学习期间和工作期间两个阶段。上学期间第一次认识田野发掘，是在 2001 年的时候。当时不是我们现在大三下学期的田野实习，而是大二期间的一次见习。当时 1998 级的同学们在淄川北沈马遗址实习，老师们就带着我们去他们的发掘现场看看，那是我第一次接触考古现场。等到 2002 年大三下学期的时候，我才第一次真正参加了田野发掘。当时我们班二十几个学生分成三组，有几个同学去了蒙城尉迟寺遗址，有几个去了茌平教场铺，这几个工地都是社科院考古所山东队的项目。我和另外 7 个同学去了偃师二里头遗址。我们非常幸运，第一次参与发掘就是在夏代的王都。我对当时的发掘印象非常深刻，许宏老师带着我们把田野发掘一整套的流程都经历了一遍，包括每天发掘、写日记、做资料，最后汇总成记录等。著名的二里头绿松石龙，就是在我们实习的那一年发现的，就在我隔壁的探方。在发掘的时候，隐隐约约看到几个绿松石片，许宏老师认为有可能存在一个完整的造型，在现场不方便发掘，因此要整取带回室内。大家都是年轻人，看见好东西都很兴奋。当天晚上，我们就在绿松石龙旁守夜。这是当时发掘让我印象非常深刻的一个事情。本科毕业等待上研究生的暑假，我在山东省文物考古研究院当时主持的新泰周家庄墓地参与过发掘。后来在上研究生期间，在安阳殷墟实习。当时有包括我在内的 3 个研究生，剩下的是 2002 级的本科生。另外还有一些或长或短的发掘经历。

后来到 2006 年毕业，刚参加工作的前两年，就在荥阳小胡村墓地和郑州商城两个遗址进行发掘。大概到 2008 年的时候，那个时候配合南水北调干了比较多的工地。单位领导当时跟我说，在淅川有一个很不错的遗址，就是现在的龙山岗遗址，让我带队发掘。当时我非常愿意，因为当时发掘项目不像现在这么多，年轻人可能要跟着老一辈同志干几年才能独立承担这样的项目。当时让我带队的时候心里很忐忑，跟着别人发掘和自己主持一个工地，是完全不同的两个概念，要考虑更多的问题。经过大学里充分的知识沉淀，工作的两年也基本上掌握了工作流程，因此我就勇敢地去主持了这个遗址的发掘工作。最后这个遗址的发掘成果很不错，是一个仰韶时代晚期的城址，发现有城墙。我们在 5 年时间里发掘了 1 万余平方米。单位领导和专家们对这个遗址发掘的评价也很高，我感觉是得益于在山大学习了充分的知识，并且能够融会贯通。

至于我工作的一些经验，我现在首先认识到，在考古研究所工作和在大学里工作差别很大，考古所并不会因为你的研究方向和时段分配对应的遗址，遇到什么就要去发掘什么。我这几年经历过的遗址从新石器遗址延续至明清，只有旧石器遗址没有挖过。但不管遇到什么样的遗址都要去完成工作。开始进入考古所的前几年做的工作和自身的研究方向可能不一致，但田野发掘的基本理论和方法是一致的。这是一个锻炼的过程，在这个锻炼的过程中要尽快找准自己的兴奋点，然后增加该方面的阅读，找准自己的兴趣和方向。从单位管理的角度来说，也希望自身的职工能够尽快地成长起来，在学术上有所建树。因此领导在安排工作时，也会安排特定方向或时段的遗址给对应的人。

另外，在单位的工作和在学校的实习是完全不同的。实习的时候我们只需专注于自己的探方，至多兼顾周围的探方，但在单位工作需要主持一个工地。作为一名考古领队，除了基本的田野考古技术外，还需要一定的管理能力。田野考古技术是基础，因为有一些技术人员的发掘水平也很高。另外，作为一个项目的主持人，对于队伍的管理非常重要。要提高自己的管理能力，包括对团队的管理、对民工的管理，以及项目各方面的协调。只有这样才能更好地做好工作。最后，现在都提倡多学科参与和合作，因此也要和不同科研机构和高校进行协作。要注意怎么样能够最大限度地发挥发掘出来的考古资料的价值。当然还有一个非常重要的方面，要尽快地整理资料，多出成果。这方面我是很有感触的，因为我是比较有惰性的，很多多年前的材料还在积压。现在回过头来看，会认识到考古材料的整理不可延误，因为单位里永远有下一个遗址需要有人去发掘。所以在发掘过程中或发掘结束时要及时地整理材料，这样才能尽快拿得出成果。并且，通过整理发掘资料和编写简报，一些发掘过程中没有被注意到的细节也会显现出来，对自身田野发掘能力也有提高。

**王开腾**：谢谢梁老师！您的实习经历真是非常的让人羡慕。对您刚才所说我也感触很深，包括及时整理和整理资料对田野能力的提升。我个人也是在经历了发掘资料的整理后才对田野考古发掘产生完整的认识。

**梁法伟**：你们现在的实习仍有整理环节吗？

**王开腾**：是的老师，我们本科大三实习的时候仍然有最后的整理环节。

**梁法伟**：那你们现在研究生期间干田野的机会应该更多了吧？

**王开腾**：是的，确实明显感觉到在参加过整理之后，才能对田野发掘的整个工作流程理解得更深刻，也能找到自己在发掘中的一些问题。

**梁法伟**：这跟教学相长是一样的道理，我是非常认同的。我现在正在主持禹州瓦店遗址的发掘，作为“考古中国·夏文化研究”的重大项目，这个遗址对工作和出成果的要求相比一般配合基建项目更高。所以从制定考古工作计划，工作中相应的计划调整，到后续的多学科合作，都必须做好规划，并且抓紧时间。

**王开腾**：好的老师，下面我们想请问，在山大考古专业成立50周年之际，您可以谈谈您眼中考古专业最大的变化是什么吗？特别是您今年又回到学校深造，您可以谈谈这十几年来有哪些明显的变化吗？

**梁法伟**：虽然我一直在参加工作，但也长期关注咱们学校的发展，跟老师们也保持着交流。我觉得明显的变化有两方面：第一是师资力量的增加。当时我上学的时候，给我们上课的有栾丰实老师、于海广老师、任相宏老师、方辉老师、王青老师等。但当时咱们山大考古的老师很少，基本上就是这几个教授，都在一线做教学。这些老师都是道德和文章上的楷模。我们不仅学习专业知识，还从这些老师身上学习到一些精神。我们常提的山大精神、考古人精神等等，这些都是从这些学术水平高、道德高尚的老师们身上学习到的。现在的很多老师在当时还在读硕士或者博士，比如陈雪香老师、王芬老师、王强老师，等等。随着他们毕业参与教学，山大考古的师资力量就大大增强了。第二是考古学科的专业方向越来越丰富。在我上学时期的后半段，靳桂云老师在学校引进了植物考古。时至今日，我们的多学科研究发展很快，包括植物考古、动物考古、体质人类学、同位素研究、水下考古等，不查阅一下网站都难以列举全面。其实在我们上学时山大已经意识到多学科的重要性了。山大考古的专业设置一直处于引领地位，能够适应甚至带领考古学的发展方向。我认为这些年来变化最明显的就是这两点。

**王开腾**：梁老师，如您所说，山大考古过去在多学科建设等方面一直走在前列，那您认为未来山大考古专业会面临什么样的挑战呢？

**梁法伟**：早些年我们上学的时候，有考古专业的学校很少，有些高校的发展水平也有限。但现在越来越多高校开始设置考古和文博专业。像多学科研究这些方面，虽然山大长期走在前列，但其他高校也在不断发展进步。我们山大考古要发挥自己已有的优势，另外还要思考整个社会的需求。作为一个高校，对学生的培养是要和社会的需求相对接的。习总书记在关于考古学的讲话中多次提到了多学科研究。虽说我们现已有比较成熟的多学科研究基础，但还是更偏向于科技方面，但习总书记还提到了和语言学、人类学、民族学、社会学、法学、经济学等人文社科学科的结合。这说明我们整个社会对考古人才的需求是非常多元化的，因此对高校提出了更高要求。社会需要考古学人才具备什么样的能力，高校就需要培养具备这些能力的人才。对于考古从业者来讲，需要处理好博和精的关系。传统考古的能力要精，也就是田野考古的能力要重视并且加强。另外，要博采众长，即刚才所说的，要与不同方向相结合。对于已经毕业的学生来说，可能没有时间去系统学习法学、人类学或社会学等学科的知识。因此本科阶段还是很重要的，若是在本科阶段的考古教学中能够让我们的学生接触其他学科的知识，不必非常深刻系统，能起到概念性的指导作用即可，就会对考古人才的成长起到重要作用。现在事业单位招人，很多都强调要求本科阶段就是学考古的，因为这是学科素质的体现，本科阶段对于个人学科素质的培养非常关键。因此在这个阶段的教学当中，应让学生更多接触一些多学科的知识，或开设一些其他学科概论性的课程，让学生将来在走向工作岗位的时候能够具有进行多学科研究的意识。

**王开腾**：我非常赞同您刚才所说，结合我自己学习的一些经历，想请教您一个问题。我现在跟随王青老师学习神灵考古，这个方向需要结合很多人类学、艺术学、宗教学等其他学科的知识。您认为应该怎么在多学科融合的学习和研究过程中坚持考古学本位呢？如何避免乱用、套用其他学科术语或方法的现象呢？

**梁法伟**：你说得对。你问的其实是对考古材料的阐述不能过度的问题。要避免这个问题，首先需要了解考古材料的出土背景。这个出土背景包括哪个遗址、遗址的功能区、遗址的主要功能等方面。另外，还需要对这些材料在纵向上的流变有所了解。例如，一类器物年代越晚，相关的文献记载越多，便越好阐释。我认为只有纵、横两方面结合，才能得出更科学的结论。你是否是怕对材料的理解有偏差或过度阐释呢?

**王开腾：**是的。如您所说，对考古材料的解释还是应该从其出土背景出发，这是所有研究具有说服力的基础。

**梁法伟：**你现在主要做什么方向?

**王开腾：**我主要是做海岱地区龙山至夏商时期的神灵考古。

**梁法伟：**那你研究的时间段是偏早的，这一领域仍有很多问题亟待解决，非常有发挥空间。

**王开腾：**是的。但您前面也提及，一个材料具有横、纵两个方向的证据才更具有说服力。因此时间段越早，越难以拿出具有说服力的观点。

**梁法伟：**我虽然不是做这个方向的，但是对这些也有一些想法。首先，中国社会是一个相信泛灵论的社会，像祖先崇拜、英雄人物崇拜、自然丰产崇拜等等，这些都存在于中国自古以来的信仰观念之中。因此我认为需要掌握的材料有两方面，一是塑造成型的东西，其本身形象就具有象征意义；二是信仰观念的反映，例如卜甲、卜骨，一些实物上的图像等等。我是做商周考古的，在发现青铜器的时候也常会想，这个青铜器纹饰的运用场景是什么，要表现的是什么样的观念等问题。我认为要做这方面的研究，有两点需要注意。一是人在最初塑造这个东西的时候，有哪些观念和思想是传承而来的，有哪些是模式化的。同类器物在不同时代可能表现不同的含义和功能。一个事物刚开始流行时可能非常重要，对特定族群有重要意义。但在发展的过程中，可能逐渐演变为模式化的图像。二是要考虑为谁服务的问题，是为生者还是为死者，这牵扯到最初创造者的思想和模式化的生产，以及对全社会精神信仰的影响。

**王开腾：**你说的对我很有启发，这些之前我也欠缺考虑。最后一个问题想请您谈一下，您觉得这些年传承下来独属于山大人的考古精神是什么？也请您谈一下您对山东大学考古专业发展的一些寄语，特别是对于现在青年学子的寄语。

**梁法伟：**这个问题不好谈，而且我想我相比于其他接受采访的校友应该谈不出什么新意。总结来说，我认为山大人的考古精神就是“求真务实”四个字。像我刚才说的，在老师们身上学到的一是专业知识，二是为人处事的厚重，就是真诚、务实、不浮夸、不浮躁的精神。总书记讲过，我们考古工作者要继续发扬严谨求实的精神，其实这是对整个考古人精神的概括，我们山大人的考古精神肯定也包括于其中。我们身处新时代，面对新的机遇和挑战，最重要的还是要秉持求真务实，开拓创新的精神。

在寄语方面，对咱们专业，我认为从培养人的角度来说，我们处于新时代，面临新要求、新任务和新机遇，要多培养适应新时代考古学发展的高层次人才，祝山东大学考古系越办越好！我现在也是学生，我认为对于我们来说，应该在学校阶段秉承刚才所讨论的山大考古人精神，跟着老师多学习为人处事不互夸的精神。另外要学习好专业知识，锻炼好技能，为将来的工作打好基础。

**王开腾**：非常感谢梁老师！通过这次的访谈让我受益匪浅。预祝您新年快乐！工作顺利！

# 心怀热忱，步履不停*

## 访钱益汇校友

校友简介：钱益汇，男，1977 年生，硕士 1999 级校友。首都师范大学历史学院考古学教授，博士生导师，历史学院副院长。入选北京市委组织部优秀人才资助计划。

主要从事先秦史、商周考古、手工业考古、博物馆策展、博物馆与公共文化服务、文化遗产教育等教学与研究。出版《中国博物馆发展报告（2019～2020）》《临淄齐故城冶铸业考古》《中国殡葬史·史前先秦卷》《考古学入门》等专著、译著，发表论文 30 余篇。

采访时间：2023 年 2 月 5 日

采访方式：腾讯会议 线上采访

**邹丽萍：** 老师您好！近年来，考古专业逐渐“火”起来，习总书记也曾在讲话中谈到“要让更多年轻人热爱、投身考古事业，让考古事业后继有人、人才辈出”。考古工地实习是成为一名合格的考古人必不可少的经历，老师您能结合您的所见所闻，谈谈您对本科生下工地实习的一些建议或者要求吗？

**钱益汇：** 因为考古学是一门特殊的学科，从人才培养的角度来说，不仅要学好理论知识，同时还要进行实践。首先，我们在第一阶段学习中，要系统地学习系列理论课程，如考古断代、考古学理论和方法等，这些是考古专业的理论基础。可以说，扎实的理论基础是学生专业学习最重要的环节。

其次，我们要学好与田野考古相关的一系列课程，包括田野考古学、考古测绘等，以及一些新技术的应用，为田野工地实习打好理论基础。只有通过课堂上的理论学习，系统地掌握田野考古的流程和方法，我们才有去工地实习的前提和基础。这也是本科生一般二年级之后才能够进行田野实习的重要原因。早些年山东大学考古专业学生在

* 本文系朗朗珍嘎、李婧瑶整理出文稿，经钱益汇审阅修订而成。

大一或大二时还会有见习，对学生学习有很大的帮助。一般来说，本科生应当通过实习系统地掌握整个考古学流程，从调查到发掘，再到资料整理，最后撰写发掘简报。这对于学生的培养和学生未来职业规划发展有着重要意义。

除此之外，学生通过田野实习能够掌握田野考古基本技能，也是地层学、类型学的实际应用。我们学生在考古发掘实习过程中，要有问题和课题意识，解决什么问题，能够从哪些角度展开课题研究，以及如何在田野工作当中，达到以物透人、透社会的基本要求。

同时，在实习过程当中，我们也要掌握基本的现代科学技术，尤其是田野资料的获取技术。现在田野考古工作当中新技术的应用越来越多，方法也越来越多元化。我们同学在野外实习时，要主动学习新技术在考古工作中的应用，包括实习过程中带队老师规划的多学科的材料获取方法，如植物考古、动物考古、测绘、考古三维图制作等。实验室的很多材料，就来自于田野。因此在实习过程中，要充分地考虑考古学材料如何为研究提供第一手材料，如何保证它的科学性和完整性。我们发掘的材料的科学性，会直接影响到我们课题研究材料的真实性和科学性，所以我们应当有相应的问题意识。实习经历对学生的专业兴趣以及未来职业生涯都有着极为重要的影响。

**邹丽萍**：好的，谢谢老师！我们了解到，老师您曾参与到大辛庄遗址的发掘过程，并且就大辛庄遗址的发掘您发表过许多相关文章，能否谈谈您在大辛庄遗址发掘中的一些有趣的经历或者您的一些深刻的思考？

**钱益汇**：我对大辛庄遗址的印象确实很深刻，因为我博士生阶段的田野实习就是在大辛庄遗址，我的博士毕业论文的选题也是以大辛庄遗址出土的石器为研究对象。毕业后，围绕大辛庄遗址我又陆陆续续发表了几篇文章，直到目前，关于大辛庄遗址我还有不少材料仍然在整理和研究中。能够去大辛庄遗址田野实习，我要感谢带队的方辉老师。从大辛庄遗址发掘的前期准备过程到田野实习过程中技术要求等，方辉老师都给予了我积极的指导。当时条件比较艰苦，方老师长期在现场对学生进行指导，对我们学生产生了很大的影响。方老师在田野实习方面对学生的要求非常严格，但我们都能感受到他对学生们的关心和爱护。当时的田野实习虽然时间长，生活条件也较为艰苦，但在整个发掘过程中，我们的田野能力越来越提高，和老师同学们的相处也越来越融洽。那些温暖的回忆值得一辈子珍重。

那次在大辛庄遗址进行的田野实习，对我个人的成长影响很大。首先，在发掘之前，方老师为了完善我们的田野实习的过程，专门安排了长达7～10天的小清河区域系统调查。通过这次工作，我们团队系统掌握了区域系统调查的基本方法和理念，对我未来的考古学思维和研究工作有着重要影响。

另外，我对发掘过程中新技术的应用有着深刻印象。当时在大辛庄遗址发掘过程中使用了全站仪进行测绘。方老师委派我去购买全站仪，同时学习全站仪测绘。我们和技术人员以及本科生尚海波、郎剑锋、张强等一起花费了三四天时间对大辛庄遗址进行了测绘，这项新技术在考古学中的使用在当时全国算是较早的。

同时，在这次考古发掘实习中，真正落实了我们课堂上所讲的聚落思维，许多精细发掘的方法在大辛庄遗址也得以运用。实际上，当时大辛庄甲骨文的发现和完整性，要归功于方辉老师精细发掘的思维和要求，连耕土层的土都要过筛子。大辛庄遗址甲骨文有了重大发现后，方老师先对甲骨文进行了拼合和解读，后来又邀请了李学勤、朱凤瀚等多位先生到现场开展专家论证会，让我们学生第一次近距离接触史学大家，令我们印象深刻。

**邹丽萍**：山大在考古专业成立以来，在全国的考古教育事业建设上发挥了重要作用，培养了一批批优秀的考古工作者，您能否谈谈您学生时代在山大学习时一些对您影响很深的人和事呢?

**钱益汇**：当时我本科学习的是历史教育，能来山大实习，带有一定的偶然性和运气。进入山大之后，我的导师是于海广和方辉两位老师。由于我的本科专业并不是考古，也从来没有接触过考古，在我刚入学时，两位导师经常在一起讨论我的学习规划，制定了统一的培养计划。两位老师从不同视角、不同方面对我的学习产生了重要影响。由于我的田野考古学基础比较差，在我硕士刚刚入学的时候，于老师带着我参加日照地区的考古勘探，去山东日照学习文物修复。方老师则多次带我参加日照两城镇区域系统调查。当时山东大学正和芝加哥自然历史博物馆进行中外合作，进行鲁东南区域系统调查和山东日照两城镇的发掘，对我们学生来说，这两个经历都是非常好的学习机会。于老师和方老师在项目当中负责不同的任务，从不同角度对我产生了受益终身的影响。栾丰实老师主要负责两城镇的发掘。在刚刚入学时，我曾有机会参加了两城镇遗址的短期发掘，持续一个星期左右。那次实习让我第一次认识到了考古是什么，尤其田野考古应当怎样发掘和整理资料。于老师、方老师、栾老师三位老师对我的影响深远。

在我的学习过程中，于老师教会了我为人处事的方式，能够感受到他对学生的关心和爱护。于老师给我的教案设计和教学内容提出了非常宝贵的建议，对于我的教学能力的培养有着重要意义。多次安排我到当时的山大博物馆实习，对于我的毕业论文，于老师字斟句酌。这些经历对我后来的博物馆教学包括考古教学、田野实践都有很大的影响。方辉老师有多次国外访学经历，具有国际眼光、开放的学术视野、很强的学术敏感度，对我们学生影响很大。方老师主要研究夏商周考古，历史文献功底扎实，古文字研究水平很高，在田野实习过程中给予我们最直接的指导，学生们对方老师都很敬佩。方老师安排我到二里头遗址实习，参加日照区域系统调查、小清河区域系统调查和还有大辛庄遗址实习。栾老师对学生要求非常严格，学术阅历丰富，他的坚韧性格和追求学术的认真态度，对我们影响很深。栾老师学术功底深厚，给我们上基础课，要求我们重视基础知识，尤其是传统考古学。栾老师重视传统考古学，但是也并不排斥新思维新方法。他的发掘和研究过程都能充分体现。我印象特别深的还有当时资料室的王彩玉老师，王老师在资料提供和查找上为学生和老师提供各种方便，而且对老师和学生都特别热情，关心爱护每一位学生。当时我的家庭条件比较差，有一定的困难，王老师给予了我很大帮助。我能够从细节处感受到王老师对学生发自内心的关爱，让我非常感激，铭记终生。当时是2000年左右，王青老师刚刚来山东大学任教，我和王青老师相处的时间很长，王青老师在学习上给予了我很多关照和鼓励。当时的硕士论文是我第一次系统地写考古学的毕业论文，有很多不懂的地方，经常向王青老师请教。还有陈淑卿老师，她上博物馆学基础，在于老师的安排下，我和陈淑卿老师合作教授博物馆学这门课程，我主讲博物馆陈列，所以我和陈老师比较熟悉。当时考古系的老师人数并不太多，整体硬件条件也不太好，但是能够感受到山大对传统考古的重视、对田野的重视，通过中外合作等项目，反映山大重视传统考古的同时也积极学习新思维新方法。尽管硬件条件不太好，但是老师们的团队意识非常强，老师们围绕专业发展、学科建设、学生培养共同努力，这方面对于学生的影响是很大的。那时候我们研究生不太多，对于实习和学习的各个环节我们参与比较多，和老师接触的也比较多，受山大教师团体的影响很深。

2004年钱益汇与考古系毕业博士生车广锦、白云翔，硕士生陈雪香、肖凤春合影

**邹丽萍**：老师，回想考古学术历程，请问您当时是为何选择考古这条路，又是什么使你坚定地走下去的呢？在您的求学过程中是否遇到过挫折和迷茫的阶段，您是怎样克服的呢？

**钱益汇**：在硕士入学之前对考古学完全不了解，因为没有专业基础，当时的确有很多迷茫。刚入学的时候，在于老师和方老师的指导和安排下，我开始学习考古学基础和田野考古，一方面去听本科生的课程，甚至是中国史的一些课程。同时对于研究生课程，有些我刚开始听的时候很迷茫，所以我课下做了很多努力，争取听懂老师的讲授。好在当时我和王建华老师同一个宿舍，有问题时我会随时向他请教，对此我一直非常感激。

除了理论学习，于老师带我到山东日照工地学习参观，观摩考古勘探；带我到山东日照学习文物修复，掌握基本技能。方老师安排我参加日照区域系统调查。1999年，我在老师们的安排下参加了一个星期的山东日照两城镇遗址发掘。当时的发掘指导教师除了领队栾丰实老师外，蔡凤书老师、于海广老师和方辉老师都是指导教师。在第一学期，我的的确确遇到了很大的困难，这些田野实习经历让我慢慢地懂得了什么是考古，从资料整理到田野考古新技术的应用，包括新思维、新方法等让我在理论基础和田野技能上进步很大。慢慢地，我度过了迷茫期。

硕士阶段，方老师把我安排到二里头遗址，跟着许宏老师实习。这次发掘是我第一次系统地长期地发掘实习，对我影响很大。二里头遗址是国内外知名的大遗址，因为我学习的是夏商周考古，方老师考虑到我的学习时段，安排我到二里头遗址实习。当时许宏老师、赵海涛和陈国梁老师都在二里头工作站。在二里头遗址实习过程中，我系统地掌握了田野发掘的流程，包括资料整理等。在二里头遗址实习之后，我真正认识到了什么是考古学，系统地掌握了资料获取的方法，同时在学习过程中我逐渐认识到了怎样通过考古学材料去发现问题、研究问题。后来在方老师和于老师的指导下，我又参加了日照两城镇遗址的发掘。在日照两城镇遗址出土了一件烤箅，是龙山时代中晚期一件特殊器类。当时老师安排我做个简单的绘图，围绕这个专题去做个案研究。在老师的指导下，我围绕龙山时代烤箅，翻遍了所有山东龙山时期的发掘报告，通过系统地收集资料，又运用类型学的方法进行资料整理，来阐释功能，谈我对相关问题的认识，完成了第一篇公开发表的论文《谈日照两城镇发现的烤箅》，发表在《中原文物》上。这个过程是我系统地学习考古学，初步掌握如何开展考古学研究的最基本训练，我非常感谢老师能给我这种针对性训练。有了这些训练，我开始喜欢考古，对它的兴趣越来越深。后来写硕士论文，两位老师帮我指定了齐文化的分期和年代的题目。在写硕士毕业论文的时候，我也有很多迷茫。因为没有一手材料，我只能搜集已经发表的发掘材料进行整理。在初期分期时我很困惑，但是后来我仿照着别人思路进行尝试，最终得到了老师的认可，也终于明白分期和年代是如何实践的。通过硕士论文的答辩，通过对齐文化分期和年代的研究，我对传统考古学、地层学、类型学有了更深层次的认识。当时在选择课题的时候，我把它放到整个齐文化的角度去搜集材料、思考问题的，但最后写入硕士论文的，仅仅是其中的一部分。在整理研究过程中，我发现了很多悬而未决的问题，这些问题督促着我继续学习和研究，后来我又考上了于老师和方老师的博士。

在博士阶段，选题的时候我同样面临着迷茫和困惑。当时学术界都在思考新技术和新方法的应用。作为学生的我也在思考这个问题，是要改用新技术新方法还是做传统考古学。进入博士阶段的时候，我和于老师、方老师也对此进行了讨论。后来我和加拿大皇家安大略博物馆的沈辰老师接触后，在沈辰老师的鼓励和支持下，选择了大辛庄遗址出土的石器作为研究对象，主要从技术和功能的角度开展研究。因为涉及新技术和新方法，尤其是当时国内很少以磨制石器作为博士学位论文开展系统研究，没有经验可以借鉴，所以沈辰老师给我发来很多国外资料，包括他自己的博士学位论文。我克服困难阅读英文原文，掌握了国外关于石器研究的一些基本原理和方法。这些研究方法和几位老师的指导让我逐渐克服困难，进入了后期研究的阶段。在博士论文研究过程中，得益于大辛庄的实习，我高度关注资料的完整性收集，关注石器和其他材料之间的空间关系、聚落关系等，为我后续的研究带来了很大的便利性。尽管空间分析、实验考古等很多问题都没有写入博士论文，但是都在我的研究框架当中。博士毕业论文完成后，我还是希望再通过学习，系统地提升个人的宏观研究能力。在这种学术驱动力下，我申请去了南开大学跟随朱凤瀚先生做博士后。当时的博士后选题我做了《海岱地区两周时期考古学文化格局》，这个研究实际是在我硕士论文基础上，放眼到整个海岱地区两周时期古国，结合历史文献、考古学材料、古文字学材料做的系统研究。通过博士后阶段的研究，提升了我多学科综合研究的能力，同时也让我的宏观视野、宏观认识都得了很大的提升。后来在这项研究的基础上我成功申报了国家社科基金，对于两周时期考古学文化的研究就成了我非常重要的研究领域。围绕石器研究，未来我们希望将以往出土的石器资料进行系统的整理和归纳，希望未来在石器研究上，把它放到手工业考古的框架中去，深入思考如何做手工业研究，把它上升到中国古代经济史的研究，并有所归纳和总结。

2005年钱益汇在山东大学考古系博士论文答辩会留影

2005 年山东大学历史文化学院博士生毕业留影
（左一为钱益汇，左三石荣传，右五为王建华）

虽然最初是阴差阳错地选择了考古这条路，也遇到了许多挫折和迷茫，但是每个阶段老师都给予了我指导和帮助，替我解惑，帮助我解决问题。同时，在学习过程中，在老师的指导下，我逐渐具备了解决问题的意识和能力。在每个阶段，我都不断反省自己、反思自己，每个阶段我都比较清晰地认识到了自己的问题所在，每个阶段我都不断地思考下一步该怎么办。在硕士阶段我就已经认准了考古这条路。虽然有过迷茫，但是通过老师的指导和自己的学习，不断地跨越挫折解决麻烦，最终真正走上了考古这条路。

**邹丽萍**：老师，我们知道，当下社会大环境普遍浮躁，年轻人很容易受影响，而考古专业更是有赖于长期知识经验的积累和沉淀，老师您对山大考古学子有哪些嘱托和寄语呢？

**钱益汇**：结合我个人的成长经历，我想说的有以下几点。第一是要打好专业基础。在学校的时候，要学好理论基础和田野基础。加强理论学习是打好专业基础的前提和关键。第二是在学习过程当中要逐渐培养自己的兴趣和爱好，尤其是对专业的兴趣，这是一种很大的驱动力。第三是要有问题意识。在学习过程当中，我们要逐渐地培养问题意识，善于思考。第四是我们在学习过程中要掌握田野技能，注重田野过程的完整和深入。比如说从考古调查到发掘到资料整理到新技术的应用，包括在田野过程当中要注重类型学和地层学训练和应用，以及摄影、绘图等基本技能。无论是本科生还是研究生，都要系统地掌握。第五，我们既要重视传统考古的训练，还要关注新技术、新思维、新方法的应用。第六，我们学生要有开放和宏观的学术视野，要具有国际眼光。关注国际上学者们的研究成果可以让我们能更好地从不同的角度去思考问题、掌握研究的方法，更好地开展研究工作。最后，在研究过程中，我们要有多学科的思维。比如，无论是史前还是历史时期考古，我们都要关注不同领域研究成果的综合应用，因为我们考古学是为了复原古代社会，而古代社会应该是指古代社会的方方面面。不同领域的研究成果，就是为了来解读古代社会的不同方面。对于历史时期考古，我们要关注历史文献、考古学、古文字学、甚至图像学的综合应用。只有这样的话，我们才有可能全面地复原古代社会，从而达到以考古来写史的目标。

**邹丽萍：**谢谢老师，今天是元宵节，首先祝老师元宵节快乐。在新的一年，祝老师工作顺利，身体健康，生活舒心，笑口常开，合家欢乐。老师再见！

# 立足田野，守正创新*

## 访郎剑锋校友

校友简介：郎剑锋，男，1981年生，本科2000级校友。山东大学历史文化学院教授、研究生院副院长。兼任山东古陶瓷研究会副会长、山东省文物鉴定委员会委员、山东省考古学会理事。

研究方向主要为夏商周考古、青铜器研究，兼及瓷器的起源及其早期发展。承担和参与多项国家级科研项目，在《考古》《文物》等知名刊物发表学术论文数十篇。

采访时间：2022年5月31日

采访方式：线上采访

**孙聚平**：老师，第一个问题是考古的发展与田野考古息息相关，山大考古一直以完善的田野考古实习系统和一些拥有良好田野发掘经验的老师闻名。那么，自您执教山大以来，您参加了哪些田野考古发掘呢。您印象最深刻的一次田野考古发掘是哪一次呢?

**郎剑锋**：我简单梳理一下。我是2012年留校工作的，然后很快就投入到田野考古当中去。就像你刚才所说的，我们山大还是比较重视田野考古工作的。我想我自己参与的田野工作可以分两部分，一半对一半吧。其中一半是配合我们本科生的教学实习，是一门实践课，这个课的名字应该叫做田野考古调查与发掘，也就是大家耳闻或者参与过的，你们去一些工地参观，就会看到你们的师兄师姐在那儿实习，需要实习整个学期。我是从2014年开始作为执行领队的，在大辛庄我是带我们2011级的本科生，还有部分研究生，这次工作的领队是方辉老师，同时参与的还有我们的陈章龙老师。然后2016年，也是本科生的教学实习，是2013级本科生，还有部分研究生，是在淄博北边的高青狄城遗址，也是一个学期。紧接着2017年，我又带着本科生，是2014

* 本文系宋涛、耿一淏、徐佳琪整理校对文稿，经郎剑锋审阅修改而成。

级的，在邹城市的邾国故城遗址实习，这次领队是王青老师，我作为执行领队和陈章龙老师一起来带队。比较近的是2020年，受疫情的影响，教学实习推迟到下半年，工作也比较复杂，工作一直持续到了2021年的春天，也就是去年春天才全面结束。我说的这一些都是教学实习，是配合咱们考古系的教学安排。

除了这些，还有一些主动性的田野工作，个人主持或者深度参与的项目。包括2015年对良渚古城的调查发掘，后来在《考古》杂志上发表了。我们都知道，良渚古城的北边有水坝系统，我们是负责高坝系统的调查、勘探和一条水坝局部的解剖工作。接下来是2018、2019年，在良渚古城的外围做区域系统调查。这个我想同学们应该有印象，因为我们山大做区域系统调查经验还是比较丰富的，但是这个区域不一样，调查的方法也还有一些差别，工作一直持续了两年。目前这个工作已经结束了，但是成果因为受疫情影响，我们还需要补充调查资料，还没有采集完信息，所以这个成果还没有出。我们想着今年暑假或者下半年再做一些补充工作。这样，基本上从2014年到2021年吧，我每年都有相当的时间，在田野考古一线，不管是调查还是发掘。

至于你说的这个印象最深，我在跟你交流的这个过程当中也在想。我想最深刻的有两点，或者像两个片段一样，这中间也会有一些其他的老师在这个画面当中。一个就是我刚才给你们讲的，2014年我是第一次作为执行领队，带着我们2011级的本科生去大辛庄发掘。今天本来要和2011级的本科生一块吃饭，他们有的已经工作了，今年还有一个同学，博士已经毕业了，所以有的时候想想也挺快的。然后这一年，我是带他们实习，压力很大，我想这就是印象深刻的原因。因为主持一个工地，和你作为一个指导老师去参与，或者作为一个学生主持一个探方的发掘，这中间有巨大的差别。我现在回想起来，当时每天可能睡眠的时间，估计只有三四个小时。我们开玩笑说，也不是你不想睡，真的是睡不着，因为前一天我们有几十个探方，每一个探方的进度，都要在你的脑子里。然后探方有没有什么问题要处理，你要在前一天晚上考虑好，第二天我们要指导学生去做哪一部分发掘，所以这个信息量还是很大的。我记得我中间应该是有什么事回到学校，碰到栾（丰实）老师，栾老师问起来这个状态，说感觉怎么样。我现在记得还很清楚，我说这个叫焦头烂额，然后栾老师在那笑，栾老师说这个说明状态很对，他说第一次发掘，焦头烂额是正常状态，说也应该能够预见的到。所以我说这个真是留下了非常深刻的印象。我们说这是一个画面吧。

另外一个画面就是我们在2015年的冬天，在良渚古城外围的水利系统，就是我们刚才说到的高坝系统，我们在那做一个很小的探沟，做一个解剖发掘。那个时候在深冬，水坝很高，我们在一个半山腰，在水坝的中间开了一条小的探沟。我们经常讲，山高水高，就是山有多高，水就有多高，水坝也很高，即便在它的半腰，那个水还是不停地往外渗。我们都知道发掘要去刮面，有实习经历的应该能想得到，刮平面、刮剖面。然后我们刮剖面，用我们叫鹤嘴锄的小刮子，在那刮的过程当中，就是这个鹤嘴锄刮完之后，就结冰了。但是，因为我们已经开工了，而且时间也比较紧张，我们还是在做一个阶段性的收尾工作，所以你就能想象，当时工作非常艰苦。我当时带着两名博士生，其中一个现在已经到河北大学就业了，当时我们都在那相视而笑啊，就是觉得很艰苦，白天是这样一个状态。晚上我们租了一个新的房子，水气很重，本来南方水气就很大，我们还要整理资料，将白天的发掘资料整理好。既没有空调，也没有取暖设施，我们只有电热毯，我们几个人回了驻地，吃完饭就赶紧上床盖着被子，还要把这个资料赶出来。去年把这个简报发表之后，我们跟已经在河北大学教书的王清刚老师交流，又回想起来这段艰苦奋斗的经历，共同战斗的经历，大家还是觉得挺难忘的。当然，我本人，包括我们在这个实习的过程当中，也是尽量给大家创造条件，让我们的同学有一个更舒适的生活环境，包括工作环境，但是我想说的是，如果遇到困难或者艰苦条件，我觉得我们还是要勇于克服困难，还要有勇于斗争的精神。

这样，因为实习的地点也比较多，你讲到这个“印象最深”，我脑子里就闪现了这么两个画面，就和你简单的交流一下。

**孙聚平**：感觉我们考古专业的老师田野发掘的时候都特别辛苦。第二个问题就是我们山大考古今年刚好成立 50 周年。从创立到现在，一代一代的山大考古人，从前辈手中接过历史的接力棒，才铸就了山大考古今天的辉煌。您能谈一谈您当时在山大的求学经历吗？以及从您求学到现在留校工作以来您感触最深的人和事是什么？您认为这 50 年来传承下来的独属我们山大考古的一种精神是什么呢？

**郎剑锋**：是这样，我自己经常跟其他的同学，包括跟我们的同事交流，我觉得我这个求学经历还比较坎坷。我是我们考古系 2000 级的本科生，2004 年毕业，当时还有推荐，当然现在也还有推荐读研。我当时是争取去北大读研的一个机会，因为在这之前，北大接收推免攻读硕士的研究生还是非常少的，只有 1998 级和 1999 级我们的一个师兄师姐，保送到北大读研。所以当时我秉持试一试的态度争取了，然后运气还不错。为什么这么说？因为成绩不是特别理想，好像是中游，但那一年北大扩大了接收推免的范围，我也是运气比较好，能够到北大读研。当时赶上北大学制改革，我们 2004 级硕士在北大只读了两年，2004～2006 年，我是跟孙华老师读硕士，然后顺利毕业。之后我就直接到了浙江省考古所工作，这也是后来我们再跟浙江考古所开展良渚古城合作的因缘吧。2006～2009 年，我在浙江省考古所工作。我是觉得，自己在田野实践当中感觉好像还是在学校，工作了但一直没有全身心地投入工作的状态，好像还是当一个学生在延续，我觉得还是应该，或者说有必要再回到学校里攻读博士学位。后来也征求了孙华老师和方老师的意见，综合考虑之后又回到山东大学攻读博士。读博期间，我 2011 年一年在美国 UCLA 访学，是在国外申请了一个基金（鲁斯基金会），然后 2012 年顺利毕业。在整个学习的过程当中，我觉得我自己运气特别好，碰到的这些老师都特别地关照我，或者说对我都有很细心的指导和全方位的帮助。从方老师带我们实习，方老师和栾老师共同给我写推荐信，到北大读研，然后跟孙华老师读硕士，工作几年再回到山大跟方老师攻读博士学位。我到UCLA访学期间，跟罗泰教授做一些东南亚的青铜时代的学习或者说科研训练。

除了老师们的帮助之外，我还有几点感触比较深的地方或者说是印象特别深刻的几个方面。

一个就是我说叫古今学术的变迁。这个可能你也比较容易理解，我们在讲一个学术，它有发展的脉络，或者叫学术史的梳理。我们知道，现在我们关注的重点和我本人读本科、读研究生，甚至读博士期间，其实也都有比较大的变化。另外一个是中西学问的一个对照，我有的时候在我们考古学理论方法的课上也会提这个概念，我刚才也说了，因为一方面可能基于访学的经历，另外一方面也基于阅读。有的时候，我们会读自己老师的书，会读中国学者的著作，也会翻看一些外文的论文和著作，甚至是翻译的作品。我跟学生强调，我自己也是这样去理解的，就是我们不是要通过中西的这样一个对照分个高下、比短长、比个优劣，我觉得更重要的还是要看到中西学问的差异，通过这样一个对照，更多的是一种反思或批判精神，这是一个方面。

另外一个就是刚才你也提到了，我们在基层的经历还是对我们后来的学习是非常重要的。我经常开玩笑地说我是属于回炉的。所以呢，对我本人来说，我可能跟大家不一样。一直都读本硕博的话，你感受不到你在一个地方工作过几年，然后又重新回到学校的那种喜悦，或者说那种离开校园之后再回到校园的那种新奇。当然这是一点主观的感受。我在做博士论文选题的时候，跟方老师征求意见，方老师说你自己有什么想法，我也如实地汇报，因为我在浙江工作，做田野工作的时候不限于商周或者青铜时代，汉代也做，还以汉代的为主，但是在关注青铜时代考古的时候，还是有一些想法的，所以后来我就选了吴越地区的商周青铜器这样一个选题。为什么？因为在这个工作的过程中，在阅读、搜集资料的过程中，发现有一些小问题，然后我想着怎么把这些问题串起来，然后组成一个相对整体的问题，就去做一篇博士论文，所以我这样写起来，当然比较顺畅一些，因为资料很熟悉，问题也相对明确，当然这个博士论文的写作我觉得也还只是一个初步的研究。后来我在博士毕业之后，也还在陆续地写博士论文相关的内容，但是我自己还是感觉到有一个深化的过程，在博士论文写作的过程当中，有的时候认识还是有一定的局限性。我们在今后的教学科研当中，又不断地去思考，再单独地去讨论这些问题，也还是能够或者说能感觉到，问题还会不断地深入。换句话说，这还是一个教学和科研实践、田野实习的互动，也是一个理论和实践相结合的路径吧。我可能没有特别精准地回答你的问题，就是一些感受、一些印象。

**孙聚平**：老师那最后一个问题。今年刚好是山大考古成立50周年，您也从事这个教学工作十年了。您能谈一谈您对我们青年考古学子的一些期望，或者说是给他们一些从事考古研究上的建议吗?

**郎剑锋**：我觉得我还是接着上面我们刚才交流的问题来说，就涉及传承这样一个话题。因为在2018年刘敦愿先生诞辰100周年时，我们组织了个学术活动，我当时还考虑过我们系里或者说我们整个考古学科的一些总结性的东西。我当时还组织了一个访谈，当时请的都是刘敦愿先生的学生，当然现在你们看来都是你们的前辈了。当时有于海广老师、栾丰实老师、许宏老师、方辉老师、王青老师，还有现在已经调回我们学校的李清泉老师，还有我们的兼职博士生导师郑岩老师。我们当时也是做了一个有一点像学术回顾的工作，当时我们也设计了这样的一些问题，关于我们自己，或者说山大考古人，或者山大考古学科的一些问题。当然那个访谈涉及的面比较广，我自己当时也在考虑可能有些关乎核心的问题。

去年，我们也在教学成果奖评定的过程中重新把它凝练出来，我觉得还是一个“守正创新”。前面这两个字，我自己有一点看法，当然这个大家都可以讨论，包括你也可以去体会，我觉得还是立足于田野。因为我们知道考古学是一个实践性很强的学科，所以我们学校里面才会安排那么大的人、财、物，去组织大家的实习，包括我本人，也会持续地去做田野考古工作。在这样一个过程当中，我们已经比较系统的发掘或者多次发掘一系列遗址，从泗水尹家城开始，到史前时期的邹平丁公、日照两城镇、即墨北阡、章丘焦家、日照苏家村，青铜时代的济南大辛庄、长清仙人台、邹城邾国故城等。当然我们也还有其他的一些专题的调查，包括一些瓷窑址的专题调查，这些都是结合着我们的教学实习开展的。另外一个方面，我觉得我们还是有非常明确的学术导向。也就是我们实习地点的选取方面，甚至具体到遗址发掘位置的选择上，都是有明确的学术目标的。大家在阅读，或者说听老师在课上讲授这些遗址发掘成果的时候，大家可能更容易感受到这一点。当然一个比较直观的成果，就是结合本科实习的这些考古发掘，也多次获得了全国十大考古新发现，也包括多次田野考古奖。这些我们在大家的入学教育啊，包括我们博物馆的展陈中都会提到。

在“创新”方面，有两个方面是我们山大考古做得比较突出的。一是科技考古。如果我没记错的话，我们是从2003年开始布局考古实验室，到现在我们学校里边已经建立起来可能有十几个考古实验室，可以说我们应该是建立了全国最完备的考古实验室体系。依托这样的一个架构，一个实验室体系，我们也产出了很多优秀的成果。我想在课上，包括我们其他的环节，或者说其他场合，大家可能都有所接触。另一个方面，在“聚落考古”也好，或者说“社会考古”方面也好，我们学校还是做出了非常卓越的工作。因为我们知道跟这个聚落考古或者社会考古直接相关的叫区域系统调查。这个是20世纪90年代初从美国传入中国的。我们学校是从日照两城镇开始做这项工作的。当然后来我们知道，这样的一个方法已经被学术界普遍接受了，我们每次发掘都会结合着遗址，选择一个小的地理单元组织大家做一次区域系统调查。但是鲁东南的区域系统调查，从1995年开始，一直持续到现在。去年我们还组织了一个小规模的调查，已经从日照到了青岛。所以我们也经常跟青岛校区的老师交流，就是我们要徒步调查到即墨，山大的青岛校区，当然这是个戏言啊，但是好像已经很接近了，也向着即墨校区进军。我们现在已经比较大部头出版的是《鲁东南沿海地区区域系统考古调查报告》，这个报告，我们知道有学者在写书评的时候说，这是一个里程碑式的作品。当然我们也评了教育部优秀成果一等奖，这个非常难。当年我应该是在大辛庄发掘，方老师也经常去工地，我跟他交流说我们应该大肆地去宣传一下，或者适当地宣传一下。为什么？我自己有一个判断，或者说有一个看法。这样一个报告，当然是对方老师、栾老师，包括加里·费曼夫妇、文德安教授等先生们的贡献的一个肯定，我觉得其实更是对一种新的学术范式的认可，或者对我们学术的这种研究方法的认可。所以我觉得，它真的是具有里程碑的这种作用，或者说是具有学术史价值的。如果我们再去写当代的中国考古学史，我觉得山东大学考古系，会因为这样一项工作，会因为这样一部著作而留下一笔。我觉得这个是具有写史的潜质的。

我想讲一下“创新”的问题。我们的学术范式也好，学术流派或者学术主流也好，都在发展变化。也还有一个说法，一代人有一代人的使命，一代人有一代人的担当。如果套用这样的一个思路，作为学生，或者说作为未来的学者，也可以说一代人有一代人的学问。考古学发展到今天，我觉得我们还是要一块去讨论或者说去思考。特别是这两年，今天上午我们刚参加完学校组织的一个座谈会，我们方院长、王芬老师，不光我们历史文化学院的老师，还包括青岛、威海做历史研究相关的老师，我们一块学习中央政治局的中华文明探源工程，中央政治局的集体学习，习近平总书记还发表了很长的一个讲话。在学习的过程当中，我自己也做了发言。去年是考古百年，有一个纪念的大会，总书记也发了贺信。再往前推一年，就是2020年9月28日，也是一次中央政治局的集体学习。我不知道你看没看这篇文章，是总书记的一个讲话，后面发了署名文章，发表在《求是》杂志上面，这个题目就叫《建设中国特色、中国风格、中国气派的考古学，更好认识源远流长、博大精深的中华文明》。我自己在发言当中也有一个概括，我觉得概括成五个关键词，那就是揭示、阐释、保护、传播和传承。这个其实不难理解，揭示本源、探索未知；还有中华文明百万年的人类史、一万年的文化史、五千多年的文明史，我们要阐释好；要保护好我们的文化遗产，保护好我们的文物；还要让文物活起来，这个你们可能也都经常听说。然后，还有讲好中国故事。这个是一个传播，特别是向世界讲好中国故事。我把这个传承放在最后，因为我觉得传承与揭示、阐释、保护和传播不是一个层面的要求。为什么？因为我们说不管是揭示本源、探索未知，还是阐释、保护、传播，都离不开人才。就需要你们，也需要我们，一块去做这个工作。所以我们说《求是》杂志上这个文章当中，总书记还有句话，你们也可能已经听说了，总书记说“要积极培养壮大考古队伍，让更多年轻人热爱、投身考古事业，让考古事业后继有人，人才辈出”。这个可能有些班会，包括你们的一些主题党日活动有可能已经接触到了这个。真的是这样，你们可能都是00后，所以如果20年算一代人，我与你们差一代人。我们真的要一块去考虑，或者说一块去讨论，就是说代际，要人才辈出，后继有人。所以这样我刚才又想起来，我们真的在回顾历史的时候，要做一些总结性的东西，要凝练一些东西，山大考古系，或者说我们每一个山大考古人去坚守的一个东西。

另外就是我也想着，因为刚才说到年轻人的话题了，所以我们讲老师和学生的一个交流，或者说我们提点希望。最近我们跟本科生院经常讨论或者说研究一个工作，就是人才培养，特别是本研培养模式——贯通式培养。在这个过程当中，我们越来越明晰的一个东西，就是还是要走交叉融合的路子。因为刚才我们也提到，总书记在讲话当中也指示得非常明确，就是说要将考古学跟其他很多学科，去做一个合作，叫联合攻关。在之前，我们也经常给大家讲到张光直先生，他是美籍华人，是他以一己之力，把中国的考古学介绍给西方。而且他培养了很多学生也留在西方，当然也有一些学生，包括学生的学生、再传弟子，是回到国内做中国考古学研究的。他写过一篇很短的文章，我们叫札记或随笔，叫《要是有个青年考古工作者来问道》。当时他有一个建议，我现在越来越深刻领会到其中的含义，特别是我们现在也在思考接下来考古学研究应该怎么样的更深入，因为今天我们学习的总书记这个讲话里边说，要“把中华文明历史研究引向深入”。言外之意，就是说我们还有很多工作，做的深度不够，或者说有更高的要求，当时张光直先生有一个建议，当然他有三个方面的建议，我觉得最重要的，或者说最有生命力和指导意义的就是第三个方面。他说，他建议大家不要把念的书局限在考古学范围内。当然，后来我们的著名校友——许宏老师，也经常说只懂考古已经做不好考古了。这个他在多个场合也经常去提。其实早在张光直先生在世的时候，已经给大家，给年轻人提过这样一个建议。当然，我刚才也说了，大家都在走一个学科交叉的路子，而且刚才也跟大家讲了科技考古，我们做得非常好，而且卓有成效，也产出了很多文章，但现在我觉得我们再重提这样一个话题，可能表明我们也还有提升的必要。我们在讲学术史，或者你们在上相关课程的时候，应该也提到过或者也听到过这样的一个说法，就是说，我们中国考古学大概从20世纪八九十年代吧，我们笼统地说，因为不同的地区进度不一样，研究的重心从以前的文化谱系的建构，已经转向全面的复原古代社会。这个词出现的频率比较高，但是我自己其实更喜欢用“探索”，因为用“复原”就好像大家知道它有一个明确的样貌，所以我们去复原。但是我们知道，古代社会的样貌，可能不像一个陶簋，一个陶鼎，或者一个铜鼎，那么明确，所以我觉得它的形状是模糊的，或者说，至少是不明确的，所以我觉得还是用探索比较形象，也就是说，我们的学术目标已经发生了巨大的变化。我也在考虑，或者我也经常跟同学说的另外一个比较直观的问题，就是古代社会大概由哪些方面来构成呢？既然我们已经转向了去“复原”也好，或者去“探索”也好，那我们要知道古代社会有哪些方面，然后我们再反思我们自己的这个知识体系，当然这个也涉及我们的课程体系，就是我们提供的这个课程菜单足不足以支撑大家对知识的这种诉求。我举一个简单的例子，比方说我要研究古代的经济，那你想一下是不是我们还需要学一点经济史，甚至经济学，那这样的话我们可能才能够做得更专业。我要研究古代的政治，我要研究古代的这个信仰，或者说古代的宗教，那这些可能都要专门的知识。我觉得考古学科，它自带了学科交叉的属性。我们知道，在20世纪60年代，西方兴起新考古学，有一种声音，有一种呐喊，叫“考古纯洁性的丧失”。但我在课上给学生经常交流说，考古学从来就没有纯洁过。为什么？因为我们都知道考古学两个比较基本的理论吧——或者我们姑且这么叫，因为理论有不同的层次——叫考古地层学和类型学，这是两个支撑考古学的基础理论，其中一个来源于地质学，一个来源于生物学。所以，我经常说考古学是自带学科交叉基因的。另外一个我刚才给大家提了，就是说它的实践性，考古的实践性很强，所以我们有田野考古。既然是这样，就是说从它的诞生之日，它就带有这个学科交叉的属性，或者一个跨学科的一个属性。在20世纪90年代转型之后，特别是在当代，我们说考古学已经上升到了一个关注度非常高的位置，从党和国家，从总书记到社会各界，关注度都很高，然后期待也很高，所以我们的这个研究可能要不断地深入。其实我自己，对新知识或者对跨学科知识还是很渴求的，或者说，在做相关阅读的时候，还是很欣喜的。我想，如果你还没有一些跨学科的阅读，也可能没有那么切身的感受。如有这样的兴趣，你还持续了很多年，应该也会慢慢发现，这样的一个方向吧，大概是正确的。

最后，在科研的过程当中，你们也会慢慢地体会到，真的这个跨学科的知识对我们反过来重新思考考古学的研究对象，特别是物质遗存，还是有比较鲜明的指导作用的。在这个过程当中，我觉得你对长期跨学科阅读的坚持，会在我们思考问题和论文写作的过程当中得到回应。我在想，如果将来我们进入这样一个状态，应该会有非常意外的欣喜。

# 保持好奇探索，勇担责任使命*

## 访张东菊校友

校友简介：张东菊，女，1981年生，本科2000级校友。兰州大学资源环境学院教授，博士生导师。入选教育部“长江学者奖励计划”青年学者，为“第十七届中国青年科技奖”“第十七届中国青年女科学家奖”等获得者。

主要研究方向为旧石器时代考古和环境考古，针对青藏高原早期人类活动问题，开展大量研究工作，取得一系列成果。在*Nature*、*Science*等国内外重要学术期刊发表学术论文30余篇，研究成果入选“世界十大科学突破”“世界十大考古发现”“中国科学十大进展”等。

采访时间：2023年1月14日

采访方式：线上采访 腾讯会议

**赵怡然**：很感谢您能够抽出时间接受我们的采访。我看到您之前在兰州大学研究生开学典礼上提到理想和初衷是动力的源泉，想问一下您选择考古学的初心是什么？

**张东菊**：其实我跟很多当时的同学一样，也是被调剂到考古专业的，但是在被调剂之前，我自己也是想要报考古学专业的，所以尽管说是考古学选择了我，但是实际上我对考古学的主动性还是很强的。入校之前对考古学的了解还非常有限，只是觉得好奇，感觉考古学是很神奇的一个专业。当真正进入到考古学专业之后，我发现它跟我们之前的认识并不是完全一样的，它是一门真正的科学学科，有着系统的理论、严谨的方法和完整的知识体系，与之前所想的探险寻宝是不一样的。考古学很有意思，因为它是用科学的手段去探索过去发生的事情，了解过去的人类以及人类的活动，是一个非常有意思、令人自豪的专业。我从小就喜欢探索未知，有比较强烈的好奇心，在学习的过程中，广袤未知的世界和强烈的好奇心使得我对考古学的兴趣也越来越浓厚了。

---

* 本文系徐佳琪、赵佳滢整理校对文稿，经张东菊审阅修改而成。

在学习考古学的过程中我慢慢地也有了一份责任感，我们作为考古工作者，需要告诉大家过去发生了什么，为什么会发生。从高的层面来说，了解过去能对未来的发展方向提供一些参考或者建议。对于我个人来说，一方面是满足自己的好奇心，另一方面是承担我作为一个考古工作者的责任，去探索过去、揭露历史。在学习的过程当中，这种责任感会越来越强，兴趣也会越来越浓。考古学涉及的内容非常多，每一个学者研究的方向或者对象都不一样，包含的内容非常的庞杂，想要完整展示或者揭露过去，一个人或几个人的力量都是非常有限的，需要大家集体来做。尽管我们现在已经有了比较长时间的考古学研究的历史，对过去已经了解了很多，但实际上未知的内容更多。那么谁能将未知变成已知呢？一届一届的学生，一代一代的考古工作者，每个人都有机会为揭露过去的历史贡献一分力量。

所以说，能为人类历史的研究贡献一分力量，是我学习考古学的初心和最主要的力量源泉。

**赵怡然**：探索未知确实是兴趣，是我们的使命。我看到您从本科考古学跨学科到地理学读研究生，从事环境考古学研究，可以说是从文到理的跨越。想请问您当初为什么选择这种交叉学科的研究，山大的本科学习又在其中发挥了什么样的作用呢？

**张东菊**：这确实是一个比较大的学科跨越，我们山大的考古学历史悠久，在国内来说属于建专业比较早的学校，前辈的工作做得非常的扎实，在国内和国际上的影响是非常大的。我们的师资团队和研究基础都是非常好的，在上学的时候，我们都受到了非常好的考古学的训练。

在学习过程中，大家也意识到了学科发展中的问题。我当时上学是2000年，那个时候对于我现在所从事的环境考古学，尽管有一些老师已经开始涉足这个领域，但是并没有铺开做工作，也没有作为一个专业方向来开展相关研究，可以说当时的环境考古研究工作是非常有限的。本科期间，我也看过一些与环境考古学相关的文章，觉得这是一个很有意思的方向。咱们学校也有些老师在尝试在做这方面的工作，比如说王青老师。在我上学的时候，王老师就在做环境考古学的研究，我的本科论文就是在王老师的指导下完成的。但是从全国范围来说，环境考古学还是一个比较年轻的考古学分支学科，从事环境考古学研究的老师，考古学出身的比较少，更多的是地理学出身的老师，他们从环境变化的角度来尝试理解古人类与环境的关系。

在学习考古学专业的过程中，我发现考古学并不是一个纯粹、单一的文科专业，它涉及的内容非常多。尽管考古专业当时是属于历史大类，但是考古学跟历史学差异还是非常明显的。考古学的研究材料和对象是物质材料，是古代的物质证据，研究这些物质证据的方法跟历史学就有很大差异。历史学主要是基于历史文献、历史记载来重建过去的历史，而考古学则是要去了解过去留下来的所有的物质证据，然后把这些证据解析出来。在这个过程当中，又涉及到考古发掘与考古调查，以及对考古发掘出来的所有标本（包括一些自然遗存）进行研究，研究这些材料就没办法使用历史学的方法，需要用到很多其他学科的方法、技术和理论，比如说人类学、民族学、地质学、地理学等。不知道土的堆积过程（土从哪来的、怎么堆积的、一个遗址怎么形成的），就没有办法解释人类在这个地方的活动。如果具体到一些材料，比如说陶器、青铜器和石器，要去研究这些器物的原料来源，我们需要具备地学、物理、化学、生物学等各个学科的知识。在上学的时候我就意识到这一点，考古学是一个涉及多学科理论和方法的一个专业，我们不能将自己的视野局限在传统的认为考古学跟历史学是相近学科的角度上。

我对史前考古比较感兴趣，尤其是石器时代。不同时期的地层堆积有很大的差异，而地层堆积的差异跟遗址所在的地理位置、地理单元以及它形成时候的环境背景又有着密切的关系。我在本科低年级的时候就认识到，想要把史前考古做好，就必须要有地学的知识背景。等到我们实习时，在遗址进行真正的考古发掘，真实地接触到地层，我要学习地学知识的想法就更强烈了。我对遗址是怎么形成的、每一层是怎么来的、不同的土是怎么来的、为什么会发生土质土色的变化等问题感到好奇；想要去了解为什么会发生这种变化，这种变化与人类活动之间又有什么样的关系？史前时代没有历史文献记载，未知更多，我想要在这个未知更多的领域里面去探索一些没有被探索过的内容。

到大四上学期保研的时候，正好有一个机会，山大跟兰大当年有校际合作，当时山大的展涛校长带教师团队去兰大访问，方辉老师跟陈发虎老师认识了。陈老师是地理学出身的，也是我后来的博士导师，他向方老师表达了想要招一个考古学的研究生将来从事环境考古的意愿，正好我对这个方向比较感兴趣，方老师就向陈老师推荐了我。终于有机会能够到地理学系学习地学知识，我非常开心。其实当时也考虑过，如果在我们考古系继续深造，学习环境考古也是可以的，但可能就接触不到地学或者环境变化研究的一些精髓和学术前沿问题，了解不到在这个学科里面大家都在关注什么、什么东西是权威的公认的、什么东西是有争议的。如果想要把交叉学科做好，把两个学科很好地结合到一起，就必须得具备两个学科的知识背景才可以。当时我觉得，既然自己已经具备了考古学的背景或者基础，那么接下来就需要去补充地学的知识、理论和方法了，所以就决定要到兰州大学接受地学的系统训练。

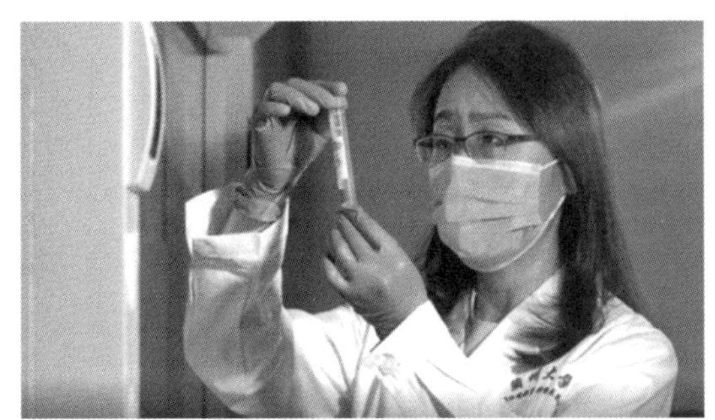
张东菊在兰州大学实验室

对于当时的我来说，这是一个很大胆的决定，同时也是一个很大的挑战，因为毕竟我本科学的考古，很多方面可能不扎实，到地学又是半路出家，这里面就存在着很大的风险。如果最终两个方面都没有掌握好的话，就没有办法做好环境考古，所以还是有一些顾虑的，但最终还是兴趣和决心超过了顾虑。我一直对地学方面的知识，尤其是它们如何跟考古学结合到一起非常好奇，又难得有这样一个机会，尽管有很大的挑战，但最终还是决定到兰大继续学习。

**赵怡然**：张老师，您努力克服高寒缺氧环境等困难，带领团队在青藏高原东北部开展了大量考古调查、遗址发掘和环境考古研究工作。非常佩服您作为一名考古学家能够克服重重困难，取得一系列创新性研究成果。想问一下是什么样的精神支撑您克服这些艰难条件的呢？

**张东菊**：第一个方面就是我的好奇心。大家都说你工作很辛苦，是怎么支撑下来的，我觉得是发自内心地想要去解决某一个科学问题，这就是一个动力所在。这些问题是在你的大脑里面一直回旋的，就想要回答这个问题，想要解决这个问题，所以尽管工作环境很困难，但是能够回答一个科学问题，所获得的这种满足感和愉悦感会远远超过当时付出的身体上的辛劳。有时候也会觉得从事工作确实比较困难，但是只要最终把想解决的问题解决了，就会觉得那些困难都不算什么，所有的付出都是值得的。其实就是发自内心的一种求知欲，支撑着你，想要解决某一个问题、想要获得答案，什么东西都阻碍不了你。只要客观上能够克服的，你都会去克服的，只要大家有这样一个决心或者好奇心，就会觉得这些困难都不是困难。

虽然说我们在青藏高原上做工作确实比在其他区域做工作要更困难一些，自然条件更严酷一些，但是青藏高原也有它独特的魅力，它作为世界上独一无二的、特殊的自然地理单元，有很多生物与低海拔地区不一样，那里的人的生活方式和习俗与低海拔区域相比也有很大的差异。在这个地方开展考古研究工作，了解过去的人类活动是很有意思一个课题。在古代经济并不发达，物产并不丰富的时候，他们同低海拔区域的区别又在哪里？这样一个高海拔区域的自然环境非常严酷，在更早的旧石器时代，人类迁移到高原上的动力又是从哪里来的呢？这都是很有意思的问题，只有在青藏高原这个区域开展研究工作才能够得到解答。

2019年白石崖溶洞遗址发掘现场

（左一为张东菊）

第二个方面，从学科发展上来说，青藏高原是回答环境跟人之间关系问题的重要地区。环境考古，其实就是研究环境跟人之间是什么样的关系，环境对于人类的演化和发展产生了什么样的影响、发挥了什么样的作用这样一门学科。环境变化是一个客观存在，那么对于这种客观的环境变化，人类是一个被动的适应、主动的适应还是改变了环境呢？在不同时期，答案应该是不一样的。一般认为，时间越早，人类越是被动的适应自然环境。我是从山大到了兰大进行了深入学习后，才真正理解了环境变化的历史过程。地球上的自然环境一直在发生变化，并且在不同时期有不同幅度不同频率的变化，比如从中国的旧石器时代到现在，有冰期—间冰期的旋回。大家可能以前看过电影《后天》和《冰河世纪》，它们的主题都是环境变化。一些气候事件和大的环境变化事件，在人类演化过程中会起到什么样的作用？人类文明或者人类文化的兴衰，跟这些环境变化又是什么样的关系？想要搞清楚这些问题，一定得真正地去研究遗址才行，这是时间尺度上环境变化和人类演变之间的关系。

青藏高原跟华北平原和黄土高原又是不一样的，它是一个特殊的区域。青藏高原上的环境变化与低海拔地区也是不一样的，如何将这种独特的地理单元上的环境变化跟人类活动结合到一起，又如何去解释它们之间的关系，这就是环境考古领域里面一个非常好的研究课题。青藏高原是一个研究人类对环境适应问题的非常好、非常理想的区域。所以，我对青藏高原很感兴趣，如果了解了青藏高原上人类的活动历史以及他们和环境变化之间的关系，就可以为理解其他区域其他遗址的人类与环境之间的关系提供一个很好的参考。我们经常会说，可以用空间换时间，整个人类历史是一个沿着时间序列发展的过程，在同一个地点，环境沿着时间发生变化，但是我们又不能穿越到过去亲眼看到，那怎么办呢？是否可以用空间去换时间呢？答案是可以尝试的，比如在同一个时间，不同区域或者不同地理单元的自然环境是不一样的，如果理解了不同区域的人类跟环境之间的关系，那么就有可能把它换到时间上去了解过去人类与环境之间的关系。这也是过去十几年，我们团队一直在围绕青藏高原做工作的一个很重要的原因。

2019 年白石崖溶洞遗址发掘现场
（图片上方为张东菊）

这个工作可以说是既满足了我个人的好奇心，又满足了我所从事学科研究的需要。我为什么能够在青藏高原上一直工作，因为我们的科学研究是这样的，做的工作越多，发现的问题就越多、要回答的问题就更多、未知的也越来越多，所以需要持续不断做下去。往往是你回答了一个问题，就会发现后面还有一大堆的问题要回答，这也是我们一直追寻着这些科学问题来开展工作的动力和源泉。

第三个方面，就是从我个人角度来说，我

觉得这是一种责任。前面已经讲到我们国内做环境考古的老师并不是很多，两个学科之间的有机融合比较少，或者说不够深。从个人角度，我觉得我受到了考古学和地学两个学科的系统训练，我是有责任把两个学科的知识和理论更好地结合到一起，来回答一些我们所关注的科学问题的。从我作为环境考古学的学生，到现在作为研究环境考古学的学者来说，这是我的责任，我需要把工作深入下去。此外，青藏高原是一个非常特殊的自然地理单元，在这里开展工作并不容易，其实在我们团队在高原上开始工作之前，就有很多前辈做了很多的工作，比如说前期做了很多关于旧石器的考古调查，但真正的考古发掘和相关深入研究比较有限。在整个中国来说，我们考古工作者数量不多，做旧石器考古的就更少了，那么我们团队既然来做这个工作，就希望能够承担起我们的责任。兰州大学离青藏高原非常近，也提供了地利之便，更使我觉得有这样的一个责任感和使命感，想要把这一块工作做好，真正地让它能够有所推进，使我们对于青藏高原早期人类活动历史能有一些新的认识。总结来看主要可以说是好奇心和责任感这两个方面，激励着我和我们团队一起在高原上开展工作。

**赵怡然**：好的，谢谢老师。我们还有一个问题，环境考古是山大考古50年发展历程中很重要的一部分，50年来取得一系列成绩，包括与美国耶鲁大学共建的“环境与社会考古国际合作联合实验室”，想问一下您认为山大考古专业又将以怎样的发展方向与目标前行呢?

**张东菊**：这几年我很关注山大考古的发展，这些年山大考古的发展势头非常猛，引进了很多年轻的、有影响力的学者，比起我上学的时候，教师的团队结构更合理、更完备，各个方向现在都有非常好的学者在带头做工作。从我们学校的硬件建设来看，现在青岛有不同的实验室和实验设备，各方面都有了很大的改进。学生数量也比我们当时有了很大的增加。所以从我了解到的情况来看，山大现在处于一个欣欣向荣的发展进程中，老师们都很有干劲儿。

方老师和栾老师带领的山大考古比较注重国际合作，也注重多学科的交叉。你刚才提到的环境考古实验室，不仅是单纯的环境考古，还跟国际上有很多的合作。可以说国内各个大学，现在基本上都在朝这个方向发展。我们山大在环境考古和国际合作这两个方面起步是非常早的，我上学的时候王青老师就在做环境考古，在我毕业的2004年，咱们山大又引进了靳桂云老师，可以说山大的环境考古相对于国内其他学校来说起步是比较早的；山大考古跟国际上的合作开始的也很早，早在我上学之前的时候，栾老师方老师就带领山大和美国学者合作开展考古调查与发掘。国际合作方面我们起步很早，同时又有比较宽广的学术视野，可以说山大将来的发展潜力还是非常大的。

栾老师、方老师、靳老师还有其他很多老师，都已经带着咱们山大考古做了很多很好的工作。如果说是给点建议什么的，我作为山大毕业的一个学生，还是从学生的角度给一点儿参考建议。我认为我们可以把多学科交叉做到更好，做到更有机的结合，希望在学生培养过程当中能够开设一些学科交叉相关的课程，能够兼顾到各个学科知识的讲授和训练。比如说地学相关的一些基础课，让大家知道基本的地质学和地理学，它是一个什么样的知识体系、它有哪些基本的研究方法、现在一些公认的认识有哪些、有争议的认识又有哪些等。如果有可能，也希望能够在本科教学和研究生教学当中，开设一些小班课程，让大家能够在这种课程当中获得对其他学科的认识，不至于将来在从事某个考古学分支学科特别是交叉学科的时候，要对另外一个学科的知识从头学习，那样可能会比较费劲一些。山大现在已经有了很好的实验室基础、研究团队基础和学生基础，那么希望将来咱们学校能将其他学科的新技术、新方法或者新理论更好的应用到科研和教学当中，在这个过程当中能够针对或者聚焦某一个或者某几个大的科学问题，用不同的方法和技术来集中解决。其实，现在山大已经做得很好了，只是从我个人角度觉得这些方面可以再加强一些，以便进一步的发挥我们的优势。因为我们具有比较宽广的学术视野，又较早地开展了多学科交叉的研究，如果能把这种优势发挥出来，聚焦解决重大学术问题，对我们学校的科研发展以及学生的培养都是非常好的，也能提供一个更好的学术平台。

**赵怡然**：谢谢老师，我们也非常期待未来能有这样的课程，那我们今天的采访就结束了。

# 读研三年杂忆

陈洪波

校友简介：陈洪波，男，硕士2001级校友。现任广西师范大学历史文化与旅游学院教授、博士生导师。

研究方向主要是考古学史，华南与东南亚史前考古。主要著作有《中国科学考古学的兴起：历史语言研究所考古史》、《华南与东南亚新石器时代的文化面貌、生业经济和族群迁徙》和《西江流域的铜鼓文化》等。

我是山东大学考古专业2001级硕士研究生，转眼之间，毕业已经近20年了。今年是母校考古专业创办50周年，方辉老师特意联系我，让我写一篇文章。我就写一下对当年读书时候的一些记忆，作为纪念。时间已久，未必准确，如有错漏，望见谅。

## 一、入　学

我的研究生入学初试总分现在已经不记得了，但英语成绩还记得，是51分，因为当年山东大学研究生招考的英语分数线就是51分，等于压线录取，所以还是非常幸运的。其实那时候研究生也不是很难考，不像现在竞争如此激烈。我们那一级考古研究生招收5人，恰好5人过线，除我之外还有陈雪香、蓝秋霞、郑培亮、任会斌。好像李慧竹也在我们那一级，读的是在职研究生。初试之后还有复试，也就是面试。虽然是等额复试，基本没有淘汰，但程序还是必须走的。复试是在文史楼二楼的一个小房间，印象中面试老师有于海广、刘凤君、任相宏、栾丰实。当时方辉老师在加拿大，还没有回国，我们开学后才回来。

复试主要是问专业问题。于海广老师问了我一个问题，让我说一说对夏商分界的看法。于老师这个问题是很好的学术问题。因为关于夏商周考古的讨论是当时学术界最大的热点，夏商周断代工程就是那几年搞的，大家都觉得这是一个划时代的成就。

可惜我完全不明白于老师这个问题的用意，只是从文献方面做了一些回答，很不理想。可老师们并不在意，依然笑容满面，可能考生的这种表现也在他们的意料之中。考古学作为一个成熟的学科，有自己独特的方法论和思维方式，不经过较长的训练，真的难以掌握。入学之前，确实不懂这个道理，多年后才有点体会。

## 二、老 师 们

虽然那时候山东大学的考古专业在全国已经有较高的知名度，但实际上老师不多。专业的开创者刘敦愿先生已经去世，蔡凤书、李发林等先生也退休了。印象中在职的老师有于海广、刘凤君、任相宏、栾丰实、方辉、崔大勇，还有年轻的陈淑卿老师，刚刚从吉林调来的王青老师。在我毕业之年，靳桂云老师也正在调来。这个时候正是山东大学考古专业快速发展的时期，学校很重视，和美国合作的日照区域系统调查已经很有影响，东方考古研究中心成立，有条件引入更多的师资，筹建科技考古实验室等。那时老师们大都很年轻，基本上在四十岁左右，朝气蓬勃，干劲十足。他们多是改革开放前后的大学生，是真正的天之骄子，学问扎实，爱护学生。山东大学考古有今天的成就，是他们智慧与汗水的结晶，他们很多人也早已成为闻名国内外的考古学家。

研究生和本科生毕竟不一样，老师们给我们上的专业课其实不是特别多。我能记得的是栾丰实、任相宏、方辉等老师给我们上过课。

栾老师最有名的课当是他的考古学理论与方法。我们上课是在文史楼的考古专业资料室，大家围坐在一起听他开讲。那时候上课没有多媒体，栾老师就拿着他的自编讲义口头讲授。这个讲义是他多年的心得，后来加上方辉、靳桂云老师的部分内容，出版了《考古学理论·方法·技术》教材，是国内考古学研究生使用率最高的教材之一。听课的人很多，低年级和高年级均有，连王青老师也每次都来。栾老师授课很有条理，听起来很舒心。想起来那个时候，大家都还是刚入门的样子。讲文化层的时候，栾老师问了大家一个问题——文化层的成因是什么？通俗地说就是那么厚厚的地层堆积是怎么形成的。大家的回答五花八门。上一级的学霸师姐曹艳芳说，应该是多年灰尘形成的。还有人说洪水冲积形成的。王青老师最后说，应该是建房子形成的。栾老师点头称是。王青老师不亏有多年的田野经验，一语中的。栾老师还指导大家讨论过良渚文化消失的原因，这也是当年的学术热点。

山东大学考古专业当时在全国影响力最大的活动是和美国合作的日照区域系统调查。几个美国专家，如文德安、加里·费曼和琳达·尼古拉斯夫妇等，每年都来。这种调查方法当时在西方考古界很有成效，国内也有很多地方在开展，山大是做的时间最长、规模最大的。很多同学去过日照参与这个工作，很可惜我没有去过。但我参加了一个规模较小的密集调查，是在济南市郊区的大辛庄遗址，方辉老师带队，加里·费曼夫妇，陈雪香和我，组成队列在遗址徒步踏查，利用寒假去过两次。方辉老师的英语口语很好，费曼夫妇则一点中国话不会说，我们和费曼夫妇沟通主要靠方老师翻译，陈雪香英语当时就不错，也能辅助翻译，当然现在她的英语更好了。大辛庄是个很重要的商代遗址，山东大学 1984 年发掘过，据说张光直先生曾经参观现场。我参加的第一次大辛庄调查，可能是发掘过了多年后的第一次。我们捡了很多石器和陶片，里面有一件完整的石镰。方老师非常高兴，给栾老师打电话，还专门说起这个石镰。我们捡的东西都装在编织袋里，太多了带不动，中午要去吃饭，就放在田间一个农民的小房子里，里面正好有个男人，走之前给他交代了一下，说下午来拿，谢谢！下午再去的时候，人不在，东西还在，但打开袋子看，那件完整的石镰已经不见了，十分遗憾。加里·费曼很神奇，找东西很准，他发现的东西最多。他最喜欢吃中国的花生，特别是带壳炒熟的。我也用自己蹩脚的英语努力和他交流，他勉励我说，可以在家乡进行区域系统调查，看有什么发现。大辛庄这个地方，看名字就不一般。方辉老师说，商纣王名辛，这里叫大辛庄，说不定有什么联系。这里是商朝的东方重镇，后来连续发掘，有极其重要的发现，就是后话了。

任相宏老师给我们上过青铜器的课，期间带大家去过滕州博物馆参观。任老师在那边很有人望，滕州博物馆的馆长叫李鲁藤，组织了一批文博专业人员来听任老师讲课，晚上请我们吃了微山湖铁锅炖鱼，味道非常好。滕州博物馆是一个县级博物馆，当时条件一般，但藏品却非常丰富，青铜器很多，现在已经被评为国家一级博物馆了。李馆长拿出一件铜戈，上面布满了竹叶纹饰，相当具有现代艺术品的风格，但却是真正的春秋战国文物。对这种特殊的青铜器，确实很难用一般知识去解释。印象最深的还有一件青铜簋，没有盖子。据说盖子在陕西。为什么知道盖子在陕西呢？因为这件铜簋内部的铭文，和陕西那个青铜盖上的铭文完全一样，显然当初是同一件东西，但现在却相隔千里了。

学习三年期间，和其他老师也有很多的接触，受益良多，这里就不再赘述了。

## 三、同　学　们

那个时候山东大学考古专业硕士生招的不多，博士生更少，同学们交往很多。当时大家都是学生，青涩得很，现在有不少同学已经成绩斐然，成名成家，或者走上领导岗位。

先说说我的同班同学。陈雪香是我们班最聪明、学习最好的学生。她本来就是推免生，本科学习档案管理，后来毅然选择了考古。作为一个女孩，吃了很多田野考古的苦。前几年她带队发掘家乡菏泽的青邱堌堆遗址，都是带着几岁的儿子去的。她跟随方辉老师学习商周考古，硕士论文写的是山东地区商代考古。博士阶段主要转向植物考古方向，研究植物大遗存，很有成绩，现在已经是教授、博导。她的聪慧在学习时候就有表现。我们一块上方辉老师商周考古的课，她很快懂得对器物进行统计分析，后来写成了一篇文章《二里头遗址墓葬出土玉器探析》，还没毕业，就发表在《中原文物》2003 年第 3 期，是我们这一级同学中发表学术成果最早的。

同学郑培亮，原来是聊城大学的书法老师，写得一手好字。他跟随刘凤君老师学习美术考古，毕业论文写的是书法的类型学研究。郑培亮毕业后继续钻研书法，现在已经卓然成家。任会斌是山大中文系本科毕业，硕士转到商周考古，跟随任相宏老师。后经任老师推荐，去了清华跟随李学勤先生攻读博士。他可能是我们这些同学中传统学问最扎实的，不轻易发表文章，踏踏实实读书，很有儒者之风，现在中国社会科学院历史研究所工作。

高年级的同学也认识不少，因为那时候人少，大家求学热情很高，经常在一起上课。年级最高的是陈杰，跟刘凤君老师读博士。当时美术考古是大热门，来读的人很多。山东大学本来就有美术考古的传统，刘敦愿先生是开创者，学生中还出过郑岩这样著名的学者。学美术考古的同学不少，但难度真的很大，和传统考古要求完全不一样。韩小囡、石荣传、赵英梅等几个女生，分别研究壁画、玉器、陶俑，都是很有挑战性和前瞻性的题目。

栾丰实老师指导新石器考古方向，这是山大考古的重点之一，有尹家城、丁公、日照等重量级的田野工作支撑，底气十足，培养的学生也是比较多的。王建华、王芬是本科考古同班同学，后来都跟栾老师学习新石器，很有成绩。王建华后来去了西南民族大学历史文化与旅游学院，是考古文博专业的带头人，后来一路提拔，做了院长、博物馆馆长，去年到学校任职人事处处长。王芬则一直在山东大学工作，主持发掘了焦家遗址这种重大发现，入选了青年长江学者。王芬是公认的才女，有点文艺范，爱写诗，字写得很好，很秀气，是同门当中字体最好的。

研究生同学中还有钱益汇、卢建英、王强、崔英杰等，后来都在高校从事本专业并有所成就。钱益汇很用功，善于动脑，他去日照参加区域系统调查多次，《谈山东两城镇发现的烤箅》（《中原文物》2002 年 4 期）就是他勤奋思考的结果，我们都很钦佩。他后来经方辉老师推荐，去了南开大学随朱凤瀚先生做博士后研究，再后来去首都师范大学历史学院工作，早早荣升教授、博导，还担任了副院长职务。

和本科生同学也打一些交道，特别是后来在一起实习的 2000 级学生。这一级同学人才济济，张东菊就是这一级的。当时她活泼好动，在班级成绩可能不是最好的，成绩最好的是郎剑锋，保研北大，现在回到母校效力。张东菊后来转向环境考古，做出了很大成绩，现在已经是兰州大学教授、博导，入选了青年长江学者，最大的荣誉是获得了第十七届“中国青年女科学家奖”，真是母校的荣耀。张东菊的突出贡献是在青藏高原发现了丹尼索瓦人的踪迹，这是改写人类历史的重大发现。

## 四、实　习

学考古的都知道，田野实习是最重要的一个培养环节，对于本科生和研究生都是如此。我们实习是在2003年上半年，和2000级本科同学一起。因为人多，分了两批，一批在长清月庄新石器遗址，一批在大辛庄商代遗址。月庄是栾丰实老师带队，博士生王建华具体负责。大辛庄是方辉老师带队。大辛庄就是在那一次发现了甲骨卜辞，成为一个传奇。我是学习新石器的，被分配到了月庄，下面主要讲一讲月庄的情况。

那次实习是山东大学和山东省文物考古研究所、济南市考古研究所联合进行的，长清区文管所也参与了。还有一个日本留学生，叫德留大辅，跟了很长时间。技工是刘志标，跟随栾丰实老师工作了很多年，水平很高。山东省所是兰玉富参加，他田野水平高，文武双全，会打形意拳，后来去了山东省文旅厅做处长，负责文物保护与考古工作。济南市考古所派来的是郭俊峰，也是山东大学考古专业毕业，当时工作时间不久，现在经过多年历练，已经荣升济南市考古研究院院长。长清区文管所派来的也是一个年轻人，叫付欣。那时候大家都是二十多岁，整个工地充满欢声笑语。但其实工作不好做的，在农村会有各种各样的事情，这个担子大都压在王建华身上，当时他是栾丰实老师的博士生，负责工地的具体管理。虽然他很年轻，但很能干，把事情安排得井井有条，从容化解各种矛盾，工地进行很顺利。王建华是东北大城市铁岭来的，偶尔显露赵本山式的幽默，令人忍俊不禁，但其实他是一个很严肃的人，做事沉稳细密，有大将之风。

我们的实习分为两个部分。一个是采用山东大学名震江湖的区域系统调查，对月庄一带广大地域进行拉网式全覆盖调查。调查没有什么特别重要的发现，主要起到训练学生的作用。我印象比较深的是在河边看到不少龙山文化的鬼脸状鼎足，实际上是模仿的鸟喙，很有东夷特色。但其实月庄遗址年代很早，是后李文化时期的，并没有龙山遗存。另一个核心内容当然是考古发掘，我们在月庄村边连续发掘了一个季度，收获很大，后来的发掘报告是王建华带领卢建英整理的。月庄的重要发现之一是炭化植物遗存，出土了中国北方最早期的黍和稻，有驯化迹象，这个工作是陈雪香在加里·克劳福德指导下做的。能够有此发现，在于发掘时有意识地采集土样，并做了浮选，当时在国内还是比较先进的。

实习期间还发生了一件大事，那就是“非典”爆发，幸亏很快就过去了。

## 五、学位论文

撰写学位论文是研究生最重要的任务。我的基础较差，导师栾丰实教授对我一向非常宽容，直到今天，他对我常说的一句话是，“我真没想到你能坚持下来”。我的论文选题是《史前鲁豫皖区的聚落分布与环境变迁》，这个题目是上栾老师的考古学理论与方法课程时受到的启发，与聚落考古学、环境考古都有关系，也算追了一下学术前沿。之所以研究这个区域，是因为这里比较重要，张光直曾经重点关注，北京大学也在这里做了很多工作，而且我的家乡也在这一带。

开题的时候各位老师没多说什么，以鼓励为主。王青老师很热心，下了很大功夫给我修改开题报告，因为我的框架结构其实不规范，尤其是缺乏学术史部分。我这个人比较愚执，没有按照王老师的正确意见来修改，仍然我行我素，继续按照原来的构想写下去了。至今回想起来，很对不起王老师。

写这个题目最重要的是收集资料。聚落遗址的资料是通过已经公开发表的各种出版物来收集的，还是下了一些功夫，然后做了各个时期的遗址分布图，通过分析分布形态的变化，来推测环境的改变，因为当时学术界流行的理论，是环境的变迁影响了聚落分布。这篇论文，当时看起来还比较新颖，所以通过答辩之后，我说想投稿，甚至要大着胆子投给《考古》，栾老师也没有反对，只说可能要等很久。投稿后等了三年，《考古》还真的发表了。我的硕士论文和博士论文，各在《考古》上发了一篇文章，也算学位没有白读，当然主要感谢导师的指导。但硕士论文这篇文章，其实有比较大的问题，根据不足，有循环论证之嫌，靳桂云老师后来写环境考古的综述，还做了不点名的批评。

写论文闭门造车不太行，出去调查很关键，就是所谓的“读万卷书，走万里路”。能收集到第一手资料最好，收集不到，增强切身感受，写出来也是不一样的。栾老师让我出去到鲁豫皖交界地带去做调查，他认识的人很多，给各地都打了电话帮忙关照。菏泽市文管处的处长是张启龙，张处长非常热情，动员了全处的力量来招待我这么个学生，带我看了北京大学发掘的菏泽安邱堌堆遗址的标本，还看了定陶的官堌堆，也就是刘邦登基的地方，其实是一个龙山文化遗址。又到河南永城看了造律台，安徽蒙城看了尉迟寺等，观摩了一些标本。出去调研了半个月，回来之后栾老师把差旅费都给我报销了。因为出去之前，栾老师就说他负责调研差旅费，所以我花得比较俭省，半个月只花了不到一千元。栾老师可能对每个研究生的毕业论文调研都有所资助，树立了一个传统。我现在自己带研究生也有些年了，学习栾老师，也尽量资助学生毕业论文调研，以提高培养质量。

2004年毕业答辩现场照
（摄于2004年5月14日）

毕业离开母校已经快20年了。如今回首往事，真是感慨万分。20年来，自己所从事的专业，仍然依靠那个时候打下的基础，老师的言传身教，一直是自己人生的指路明灯，还有那么多优秀的同学和校友，是自己学习的榜样。感恩母校，感谢师友，祝愿山大考古专业越办越好，老师们健康长寿！

访谈

# 保持本心，脚踏实地，奋勇争先*

## 访陈章龙老师

教师简介：陈章龙，男，1981年生。2010年至今任教于山东大学历史文化学院考古系，现为副教授。

主要研究方向为汉唐、宋元明清考古、陶瓷考古、博物馆学等，主持并参与多项省部级以上科研项目，出版《淄川渭头河窑址》等专著，发表考古研究文章十余篇。

采访方式：线下采访

**崔利鹏**：老师您好，很高兴邀请您参加我们的采访。我们知道，去年是建党百年，也是考古学传入中国一百年。百年山大，文史见长。山东大学也是重要的实训基地。可以请您简要谈谈，作为山东大学考古系的青年学者，执教以来，您做过的工作与研究吗？

**陈章龙**：好的。我是从2010年到咱们山大工作的，到今年，刚好12年。我刚来的时候，山大考古正处于一个发展的关键时期。当时我对山大的印象，就是人员特别的稀缺。所以尽管我的方向是唐宋以及陶瓷考古，但整个历史时期考古课都是由我来讲授的，后来才逐渐转归到我本阶段的考古工作。这个中间很重要的一个环节，就是人员的增加，也包括我们教资力量的提高吧。除了教学方面，我目前主要是配合学校本科生的田野实习。到目前为止，我也陆续参加了六七次田野考古实习工作，除鲁北、鲁西南，胶东地区基本上我都有一些参与。

2016年陈章龙在高青狄城遗址

* 本文系李铸镔整理出文稿，经陈章龙审阅修订而成。

**崔利鹏**：看来很辛苦。

**陈章龙**：是很辛苦。但考古工作条件的改变，是随着我们国家的进步慢慢提高的。你们可能会看到一些当时的照片，会觉得很辛苦。但你们如果到现在的考古工地去看，可能会颠覆你们对考古的一些认识和看法。这和我们整体环境的提高是分不开的，这也体现了我们国家在经济、文化，特别是文化自信上的进步。这是我这些年的工作经历和一些想法。

**崔利鹏**：如您所说，您经历了山大考古发展的重要阶段。作为山大考古的中坚力量，您参与了很多田野考古发掘。您能和我们谈谈在这些考古发掘工作当中，哪些是您印象比较深刻的，这其中又发生了哪些有趣的事呢？

**陈章龙**：你刚才说的我要纠正一下，中坚力量当然还是我们所有老师。特别是早期的时候，人员少多了，所有老师都是捏紧一个拳头往外击打。当然，这两年会好一点。

我们说归说，在田野工作中确实有很多值得我们去留恋的事情。因为考古专业，和其他专业有一个很大的区别，就是师生之间的互动，除了学习上的交流，更多就体现在田野上。我们每一届师生都将近有一个学期的集体活动，大家一起吃一起住，一起经历开心的事和不开心的事。我印象深刻的大概就是你们同学之间的男女交往，人生恍若如初见吧（笑）。

2012年陈章龙在章丘黄桑院遗址

当然印象最深的，应该是2012年我第一次独立带队，到章丘黄桑院遗址进行发掘，时间是从3月到6月。但那个时候条件有限，是紧着日子过生活的，和俗话说的一样，我们老师是又当爹又当妈吧。

中间有一个小插曲，我不知道栾老师是否记得。当时栾老师到工地去看我们，最开始的想法是栾老师在工地上进行发掘指导和研判以外，再到我们的驻地去看看。当时驻地条件还行，是村里的小楼房。虽然说我们是二十多号人挤在一栋楼里，但栾老师还是说这栋楼选的不错，但当栾老师去看伙食时就愣住了。虽然我们已经吃习惯了这里的饭菜，就觉得没什么，但栾老师默不作声地就走了。我们也想挽留他吃饭，结果栾老师就说："不吃了。"临走的时候，他塞给我们400块钱，说一定要把学生的伙食改善好。当时听到这个话，我觉得特别自责。我们说学习和工作，当然是一个主要方面，但你更应该要有生活的态度。但在当时，学生基本的生活环境都满足不了。所以说这件事，也影响了我后面的带队工作。我现在带工地，都会尽最大的物力和人力做到最好，住最好的房子、用最好的饭菜。通过这件事，我也深深地感受到像栾老师他们这一辈的人，他们对学生、对我们青年老师的一种言传身教。这种言传身教当然也是与时俱进的，吃苦是一个方面，同时也得让学生去适应、去爱上这个专业。所以，不光是自责，我感受更深的还是老一辈学者的专业素养，以及他们对人生、对学生的深切关怀，这是一直影响到我现在的工作经历。

**崔利鹏**：是的，山大考古发展得如此迅速，在一些领域也取得了比较大的成就，离不开咱们考古精神的传承。您刚刚也谈到，栾老师作为老一辈考古人，他们当时的田野工作条件肯定更艰苦，但看到学生实习就不忍心他们再吃老一辈的苦。我们可以从中感受到老师对下一代人的关心关爱。所以我们想问您对于考古学新生代有哪些话想说呢？

**陈章龙**：首先，对于你们，如果能选择考古，我从心理上就得对你们点个赞。就像我刚说的，现在条件有很大进步了，但选择这个专业，在零下十几度的严寒下发掘，或是在太阳下晒一整天，对于现在的孩子来说，都是一种挑战。所以你们选择这样一个专业，选择去从事这个行业，我是对你们感到敬佩的。

考古学是一个包容性很强、多学科交叉的学科。所以你不管是对历史考古感兴趣，还是对传统的史前考古感兴趣，甚至是考古科技手段，在学习过程当中总有一款适合你，选择的余地很大。选择的方向，你可以一直坚定地走下去，但中间如果说有身体方面的原因，比如说色盲、骨骼不好，可能就不太适合，你可以去选择做其他事情。而且我们说从考古专业转到其他专业，是很容易去转化的。所以我们希望你们能够保持自己的本心，学还是不学考古，取决于你自己的心态。如果对考古感兴趣，我希望你们能继续坚定地走下去，这是一条很光明的道路；如果确实觉得自己不适合考古，或者是觉得有一定的难度，你也可以华丽的转身，去做其他的事情。但是呢，你的根，作为山大考古的根是在这里的，所以希望你们在不久的将来也能够多回来。这是我对你们的一个祝福。

**崔利鹏**：您刚刚对我们的祝福很温暖，很为我们学生着想，我想这也算是一种特殊的人文精神吧。既然谈到精神，您觉得咱们山大考古又有哪些属于咱们山大人的考古精神呢？

**陈章龙**：从大的方面讲，咱们山大考古在全国乃至全世界都算一个重要的有生力量，那么考古人必备的品质，山大考古人肯定都是具备的。我们一谈到考古人，首先就是朴实。因为考古人打交道的对象多是比较朴实的农民伯伯、阿姨们。说考古人为什么朴实，不是指长得怎么样，或者穿着怎么样，而是通过和他们的交往，我们也被熏染了吧。另外，就是踏实。从考古的专业属性来说，考古研究是以考古材料作为出发点，那么考古人肯定也是一步一个脚印，踏踏实实地做研究。

2013 年陈章龙在即墨北阡遗址

具体到山大考古精神来说，除了考古人一般需具备的专业素质外，山大考古人还有一股百折不挠的精神。我们学科从建立到现在已经 50 年了，属于中年，但发展过程并不是一直平坦的。所以我们能够一路发展，特别是达到今天的水平，那真得是有一种百折不挠的精神在驱使。最后，我们山大人，在面对大的历史环境时，能够把握住历史的潮流。不光是各位老师的研究，还是学术发展方向，包括孩子你们，都有一股奋力争先、勇往直前的冲劲。这四点就是我们山大考古人，所具备的最必要的一些精神。在这四方面的指引下，我们才能够一步一脚印发展到现在。

**崔利鹏**：我觉得老师您总结的非常好。朴实、百折不挠、勇往直前、踏实，等等。这些正是我们山大人一辈辈传承下来的精神。您还有想要补充的话吗？

**陈章龙**：大概就是这些内容。因为刚才说了，山大考古已经 50 岁了，正好处于一个壮年期，所以我希望我们的学科能够尽快地整合，特别是两地协同发展。另外，希望咱们学生可以在学科带头人，包括国内外知名专家的指引下，更好地去利用现有条件为本专业、为母校做出自己的贡献。同时希望同学们要摆正态度，多多学习。毕业以后，不管你到哪个岗位上，我们都希望你能回到母校，好好看看。希望这一次系庆，咱们那些能回来的同学，归来的校友，不管是老一辈的校友还是年轻的校友都能够不虚此行吧。

# 后　记

在山东大学考古专业创建50周年之际，我们于2021年5月正式启动纪念山东大学考古专业创建50周年访谈回忆录项目，以山东大学考古学专业老中青三代教师及各年级优秀校友代表为访谈对象展开访谈活动，共忆山大考古发展历程，传承山大考古精神。

在学院和学系各位领导同事们的大力支持下，在以于海广、栾丰实、白云翔和方辉老师等为代表的老师和各级校友的全力配合下，访谈工作得以顺利开展。本次访谈历时约两年，宋艳波和朱嘉铭负责组织和前期联络事宜。因疫情原因，访谈大致分为三个阶段，且以线上访谈的形式为主。在访谈对象确定之后，我们组织了系内部分本科生和研究生参与到项目中（名单附后），将大家分成若干组，每组负责几位老师（校友）的访谈任务。各组同学接受任务后，都会积极查找与被访老师（校友）有关的资料和科研成果等信息，与被访老师（校友）积极沟通，撰写并确定访谈提纲，约定访谈时间，并在访谈结束后及时将访谈内容整理成文稿，交由受访老师（校友）审核。

所有经受访老师（校友）审核后的文稿由宋艳波统稿和校对之后，交由白云翔老师最终审校。本次访谈项目，访谈对象共计44人，完成访谈文稿44篇；另有6位校友和任相宏老师提供了回忆文章，共计7篇，一并放入本文集内；全部访谈文稿和回忆文章定稿后于2023年3月份提交出版社。因受版面和字数限制，我们将各位老师和校友的简介做了精简化处理，目前的简介也许并不能够完全体现各位老师和校友在各自领域内的贡献和地位，还请各位老师和校友多多包涵。

感谢学院领导、老师和各位校友的大力支持！感谢所有参与项目的老师和同学的辛苦和努力！感谢为本文集编辑和出版辛勤付出的郑佐一编辑！

《温故集》编辑组

2023年5月19日

先后参与本次访谈项目的学生名单如下：

研究生：陈国鹏、崔立鹏、耿一淏、刘鹏、梁瑞娟、吕淑娴、刘莹超、李铸镔、孙聚平、宋浦文、宋涛、王开腾、徐佳琪、徐梦玲、杨慧、朱嘉铭、赵佳滢、周晴、赵怡然、郑晨雨

本科生：白静芳、陈瑾、陈嘉怡、丁茗锐、付建丰、方佳蕾、高妍、何语轩、巨宏略、李婧瑶、林璐、郎朗珍嘎、郎曼、刘索焓、孟庆伟、孟紫阳、王萌萌、王瑞文、魏方仪、魏莱、魏舒童、徐灿、于洪丽、于俊辉、杨天孚、邹丽萍